제1권

食의 문화

[인류의 식문화]

이시게 나오미치(石毛直道) 감수 · 요시다 슈지(古田集而) 책임 편집

동아시아식생활학회 연구회 역

光文閣
www.kwangmoonkag.co.kr

감수의 글

「먹는 것」을 문화로 생각해 보는 것이 「식의 문화」이다. 먹는 것에 관한 지금까지의 연구의 주류(主流)는 주로 그 재료 생산에 관한 농학 분야, 음식 가공을 다루는 조리 분야, 음식이 인체에 어떻게 흡수되는가를 조사하는 생리학·영양학 분야에 화제가 집중되어 있었다. 그것은 먹는 사람의 마음의 문제에 대해서는 미처 생각이 미치지 못해서 그런 것은 아닐까?

'일상 다반사'로도 보여지는 「식(食)」속에서 문화를 찾아내고, 학문연구의 대상으로 삼는 것이 「식의 문화」이다. 「식의 문화」란 음식과 식사에 대한 태도를 결정하는 정신, 즉 사람들의 음식에 관한 관념이나 가치 체계에 관한 연구라고 할 수 있다. 먹는 것에 관한 재료와 기술, 인체의 메카니즘을 소위 하드 웨어라고 한다면, 이것은 소프트 웨어에 해당하는 것이다.

그 소프트 웨어 부분도 포함한 식문화의 학제적 연구를 지향하여 1982년에 「식의 문화 포럼」이 발족되었다. 20개 이상의 분야에서 연구자, 실천가, 저널리스트 등 모두 120명이 모여, 초심으로 돌아가 「식의 문화」 연구라는 새로운 과제에 도전한 지 16년, 지금 그 연구를 7개의 항목으로 대별하고 집대성하여 세상에 내놓았다.

《강좌 식의 문화》 전7권 바로 그것이다.

연구가 진행되는 동안 이 분야에 관한 사회 일반의 관심도 급속히 높아졌다. 우리들의 성과가 식문화 연구를 꿈꾸는 분들 뿐만 아니라, 「식」의 저변에 있는 「문화」에 대해 흥미와 관심을 가진 사람들에게, 새로운 시대의 바람직한 현상을 생각하는 실마리가 되기를 바란다.

범 례

• 본 강좌는 아지노모토 주식회사와 재단법인 아지노모토 식의 문화센터가 1980년부터 개최해 온「식의 문화 심포지엄」및「식의 문화 포럼」의 성과를 바탕으로 구성되었으며, 또한 그 이후의 새로운 지견(知見)을 보태 대담하게 가필·수정을 한 논문과 새로 쓴 논문에 의거하여 편집했다.

• 본문 중의 경칭은 원칙적으로 생략했다.

• 동식물명은 원칙적으로 가타카나 표기를 이용했다.

• 본문 중의 끼워넣기 형 컬럼은 포럼이나 심포지엄에서의 토론을 살리고, 또한 본문을 더 크게 살리기 위해 본문에 관계된다고 생각되는 부분을 발췌 재구성한 것이다. 인용한 곳에는 컬럼 옆에 각주 형식으로 문헌 및 그 페이지를 표시했다. 또, 발신자의 소속 등은 그 당시의 것이다.

목 차

서론. 인류의 식문화에 대하여 / 13

Ⅰ. 식문화에 관한 연구 ··· 13
Ⅱ. 식문화와 식사문화 ·· 16
Ⅲ. 본 권의 구성 ·· 18

제1부 식문화의 시점(視點) / 25

제1장 왜 식문화인가? ··· 27

Ⅰ. 들어가며-식문화의 입장 ··· 27
Ⅱ. 먹는다는 것은 「문화」이다. ·· 28
Ⅲ. 인간은 「요리」를 하며 「공식(共食)」을 하는 동물 ··················· 28
Ⅳ. 요리=식품가공, 공식=식사행동 ·· 29
Ⅴ. 식문화의 형성-환경과 생리의 사이에서 ································· 30
Ⅵ. 사람은 문화를 만들고, 환경에 대응한다 ································· 31
Ⅶ. 정보라는 형태로 환경을 받아들이다 ·· 32
Ⅷ. 문화가 본능을 퇴화시킨다. ·· 33
Ⅸ. 식사문화의 중심-부엌과 식탁 ·· 33
Ⅹ. 일상다반사 정도도 모른다 ·· 34
Ⅺ. 식문화는 기존 학문분야에서 밀려나온 이단아 ························ 35
Ⅻ. 잡학으로부터 학제적 연구로 ·· 36
XIII. 보편적인 인간상에서 구체적인 인간상으로 ··························· 37
XIV. 문화가 요기거리는 안 되는 걸까? ··· 38
XV. 「놀이」에서 학문으로 ··· 40

제2장 식(食)과 마음 ·· 43

Ⅰ. 들어가며 ·· 43
Ⅱ. 맛과 기호의 일 ·· 43
Ⅲ. 취해도 취하지 않으며, 두 개로 하나 ······························ 45
Ⅳ. 식(食)과 마음 ·· 47

제3장 고고학(考古學)에서 식(食) 문화를 생각하다 ················ 51

Ⅰ. 남아 있는 것에서 생각하다 ·· 51
Ⅱ. 식료(食料)의 종류 ·· 52
Ⅲ. 모으다, 저장하다, 가공하다 ·· 58
Ⅳ. 조리하다 ·· 63
Ⅴ. 그릇에 담고, 먹는다 ·· 67
Ⅵ. 영양 ·· 70

제4장 언어로 본 식(食) ·· 77

Ⅰ. 식(食)과 식(食)의 언어 ··· 77
Ⅱ. 의식주(衣食住) 속에서의 식(食) ······································ 79
Ⅲ. 생활어휘와 전문용어 ·· 80
Ⅳ. 조리어휘의 구조 ·· 81
Ⅴ. 가열조리 조작을 표현하는 말의 전개 ···························· 84
Ⅵ. 식사에 관한 어휘 ·· 86
Ⅶ. 식재료·식품과 음식의 구분 ·· 87
Ⅷ. 독일어와의 비교 ·· 90

제2부 사람에게 있어서 식(食) / 93

제1장 영장류의 식(食) ·· 95

Ⅰ. 영장류 연구의 심화 ·· 95
Ⅱ. 영장류의 식성 분류 ·· 96
Ⅲ. 잡식과 편식에 의한 분류 ·· 97
Ⅳ. 잡식성 원원류의 식물(食物) ··· 98

Ⅴ. 편식성이 있는 원시원숭이류 ·· 101
　Ⅵ. 영장류의 기반은 잡식이다 ·· 102
　Ⅶ. 진원류의 잡식과 편식 ·· 102
　Ⅷ. 일본원숭이의 음식물 메뉴 ·· 103
　Ⅸ. 오랑우탄과 고릴라는 편식주의자 ·· 105
　Ⅹ. 고릴라의 먹이 ·· 107
　Ⅺ. 침팬지는 별난 먹거리주의자이다 ·· 108
　Ⅻ. 침팬지가 갖고 있는 식성의 특징 ·· 109
　ⅩⅢ. 나누어 줌(分與)의 의미 ·· 110
　ⅩⅣ. 공식(共食 : 서로 잡아먹음)에 대해서 ································ 111
　ⅩⅤ. 보노보에 대해서 ·· 112
　ⅩⅥ. 사람은 원래 잡식이었다 ·· 113

제2장 사람의 식물식(植物食) ·· 115
　Ⅰ. 식(食)으로서의 동물과 식물 ·· 115
　Ⅱ. 채소만으로 살아갈 수 없다 ·· 116
　Ⅲ. 감자도 조리하지 않고는 먹을 수 없다 ································ 116
　Ⅳ. 과실과 작은 새 ·· 118
　Ⅴ. 곡류의 종자와 목화 열매 ·· 118
　Ⅵ. 조릿대 열매 이야기 ·· 119
　Ⅶ. 벼과의 식용종자의 원류(源流)-보리 ···································· 120
　Ⅷ. 재배 곡류의 문제 ·· 121
　Ⅸ. 곡류・콩류의 싹틔움 ·· 121
　Ⅹ. 곡류의 까끄라기(벼, 보리 따위의 깔끄러운 수염) 제거법 - 태워 떨구기 ···· 122
　Ⅺ. 곡류를 볶는다 ·· 122

제3장 수렵채집민의 식 ·· 124
　Ⅰ. 식행동을 변혁한 수렵과 육식 ·· 124
　Ⅱ. 사회적 행위로서의 식사 ·· 124
　Ⅲ. 식문화의 원형 ·· 126
　Ⅳ. 부시맨의 수렵 ·· 127
　Ⅴ. 대량의 고기를 가져오는 활과 화살렵 ·································· 128
　Ⅵ. 피그미(Pygmy)의 수렵 ·· 129

Ⅶ. 동물성 식물(食物) vs 식물성 식물(食物) ················· 131
Ⅷ. 채집 활동에 있어서의 공동과 협조 ················· 132
Ⅸ. 조리와 분배 ················· 134
Ⅹ. 과잉 관계 ················· 135
Ⅺ. 곤충식 ················· 136
Ⅻ. 식사에서 차지하는 곤충의 역할 ················· 137
Ⅷ. 맺음말 ················· 138

제4장 목축민의 식 ················· 141

Ⅰ. 목축민은 식탁에 무엇을 더하였는가? ················· 141
Ⅱ. 가축화의 시작 ················· 143
Ⅲ. 초기 목축민의 선조는 수렵, 농경민이다 ················· 144
Ⅳ. 우유 이용의 개시 - 그 시기와 경위 ················· 146
Ⅴ. 목축민의 먹거리가 가져오게 된 문명사적 의미 ················· 153

제5장 지구의 사람의 정원(定員) ················· 156

Ⅰ. 들어가며 ················· 156
Ⅱ. 식량 생산의 에너지 효율 ················· 157
Ⅲ. 지구의 정원(定員) 계산 ················· 161
Ⅳ. 가정(仮定)의 음미와 정원의 하향 조정 ················· 164
Ⅴ. 환경의 제약 ················· 166
Ⅵ. 농업과 농업기술의 장래 ················· 171
Ⅶ. 맺음말 ················· 174

[컬럼 기획] 식탁의 풍성함 - 밥과 빵과 고기 ················· 177

제3부 지역의 식문화 / 189

제1장 중부 유럽의 식(食)의 문화 ················· 191

Ⅰ. 촌락 수준의 식사에 한정함 ················· 191
Ⅱ. 식사는 부득이한 일의 중단 ················· 192

Ⅲ. 식사시간에 남의 집에 들어가지 말지어다 ·················· 193
Ⅳ. 식사를 배급하는 권리는 주부에게 ·················· 194
Ⅴ. 요일과 식사 ·················· 196
Ⅵ. 연중 행사와 식사 ·················· 197
Ⅶ. 보존식을 만들다 ·················· 199
Ⅷ. 유럽의 부엌-아궁이의 변천 ·················· 200
Ⅸ. 결혼식의 식사 ·················· 202
Ⅹ. 근세 초기는 고기의 섭취량이 많다 ·················· 203
Ⅺ. 분식이 들어가게 된다 ·················· 204
Ⅻ. 커피의 보급 ·················· 208
ⅩⅢ. 감자도 잔칫날의 성찬 ·················· 208
ⅩⅣ. 맺음말 ·················· 210

제2장 이슬람교와 식사 ·················· 214

Ⅰ 식습관 전반에 관한 것 ·················· 215
Ⅱ. 식전(食前)에 관한 것 ·················· 216
Ⅲ. 식사 중에 관한 윤리 작법 ·················· 219
Ⅳ 식후에 관한 것 ·················· 228
Ⅴ. 맺음말 ·················· 231

제3장 힌두-식(食)의 사상 ·················· 233

Ⅰ. 힌두교와 인도세계 ·················· 233
Ⅱ. 인도 식문화의 다양성 ·················· 234
Ⅲ. 공식집단(共食集團)으로서의 카스트 ·················· 235
Ⅳ. 정(淨)・부정(不淨)과 청결・불결 ·················· 236
Ⅴ. 육식과 채식 ·················· 238
Ⅵ. 불가식(不可食)이라고 하는 식품재료 ·················· 239
Ⅶ. 「마누법전」의 규정 ·················· 242
Ⅷ. 업(業)과 불살생계(不殺生戒) ·················· 243
Ⅸ. 식(食)의 사회성 ·················· 244
Ⅹ. 문화로서의 힌두식(食) ·················· 245
Ⅺ. 식에 관한 관념의 변화 ·················· 246
Ⅻ. 근대화・도시화의 영향 ·················· 248

제4장 동남아시아의 도시화와 외식 ························ 252

   Ⅰ. 왜 동남아시아의 식문화인가-사적 경험에서 ··················· 252
   Ⅱ. 동남아시아의 식문화의 특색 ··· 253
   Ⅲ. 비엔티안의 수수께기-도시화의 정도와 외식의 빈도 ········· 255
   Ⅳ. 양곤(Yangon)의 국수-상점도 축일의 음식세계 ················ 260
   Ⅴ. 마닐라의 고급 본토 요리-민족주의 고양(高揚)과 외식 ···· 262
   Ⅵ. 방콕의 채식주의자(Vegetarian)-아시아도 건강 지향 ········ 264

제5장 한반도의 식의 문화 ·· 268

   Ⅰ. 고기와 마늘을 먹는 맥족(貊族) ··· 268
   Ⅱ. 대두문화는 동방으로부터 ··· 269
   Ⅲ. 신라의 육식관(肉食觀) ·· 273
   Ⅳ. 일본에 전해진 삼국시대의 음식 ··· 274
   Ⅴ. 식생활의 토속화 ·· 275
   Ⅵ. 몽고인을 통해 다시 되돌아온 쇠고기 음식 ····················· 276
   Ⅶ. 숭유주의(崇儒主義)가 가져온 식생활 ······························· 277
   Ⅷ. 주(周)에의 복고주의에 따른 개의 식용 ··························· 279
   Ⅸ. 숭유주의에 근거한 노인영양학 ··· 280
   Ⅹ. 고추를 김치에 도입한 지혜 ··· 282

제6장 동아시아의 식의 문화 ·· 287

   Ⅰ. 동아시아의 공통성과 독자성의 의의 ································· 287
   Ⅱ. 민족에 따른 주식(主食) 작물의 차이 ······························· 288
   Ⅲ. 주작물의 동서 비교 ·· 289
   Ⅳ. 「찐다」고 하는 기술은 동아시아의 특징 ························· 290
   Ⅴ. 가축을 기르는 것과 목축은 다른 일 ······························· 291
   Ⅵ. 동아시아는 비목축의 세계 ··· 292
   Ⅶ. 서민의 식사에는 전통적으로 고기가 빠지다 ····················· 293
   Ⅷ. 고기를 대신하는 콩과 생선 ··· 294
   Ⅸ. 공통점이 많은 동아시아와 동남아시아 ····························· 295
   Ⅹ. 빵식은 고기·우유와 세트로 이루어지다 ························· 296
   Ⅺ. 쌀 문화의 공통성 ·· 297

XII. 나레즈시와 스시 ·································· 298
 XIII. 동아시아·동남아시아 특유의 만능 조미료 ·································· 299
 XIV. 차(茶)는 동아시아에서 세계로 ·································· 300
 XV. 젓가락과 사발의 문화 ·································· 301
 XVI. 캘린더를 함께하는 민족 ·································· 302
 XVII. 식문화의 연구 방향 ·································· 306

제4부 세계 중의 식문화 / 309

제1장 매토(埋土)발효 가공법 ·································· 311
 I. 토란의 뽀이요리 ·································· 312
 II. 빵나무(artocarpus) 열매와 찻잎의 매토발효 ·································· 314
 III. 에티오피아의 엔세-데 ·································· 315
 IV. 소철 열매의 독 빼기 ·································· 316
 V. 빵기우므 종자의 독 빼기 ·································· 317
 VI. 농경 이전부터의 발효 가공법 ·································· 318

제2장 발효의 문화권 ·································· 320
 I. 발효는 문화적 개념 ·································· 320
 II. 자연적으로 발효시킨다 ·································· 321
 III. 술 제조의 동서(東西) ·································· 328
 IV. 낫토류를 포함하여 ·································· 332
 V. 감칠맛(구수한 맛)의 문화권 ·································· 335

제3장 맛의 인식과 조미의 유형 ·································· 339
 I. 들어가며 ·································· 339
 II. 맛의 인식 ·································· 340
 III. 맛 인식의 일반적 경향과 맛 인식의 발전 ·································· 355
 IV. 조미·향신료의 개념의 비교 ·································· 359
 V. 조미·향신료의 유형화(類型化) ·································· 363

Ⅵ. 현대에서의 변화 ·· 366
Ⅶ. 조미료의 미래 ·· 366

[컬럼 기획] 세계의 식문화 지도(화보) ································ 369

- 후기 ·· 392
- 초출일람 ··· 395
- 집필자 소개 ··· 398
- 역자의 말 ··· 402
- 번역자 및 편집위원 ··· 403

서론 인류의 식문화에 대하여

요시다 슈지(吉田集而)

I. 식문화에 관한 연구

식문화에 관한 연구는 최근 20년 정도 사이에 대단한 기세로 발전했다. 식에 관한 연구는 그전까지는 주로 가정과(家政科) 안에서 이루어져 왔다. 그들의 연구는 자연과학을 기초로 한 것으로, 그것만으로는 충분하지 않다는 인식이 널리 퍼지게 되었다. 그러나 식문화의 내용에 대해서는 여전히 충분히 알려지지 않은 점이 있는데, 가정과에서 행해져 온 것과는 다른 그 이외의 것이라는 인식만으로는 불충분하다. 식문화 연구는 결코 가정학을 제외한 여집합(余集合)이라는 것이 아니다. 이것은 단지 이것만으로도 하나의 학문 분야를 구성하는 것이다.

우선 첫 번째로, 본 권에서 다루고 있듯이 식문화 연구는 「식」을 문화의 문제로서 다루는 것이다. 문화란 인간이 후천적으로 획득한 것, 혹은 만들어 낸 것이다. 생득적 혹은 생리적, 본능적인 것이 아닌 것이며 기술이건 제도이건 조직이건 인간이 후천적으로 만들어 낸 것으로 특히 중요한 것은 가치관이다.

문화를 연구하는 분야인 문화인류학 혹은 민족학에서는 식에 관한 문제는 형이하학적인 문제로서, 학문으로 다루기에 적합한 문제라고는 생각해 오지 않았다. 주로 종교나 사회구조, 정치조직, 친족조직과 같은 형이상학적인 문제를 즐겨 다뤄왔다. 그러나 학문의 성숙과 더불어, 이러한 소위 '생활 문화'라는 것에 대한 연구의 중요성이 인식되기 시작했다. 그 선두를 달려 온 연구자가 바로 이시게 나오미치(石毛直道)이다.

이러한 움직임은 일본뿐만이 아니다. 미국에서는 〈Food and Foodways〉[1]와 같은 잡지도 간행되어 일본과 대등하게 식문화 연구가 활발히 이루어져 왔다. 그 배경에는 생활의 풍요로움이 있을 것이다. 그리고, 앞서 서술하였듯이 문화인류학을 시작으로 하는 다양한 학문 자체의 성숙에 있다. 그러한 학문의 발전으로서 그 연구분야의 확대일 것이다[2].

처음부터 식을 중요한 문제로서 다뤄온 분야가 문화인류학 속에 포함된 생태인류학이다. 이 분야에서는 주로 자연의 영향이 강한 문화를 다뤄왔다. 수렵 채집민이나 목축민 등의 연구이다. 이들 연구에서는 식은 중요한 토픽이었다. 그러나 생태인류학은 유럽이나 일본 등과 같은, 소위 선진국 문화를 거의 다뤄오지 않았다. 만약 생태인류학이 이들 문화를 다뤄왔다고 한다면 식은 연구의 아주 작은 일부분에 지나지 않았을 것이다. 이시게(石毛)의 새로운 시도는 식을 중심에 두고 수렵채집민의 문화에서 선진국의 복잡한 문화까지를 총합적으로 보고자 하는 관점이다.

식문화를 문화의 문제로서 다룬다면 비교라는 것이 아주 중요해진다. 즉, 어느 문화이건 다른 문화와 비교했을 때만 그 독자성을 주장할 수가 있다. 그 다른 문화라고 하는 것은 하나가 아니라 아주 많다. 언어를 지표로 헤아린다면 5,000개에서 8,000개 정도 있다고 봐도 좋다. 물론 토픽에 따라서 그들을 갖가지 레벨에서 다룰 수 있고 그 수를 줄일 수도 있다. 그러나 구미(歐美)와의 비교만으로 충분하다고 말하기엔 결코 충분치 않다. 이것은 오리엔탈리즘의 정반대적인 것에 불과하다[3]. 실지로는 가능한 한 세계로 눈을 돌려주길 바란다는 것이다.

두 번째 특징은 자연과학의 방법과는 다른 방법을 이용하는 것이다. 학문연구의 방법으로서 자연과학은 지극히 유효한 방법을 축적해 왔다. 그러나, 근년이 되어, 자연과학이 명확히 할 수 있는 것은 아주 미미하다라는 사실이 서서히 인식되기 시작했다. 자연과학이 지금까지 이뤄온 발견과 발명의 화려함 때문에 마치 자연과학이 만능처럼 생각된 시대도 있었다. 과학이 신앙의 대상이 된 시대이다. 그러나 과학적 방법으로 풀어낼 수 있는 것은 아주 미미한 수준이다. 오히려 과학으로는 잘 풀 수 없는 문제가 더 많다는 것을 인식하고 있다. 생물에 관한 것, 특히 인간에 관한 문제에 대해서는 더욱 그러하다. 생명이나 의식, 마음 등과 같은 것은 과학적 방법을 적용할 수 없는 것이 많다. 20세기는 생리학의 시대라 불리고 21세기는 생물학 혹은 인간학의 시대로 불리

---

1) 1985년 뉴욕·파리·런던에서 창간. 음식에 관한 역사와 문화를 다룬 잡지
2) 예를 들면, 식의 금기에 대해서, 마빈·해리스나 타니 야스(谷泰)의 흥미있는 업적이 있다. M·해리스 1988 『식과 문화의 수수께끼』 이타바시(板橋作美)(역) 이와나미서점, 동(同) 1990 『인간은 왜 인간을 먹었나』 스즈키 요이치(역) 하야가와 書房. 타니 야스 1984 『「성서」세계의 구성논리』 이와나미서점, 동 1997 『신·사람·가축』 헤본社 등이 있다.
3) 서양(옥시텐트) 세계는 동양(오리엔트,여기서는 특히 중동)을 열등한 것이라는 전제하에, 그 지배를 논리적으로 지지하는 연구를 행해 왔다라는 비판을 사이드가 행했다. 한편, 오리엔탈리즘적 발상을 동양측에서 받아들여, 뒤쫓아가야 할 서양 세계밖에 관심을 가지지 않는 사람들이 나타났다.

고 있다. 따라서 이 분야의 발전이 특히 기대되고 있다. 그리고, 여기에서는 과학적 방법과는 다른 방법으로의 개발이 요구되고 있다4). 식문화의 연구도 마찬가지다. 과학적 방법과는 다른 방법을 통한 연구가 중요해 지고 있다.

 그러면, 과학적 방법론 이외의 방법론이 있을까? 과학적 방법론을 객관적 방법론이라 부른다면, 그것은 간(間)주관적 방법론이라고도 불러야 할 방법론이다. 간주관이 무엇을 의미하는가는 나중에 설명하기로 하고, 이 방법론의 특징을 과학적 방법론과 대비해서 설명해 보자.

 과학적 방법론의 중요한 전제는 보편주의이다. 유럽 사람이건, 인도네시아 사람이건, 중국 사람이건, 사람에게는 다를 것이 없다. 그 사람에게 공통되는 현상을 문제로 삼는 것이다. 혹은 일체의 사물은 어떤 때와 장소에서 일어나는 것인데 바로 그때나 장소를 넘은 원리를 찾고자 하는 것이다. 새로운 방법론에서는 사람의 차이를 인정하고 장소나 시간의 차이를 인정하고 그 장소에서 일체의 사물을 분리하지 않는다. 말하자면, 보편주의에 반해 개별주의라 부르면 될 것이다. 과학적 방법론에서는 어떤 문제를 보편화하기 위해서 일체의 사물을 분석하고 보다 작은 단위의 레벨로 끌어내린다. 이것을 분석이라 한다. 그리고 레벨을 내림에 따라 일대일의 대응 관계를 찾아낸다. 이것을 일의적이라 한다. 여기에서는 수량화가 가능해지고 정량적으로 다뤄진다. 그리고 그에 따라 법칙성을 이끌어 낸다. 그렇게 해서 얻은 결론을, 분석되기 전의 현상으로 재구성해서 일체의 사물의 보편성을 구축한다. 이 재구성을 환원이라 한다. 그리고 여기에서 이용되고 있는 논리적 방법은 연역적 혹은 귀납적이다. 그것에 대해, 여기서 말하는 방법론으로는 일체의 사물을 분석하지 않는다. 그대로의 전체를 다루며 일체의 사물을 다의적이라고 볼 뿐이다. 그리고 정량적으로는 다루지 않고 정성적(定性的)으로 일체의 사물을 관찰한다. 그리고 얻어진 결론은 직감적인 유추이고 여기서 이용되는 논리적 방법은 어브덕션(abduction)이다. 어브덕션이란 낯선 용어는 귀납법(인덕션), 연역법(디덕션)에 대응하는 또 하나의 논리적 방법이며 가와기타 니로(川喜田二郎)5)가 말하는 발상법이 이에 해당한다. 지금까지의 학문의 연구방법을「가설검증형」이라고 하는 것에 대해 그는 이 방법을「발견형」이라 칭하고 있다. 보다 정확하게 말하자면「가설발견형」이다.

 과학적 방법론으로 얻어진 결론은 누가 하든지 같은 결과를 얻는다는 점에서 재현성이 있고 객관적이라고 말할 수 있는 이유가 된다. 그러나 후자의 방법론으로 얻어진 결과는 연구자의 주관이 들어 있고 연구자가 다르면 결과도 다를 가능성이 있다. 그래서 그 결과가 정확하다고 판단하는 기준은 다른 사람들도 그렇게 생각하는지의 여부에 달

---

4) 같은 방향의 것으로서 中村雄二郎 1992『臨床の知とはなに』岩波書店
5) 가와기타 니로(川喜田二郎) 1964 『파티학』 사회사상사, 동 1970『속・발상법』中央公論社

려 있다. 다른 사람의 주관으로 판단해서 그것이 옳은지 어떤지 라는 것이다. 만약 찬동을 얻는다면 주관끼리 납득했다 라는 것이 된다. 즉, 간주관의 납득이다. 그러므로 이것을 간주관적 방법론이라 부른다(표1).

<표 1> 객관적 방법론과 간주관적 방법론

객관적 방법론	간주관적 방법론
보편적	개별적
분석적	전체적
일의적	다의적
정량적	정성적
연역적	어브덕션
가설 검증형	가설 발견형
실험적	관찰적
재현성	일회성

　나는 이 방법론이 전부라고는 생각하지 않는다. 그 밖에 더 있을지도 모르고 과학적 방법론은 배제된 것이기 때문이다. 오히려 같이 이용해야 할 것이라고 생각하고 있다. 그러나 그 주요한 방법론은 이 간주관적 방법론에 따르지 않으면 안 될 것이다.
　세 번째로, 첫 번째와 두 번째 모두에 관계하고 있는 것으로 때와 장소를 중요시한다는 것이다. 즉, 어떠한 일체의 사물도 역사적 생산물인 점에서 오는 역사성, 즉 이 세계 중 어느 곳의 것인가라는 장소성의 중요성이다. 인류 문화의 다양성을 생각하면서 한편으로 그 일체의 사물이 성립해 온 과정을 인식하는 것이 중요하다.
　이와 같이 식문화의 연구는 문화의 연구이자 간주관적 방법론에 의거한 연구이며 역사성과 장소성을 중요시하는 연구 분야이다.

Ⅱ. 식문화와 식사문화

　식문화의 연구 배경을 너무 어렵게 썼는지도 모르겠다. 좀 더 구체적인 이야기로 돌리자. 우선, 식문화와 식사문화의 차이를 설명해 보자. 이시게는 개인적인 사용구분이라고 양해를 구하면서 식문화를 다음과 같이 정의하고 있다[6]. 즉, '식료품 생산이나 식

---
6) 이시게 나오미치 1973 「식사문화 연구의 시야」 이시게 나오미치(편) 『세계의 식사문화』 도메스 출판

료품의 유통, 음식의 영양이나 음식 섭취와 인체의 생리에 관한 관념 등, 식에 관한 모든 사항의 문화적 측면을 대상으로 삼고 있다'라고 한다. 보다 구체적으로는 이 시리즈에서 다루는 모든 것이 그 대상이 된다.

따라서 식사문화란, '요리를 중심으로 하는 식품가공 체계와 음식에 대한 가치관과 음식에 대한 인간의 행동방식, 즉 음식 행동 체계에 관한 사항'을 대상으로 하여 식문화보다는 좁은 범위의 내용을 대상으로 삼고 있다. 그의 말투를 빌리면, '부엌과 식사를 중심에 둔' 내용이라는 것이 된다.

이시게의 정의는 그 나름대로 이해할 수 있는 것이기는 하지만 또 하나 분명하지 않은 점도 있다. 나는 다음과 같이 생각하면 어떨까 생각한다. 우선, 식사문화가 식문화의 일부라는 것은 분명하다. 그리고 식문화는 음식의 생산에서 사람의 위 속으로 들어갈 때까지를 그 범위로 한다. 즉, 음식을 만드는 것, 저장하는 것, 가공하는 것, 운반하는 것, 파는 것, 사는 것, 조리하는 것, 차리는 것, 먹는 것, 맛보는 것, 소화하는 것 까지가 식문화의 범위일 것이다. 그 이후의, 예를 들면 배설하는 것은 다른 카테고리에 들어간다. 이 중, 음식을 만드는 것에서 가공하는 것까지를 식의 생산문화라 불러도 좋을 것이다. 그리고, 운반하는 것에서 사는 것까지를 식의 유통문화, 조리하는 것에서 소화하는 것까지를 식사문화라 부를 수 있다. 다만 각 항목을 독립시켜서, 예를 들면 저장하는 것을 독립시켜서 저장문화라 부르는 것도 가능하다. 마찬가지로 조리하는 것을 독립시켜서 조리문화라고 부르는 것도 가능하고 먹는 행위 만을 끄집어내서 협의의 식사문화라고 하는 것도 가능하다.

실지로 식의 생산문화에 대해서는 이제까지 많은 업적이 있다. 음식을 만드는 것이란 수렵채집이나 농업, 어업, 목축의 업적이다. 농업에 대해서는 농학 내에 많은 업적이 축적되어 있고 어업에 대해서는 수산학 관계의 업적이 있다. 목축에 대해서는 가축학 등이, 그리고 수렵채집에 대해서는 문화인류학 쪽의 업적이 있다. 식품가공에 대해서는 식품가공학이 있고 저장에 대해서도 그 과학적인 연구가 이루어져 왔다. 식의 유통문화는 선진국에서 발달하고 있는데, 소위 발전도상국에서는 시장을 생각하면 좋은 정도이다. 그리고 이 분야의 중심은 경제학일 것이다. 조리하는 것 자체는 조리학의 분야이고, 소화하는 것은 의학이었거나 영양학 분야의 연구이다. 그러나 먹는 행위 자체는 중요한 문제라고 생각되지 않은 채 거의 연구대상이 되지 않았던 분야이다.

식사문화는 먹는 행위를 중심으로 한 조리하는 것에서 소화하는 것까지의 범위를 다루며 세계와의 비교를 전제로 생각하는 문화연구의 한 분야이다. 그리고 식문화는 식사문화를 포함하여 음식을 만드는 것에서부터 위까지의 음식에 관한 문화를 연구하는 분야이다.

Ⅲ. 본 권의 구성

 본 권에서는 인류라고 하는 시점에서 식문화를 생각하는 것이 목적이다. 당초에는 식사문화를 다루려고 생각했지만 본 권은 그 범위를 크게 일탈하게 되어 식문화로 정리하기로 했다. 그리고 그 목적에 따라 본 권을 다음과 같이 4개의 장으로 구성하기로 했다. 제1장은 식문화에 관계하는 가장 기본적인 사항을 다루고 있다. 제2장에서는 인류사로 본 식문화를 다루고 있다. 그러므로 영장류의 음식이 포함되어 있고 인간의 가까운 미래에 관한 것도 포함되어 있다. 제3장에서는 세계를 몇 개로 나눠 각각의 식문화의 특징을 서술하고 있다. 제4장에서는 통(通)문화적인 토픽을 다루고 있다. 개개의 문화에 촛점은 없고 어떤 문화 요소에 초점을 맞추고 있다.
 제1장의 첫 논고는 이시게 나오미치(石毛直道)의 것이다. 이 논고는 15년 이상 이전의 것임에도 불구하고 식문화에 관한 그의 기본적인 생각은 현재까지도 유효한 것이 되고 있다. 거의 바꿀 필요가 없다. 그는 이 논고에서 왜 식문화, 혹은 식사문화가 중요한 문제인가, 그것은 어떠한 분야로 성립되어 있는가를 설명하고 있다. 실지로, 그의 논고야말로 본 권의 해설에 가장 잘 어울린다. 나의 개설은 불필요할 정도인 것으로, 본 권의 모두(冒頭)에 두기에 적당한 논고이다. 거기에다가 여기에는 이 시리즈 전체에 관련된 토픽도 많이 포함되어 있어 전체적으로 한번 훑어본 후에 다음 장으로 넘어가길 바라는 바이다.
 후지오카 요시나루(藤岡喜愛)의 것은 약간 이상한 논고이다. 일종의 과학론으로 과학으로서의 가정학, 특히 영양학에 대한 비판이다. 무엇이 소중한가에 대해 이것만큼 명석하게 쓰여진 글은 드물다. 자연과학에 경도되어 있는 분들은 꼭 한번 읽어 보았으면 하는 논고이다.
 사하라 신(佐原 眞)의 논고는 역사, 특히 선사시대의 중요성을 강조하기 위해 수록한 것으로 식에 관련된 전반적인 문제에 대해 서술하고 있다. 음식사와 같은 분야는 이미 확립된 연구분야인데, 거기에는 고고학에서 다룰 것 같은 고대의 식에 대해서는 간단하게 언급되는 정도이다. 그러나, 고고학이 제공하는 식에 관한 자료는 극히 중요해서 여기에 좀 더 초점을 맞춰야 한다고 생각한다. 특히, 세계의 식문화와 그 역사를 생각하는 데에 있어서는 빠질 수 없는 분야라고 생각하기 때문이다[7].
 문화와 언어는 밀접한 관계를 가지고 있다. 그 때문에, 문화를 파악하는 방법으로서 언어학은 이제까지 갖가지 유효한 방법을 제공해 왔다. 시바타 타케시(柴田武)는 식의 여러 분야의 어휘를 분석해 보이며, 거기에서 끌어낸 흥미 깊은 결과를 제공하고 있다.

---

7) 사하라는 여기서 쓴 것 이외에, 사하라 신 1996 『식의 고고학』 동경대학 출판회가 있다.

그 결과를 통해 여러가지 사항을 보다 더 잘 이해할 수 있게 되신 분들도 적지 않을 것이다. 언어의 분석은 식문화 연구의 중요한 하나의 방법이다.

제2장은 인류의 식문화에 초점을 맞춘 장이다. 인류는 틀림없이 영장류의 일종이다. 인류는 영장류에서 시작되었듯이 인류 문화도 영장류 문화에서 시작된다. 다만, 현재 보여지는 영장류 문화가 아니라 인류와 다른 영장류가 분리하기 전의 영장류 문화이다. 물론 그것을 직접 관찰할 수는 없다. 그래서 현생(現生)의 영장류 관찰에서 그것을 추론하기로 한 것이다. 이타니 쥰이치로(伊谷純一郎)의 논고는 현생의 영장류의 식에 대해서 폭넓게 고찰하여 그 전체상을 개관한 다음에 인간의 식문화의 기층(基層)에 대해 언급하고 있다. 영장류의 식이라는 토픽으로 이것만큼 개괄적으로 쓰여진 것은 아마 본고(本稿) 정도밖에 없을 것이다. 그리고 영장류의 식은 고고학에서 다루는 식보다도 더욱 더 심도 깊은 자료를 제공해 준다.

나카오 사스케(中尾佐助)의 논고는 영장류의 식에 이어 인간이 식물을 어떻게 음식으로서 이용해 왔는가에 대해서 서술한 것이다. 잎이나 뿌리, 줄기, 과일, 씨앗과 식물 부분 부분이, 인간에게 있어서 음식으로서 어떤 가치를 갖고 있는가를 논의하고 있다. 그 결론은 벼와 식물의 씨앗이 인간의 주식으로서 재배화되었다는 것이다. 더우기 먹는 법까지 논의하고 있는데 그 논의 속에는 수긍되는 것들이 몇몇개 포함되어 있다. 나카오 만의 독특한 논고이다.

수렵채집민의 식은 영장류의 식으로 이어지는 것이다. 인류가 영장류에서 분화한 뒤의 음식이라는 것은 수렵 채집이었음이 분명하다. 타나카 니로(田中二郎)가 적고 있듯이 인류사의 99.8%는 수렵 채집에 의해 생명을 이어 온 것이다. 이 경우도 영장류의 식과 마찬가지로 현재의 수렵채집민의 삶을 관찰해 보는 방법으로 추측할 수 밖에 없다. 그러나, 거기에서 논의 되는 식의 모양은 실로 흥미진진한 것이다. 평등을 뒷받침하는 「과잉한 관계」나 곤충식[8]의 의미는 우리들의 상식을 크게 바꾼 것이다.

목축민의 식에 대해서는 실제로 먹을 수 있는 모양에 대해서 서술된 것은 아니다. 가축화와 젖의 이용의 기원에 대해서 가장 새로운 연구 성과에 의거하여 서술된 것이다. 그것은 최근의 고고학, 특히 동물고고학의 성과와 저자인 타니 야스(谷泰)를 포함한 문화인류학자에 의한 목축민의 관찰로 재구성된 것이다. 이 논고는 완전히 새롭게 써내려 간 것으로 현재의 최첨단적인 연구를 정리한 논고이다. 본 고에 의해 가축화와 젖의 이용의 기원을 처음으로 아는 사람도 많을 것이다. 실로 흥미깊은 논고가 아닐 수 없다.

기라 타츠오(吉良龍夫)의 논고는 이와 달리 인간의 미래에 대하여 이야기 된 것이

---

[8] 곤충식에 대해서는 미하시 준(三橋淳) 1984 『세계의 식용 곤충』 코킨書院, Bodernheimer, F. S. 1951 Insects as Houman Food.The Hague,Dr.W.Junk Publishers가 참고가 된다.

다. 지구라고 하는 한정된 공간 속에서 갖가지 요인을 맞춰 생각할 때, 도대체 어느 정도의 인간이 살 수 있는가에 대해 생태학을 기본으로 하여 이 문제를 구체적인 수치를 들어가며 설명해 간다. 그 설득력에 맞서기는 어렵다. 그리고, 기라가 도출하는 결론은 결코 밝은 결론이 되지는 않는다. 이 문제에 대해서 우리들은 어떻게 해야만 하는가, 그것을 묻고 있다. 인류의 미래는 현재를 살아가는 한 사람 한 사람의 선택에 달려 있다. 적어도 그것은 분명히 알아 두지 않으면 안될 것이다. 나에게는 인류사라는 입장에서 냉정하게 볼 때, 위기적 상황을 이미 넘어 절망적인 길로 밟아들어 가고 있다고 생각된다[9]. 오히려, 얼마나 잘 망해 갈까를 생각하는 편이 나은 게 아닐까라는 생각조차 든다. 그렇게 생각하면 또 활로도 있는 것이 아닐까?

제3장은 세계의 식문화를 다룬 장이다. 앞장은 인류사에 있어서의 식문화로 그 기원과 미래로 수렴되어 있다. 그들은 인류라는 하나의 관점으로 기술할 수 있다. 그러나 역사시대부터 현대에 이르는 식문화는 개개의 문화마다 크게 다르다. 그러므로 개별적으로 다루지 않으면 안 된다. 그렇게 함으로써 세계 속에서의 확대와 차이를 볼 수 있다. 그것은 동시에 인류사의 관점으로 역사시대에서 현대에 이르기까지의 인류의 식문화를 이야기하는 것이기도 하다. 그런 점에서는 인류사에 나타난 식문화의 일부를 짚어지고 있는 것이 된다.

원래 이 속에 미국 대륙이나 아프리카, 오세아니아가 포함되어야 하겠지만 이 장에서는 다루지 않았다. 그 이유는 이 시리즈의 기본이 된 아지노모토 주식회사 및 재단법인 아지노모토 문화센터 주최로 실시한 심포지엄이나 포럼에서는 이 지역의 식문화 혹은 식사문화를 거의 다뤄 오지 않았기 때문이다. 거기에서는 주로 동아시아에서 남아시아쪽 지역에 치중되고 있다. 그것은 일본의 식사문화가 하나의 중요한 초점이었기 때문일 것이다. 이번에 본 권의 편집을 계기로 이들 지역의 식문화를 새롭게 보탤까도 생각했지만, 굳이 그렇게 하지 않았다. 이 시리즈는 이제까지 해 온 기획 내에서 편집하는 것을 기본으로 하고 있기 때문이며 그러한 내용을 그대로 반영시키는 것도 좋지 않을까라고 생각했기 때문이다. 앞으로는 이들 지역 식문화도 적극적으로 기획에 보태주길 바란다.

세계의 식문화를 설명할 때 유럽을 출발지로 하여 동쪽으로 돌아 중근동, 인도, 동남아시아, 한반도, 동아시아 순으로 배열했다. 먼 곳에서 가까운 곳으로의 배열이다.

처음의 논고는 클라이너·요셉에 의한 유럽의 식문화이다. 유럽이라고 해도 모두를 다루는 것이 아니라 그가 잘 아는, 소위 독일어권의 식문화에 한정되어 있다. 그리고 다른 문화와의 비교라는 점을 생각하면 서민의 식문화를 다루는 것이 타당할 것이다.

---

[9] 식에 관련하여, 지극히 성가신 문제가 발생하고 있음을 알게 되었다. 내분비 착란 물질(소위 환경호르몬)의 섭취이다. 인구 감소에 관련하는 문제이며, 이것을 극복할 수 있을지 어떨지는 분명치 않다.

여기서는 상류사회의 식문화나 레스토랑의 식사 같은 것은 포함되어 있지 않다. 그리고 우리들에게는 그다지 익숙치 않은 유럽의 시골 식문화, 식의 기층문화를 보게 된다. 이것은 클라이너가 아니면 쓸 수 없는 논고이다.

중근동과 인도에 대해서는 구체적인 음식의 이야기가 아니라 식에 대한 생각을 다룬다. 둘 다 종교가 강한 힘을 가지고 있는 지역이고, 종교와 관련된 식문화가 이야기된다. 중근동에서는 이슬람의 식문화가 다뤄진다. 이슬람이라고 해도 그 지역적 확대에 따른 변이는 크다. 그러므로 아랍 세계가 고찰의 대상이 되고 있다. 그리고, 식사 예절과 그것을 지탱하는 윤리에 대해서 설명하고 있다10). 호리우치 마사루(堀內勝) 의 논고는 많은 주가 달린 소상한 것으로 전문가에 의한 논고의 전형을 보여준다. 이슬람의 식사예절을 일본어로 쓴 것으로서는 매우 드문 것이며 이 식사예절을 통해 이슬람의 식에 대한 생각이 훌륭하게 기술되어 있다.

인도에 대해서는 고니시 마사카츠(小西正捷)에 의한 힌두 식 이야기이다. 「마누법전」을 하나의 근거로 삼으면서 카스트, 정·부정, 채식, 불살생 등, 인도의 독특한 식문화를 알기 쉽게 설명함과 동시에 현대에 있어서의 변화에 이르기까지를 적고 있다. 인도의 식문화에 대한 이 포괄적인 논고에 의해 우리들의 문화와는 상당히 다른 인도 식문화의 기층을 이룬 그 사상을 이해할 수 있을 것이다.

동남아시아에서는 이와 달리 도시의 외식점을 다루고 있다. 포장마차는 소위 인포럼·섹터로서 주목되는 경제활동인데 동남아시아에서 특히 잘 발달해 있다. 동남아시아의 여러 나라를 방문한 사람도 많겠지만, 거기에서 많은 포장마차를 보았을 것이다. 다른 나라의 도시에서도 볼 수 있는 포장마차가 여기에서는 일상생활의 일부로서 깊이 파고 들어가 있다. 모리에 타쿠시(森枝卓士)에 의한 동남아시아 각국의 포장마차를 비롯한 외식점에 대한 논고는 시점의 신선함과 상세함에 있어서, 이에 비교될 만한 논고는 아주 적다고 생각된다. 또, 그는 포장마차의 발달에 대해서는 하레(ハレ)와 케(ケ)가 하나의 열쇠가 되는 개념이라는 주장을 하고 있는데, 이것이 또 하나 중요한 점이라고 생각된다. 그것은 포장마차의 싼 가격이다. 이상하게도 동남아시아에서는 자택에서 요리하기 보다도 포장마차에서 사는 편이 싸다는 것이다. 그리고 도시민의 맞벌이 생활이 더 한층 포장마차 요리의 구입을 촉진하고 있다.

한반도의 식문화는 지금은 고인이 되신 이성우씨에 의한 것이다. 식문화에 대한 중심적 연구자이며 한반도의 식문화를 설명하는데 이 이상의 사람은 없다. 그의 논고는 역사적인 고찰을 포함하여 한반도의 갖가지 식문화의 특징이 잘 설명되어 있다. 그러나, 그

---

10) 같은 저자인 호리우치 마사루에 의해 이슬람 음식의 금기에 대해서 쓰여진 것이 있다. 호리우치 마사루 1992 「이슬람과 식」 구마쿠라 이사오(熊倉功夫)·이시게 나오미치(편) 『식의 사상』 도메스 출판, pp.101-118

의 콩에 관한 가설에 대해서는 나는 전면적으로 찬성하는 것은 아니다. 콩 재배의 만주 기원설이나 발효 콩의 조선기원설에 대해서는 다른 가설을 가지고 있다.11) 그렇다고는 해도 한반도의 식문화에 대해서 일본어로 쓰여진 것으로서는 가장 출중한 것이다.

이 장의 마지막은 이시게 나오미치에 의한 것이다. 그의 논고에서는 일본, 한반도, 중국을 한 묶음으로 하여 동아시아로 부르고, 유럽과 중근동, 인도와의 식문화를 비교하여 동아시아의 식문화의 특징을 추출하고자 하고 있다. 이러한 식문화에 대한 비교적 논고는 오히려 다음 장에 포함되어야 할 것일지도 모른다. 그러나, 그 초점은 동아시아의 식문화에 있으므로 이 장에 두었다. 이시게에 따르면 동아시아의 식문화를 특징지우고 있는 요소는 쌀을 주식으로 하고 있는 것과 생선과 콩이 중요한 단백질원이란 점, 젖의 이용이 결여된 점과 발효조미료를 갖고 있다는 것, 찌는 기법을 갖고 있으며 젓가락과 그릇으로 식사를 하는 것 등이다. 이들 중 뒤의 두 가지를 제외하고 모두 음식의 소재에서 그 특징을 찾고 있는데 이는 초기 그의 식문화에 대한 논문의 특징이다. 그리고 이러한 특징을 생각할 때 동남아시아의 식문화는 동아시아의 그것과 높은 공통성을 가지고 있음을 지적하고 있다. 이시게의 폭넓은 지식을 기초로 해서 밖에 쓸 수 없는 논고이다.

제4장에서는 우선 나카오 사스케(中尾佐助)의 「매토발효가공법」을 수록했다. 나카오는 참으로 독특한 연구자로 그 조어법에는 아주 특이한 점이 있다. 그것은 시점 혹은 개념화가 독창적인 것을 따르고 있는데 여기서 다룬 매토발효가공법도 그 중 하나이다. 발효식품에는 여러가지 것이 있는데, 그 방법으로서 흙 속에 묻는 방법이 있다는 것을 알아내고, 이 발효법은 원래는 독빼기를 목적으로 한 것이라고 생각했다.12) 이제까지는 독빼기 가공법으로서 진흙 속에 묻어 그 진흙으로 독을 흡수시킨다는 방법의 지적은 있었지만, 흙 속에 묻어 발효시킨다는 아이디어는 없었다. 원래부터 이것은 아직 가설의 영역을 벗어나지 못했지만, 충분히 있을 수 있는 재미있는 방법이다. 이것과 상통하는 것은 혈장(穴臟, 구멍을 뚫어서 저장하는 것)일 것이다. 세계 각지에서 고고학적으로 혈장이 발견되고 있다. 그 대부분은 저장으로 생각되고 있지만 어쩌면 이들 혈장 속에는 발효시켜서 독빼기를 하고 있었던 것이 있을 지도 모른다. 중앙아메리카의 구두모양의 혈장이 바로 이런 종류의 것일지도 모른다. 어쨌든 독특한 논의이다.

두 번째 논고도 발효에 관련된 것이다. 발효는 식품가공법 중에서는 특이한 것으로 여러가지 문제가 내포되어 있다. 그리고 전 세계 어디에서나 볼 수 있는 것이 아니라

---

11) 요시다 슈지(吉田集而) 『콩 발효식품의 기원』 사사키 다카아키・모리시마케이코(편) 일본문화의 기원 : 민족학과 유전자의 대화』 코단샤, pp.229-252
12) 나카오의 이 논고에 자극받아, 요시다 슈지 1994 「태평양의 발효식품」 「Health Digest」 9(5) : 1-6이 있다.

동아시아가 그 하나의 중심인 것은 틀림이 없다. 이 발효에 관련한 음식문화를 망라적으로 정리한 것이 본 논문이다. 이 논고의 저자인 이시게는 액젓 연구13)로 학위를 받았고, 그 연구의 일부가 이 속에 포함되어 있다. 액젓에 대해서는 이시게의 연구에 의해 그 대부분은 해명되었지만, 다른 것에 대해서는 역시 문제를 포함하고 있다. 지금까지의 상황은 본 논문에 다 들어있으며 금후의 연구는 본 논문에서 출발하게 될 것이다.

세 번째는 요시다 슈지(吉田集而)가 지은 것으로 맛에 대해 다루고 있다. 이 논고는 두 개의 부분으로 이루어져 있으며, 첫 부분에서는 맛의 어휘를 분석함에 따라 맛의 인식 구조를 분명히 하고자 하고 있다. 나머지 부분은 맛에 관련된 조미·향신료의 유형화와 그 세계적 분포를 다룬 것이다. 이 두 가지에 의해 맛의 세계지도를 그리고자 한다. 아직 미완성이지만 잠정적으로는 충분히 사용할 수 있는 지도가 되었다고 생각된다.

또한, 본 권에서는 식문화에 관한 12장의 많은 색으로 인쇄한 세계지도를 첨부했다. 이제까지 이시게·요시다·아카사카·사사키에 의해 작성된 4장의 「식사문화의 세계지도」14)와 『지구시대의 식문화』의 권말인 현대 식의 세계지도15), 『주간아사히 백과 세계의 음식16)』 속에 보여지는 식문화에 관련한 세계지도가 있었다. 이들을 참고로 하면서 주식회사 가츠이 디자인 사무소와 야마구치 히로키(山口廣毅)의 조력을 얻어 요시다 슈지가 본 권을 위해 새롭게 제작한 지도이다. 세계의 식문화를 개관하기에 쉽게 만든 것으로 식문화에 대한 저술과 강의할 때 참고해 주길 바란다.

또 세계의 식문화의 일단을 「식탁의 풍성함」이라는 표제하에 컬럼 기획 페이지(177~187페이지)로 구성했다. 문명 기원지인 서아시아에서 동쪽으로 도는 순서로 제시되어 있다. 이 책으로 세계 각지에서의 생생한 그리고 맛있게 보이는 식사풍경을 즐겨주길 바란다.

이상으로 본 권의 구성에 대해 설명했는데 지극히 당연한 말이지만 인류의 식문화에 대해서 이것이 다는 아니다. 2장부터 4장에 걸쳐서는 아주 일부만 제시되어 있는데 여러가지 연구의 가능성이 남겨져 있음을 읽어낼 수 있을 것이다. 식문화의 연구는 이제 가까스로 연구의 길에 접어들었을 뿐이다. 앞으로 다양한 연구가 생겨날 것으로 생각한다. 본 권이 그것을 환기시키는 기초가 되어 준다면 이보다 더 좋을 순 없을 것이다. 앞으로 연구의 진전이 있기를 기대한다.

---

13) 이시게 나오미치·케네스 란덜 1990 『액젓과 나레즈시 연구』 이와나미書店
14) 이시게 나오미치(편) 1973 『세계의 식사문화』 도메스출판의 권말 끼워넣기 그림
15) 이시게 나오미치(편) 1982 『식문화 심포지엄 '82 지구시대의 음식문화』 헤본샤
16) 이시게 나오미치·츠지 시즈오·나카오 사스케 감수 1981-1983 『주간아사히 백과 세계의 음식』 아사히 신문사, 전140권 중의 테마편(121-139)의 권에 여러 가지 식문화에 관련 하는 그림이 게재되어 있다.

제 1 부

식문화의 시점(視點)

제1장 왜 식문화인가?

이시게 나오미치(石毛直道)

Ⅰ. 들어가며-식문화의 입장

「먹는 일」을 문화로서 생각하는 것이 식사문화이며 식의 문화이다[1]. <그림1>의 「식문화 지도」를 보면 먹는 일에 관한 학문은 실로 많다. 그러나 종래의 연구는 주로 식품을 물질로서 취급하는 농학의 분야, 음식을 어떻게 가공하는가의 조리의 분야, 또, 섭취한 음식이 어떻게 인체에 흡수되는가 하는 생리, 영양학의 분야에 화제가 집중되어 있었다. 즉, <그림1>의 왼쪽의 "생산" 영역의 기술·경제와 오른쪽의 "생체"의 분야에 대해서는 지금까지 꽤 다루어져 왔다고 할 수 있다. 그러나 식품을 먹는 인간의 마음의 문제까지는 생각이 미치지 못한 건 아닐까?

식문화의 본질은 식품과 식사에 관한 태도를 정하는 정신 속에 숨어있는 것, 즉 사람들의 식품에 관한 관념과 가치의 체계이다. 먹는 일에 관계 된 것과 기술, 인체의 메커니즘을 이른바 하드웨어라고 하면, 이것은 소프트웨어에 해당한다.

---

[1] 식사문화, 식문화에 대한 해설은 본 권 16페이지 「서장 인류의 식문화에 대해」, "식문화와 식사문화"를 참조 바람.

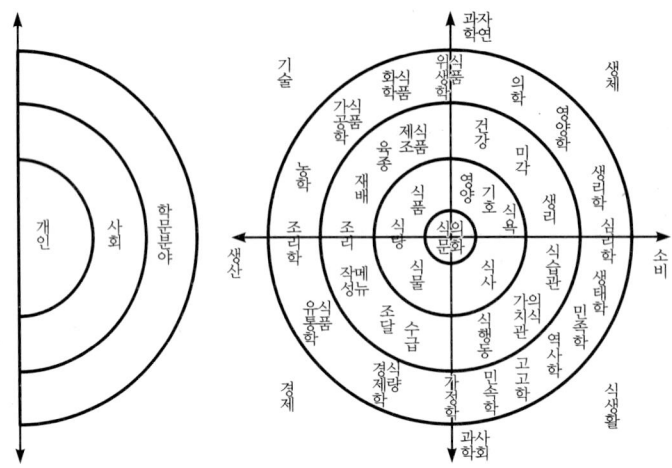

<그림 1> 식문화의 지도[(문헌1) ㈢의 그림을 개정]

II. 먹는다는 것은 「문화」이다.

먹는다는 것은 「문화」이다. 「문화」라는 용어의 정의에는 여러 가지가 있지만 여기서 말하는 문화는 많은 문화인류학자의 사이에서 공통되는 개념, 「생물로서의 사람에게 유전적으로 입력된 행동이 아니라, 인간의 집단 속에서 후천적으로 습득해야만 하는 행동.」이다. 그렇게 보면 인간의 행동의 대부분은 문화적인 행위임을 알 수 있다.

수면에 대한 욕구와 성욕과 함께 식욕은 사람이 계속 살아가기 위한 기본적인 욕구로서의 본능에 해당하지만, 인간의 식사는 동물의 식사와는 다른 측면이 있다. 인간이 '먹는다'라고 하는 것은 식품을 생산해서 가공하고, 식품을 용기에 담아, 먹는 방법을 규정하는 식사예절 등 여러 사항들이 붙어 다닌다. 이러한 식사에 관련된 기술과 식사에 있어서의 인간의 행동의 대부분은 본능으로서 유전적으로 전달된 것이 아니라, 후천적으로 학습한 문화적인 행위이다.

III. 인간은 「요리」를 하며 「공식(共食)」을 하는 동물

동물과 문화를 가진 동물인 인간의 행동의 차이는 언어와 도구의 사용에 있다고 하지만 이들은 인간이 만들어 낸 문화의 특징을 말한 것이다. 같은 것을 식품에 관계되는 측면에서 보면 동물의 식행동에서는 인정되지 않는 인류의 독자적인 식행위가 식문화라 할 수 있다. 그렇다고 하지만 인류의 식행위의 변이의 폭은 매우 넓다. 그 안에서 모든 인류에 공통되고, 게다가 인류사의 초기까지 거슬러 올라가는 사항은 무엇인지를 생각했을 때, 「인간은 '요리'를 하는 동물이다」

「인간은 공식(신에게 바치는 제물을 모두 같이 먹음으로써 신과 사람, 사람과 사람의 결합을 강하게 하려는 의례적인 식사)을 하는 동물이다」라고 하는 두 개의 명제에 도달한다. 이것이 식사문화의 연구의 출발점이다.

「요리」에 따라 대표되는 인간의 일은 자연의 산물인 식재료에 문화를 부가하는 측면, 바꿔 말하면 식품의 가공이며, 식에 관한 물질적 측면의 이야기이다. 한편, 「공식(共食)」을 계기로 성립한 것은 먹는다고 하는 인간의 본능적 행동에 문화를 부가하는 일이며 식의 사회적 측면이라고 할 수 있다.

「요리」와 「공식」이라는 인간의 특징적인 두 개의 문화적인 행위를 둘러싸고 식사문화의 중심핵은 형성되어 왔다.

Ⅳ. 요리=식품가공, 공식=식사행동

요리기술의 중심핵인 불의 이용은 구석기 시대의 북경원인(北京原人)의 단계에서 명확해 진다. 하지만 불의 사용만이 아니라 식품을 자르고 씻고 껍질을 벗기는 기술도 넓은 의미에서 요리, 또는 식품가공이라고 이름 붙인다면 사람이 인간다운 행동을 하게 된 단계에서 이미 도구를 이용해가면서 식품을 가공한 것이다. 식품가공은 초기의 인류에 의해 석기를 사용한 사냥감의 가죽 벗기기와 불의 이용 등에서 시작해, 매갈이 등 일차적인 원료처리, 요리, 담아내는 것까지 일련의 식품에 관련된 가공기술의 집적(集積)이다. 이것은 현대의 식품산업까지 이어지고 있다.

인간의 식사는 동물이 원칙적으로 개체 단위로 하는 것과 달리 다른 사람들과 함께 먹는 것이 원칙이다. 세계의 각 민족 공통으로, 식사를 함께하는 집단의 가장 기본적인 단위는 가족이다. 원래 가족이라는 집단은 성적 결합관계와 그 사이에 태어난 아이의 양육, 및 그 관계에 포함된 집단 내에서의 식품의 획득과 분배관계라는 2대 원칙에 기본을 두고 형성된 것이다.

공식이란 한계가 있는 식품을 서로 나누는 것이다. 분배에서 힘 있는 자가 식품을 독점하면 식사하는 장소의 질서가 유지되지 않는다. 이 공식을 둘러싸고 성립된 규칙이 식탁예절의 기원이다. 식품과 식사에 관한 예절과 식품에 관한 금기, 담아내는 미학에 달하는 식사를 둘러싼 가치와 행동방식에 관한 정신적 활동을 포함한 영역이 식사행동의 분야이다.

Ⅴ. 식문화의 형성-환경과 생리의 사이에서

인간이 식품을 먹는 순서를 정리한 것이 <그림2>에 나타나 있다. 입에 넣기 위한 식품은 환경 속에서 구한다. 그러기 위한 활동으로서 수렵, 채집, 어획, 목축, 농경 등의 식품 획득법과 생산에 관한 분야가 있다. 이 분야의 연구는 주로 농학 관계의 자연과학의 대상이 되었다. 한편, 요리된 식품을 입에 넣은 후의 소화와 영양에 대해서는 생리학을 중심으로 자연과학의 연구대상이 되었다. 이 환경과 생리 사이의 영역에는 요리를 중심으로 하는 식품가공과 공식을 중심으로 발달해 온 식사행동이라는 매우 문화적인 현상이 존재한다. 개체 단위로 식사를 하고 요리를 하지 않는 동물의 식사에서는 환경과 생리가 직결되고 있다고 말할 수 있다. <그림 2>의 환경과 생리 사이에 둘러싸인 영역을 넓혀온 것이 인간의 식문화의 역사이다.

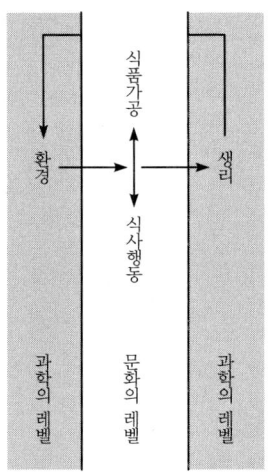

<그림 2> 식품가공과 식사행동 [문헌 (1)⑦]

환경과 생리에도 문화는 매우 중요한 영향을 끼쳤다. 환경 측에 속하는 농작물과 가축은 자연의 산물이 아니라, 인간이 기술을 행사해서 만들어 낸 문화의 산물이다. 식료의 생산을 둘러싸고 인간은 지표(地表)의 많은 부분을 개변(改變)해 왔다. 지표의 경관을 가장 많이 변화시킨 것은 농업으로 밭과 논으로 뒤덮인 토지는 어느새 있는 그대로의 자연환경이 아니라 인간이 만들어 낸 환경이 되었다.

식품을 입에 넣은 후에는 문화와는 관계없이 생리적 현상으로서의 인간의 몸의 구조에 맡겨야 한다고 생각하기 쉽다. 그러나 생리에도 문화가 관련되어 있다. 돼지고기를 먹는 것이 금기인 이슬람교도 중에서 특히 형률을 엄격히 지키는 사람을 속여 돼지고기를 먹였다. 먹은 후 실은 돼지고기 요리였다는 것을 듣고 얼굴이 창백해져 자기도 모르게 전부 토해내고 괴로워하면서 구급차를 불렀다고 한다. 이것은 돼지고기 금기라고 하는 문화현상이 생리까지 영향을 미친 것을 보여주고 있다. 식품 금기가 적은 현대의 일본인이라도 뱀 고기에 대해서는 생리적 거부 반응을 보이는 사람이 많다[2].

이런 예는 인간은 「물질」로서의 식품만이 아니라 문화로서의 「정보」를 먹고 있는 것을 나타내고 있다. 맛이 있고 없다고 하는, 언뜻 보기에 생리적 정보도 문화에 뒷받침되고 있는 측면이 크다. 지방적인 식습관과 질병의 관계도 어떤 특정의 환경 속에서 사는 사람들이 만들어 낸 문화가 건강이라는 인체 생리의 문제에 깊게 관여하고 있는 것을 보여 준다.

Ⅵ. 사람은 문화를 만들고, 환경에 대응한다

생물의 식생활은 그 몸의 구조에 표현된다. 전문가는 포유류의 이빨 모양만 보고서 그 동물이 초식동물인지 육식동물인지를 곧 알아낸다. 초식동물은 긴 소화기관을 가지고 있고 육식동물은 강대한 이빨과 날카로운 발톱을 가지고 있는 것처럼 생물은 살고 있는 환경에서의 식생활에 따라 몸의 형태를 바꾸어 간다.

동물은 몸을 특수화해서 환경에 적응해 간 것에 비해 사람의 선조는 문화를 만들어서 환경에 대응했다. 추운 지방에 사는 민족의 체모가 특별히 발달했다는 증거는 없다. 오히려 냉랭한 기후에 대처하기 위해 불을 시용한 난방, 따뜻한 의복, 주거 등의 문화를 발달시켜 극북의 지대에 살 수 있게 된 것이다.

몸을 변화시키는 대신에 문화를 변화시켜 인간은 환경에 대응해 온 것이다. 그 결과 지구상의 육지 거의 전 지역에 인간이 살게 되었지만 그러한 현상에 따라 식문화도 또 다양해졌다.

한편 인간이 이렇게 다른 환경에 대응이 가능한 것은 사람의 선조가 가지고 있던 식에 대한 생물학적인 몸의 구조와 습성이 기초가 되고 있는 것도 간과할 수 없다. 사람은 육식성이나 식물성이라는 한정된 식성을 가지는 것이 아니라 폭 넓은 식성을 가진

---

2) 대부분의 금기는 그 인과관계에 대한 합리적인 설명이 붙지 않는다. 왜 그러한 금기가 발생했는지는 모르지만 하면 안 되는 일로 남아 있다.
  그렇기 때문에 각각의 금기의 기원을 거슬러 올라가서 생각하는 것은 매우 어렵다. 그러나 대부분의 금기에 공통되는 하나의 역할이 있다고 생각한다. 그것은 금기를 같이 가지고 있는 사람끼리 금기를 공유하는 것으로 그 집단을 강화하는-연대감을 깊게 하는 사회적인 효과를 가지고 있는 것이 지적된다.

동물이다.3) 그래서 식물성의 식품이 부족한 극지(極地)의 이누이트(에스키모)에서 채식주의자에 이르기까지 여러 식생활을 하는 것이 가능한 것이다.

Ⅶ. 정보라는 형태로 환경을 받아들이다

먹는다는 것은 환경을 체내로 받아들이는 것이다. 식품, 즉 환경의 산물을 체내로 받아들일 때 그것이 먹을 수 있는 것인지를 식별해야만 한다. 즉, 먹는 것은 환경을 구성하는 요소를 식별해서 선택하는 것에서 시작한다고 할 수 있다. 그 선택하는 능력은 아메바처럼 아주 작은 원생동물에게도 갖추어져 있다. 환경 속에서 자신과 동류의 개체를 식별하고 번식하는 것으로 자기의 종을 존속하는 능력과 환경 속에서 식품을 식별하고 그것을 먹는 것으로 개체를 살게 하는 능력은 동물의 환경에 대한 인식작용의 근간을 이룬다.

자연계에 있는 것은 각각 형태, 색, 냄새, 움직임, 온도 등 여러 가지 신호를 보내고 있다. 동물은 그들의 신호를 잡아서 자신의 체내에 있는 정보처리 능력에 응해 식별, 선택을 하며 먹는 행동으로 옮긴다. 동물이 고등이 될수록 단순한 자극=반응의 기계적인 메커니즘이 아니라 부모로부터의「학습」에 의해 다양한 식품에 대한 기호를 형성하게 된다.

대뇌가 발달한 인간은 환경에 있는 물질적 존재를 간단한 신호가 아니라 언어조작 능력을 중심핵으로 한 무형의 정보의 형태로 변환해 머릿속에 넣어 정보를 모은다. 그래서 환경에서 멀어져도 인식한 기억을 되살려 이미지로서 머릿속에서 환경을 재현하는 일이 가능하다. 이른바 대뇌의 발달에 의한 머리 내부에 환경을 넣어둔 동물이 사람이다.

Ⅷ. 문화가 본능을 퇴화시킨다

인간은 받아들인 정보를 재정비하고 변형해서 다시 외부의 환경에 보내고 자연의 환경을 변혁해 왔다. 대뇌 속에서 재편성된 정보, 즉 창의적인 생각 등을 자연에 다시 보낼 때의 구체적인 행동을 상징하는 것이 '손'이다. 대뇌의 진화와 함께 직립 보행을 하게 된 것이 사람 몸의 특징이라 하지만 두 다리로 서는 것에 의해 빈손에 인간은 도구

---

3) 인류가 어느 단계가 되어 잡식화된 것이 아니라 원래 잡식성을 가진 영장류의 하나가 사람이 되었다는 것이 이타니(伊谷)설이다. (본 권 95페이지)

를 가지고 자연에 맞서게 된 것이다. 도구를 사용한 기술에 의해 자연계에 있던 그대로의 형태가 아닌 식품을 만들어 왔다. 씻는 것에 의해 몸에 유해한 물질을 없애고 소화할 수 없는 모피를 벗기고 뼈를 바른 고기, 가열해 사람이 소화 가능하게 변질시킨 전분 등, 요리를 한 식품은 모두 자연에는 존재하지 않는 변형된 것이다.

이러한 일에 의해 식품의 종류와 기호가 다양화한 반면 자연 환경에 있는 식품에 대한 선택 능력은 퇴화했다고 할 수 있다. 도시생활자가 자연에 있는 그대로의 식품에 식욕을 느끼는 것은 기껏해야 나무에 달린 익은 과일을 봤을 때 정도일 것이다. 포동포동 살이 찐 동물을 보고 식욕을 느끼는 일은 없어졌다. 오히려 접시에 담긴 고기 요리의 컬러 사진을 바라보면 침이 고인다. 즉,「기술에 의한 변형된 환경」에 관한 정보에 의해 우리들은 식품을 선택하고 있는 것이다. 이미 본능적으로 영양이 되는 식품을 찾아내는 능력이 결여되어 버렸다는 것을 의미한다.

Ⅸ. 식사문화의 중심-부엌과 식탁

앞에 게재했던 <그림 2>에서 문화의 레벨에 부여된 식품가공과 식사행동이 행해지는 무대에 대해 생각해 보자. 요리를 중심핵으로 하는 식품가공은 가정의 부엌에서 행해지며 공식을 축으로 전개되는 식사행동의 기본형은 가정의 식탁에서 행해져, 둘 다 일상다반사의 문화이다.

매우 일상적인 행위이기 때문에 일상에 너무 어우러져 문화의 연구 대상이 되리라고는 생각도 안 해봤다는 측면도 있다. 식뿐만이 아니라 의(衣), 주(住)의 생활의 문화도 같은 경향이다. 의복에 관해서는 스타일북이, 식에 관해서는 요리책이 범람하고 있지만, 문화로서의 복장연구, 식사연구의 책은 거의 없다. 실용 면에 관한 정보는 넘치고 있는데 반해, 정보를 학문으로서 정리한 것은 없는 것이다.

다른 민족 문화의 세련된 부분에 대해서는 잘 알고 있다. 외국의 유명한 음악가, 화가, 조각가, 시인, 소설가 등에 대한 지식은 있지만 그 사람들이 어떤 식생활을 하고 있는지는 생각해 보지 않는다.

일본인이 비교적 잘 아는 외국의 요리라고 하면, 중국요리와 유럽의 요리지만 그래도 중국과 유럽 사람들의 일상 식생활에 대해서는 거의 잘 모른다. 중국 사람들이 일본의 중국요리점에 걸린 메뉴를 매일 먹고 있지는 않을 것이다. 그러나 중국 사람들은 보통 어떤 음식을 먹고 있을까? 또, 레스토랑의 풀코스라면 생선요리, 고기요리에서는 형태가 다른 나이프와 포크가 준비되어 있지만, 유럽의 가정에서도 그렇게 나눠서 쓰고 있을까? 모차르트의 음악과 문화대혁명에 대해서는 얘기할 수 있어도 이런 일상적인 생활문화에 관한 의문에는 잘 대답할 수 없다.

X. 일상다반사 정도도 모른다

그러한 지식의 편중은 일본인뿐만이 아니다. 동서를 막론하고, 지식인들이 추구해 온「지(知)의 세계」가 그러한 편중된 구조로 되어 있다. 인간의 생활 속에서「고상한 것」이라고 하는 사상, 관념, 미학 등이 논해질 만한 문화로서 암묵의 이해가 계속 있었던 것이다.「고상한 것」을 이해할 수 있는 것이「문화인」의 자격이다. 마르크시즘의 용어를 사용하면 상부구조에 해당하는 곳이 문화의 진수이며 생활에 밀착한 하부구조의 문화는「지의 세계」를 구성하는 것이라고는 인정받지 못하고 방치되어 왔다.

문자를 쓸 수 있는 인간이 적고, 종이가 귀중품이었던 시절, 일상다반사(日常茶飯事)의 기록을 남기려고 하지 않았다. 드물게, 식생활의 기록이 있어도 그것은 궁정의 의례에 관한 유직고실(有職故實 : 조정과 무가의 의례, 전고, 관직, 법령 등에 관한 고래의 규칙)의 기록은 남겨져있으나 서민의 식생활의 역사는 모른 채 지내왔다.

어느 책을 편집할 때 세계 각 민족의 가정 식사 풍경의 사진을 모으려고 한 적이 있다. 이러한 정보 수집에 가장 도움이 되는 것은 실지 조사를 행하는 민족학자들이다. 현지에 살면서 함께 생활해가며 연구하는 민족학자의 일은 민족지적(民族誌的)인 기술에서 시작된다. 현지 사람들의 사회와 문화를 기록하고 그것을 분석하는 일이 민족학이라는 학문의 방법이다.

그렇지만 기대할 정도로 많은 사진은 모이지 않았다. 문화를 기록하는 것이 본업인 민족학자조차도 그다지 식사 기록을 남기려고 하지 않는다. 민족학에서도 사회조직과 종교등 기존의 방법론이 확립한 분야는 이른바 문화의 상부구조의 부분으로 그것에 반해 미개척의 분야인 일상생활에 밀착한 식문화에 관한 관심은 낮다. 그래서 식사 풍경의 사진은 찍어두지 않은 것이다. 나의 경험을 통해 봐도 식사가 준비되면 그것을 먹기에 정신이 팔려 사진 찍는 일을 잊곤 한다. 식사는 먹기 위해 있는 것이지 연구를 위한 것이라고 생각하지 않는 것이 일반적이다.

또, 일상생활에 관한 것은 프라이버시의 영역이기 때문에 함부로 침해하기 힘든 성격도 있어서 생활문화가 연구대상이 되기 힘든 것도 하나의 원인이 되어 있다.

XI. 식문화는 기존 학문분야에서 밀려나온 이단아

　부엌과 식탁을 상대로 하는 식문화의 연구는 기존의 학문분야에서 밀려나온 이단아이다. 각각의 학문분야는 현상을 분석한 후 그것을 논리적으로 재구축한 체계의 존재를 전제로 성립해 왔다. 그러나 식문화를 연구한 시점에서 그것이 하나의 논리적 체계를 가질 수 있는 지도 명확하지 않은 상태이다. 애초, 생활문화라는 인간 행동의 잡다한 방면에는 거기서 행해지는 복잡한 현상에 비논리적인 요소가 많이 포함되어 있다. 게다가 먹는다고 하는 것이 인간의 행동에 매우 넓은 분야에 관련되어 그 일련의 넓은 영역의 속에서 식을 둘러싼 인간 생활의 변화가 민족에 의해 달라서 다채로운 문화가 다양하게 존재하고 있다.
　종래의 학문 분야에서 식생활에 가장 관련된 것은 가정학4)이었을 것이다. 시험 삼아 가정학 책을 몇 권 읽어 봤다. 어찌된 일인지 가정학에서 다루는 식의 문제는 문화·사회과학으로서의 일반성을 가진 것이 아닌 듯하다. 대학의 가정학과의 내용을 보면 영양학, 조리학, 식품사 등의 교양 분야가 있지만 이것들은 개별의 문제를 다루는 것이다.
　예를 들면, 조리학에서 요리라고 하는 것은 어떠한 행위에 관해서는 언급하고 있지 않다. 또는 영양학에서는 바람직한 식단은 있어도 세계의 식생활에 있어서 일본인의 식품과 식단의 특색은 무엇인가, 그것은 어떤 식사에의 가치관에 영향을 받고 있는가 하는 문화적인 인간의 생활상에 대해서는 그다지 생각하지 않는다. 생리적인 인간의 메커니즘과 식품의 화학적 조성을 직결한 논리에 떠받쳐지고 있는 듯 보인다. 민족학, 민속학, 농학 등에 있어서 식의 연구도 같은 것으로 각각의 학문의 방법론의 틀을 벗어나 하나의 새로운 분야를 형성하는 데까지는 달하지 못했다.
　그것은 식문화의 연구가 기존의 학문 방법의 응용 문제 또는 기존의 학문의 출발점으로서의 지위에 멈춰있는 것을 나타내고 있다. 식품사(또는 식사사)는 식문화의 연구 중에 하나의 학문 분야로서의 시민권을 그럭저럭 얻은 예외적인 것이지만, 그것조차도 역사학적 방법을 식에 응용해 식의 역사 기술을 한 것으로 역사학의 한 분야의 틀 속에 멈춰있는 것이 현재 상황이다. 유감스럽게도 식품사 독자적인 방법론의 개척에 성공하지 못하고 있다. 영양학에서는 화학과 생리학에 힘입어 양쪽 학문의 응용편으로서의 지위에 있다.
　기존의 학문의 방법에 큰 폭으로 의지하는 한 연구자도 기존의 학문의 본점에서 지점으로 일시적으로 쫓겨 온 사람들 같다는 느낌조차 든다. 햇병아리 역사학자가 여자대학에 가서 식품사의 강의를 잠시 하는데 유능한 인재라 해서 다시 불려가 역사학 본류의 연구에 참여하는 것 같다.

---
4) 현재는 생활과학이라고 한다.

XII. 잡학으로부터 학제적 연구로

아무리 기존의 학문 체계에 편승해도 식문화가 연구 대상으로 하는 분야에는 독자적으로 안고 있는 문제가 있어 기존의 방법으로는 해결할 수 없는 일이다. <그림 3>은 본점으로 하는 각각의 학문의 영역에서 밀려나온 부분이다. 기존의 학문 측에서는 자기들의 방법으로는 정리할 수 없는 밀려나온 부분을 「잡학」이라 부른다. 현재에는 식문화의 연구는 이미 잡학의 영역에 포함되어 있다.

잡학이 대단하게 되는 것을 환영한다. 정리하지 못하고 무질서한 대로 사실에 관한 정보-기술레벨 이상이 되지 않는 지식-이 잡학이지만 사실의 집적이 학문의 첫 번째 걸음이다. 기존의 체계로는 처리할 수 없는 밀려나온 사상이 많아지는 대로 새로운 분야로서 통합하는 일의 필요성을 알게 된다.

<그림 3>을 보면 밀려난 부분이 미해결인 채로 남겨져 식에 관련하는 각각의 분야가 독립해 있는 것이 현재 상황이다. 그것을 <그림 4>처럼 다시 만들 길 바란다. 겨우 인접분야에만 관심을 가졌던 기존의 전문분야의 틀 속에서 뛰쳐나와 각각의 문제를 공통의 장에 가지고 나와 학제적인 토론을 나눠야 한다.

연구의 방법은 달라도 일상다반사를 대상으로 하기 때문에 이 정도로 공통의 이해를 얻기 쉬운 화제에 만족하는 분야는 없다. 자신들의 방법으로는 해결할 수 없는 서로의 밀려난 부분에 다른 방법을 도입하는 것으로 눈이 트이는 일도 생기지 않을까?

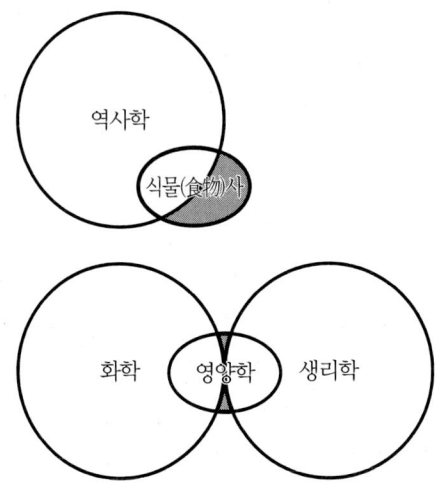

<그림 3> 식문화의 연구와 기존 학문과의 관계[문헌(1) ⑪]

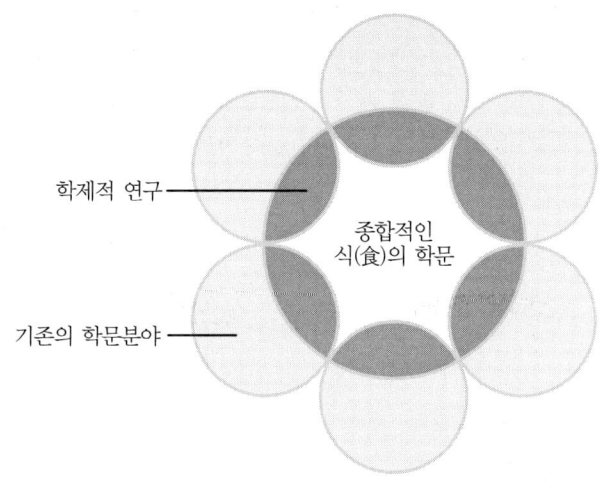

<그림 4> 소망하는 학제적 연구 [문헌(1) △]

　식료의 획득에서 입에 들어가기까지 먹는 것은 일련의 과정임에도 불구하고 각 분야의 학자가 한 나라에 한 성(城)의 주인에게 머물러 있는 한 다양성에 만족하는 식문화는 학문의 암흑 대륙으로 계속 남을 것이다. 이러한 학제적 연구가 더욱 깊어짐으로써 개별의 분야는 덧셈이 아닌 곱셈의 효과를 낳게 되면 「종합적인 식문화」라는 것으로 발전해 갈 가능성은 커져만 갈 것이다.

XIII. 보편적인 인간상에서 구체적인 인간상으로

　문화라는 것의 근저에는 민족에 의한 다른 가치관의 체계가 숨어 있다. 세계에는 다양한 문화가 있어 다양한 일의 인식과 판단에 기초한 다양한 사람들의 행동의 체계가 있는 것이다. 그런데 옛날부터 그러한 다양한 문화를 통합하고 좀 더 보편적인 인간상을 확립하려고 한 움직임이 있었다. 근대 과학의 색도 짙어만 갔다. 예를 들면, 고전적인 영양학에서는 인체는 신진대사를 하는 하나의 기구 같은 것으로 그것은 인체라는 메커니즘의 크기와 움직임에 반응해 얼마나 영양분을 보급하면 좋을지 또 그것이 부족하면 어떤 고장이 나는지 하는 것을 연구해 왔다. 즉, 인간의 몸은 문화와 다를 것 없이 똑같으며 인류 전체에 공통하는 메커니즘이다. 이것은 영양학이 추구한 보편적인 인간상이다.
　이러한 과학적인 인간상의 설정이 틀렸다고는 할 수 없다. 이 모델 만들기에 의해 근대 과학은 논리성을 획득하고 모델의 설정에 근거해 여러 가지 중요한 업적을 만들어 냈다. 그러나 현실에는 그러한 추상적인 존재로서의 보편적인 인간상은 존재하지 않는다. 게다가 과학적인 인간상이라 일컬어지는 자체가 그러한 인간상을 설정한 사람들이 소속된 특정의 문화 가치관을 빠져나오게 하는 어려움이 있다.

결국, 진정으로 보편적이며 객관적인 인간상이 있는가 하는 문제에 연결된다. 또는 잘못하면 특정 문화의 강한 영향 하에 만들어진 문화적 성격의 강한 인간상을 보편적으로 과학적인 인간상이라고 착각해 강요하는 결과가 될 위험성을 가진다.

자연과학과 기술의 세계에도 각각의 민족 문화의 특색이 작용하는 면이 크다. 문화의 여러 양상 속에서도 일상생활에 밀착한 측면, 즉, 생활의 문화라고 하는 것에는 민족의 전통적인 가치 체계가 특히 강하게 작용하고 있다. 식의 세계를 생각할 때는 그 기술적 또는 자연과학적인 접근에 대해서도 문화를 갖춘 존재로서의 인간상, 구체적인 인간상을 드는 것이 매우 중요하다.

이렇게 문화라는 것이 중요하다는 것을 인식하게 된 것은 20세기 후반이 되고 나서의 일이다. 그것은 지구촌 시대라고 하는 것처럼 세계 사람들의 교류, 특히 직접적인 교류가 많이 늘어나 다른 문화를 구체적으로 체험하는 기회가 늘어난 시대와 무관하지 않다.

XIV. 문화가 요기거리는 안 되는 걸까?

현재 세계 인구의 3분의 1은 식량 부족으로 고민하고 있다. 계속 증가하는 세계 인구를 생각할 때 머지않아 세계적인 식량 위기가 닥쳐올 것으로 추측하는 사람들도 많다.

한편, 풍부한 나라에서는 영양 과다에 의한 병이 사회문제가 되고 있다. 일본에서도 비만이 건강에 해롭다고 말한다. 그래서 일본인의 풍부한 식생활은 식량자급률을 극단적으로 떨어뜨리고 해외에서 식품을 수입함으로써 유지해 왔다. 그것은 마치 한때 허영의 도시에 정신을 잃고 대연회를 즐기고 있던 모습이며 일본 경제가 파탄 났을 때에는 비참한 사태가 일어날 것임에 틀림없다. 지금 식량자급 수단을 확보해야 한다고 경고하는 사람들도 많다.

세계의 현상을 생각할 때 인류의 생존에 필요한 식량의 증산에 관한 기술과 식량의 분배와 유통의 개선을 논하는 일이 필요하다. 굶어가는 사람들이 많은 지구의 현재 상황에서 식량 문제를 무시하고 식문화를 논하는 것은 학문의 「놀이」라는 의견도 있다. 그렇지만, 그것은 단락(短絡)시킨 논리라고 하는 것으로 문화를 이해하지 않으면 굶어가는 세계의 현실에 대처하는 것도 또한 어려워진다.

예를 들면, 일본문화에서는 품질 좋은 쌀로 생각해 왔던 쟈포니카 종은 동남아시아, 인도, 중동의 많은 민족에게는 맛없는 쌀로 인식된다. 일본인에게 외국 쌀인 인디카 종의 쌀이 품질이 좋다고 인식되어 있다. 이것은 1995년의 「쌀 부족」때 긴급 수입된 인디카 종의 태국 쌀에 대한 일본인의 반응에서도 명확히 알 수 있다. 요리법과 먹는 방법의 문화 차이에 따라 선택된 쌀의 종류도 다르다는 것을 생각해 두지 않으면 식량 원조라는 현실 문제에 마찰을 불러일으킬 수 있다.

식량 문제에서 일본이 세계로부터 비난을 받는 것은 세계 각지의 해역에서의 어류의 난획(亂獲)과 방대한 가축사료용의 곡류 수입이다. 한편 생선이 주된 동물성 단백 자원인 일본의 전통적인 식문화 위에 세워진 생선 식문화의 문제이며, 다른 면에서는 목축문화의 전통을 가지고 있지 않은 일본인이 짐승 고기를 많이 먹기 시작한 전통적인 식문화의 변모의 문제에 관계되는 것이다.

가축사료에 대해서 말하자면-지금 유럽에서는 곡류도 어느 정도 목축에게 먹이게 되었지만-원래 목축문화에서는 소, 양, 염소 등의 가축에게 먹이는 것은 풀이었다. 그래서 가축들을 방목하는 초원을 확보하거나 알팔파(alfalfa 목초) 등 사료용 작물을 재배하는 노력을 늘 해왔다. 가축을 방목하는 초원은 인간이 먹는 작물을 만들 수 없는 토지와 휴간지를 이용하는 것이 원칙이며 그것은 식료 생산을 위해 합리적인 토지 이용법이다.

그런데, 목축문화가 없는 일본인이 쇠고기를 다량으로 먹기 시작하면서 소를 풀로 기르는 것이 아니라 목축에 필요한 토지를 확보하지 않고 옥수수와 콩 등의 곡류를 연간 천만 톤 단위로 수입해야 한다. 그러나 이러한 곡류는 굶주린 나라 사람들이 먹을 수 있는 식량이기도 하다. 쇠고기 같은 식품이야말로 수입하는 게 나을지 모르지만 그러면 축산 농가뿐만 아니라 풍족해진 소비자도 만족하지 못한다. 일본인의 쇠고기 요리법은 스키야키를 주류로 해왔다. 차돌박이가 스키야키의 최상급 쇠고기라는 가치관이 지배하게 되면 맛있는 쇠고기는 국산에만 한정된다.

일본인이 1세기 조금 전에 쇠고기를 먹기 시작했을 때, 「쇠고기 요리를 먹지 않으면 꽉 막힌 사람」[5] 이라는 육식을 하는 서양문명을 받아들여 문명 개화하는 방법 중 하나라는 통념이 있었다. 즉, 육식은 새로운 문화를 위 속을 통해 흡수하는 것을 상징하기도 했다. 이즈음, 비프스테이크와 스튜가 아니라 일본적인 요리문화인 냄비 요리로 한 것이다. 그렇게 해서 생긴 스키야키라는 요리에 대한 기호 또한 문화의 산물이었다. 이 문화적 배경을 가진 기호가 세계의 식량 문제와 관련을 갖게 되었다.

반대로 우리 일본의 식문화를 옹호하자면 동아시아의 여러 문화에 있어서 대두(大

---

5) 仮名垣魯文 1871 『우점잡담안우락과(牛店雜談安愚樂鍋)』

豆)의 이용이 뛰어났다. 캐나다나 미국에서 생산하는 대두의 대부분을 콩기름이나 가축사료로 쓴다. 그것에 반해 두부, 된장, 간장 등의 식품을 개발한 동아시아의 식문화는 대두라는 영양이 풍부한 식품을 헛되지 않게 잘 살렸다.

  기호라는 생리의 차원의 문제도 각각의 문화가 키워 온 부분이 크다. 그 문화적 기호가 식량 문제에도 관련되는 것이다. 어떤 나라에서 생긴 일이라도 그 나라만의 문제에 그치지 않고 도미노처럼 잇달아 다른 나라에 영향을 미치는 지구촌 시대인 지금, 식량 문제라고 해도 각각의 나라의 문화를 무시하고는 논할 수 없다.

<표1> 공급 열량 자급률 등의 추이

연 도	공급 열량 자급률	주식용 곡류 자급률	곡류 자급률*
1960	79	89	82
1965	73	80	62
1970	60	74	46
1975	54	69	40
1980	53	69	33
1985	52	69	31
1990	47	67	30
1995	42	64	30

  * 사료용 곡류를 포함한 곡류전체의 자급률(%).
    1995년도『식료수급표』에서 농립수산대신관방조사과 편집

  식을 생각하는 역사에는 오래 동안 식사는 영양 섭취의 수단이며 배를 채우면 된다는 일종의 청교도주의가 강하게 깔려 있었다. 그렇지만 음식을 먹는 것이 단순한 자연계의 산물을 먹는 것이 아니라 영양과 플러스알파를 포함한 행위이다. 이 플러스알파, 즉 문화를 무시하고 식량 문제를 단락적(短絡的)으로 생각하면 음식은 인간의 사료라는 사상에 빠져 결과적으로 현실 문제에 대처할 수 없게 되는 위험이 있다.

XV. 「놀이」에서 학문으로

  지금 우리들이 식문화에 대해 논할 수 있게 된 사회적 배경에 대한 자각을 갖는 것이 중요하다. 개발도상국에서 식문화의 연구자는 거의 나오지 않았다. 그래서 식량의 생산을 증대시키는 일, 국민의 영양을 향상시키는 것이 힘겨운 것이다. 굶주린 사람들

의 건강을 어떻게든 확보하는 것이 먼저 해결해야 할 문제이다. 빈곤한 지적 인재를 농학과 영양의 전문가로 키워내야 한다. 먼저, 실용학, 즉 사람들의 배를 부르게 하는 연구에 집중시켜야만 한다.

문화는 중요하지만 문화의 연구는 현실 문제를 처리하기 위한 특효약이라고 할 수 없는 것은 명확하다.

식의 문화적 측면을 연구하기 시작한 것은 유럽과 일본 등 풍요로운 나라들이며 식생활의 역사 연구의 서적이 자국민에 의해 쓰여진 것도 이들 나라들에 집중되어 있다. 모두 경제적으로 풍요롭고 기아의 공포에 떨지 않는 나라의 일이다. 식이 충족되고 나서 식문화에 대해 생각할 여유가 생기는 것이다. 식문화에 대해 생각하는 것은 일시적이 아닌 이러한 행복한 상태에 있는 우리들의 의무라 할 수 있다. 이것은 자국만을 위한 것이 아니라 인류의 공유재산으로서 언젠가 도움이 될 연구가 진행되도록 요구되고 있다.

일본인이 음식에 대한 이야기를 공공연히 하게 된 것은 그렇게 오래된 일은 아니다. 국내에 굶주린 사람이 없어지고 엥겔지수가 20%대로 떨어진 사회가 되어 아무렇지 않게 음식에 대해 논하게 되었다. 1965년까지는 국민의 일일 평균 식사시간이 60분대였던 것이 70년 이후 90분대까지 길어졌다. 이것은 식사가 배만 부르면 되는 것이라는 생각에서 시간을 들여 즐거움을 추구하는 것으로 변화해 왔다는 것을 말해주고 있다. 식사가 양의 문제의 추구에서 질의 문제로 전환하게 됨에 따라 요리책이 범람하고, 패스트푸드가 유행하며 외식산업이 번성했다. 이처럼 식생활의 패션화 현상이 진행되었다. 그러한 세상에 편승해 식문화에 대한 관심도 커져간 것을 자각해 두어야 한다. 그렇지 않으면 식문화의 연구도 경제적 사정의 변화와 함께 일시적인 붐으로서 사라져버릴 지도 모른다.

일본의 전통적 문화의 본류에서 보면 어른, 특히 남성이 식에 대해 큰소리로 논하는 것은 「상스럽다」고 여겨져 왔다. 그 문화적 후유증 때문인지 식에 대한 발언은 본업이 아니라 「놀이」로서 많이 위장되어 왔다. 농학과 영양학 등 식에 관한 실학을 본업으로 하는 연구자가 부끄러워할 필요는 없었는데 식의 문화에 관한 전문 연구자가 거의 없어 각 연구자는 철학, 역사학, 문학, 문화 인류학 등의 본업을 안고 있어 그 틀에서 밀려나온 일상다반사에 관련된 「잡학」의 식문화에 대해 논할 때에는 멋쩍기도 하고 본업과는 다른 차원에 있는 「놀이」로서의 발언이라는 자세를 취하는 일이 많았다. 실은 나도 예전에는 그랬다.

그렇지만 「놀이」로 생각하면 발전이 없다. 식문화에 대해 발언할 일도 자신의 본업의 일부라고 여기고 당당히 논하는 일이 새로운 분야를 키우는 것임을 통감하고 있다.

식의 문화의 연구는 새로운 분야이기에 연구의 방법론도 확립되어 있지 않다. 각각의 연구자가 자신이 대상으로 하는 과제를 둘러싸고 직접 만든 방법을 개발해야만 하는 단계에 있는 것이 현재 상황이다. 인간의 행동을 대상으로 하는 문화는 매우 다양하기 때문에 자연과학처럼 정연한 방법론은 성립하기 어렵다는 일면도 있다.

그러나, 문화를 고찰할 때에 유효한 자세는 존재한다. 그것은 「비교하는 것」과 「역사를 아는 것」이다. 문화를 비교하는 것에 의해 공통성과 다양성을 유출할 수 있다. 또 각각의 문화는 역사적으로 형성된 것이며 그 형성과정에 있어서 다른 문화 간의 교류에 의해 전해진 일이 많다. 식의 국제화가 진행되고 있는 현재 우리들의 식문화가 어떠한 방향으로 향하려하는지를 생각할 때 비교의 시점과 과거를 거쳐 온 궤적을 정리하는 시점의 쌍방이 요구되고 있다.

〔문헌〕

(1) 石毛直道(編) 1980 『食の文化シンポジウム'80 人間・だべもの・文化』 平凡社 ㉠13 ㉡ 24 ㉢25 ㉣ 243
(2) 農林水産大臣官房調査課 (編集) 『平成七年度 食料 需給表』

제2장 식(食)과 마음

후지오카 요시나루(藤岡喜愛)

I. 들어가며

    자연과학 방법론에 기초한 영양학의 이야기는 일반성이 있으며 명석하다. 그러나 식을 둘러싼 마음의 이야기를 생각할 때는 그 출발점은 이미 자연과학에서 멀어져 있다.
    뭔가를 축하하는 것은 꽤 문화적인 일로 영양학이 수립되기 이전부터 습관적으로 이어져온 것이라 할 수 있겠다. 갓 쓰고 박치기를 해도 제멋이라는 말은 식사의 경우에는 꽤 잘못 섞여 들어 왔다. 자연과학적인 명석함은 없다. 식사의 내용은 먼저 문화이며, 이때에, 저것이 없어서는 안된다고 하는 요구에는, 사랑이란 이성이나 상식으로 판단할 수 없는 것이라는 말과 닮은 점이 있다. 이시게(石毛直道) 박사와는 1960년의 통가왕국 학술조사 이후 지낸 사이로 식에 관계되는 일은 영양학이라는 자연과학적인 일이라기보다 줄곧 예능의 일에 가깝다는 인상을 가져 왔다. 하야시(林左馬衛) 박사와는 차의 연구를 같이 해 왔으며 나로서는 양해를 구해서 자연과학적이지 않은 것을 서술하고 싶다.

II. 맛과 기호의 일

    식과 마음과의 관계에는 먼저 맛과 기호의 문제가 얽혀있다. 1964년 동아프리카의 탄자니아 북부에 학술조사를 하러 갔다. 교토대학 아프리카 유인원(類人猿) 학술조사6)가 58년부터 실시되어서 그 일환으로 갔던 것이다. 이 조사의 장비로는 크고 작은 여러 가지의 통조림 조미료의 원조를 받고 있어서 기묘하게도 나의 맛의 경험과 결부되고 있었다.

그리고, 그것이 '우가리'라고하는 현지의 주식에 관련된 것이었다. 이곳에서는 주작물의 하나인 옥수수를 콘 상태로 수확해서 말려서 보존하고 있었다. 식사의 준비를 할때, 비로서 콘에서 알맹이를 하나씩 떼서 새들캔7)으로 빻아서 가루로 만든다. 이 가루에 뜨거운 물을 붓고 치대면 부드러운 떡처럼 굳는다. 이것이 우가리이다. 우가리는 뜨거운 물을 붓기만 하면 되는 것으로 불을 사용하지 않는 까닭에 나에게는 맛이 없을 뿐 아니라 씹는 감촉이 나쁘고 무엇보다도 그 아릿한 맛이 괴로웠다. 조금 먹었을 뿐인데 이미 위에서 밀어 올리는 듯한 느낌이었다. 도저히 배부르게 먹을 수 있는 음식이 아니었다. 조미료를 뿌려서 위를 속이며 먹는 날이 계속되었다. 그런데 현지인들은 매일, 매번 배부르게 먹는 것이다. 그들에게는 맛있는 음식인가 보다라고 나는 생각했었다. 나의 체재도 끝나갈 무렵이 되어서 고용했던 사람에게 보너스로 돈보다는 조미료를 지급하기로 했다. 그 후 그 사람의 집을 방문했을 때 그의 부인이 말하길 그가 집에 돌아와서 먹는 우가리에는 조미료를 새하얗게 될 정도로 뿌려서 먹는다는 이야기에 웃었다. 또 어떤 사정으로, 나에게 소면이 가득 도착됐다. 소면을 찍어 먹을 국물도 함께였다. 이것도 보너스를 줄 때 돈 대신에 고용한 사람에게 지급했다. 그러자 그는 일본음식은 모두 맛있다며 기뻐하며 가지고 돌아갔다. 부인과 함께 먹을 것이라며 웃으면서 말이다. 대체 '맛있다'라고 하는 것은 어떤 것일까? 라는 의문이 조미료를 발견하는 발단이 되었다는 이야기를 들은 적이 있지만, 맛있음을 둘러싼 앞에서와 같은 일은 자연과학의 대상일 것이다. 물론, 음식이 물질이기 때문에 식(食)을 자연과학적으로 다루는 측면이 있는 것은 말할 필요도 없다. 단지, 맛과 기호의 문제에는 마음이 움직이고 있다. 그리고 이런 것이 자연과학적으로는 다룰 수 없는 것이다. 역시 이것은 문학, 예능과 같은 방면에 가까운 것이다. 그럼 영양학도 그 일부인 자연과학은 어떤 것일까?

자연과학과 마음의 문제8)

야스모토(安本) : 식의 문제를 생각할 때 마음의 문제를 무시할 수 없는 것은 확실하지

---

6) 1958년부터 今西錦司를 대장으로 교토대학의 영장류 연구 그룹이 조직한 조사대. 후지오카(藤岡喜愛)는 이 "인류반"으로 참가했다.
7) 본 권 64 페이지 「佐原論文」 "깨기, 갈기, 반죽하기, 찍기"를 참조 바람.
8) 豊川裕之・石毛直道(편) 1987 『식과 몸』 pp.202-203에서 발췌. 安本教傳(교토대학 식품영양학)

만 「깨달은」 자연과학적인 접근이 「취한 마음」의 문제에 무관심하다고 생각하지 않습니다. 마음에 머문 뇌 또한 영양소를 필요로 하는 기관입니다. 선생님은 마음의 움직임이라 하는 것은 자연과학적인 영양학의 대상이 되지 않는다고 생각하십니까?

후지오카(藤岡) : 호르몬이나 비타민의 문제 등 여러 가지 자연과학적인 면이 작용하고 있다는 것은 여러 번 말씀드렸고, 자연과학의 성과를 무시하려는 것이 아니라 자연과학은 하나의 패러다임으로 현상을 자르고 있을 뿐이므로, 그밖에 다른 패러다임을 평등하게 인정해 주시면 또 다른 견해가 있을 것입니다 라는 것을 말씀드리고 싶었습니다. 우리들이 알고 있는 의식(衣食) 행동에 한정해도, 구태여 나눈다면 아마도 개인 본위의 행동과 사회적 또는 집단적 의식 행동으로 나눌 수 있다고 봅니다. 그 사이에 2~3인의 그룹이나 가정 내의 중간적인 집단도 있어서 확실히 개인과 집단으로 나눌 수는 없지만 그러한 배열은 가능합니다. 기호라고 하는 것도 순수하게 그 사람의 것이라기보다도 부모가 어렸을 때부터 먹인 것이 언제부터인가 자신의 기호가 되었을 수도 있으며 연회요리에 맛있는 음식이 나온다고 해도 이것은 집단 본위의 식행동이며, 아마 문화의 문제로 개인의 기호라고 할 수 없습니다. 원시시대의 수준으로서는 그러한 의미로 개인 본위의 행동 레벨과 집단 본위의 행동 레벨로 식행동도 각각 가치를 바꿔왔다고 생각하면 다소 융통성이 생기지 않을까 생각합니다.

야스모토(安本) : 자연과학적인 접근 하나가 단순한 하나의 패러다임만을 추구하는 것이 아니라 복수의 패러다임에 작용하고 있습니다. 예를 들면, 식에 관계되는 과학도 많은 패러다임을 일괄한 종합 영역임을 거듭 강조하고 싶습니다.

Ⅲ. 취해도 취하지 않으며, 두 개로 하나

자연과학이라 하는 것은 실제 문제로서, 하나의, 말하자면 맑은 의식의 존재를 그 방법의 전제로 하고 있다고 말할 수 있다. 다시 말하자면 내가 지금 여기에 이러한 논설을 계속하기 위해 필요한 논리를 찾는 데에 충분한 의식 수준, 이성의 행사(行使)라고 해도 좋겠지만 이것이 자연과학의 방법의 전제로 되어있다. 이성적인 의식이나 각성의식이라 불러도 좋을 것이다. 자연과학은 각성의식 위에 성립된 지식 체계일뿐이다.[9]

그렇지만 맛있는 것을 배불리 먹은 뒤의 그 도취감은 의리(義理)에도 각성의식의 한 종류라고 말하기 어렵다. 여기서는 논리는 잊어버리고 맛있는 것은 맛있는 것이라고

---

[9] 각성 시의 의식뿐만 아니라 여러 의식이 존재하는 것을 깨달았다. 이들 의식의 총칭을 변성의식이라고 한다. LSD에 의한 변성의식은 약물변성의식이라 불린다.

할 수 밖에 없다. 따라서 설명도 불가능하여 요리의 맛은 함께 실제로 먹어봐야 안다. 게다가 이런 것이 맛있냐고 무시당하는 일도 생길 수 있다. 이들의 입장이 바뀌는 경우도 생길 수 있다. 극단적인 경우에는 제멋대로 하라고 소리칠 수도 있다.

이렇게 각각의 체험을 통하지 않으면 이해할 수 없는 것은 자연과학의 대상으로서 있을 수 없다. 게다가 아직 각성의식에서 개인의 기호 차이에 지나지 않는다. 술의 기호, 취하는 법이라는 일종의 비각성의식, 즉 일종의 변성의식인 의식 수준을 생각하면 더욱 자연과학에서 멀어진다. 그 변성의식은 어떤 것일까? 내 경우를 예로 들어 논하고자 한다.

나는 LSD가 아직 마약취급법의 대상이 되지 않았을 때 정신과의 훈련의 하나로 교육분석을 받는 대신 그 복용 실험의 피험자가 되어 다양한 환각을 체험했다. 겨우 100감마의 LSD가 나에게 보여준 환각은 나의 변성의식이 만들어낸 것이었다. 그 LSD에서 일단 깨어나 환각이 보이지 않아서 돌아오는 길에 공복감을 느껴 우동 집에 들어가 우동을 먹기 시작했다. 그런데 그 우동이 먹어도, 먹어도 줄어들지 않았다. 대체 얼마나 시간이 지났는지 보려고 벽에 걸린 시계를 몇 번이나 보았다. 그런데 시계 바늘은 선명하게 보이는데 시간이 인식되지 않았다. 언제까지 시간이 흘러도 다 먹을 수 없는 우동을 먹으며 진절머리를 냈던 것을 아직도 기억한다. 지금에 와서 생각해 보면 나의 시간감각이 아직 변성의식 속에 있어 우동 한 그릇을 다 비우는 시간이 극단적으로 길어졌던 것이다.

그럼, 앞의 LSD 체험은 변성의식의 수준 속에서 꽤 극단적인 부류에 속하기 때문에 이른바 변성의식은 어떤 것인가를 설명할 때 알기 쉽게 예를 든 것에 지나지 않는다. 그러나 실제로 중요한 것은 이성의 움직임이 아주 조금 둔해진 가벼운 변성의식의 수준이다. 「이성(理性)」이라 불리는 이 각성의식 수준이 있기에 인간이 다른 동물과 비교해서 뛰어나다고 하지만 이 각성의식 수준을 우리들은 하루 24시간 중 몇 시간 유지하고 있는 것일까? 먼저 삼분의 일 정도는 잠들어 있고 남은 시간의 반인 8시간이 오늘의 산업사회에서는 노동시간으로 되어 있지만 정말 우리들은 각성하고 있는 것일까? 실제로 맑다고 하는 수준에서 조금 흐린 수준으로 의식은 꽤 미묘하게 계속 변동하고 있다고 해야 할 것이다. 내 자신이 강의를 들어온 경험에서부터도 내 강의를 듣고 있는 학생들의 모습에서도 이것은 서로 실감을 갖고 이해할 수 있는 사실이다.

오늘날의 산업사회에서의 비극의 하나는 자연과학과 그 기초이론에 기초한 기술에 의한 작업 공정이 각성의식 수준을 암묵의 전제로서 성립하며 각성 상태를 사람들에게 강요하고 있다는 점이다. 때로는 인신(人身) 사고(다치거나 죽거나 하는 사고)에도 연결되지만 흔히 보이는 작은 부주의는 맑은 각성의식이 유지되기 어렵다는 사실에 유래되는 것처럼 나에게는 생각된다. 그 지속은 훈련과 습관에 의해 어느 정도 강요에도 견뎌내지만 힘든 일이다. 예를 들면, 심포지움에서도 커피 브레이크의 습관이 급속히 유입되어 정착했다. 그리고 잘 알려져 있는 바와 같이 맥주도 가볍게 마시는 편이 오히려 의논이 활발해지고 상호 간에 이해가 잘 되는 경우도 있다는 것이다. 즉 고찰의 대상이 개인적인 틀 안에 들어 있을수록 마음의 문제는 우위가 되어, 식사의 문제는 개인의 마음의 상태와 나눠지기 어렵게 연결되어 있다. 단순히 식사만이 아니라 먹고 싶을 만큼 귀엽다는 표현에 이르기까지 그것은 확대된다. 그 의미에서는 식사는, 살아있다라는 직접적인 표현의 하나의 측면을 나타내고 있다.

콘라드 로렌츠(Konrad Lorenz)의 유명한 《솔로몬의 반지10)》라는 책 중에 코크마르 까마귀가 바람이 조금 강한 날에 하늘을 나는 일을 즐기고 있다는 이야기가 써있다. 까마귀는 먼저 바람을 타고 갑자기 돌을 떨어뜨리듯 낙하해 아차 하는 순간에 날개짓을 해서 날아오른다. 그것을 반복하며 순수하게 스스로 나는 일을 즐기고 있다는 것이다. 이 이야기는 이시게 박사를 비롯하여 내가 개인적으로 아는 몇몇 사람들이 먹는 일을 즐기는 모습을 떠올리게 한다. 진정한 미식가는 식사 자체를 순수하게 즐기며, 그것은 그대로 살아있다는 것의 표현이기도 하다. 즉, 자연과학의 한 분야로서의 영양학과는 독립된 경지가 있다고 해야 한다. 따라서 저녁 반주를 즐기는 일도 그것은 그것 자체에 독립된 경지가 있으며, 결코 내일 일이 있기 때문에 휴식을 취해야만 한다고 하는 '이유'를 가지는 것은 아니다.

생각해보면 산업사회가 성립된 이후 개인적인 삶을 표현하는 일은 무시되어, 각성해서 영치기 영치기하며 생산하는 일만이 우위에 옮겨 놓았던 것이다. 그러나 내가 말하고 싶은 것은 이상의 설명에서 짐작할 수 있듯이 인간은 깨어있는 상태와 취한 상태(일상과 비일상이라고 해도 좋고, 각성의식 수준과 변성의식 수준이라고 해도 좋음)의 두 상태로 하나가 되어 있다는 것이다.

Ⅳ. 식(食)과 마음

여기서 한 번 더 식(食)과 마음의 관계로 화제를 돌리고 싶다. 일본에 최초로 「심료(心療)내과」를 연 이케미 유지로(池見酉次郎) 교수의 「인간은 정신이 안정되어 있으면 많이 먹을 필요가 없다」라는 말을 어느 자리에서 나는 직접 들었다. 실제로 심리적인 성질의 과식은 정신과적으로도 잘 알려져 있다. 그리고 그것은 영양학의 문제이기보다 한 인간의 존재 양식의 문제이다. 어느 킹사이즈의 부인은 의학적으로 심장에 나

---

10) 1. Lorenz, Konard Z. The king Solomon's Ring. (로렌트, K. 1963 『솔로몬의 반지』 日高敏陸(번역) 하야가와(早川) 書房

쁘다든가, 당뇨병의 위험을 이유로 절식을 강요받았다. 영양학적으로도 그것은 과잉 영양이지만 절식한 끝에 정신 불안정이 되어 결국 원래의 상태로 돌아가는 일도 있다. 거기에는 본인 밖에 모르는 (또는 본인도 모르는) 존재 증명의 문제를 포함한 우리들이 아직 해석할 수 없는 전체성의 문제가 포함되어 있다. 사춘기의 무리한 다이어트에도 같은 문제가 존재하며 마음과 식과는 이러한 점에서 불가분의 일체의 연결이 보인다.

그러면 이러한 생각에서 본 자연과학으로서의 영양학은 어떻게 보이는 것일까? 그것은 자연과학 방법론에 의해 성립되어 있으므로 당연히 일반적으로 들어맞는다고 하는 전제를 가지고 있다. 예를 들면, 국가가 국민 전체의 식량을 질적으로도 양적으로도 확보해 국민의 건강을 유지하고 싶다는 요청에 대해서는 많은 공헌을 할 수 있다. 그 대신 개인의 마음은 보이지 않게 되며 개인은 단순한 평균치의 주변에 나타나는 개체차로서 받아드리게 된다.

식량 생산의 계획에서 수입과 운반에 이르기까지 이러한 모습은 대수의 법칙에 따르는 것이며 일종의 물리 현상인 것처럼 다뤄지게 된다. 공중위생에서 건강관리에 이르기까지 영양학은 의학과 함께 국가 수준의 큰 대상 속에서 자연과학으로서의 힘을 발휘할 수 있다.

단지 개인적인 마음에서의 식(食)으로 시점을 돌리면 여기에서 보는 영양학은 국민 전체를 일종의 가축관리 시스템 속에 넣어두고 그 영양 상태 나아가서 그 건강을 얼마나 관리 운영하는가 하는 기술론에 연결될 수 있다.

「건강」에 대해 생각하는 법[11]

하야시(林) : 「건강」이라는 말을 가치관에서 따로 떼어버릴 좋은 방법이 있을까요?
후지오카(藤岡) : 극단적으로 말하면 「우리들은 살고 싶은 대로 살고 죽고 싶은 대로 죽을 수 있다.」인데, 자연과학의 발전에 의해 허용되지 않게 되었습니다. 현재는 거의 대부분의 사람이 병원에서 죽음을 맞이하며-개체의 주체성이 기본임을 깨달은 유럽계의 사람들로부터 「적어도 죽을 때만이라도 내가 죽고 싶은 대로 해 주었으면」 하는 운동이 시작되었습니다. 우리들이 살고 있는 상황은 생태학적이 아니고 동물원에서 사육되고 있는 포유류에 가까운 상황으로 영양학이나 분량 등을 운운하지 않으면 안 되는 현상이 그 중 하나입니다. 또 하나는 이야기가 다른 쪽으로 흐릅니다만, 고다 아야(幸田文)의 수필에 있는 부녀지간의 정감 넘치는 무언의 교육-나뭇잎의 아침이슬이 아침 해에 반짝

---

11) 豊川裕之・石毛直道(편) 1987 「食とからだ」 pp.200-201에서 발췌. 弓狩康三(味の素 주식회사・영양학)

> 반짝 빛나는 것을 아무 말 없이 바라보는 아버지, 그 뒷모습에서 딸 아야는 자신의 주체성으로 아름다운 것의 진가와 그것에 대한 태도를 느꼈다-이러한 교육이 지금은 없다고 봅니다. 아이를 불러서 「예쁘지」라고 강요하는 교육이 너무 많아서 주체성이 길러지지 않습니다.
> 저는 「건강」을 이야기할 때 이런 가치관을 기본으로 하고 있습니다. 자연과학이 보급되어 병은 자신이 고치는 것이라는 것을 잊고 전부 의사에게 맡겨 개체로서의 주체성은 오히려 허용되고 있지 않습니다. 피셔는 「자신의 신체감각을 자기 나름대로 음미해서 받아들이는 훈련을 하지 않으면 자연과학적인 개체에 대한 배려도 정말로 살아있지 않다」라는 주장을 하고 있는데 저 역시 찬성입니다. 건강에 대해서는 가치관의 최저한계 즉, 자신의 몸에게 물어 보고 몸이 「응, 기분 좋아」라고 하면 그걸로 좋은 것이라고 생각합니다.

또 예를 들면, 병원 안에서 식사는 영양사가 짠 식단에 의해 급식되기 때문에 영양적으로 말할 필요가 없겠지만 관찰해보니 대부분은 환자가 먹지 않았습니다. 급식시간도 환자의 식욕과는 관계없이 행해지고 있었습니다. 병원은 「병」을 관리의 필요로 「환자」도 관리하는 시설이며 「환자」가 있는 곳은 아니라고 할 수 있습니다. 물리현상을 상대로 하는 경우의 자연과학의 위력은 말할 것도 없지만 인간과 마음에 이어지는 사실의 현상까지 물리현상처럼 적용될 때 거기에는 일종의 기분 나쁜 무인간성(無人間性)을 느끼게 합니다.

여기서는 문화에 대해서 논할 여유가 없어졌지만 식이 마음과 문화에 연결되어 우리들의 삶이 풍부해져 행복해진다는 방향으로 생각을 좀 더 정당하게 관대하게 다루어주었으면 하는 바람입니다.

「사는」 것의 가치

유카리(弓狩) : 저희들은 임상영양, 즉 환자에 대한 영양, 또 의학 품의 연구개발에 종사하고 있습니다. 최근 임상영양제의 연구와 그 임상에서의 이용이 매우 진척되어 암 환자도 야위어가는 일이 적어지고, 병을 늦추는 일 또는 낫게 하는 가능성까지 기대되고 있습니다. 평균수명도 연장 되었습니다. 세상에 자유롭게 선택할 수 있는 음식이 넘쳐나고 있습니다. 그러한 오늘날의 상황에서 「산다」는 것의 가치를 어떻게 찾아가야만 하는가? 선생님께서 말씀하신 각 개인의 가치관의 문제도 있을 것이고 그것을 지지하는 음식, 그 선택의 문제도 있을 것이라고 봅니다만 건강, 음식을 둘러싸고 「삶의 질」

은 어떤 것일까 어떻게 해야 할 것인가에 대해 생각을 말씀해 주십시오.

후지오카(藤岡) : 제가 가족의 입원으로 줄곧 느꼈던 것은 병원의 급식은 환자에게 결코 환영받는 것은 아니다 라는 것입니다. 어느 날 맛있는 죽과 좋은 매실장아찌가 먹고 싶다고 할 때 본인이 그것으로 만족한다면 그것이 최고라고 생각합니다. 환자라면 자신의 신체감각에 꽤 능통하므로 정말 순수하게 그 사람의 현재 몸 상태에서 나오는 감각입니다. 그때는 영양학에서 벗어나 어느 정도의 융통성이 필요합니다. 결코 자연과학이 필요 없다는 말은 아닙니다.

〔문헌〕

(1) 藤岡喜愛 1980 「『醉能』についての覺え書」祖父江孝男(編)『現代のエスプリ』別冊「日本人の構造」: 199-215
(2) 藤岡喜愛 1983 『イメージ- その 傳遞 像お 考える』NHK ブツクス
(3) 豊川裕之・豊川裕之・石毛直道(編) 1987 『食と がらだ』ドメス 出版

제3장 고고학(考古學)에서 식(食) 문화를 생각하다

사하라 마코토(佐原 眞)

Ⅰ. 남아 있는 것에서 생각하다

　어떤 집에서 나온 쓰레기에 고등어 뼈와 수박 껍질, 폐품으로 맥주 캔이 나왔다고 치자. 생선뼈에는 탄 껍질 일부가 붙어 있다. 수박은 양쪽을 직선으로 자른 한 조각이다. 그렇다면 바다에서 고등어를 잡고 밭에서 수박을 수확하고, 맥주를 캔에 담는 현장, 가게로 나르고, 가게에서 사서 집으로 들고 오는 모습을 보지 않아도 그 행위를 추측할 수가 있다.

　이 집에서 생선구이와 수박을 먹고, 맥주를 마신 것은 알 수 있다. 단, 맥주를 산 것이 가게인지 자판기인지의 판정은 어려우며 잘려진 조각으로는 구운 고등어, 수박을 한 조각 샀는지 아니면 한 마리·한통을 사 와서 집에서 조리한 것인지 알아내기는 어렵다. 쓰레기 봉투를 상세히 조사하면서 처음에는 어떤 것이든 알게 된다. 도시락에 생선토막을 넣는다고 하면 정답을 얻을 수 있는지는 알 수 없다. 쓰레기 속에 어린이의 음식이나 음료수가 남아있으면 그 집에 아이가 있다고 추정할 수 있다. 단, 어른만 사는 집에 어쩌다가 아이를 데리고 온 손님이 있었을지도 모르니 몇 개의 쓰레기를 보지 않으면 알 수 없다.

　주로, 땅 속에 과거의 사람이 남긴 활동의 흔적에서 고고학은 그들의 활동을 추구한다(44). 지금 든 예와 같이, 활동 그 자체는 한 조각 보는 일 없이 쫒는 것이기에 정확하게 잡아내는 일·그렇지 못한 일도 있다. 잡아내지 못하는 일·불확실한 일이 더 많다.

일본의 태고를 나누다

일본의 태고의 식 문화를 고고학에서 다루는 일은 제2권에 넘기고 여기에서는 일본의 태고를,

- 이와주쿠(岩宿 구석기) 시대-식료 채집으로 산 제1의 시대
  - 약 60만 년 전~1만 2300년 전
- 죠몬[12] 시대-기본적으로는 식료채집으로 살며 재배도 알고 있었던 시대
  - 약 1만 2300년 전~2400년 전
- 야요이 시대-본격적으로 논에서 벼를 재배하기 시작한 식료생산 제1의 시대
  - 약 2400년 전~1700년 전
- 고분(古墳) 시대-일반 사람들에서 동떨어진 유력자가 출현한 식료 생산 제2의 시대
  - 약 1700년 전~ 6세기말
- 아스카(飛鳥) 시대 - 6세기말~8세기 초
- 나라(奈良) 시대 - 8세기

로 나눠둔다. 오래된 연대는 탄소14년대[13] 등 이과학적으로 추정한 연대이다.

홋카이도에서는 야요이 시대에 해당하는 시대 이후 속(續)죠몬 시대(약 기원전후~7세기), 샤쯔몬(擦紋) 시대(약 8~13세기)를 거쳐 근세 아이누 시대(약 14세기이후)에 다다랐으며, 속조몬 시대에는 오호츠크 해안에 오호츠크문화(약 4~13세기)가 있어 나중에 샤쯔몬 문화로 흡수된다. 이것은 기쿠치 토시히코(菊池俊彦)의 연대관에 의한다[15].

오키나와에서는 야요이 시대에 해당하는 이후를 패총 시대 후기(약 기원전 3, 4, 5~12세기)로 부르며 구스크(グスク) 시대(12세기~16세기)를 거쳐 수리(首理)시대(17세기~1868년)에 다다른다.

II. 식료(食料)의 종류

---

12) 알기 쉬운 고고학을 지향하기 위해 나는 문양·죠몬이라 쓴다. 무문토기는 문양이 없는 토기, 라고 설명하기보다 상용한자의 문(紋)을 사용해 무문토기라고 쓰는 편이 명쾌하기 때문이다.

13) 생물의 체내에는 보통의 탄소(원자량12, 탄소12)와 함께 그 동위체로서 방사성탄소(탄소14)를 조금 포함하고 있다. 생물이 죽으면 탄소14는 방사능을 방사해 점점 줄어들어 약 5700년이 지나면 반이 되는(반감기) 것을 알 수 있기 때문에 이것을 시계로 사용해서 생물이 죽고 나서의 대략의 시간을 잴 수 있다.

제3장 고고학(考古學)에서 식(食) 문화를 생각하다   53

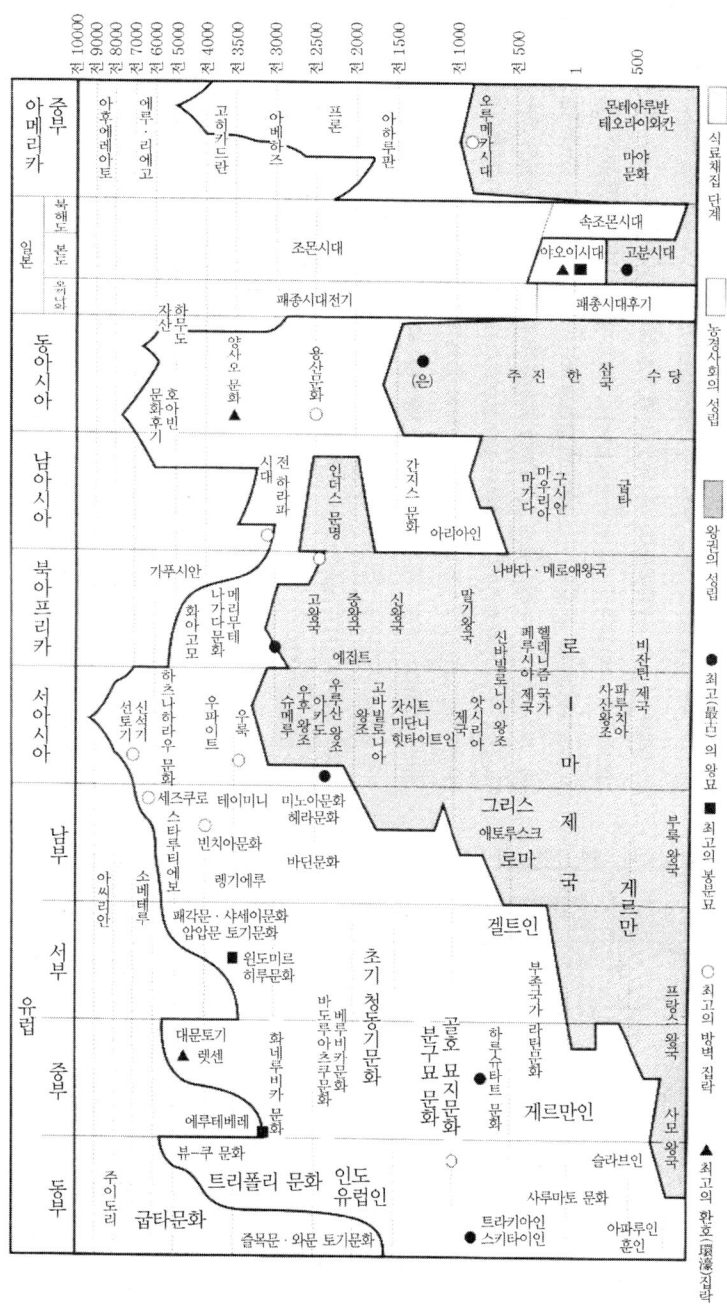

<그림 1> 원시 고대 세계사 연표
(독일민주공화국 아카데미 1977 「세계사-봉건주의 형성까지」 표를 일부 변경)

1. 식료의 채집과 생산

사람에게서 사고, 받고, 빼앗는 것이 아니면 식료를 손에 넣는 방법은 모으거나 만드는 것 밖에 없다. 식료 채집이나 식료 생산이다.

식료의 채집에는 초목의 열매·꽃·새싹·잎·줄기·뿌리, 조개, 달걀, 곤충, 양봉 등을 얻는 방법(현재, 채집으로 총칭), 새나 짐승을 사냥하거나 생선을 잡는 방법이 있다. 민족을 예로 들면, 채집은 여자가, 사냥·생선 잡이는 남자가 한다. 식료 채집으로 살아가는 사람들을 식료채집민이라 부른다. 채집수렵민이라 부르는 경우도 많다.

	전300	기원1	200	400	600	800	1000	1200	1400	1500	1600	1700	1800	1900
오키나와				패총시대 후기						구스쿠시대		슈리시대		
규슈·시코쿠·혼슈	죠몬시대		야요이시대		고분시대		나라·헤이안시대			가마쿠라·무로마찌시대		에도시대		메이지시대
홋카이도			속 죠몬시대						샤쯔몬시대		근세 아이누시대			

<그림 2> 홋카이도·본토(규슈·시코쿠·혼슈)·오키나와의 시대구분

식료의 생산에는 식물의 재배와 동물의 사육(목축) 등이 있다. 이렇게 사는 사람들을 식료생산민이라 부른다. 그리고 서아시아·유럽·중국처럼 재배식물과 가축을 함께 하는 농민(축산농민)도 있으며 일본이나 북아메리카의 대부분이 긴 세월동안 그랬던 것처럼 식용 가축을 기르지 않는 농민(비 축산농민)도 있다. 가축을 데리고 유목하는 유목민도 있다.

그러면 구체적으로 무엇을 먹었는지 식료의 종류를 정하는 방법을 들어보자.

2. 식료로 먹었던 동물

동물의 시체(유존체)는 산성이 강한 땅속에서는 남지 않는다. 그러나 산소가 없는 물기가 많은 땅속에서는 뼈, 뿔, 비늘 등이 남는다. 또, 어패류도 양이 많으면 남아 있다. 물가 마을의 쓰레기장(패총-조개껍데기 등을 버려서 무덤처럼 쌓아놓은 것)에는 조개껍질을 많이 버리기 때문에 그 석회분이 뼈의 칼슘분을 잘 보존해 준다. 달걀껍질은 키

틴질이라서 남아 있기 어렵다. 곤충의 날개는 산성토라도 남아 있다.

새·짐승·생선의 뼈는 따로따로 발견되며 뼈에는 잘리거나 탄 흔적이 남아 있고, 긴 뼈는 나뉘어 져서 골수를 꺼낸 것으로 보여지는 상황이 많다. 개의 시체가 그 모양 그대로 묻혀있으면 매장했다는 근거가 된다.

3. 채집한 계절

동물은 거의 정해진 계절에 태어나 몇 개월 지나면 어떤 이빨이 자라고 어느 정도 닳아 없어지는지 안다. 아직 어린지 성장한 동물인지 어느 계절에 죽였는지를 대강 알 수 있다. 이빨의 시멘트질에는 연령이 나타나기 때문에 연령도 알 수 있다. 소나 사슴의 머리뼈에는 뿔이 자라는 일이 많아서 자연스럽게 뿔이 떨어지는 봄에 앞서서 쓰러트리는 것도 알 수 있다.

조개의 경우에는 껍질에 하루에 하나 성장선이 형성되며 그 간격은 여름에 넓고 겨울에 좁다. 이러한 관찰에서 봄에서 초여름에 걸쳐 특히 집중적으로 채집한 것을 알 수 있다.

4. 잔존 지방산법의 위력

동식물이 가진 지방을 구성하는 지방산의 조성은 종류에 따라서 다르다. 미리 지방산의 조성을 가스크로마토그래피로 조사한 기준시료가 준비되어 있으면 어느 시료가 어떤 동물·식물의 것인지 판별 할 수 있다. 예를 들면 나라(奈良) 평성궁(8세기)에서 램프로 사용되었던 토기 접시에서 유출된 지방산에서 채종유·동물 유·어유를 사용했던 것을 알 수 있다. (그림3)

최근까지 동식물이 죽으면 그 지방은 분해되어 사라진다고 여겨져 왔다. 그러나 사실은 미량의 지방산은 천, 만 년을 넘어 뼛속에 있어 땅속에 남아 있다.

20만 년 전이라 여겨지는 미야기 현 후루가와 시의 마장단 A유적의 석기에 사슴과 나우만 코끼리의 지방이 남아 있다. 해체에 사용된 석기인 것이다. 이시가와 현 노토군의 진협 유적의 죠몬 토기에서는 돌고래의 지방이 발견되어 기름을 넣어 두었던 것을 알 수 있었다. 죠몬인이 나무 열매와 고기를 섞어서 만든 죠몬 쿠키의 조성도 알 수 있었다(33)(34).

면역질을 찾아내는 방법은 더욱더 발달하여 지금은 지방산의 분석은 여러 가지 일을 명확하게 하고 있다. 예를 들면, 사람의 남녀·소·말 등의 대변의 구별이 가능하게 되었기 때문에 유적에서 발견된 가축우리의 구덩이를 조사하면 대변에 포함된 코프로

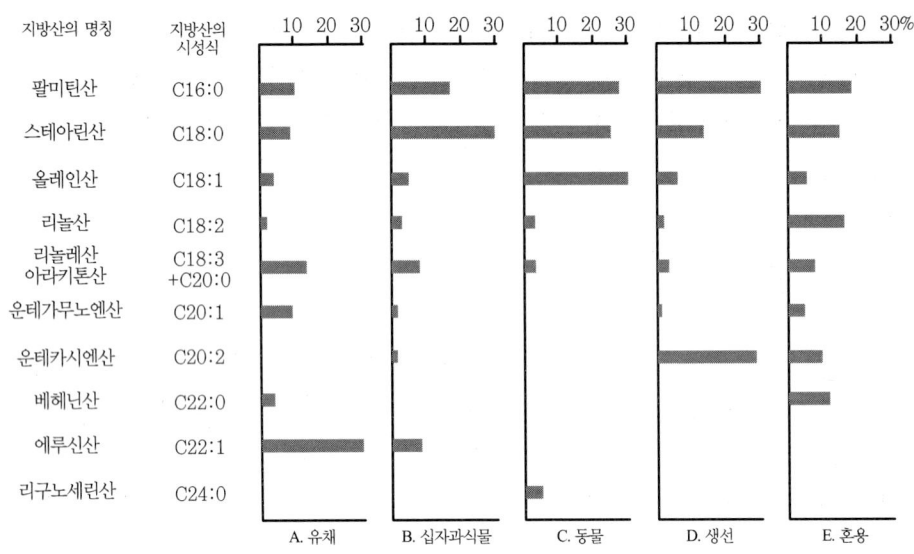

<그림 3> 평성궁에서 출토된 토기(25점)에서 추출한 지방산(문헌(32)을 토대로 작성)

스타놀과 콜레스테롤의 비율에서 말 우리인지 소 우리인지를 알아낼 수 있다.

이렇게 시체와 뼈가 남아 있지 않은 경우에도 어느 종류의 동물이 있었는지를 알 수 있게 되었다.

나라(奈良)현 쿄하라(橿原)시의 후지와라쿄(藤原京) 유적에서 1300년 전의 화장실이 발견되어 이미 미국의 태고의 대변의 연구[2]에서도 지적됐듯이 동·식물의 조직(고기조각과 나뭇잎 등의 미세한 조각)이 남아 있다고 한다. 장래의 화장실의 연구에 기대가 된다.

<사진 1> 분석(糞石)(사람의 배설물 화석)(코탄 온천유적출토)
(八雲町 교육위원회 제공)

5. 먹은 식물

쌀・보리・조・콩 등의 곡류, 밤・토치(산림에 자생하는 낙엽교목. 일본특산)・호두・도토리(졸참나무・너도밤나무・떡갈나무) 등과 각 종의 종자가 유적에 남아 있는 경우가 있다.

채소・산채가 남아 있는 일은 기대할 수 없다. 그러나 토야마현 코야베시 사쿠라 쵸의 죠몬 마을의 유적에는 청나래(고사리)의 새싹이 드물게도 남아 있었다.

곡물과 그 껍질은 토기・벽돌 등에 의도적으로 섞거나 우연히 섞이기도 한다. 덴마크에서는 유적 출토의 토기로 의심이 가는 작은 구덩이에 점토를 눌러 붙여서 관찰하며 어느 시기에서 어떤 채소를 먹고 있었는가를 밝혀내고 있다.

미국에서는 태고의 대변의 내용물을 연대순으로 나열해 검토하여 어느 시기에 어떤 식물을 먹기 시작했는지를 알아내고 있다. 메뚜기나 갑충(딱정벌레나 개똥벌레)을 먹었던 사실도 밝혀졌다. 먹을 의지 없이 먹은 작은 종자로 습한 곳, 건조한 곳에 자라는 풀의 종자의 존재에서 이 대변의 주인이 살았던 환경까지를 복원 할 수 있다.

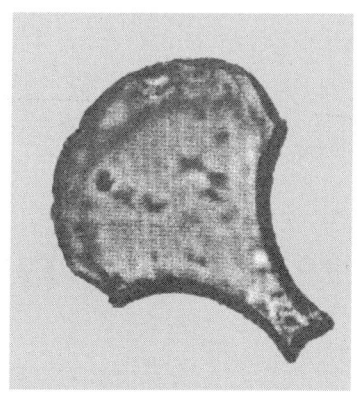

<사진 2> 벼의 「세포의 화석」(垂柳 유적출토) 이 세포 화석이 많은 토층을 발견해 논의 흔적을 찾아냈다. (후지와라 히로시(藤原宏志) 제공)

6. 눈에 보이지 않는 자료 등

눈에 보이지 않는 것으로 좀 전의 지방산, 세포, 꽃가루가 있다. 나라(奈良) 평성궁(平城宮)에는 램프에 채종유를 사용한 것이 지방산 분석에 의해 판명되었다. 석기에 동물(멧돼지)의 DNA가 남아 있었다고 하는 보고도 있다(6).

벼과 식물 등 규산(이산화규소)을 포함한 식물의 경우는 규산이 죽은 세포의 모양을 그대로 유지해 준다(식물 규조체). 이른바 「세포의 화석」인 것이다. 벼의 잎에 특유의 기동(機動) 세포의 화석이 오카야마(岡山)현 츠야마(津山)시 난코우슈(南溝手) 유적의 죠몬 토기의 땅속에 묻혀있던 사실에서 죠몬인이 벼를 알며 재배해 왔던 사실이 드러났다.

벼과 식물은 잿더미 속에서도 규산이 세포의 모양을 유지해 준다. 태고의 잿더미 속에서 현미경으로 이것을 발견해 종을 정하는 방법을 「회상법(灰像法)」이라 부른다(63).

꽃가루는 습한 토지에는 천 년, 만 년 이상 남는다. 종자든 꽃가루든 미세한 특징은 전자주사현미경에 의해 자세히 관찰해서 종을 결정하고 다른 것과 구별할 수 있게 되어 있다.

토란·마·타로 토란 등의 열대 기원의 식물은 일본에서는 꽃을 피우지 않기 때문에 꽃가루의 유존(遺存)은 기대할 수 없다. 그러나 솔로몬 제도의 여러 섬에서 28000년 전의 석기에 이들 식물 전분의 결정이 남아 있었다는 보고가 있다(19). 죠몬 토란의 실존을 증명하는 길이 열린 것이다.

해조를 자주 먹는 우리들은 문자가 없는 태고에 해조식을 아는 것은 불가능이라고 생각해 왔다. 그러나 최근에는 해조에 붙은 작은 환형동물이 유적에서 발견된 것에서 제염용으로 해조를 채집한 사실도 알게 되었다(25). 해조에 붙은 규조에서도 조염(藻塩)이 증명되었다(26). 죠몬인이 먹었던 해조의 종류를 더 찾을 수 있을지도 모른다.

재배식물에는 해충이 붙는다. 예를 들면, 벼의 재배가 시작되면 벼 뿌리를 먹는 잎벌레 등 벼 특유의 해충(27)이 눈에 띄게 되어 간접적으로 벼의 존재가 증명된다.

III. 모으다, 저장하다, 가공하다

1. 채집·사냥·생선 잡이의 증거

나무열매나 조개를 주워 모으기 위해 바구니를 사용했을 것이다. 습한 땅속에서 바구니가 그대로 남아 있는 경우도 있다. 아오모리(青森)시 산나이 마루야마(三內丸山) 유적에서는 풀로 짠 작은 바구니 속에 호두가 들어 있었다. 나무뿌리를 캐어내기 위해서는 나무로 된 막대기를 사용했을 것이다. 그러한 것이 산나이 마루야마에 있다. 두드려 깨서 만든 석기를 막대기의 앞에 붙여서 쓰기도 했다. 타석기로 된 땅 파는 도구이다. 오해를 초래할 「타석기 도끼」라는 용어를 쓰는 사람이 많다.

<사진 3> 산나이마루야마(三內丸山)의 죠몬 포쉐트. 동심초과의 식물로 짠 것 안에 호두가 들어 있었다. 세로 15㎝ 가로13㎝, 바닥은 아몬드 형, 입구가 닫히도록 되어 있었다.(아오모리(靑森)시 三內丸山 유적마을 제공)

사냥 도구로서는 이와 쥬쿠 시대에 손잡이를 잡고 찌르는 창이, 조금 뒤에는 던지는 창이 출현했다. 그 창날을 각각 나뭇잎모양 첨두기(尖頭器)·유경(有莖) [유설(有舌) 첨두기(尖頭器)라고 부른다.

죠몬 시대에는 화살이 등장해 창은 홋카이도·동북을 제외하고는 쇠퇴했다. 활 앞에 붙이는 돌화살촉(石鏃)에는 사슴·멧돼지의 뼈에 찌른 상황에서 발견되는 것도 있다. 뿔과 뼈의 앞부분을 붙인 창은 작살로도 불린다. 작살은 손잡이를 잡고 찌르고, 앞이 몇 개로 나뉘어져 있다. 또 다른 작살은 손잡이를 던져서 명중하면 앞에 붙인 밧줄의 다른 끝이 손에 있기 때문에 끌어 당겨서 사냥감을 얻는다. 작살은 육지 짐승용으로도 가능하다. 활로 생선을 잡는 일도 가능하다. 야요이·고분 시대 이후 작살·활촉 그리고 낚시 바늘은 철로 만드는 것이 주류였다(60).

손에 손잡이를 잡고 뜨는 산대의 틀과 손잡이는 야요이의 유적에서 찾아 볼 수 있다. 그물 자체는 남아 있지 않지만 여러 종류의 부자(浮子)가 있다(60).

기다리는 도구·설치로서는 동물용 함정(10)이 있고, 물고기용으로 통발·대발 등이 있다. 이와테(岩手)현 시다나이(蒔內) 유적(죠몬시대 후기)에서는 몰아넣는 용도로 말뚝을 나란히 세운 것이 남아 있어 홋카이도 에베쓰부토(江別太) 유적(속 죠몬 시대)의 말뚝의 배열도 같은 모양으로 생각된다.

<그림 4> 伝香川현 출토 동탁(銅鐸)(야요이 시대에 쓰이던 종 모양의 청동기)에 그려진 사냥그림 (기원전 1~1세기) (도쿄 국립박물관 소장)

<그림 5> 고베(神戶) 가미오카(神岡) 5호 출토 동탁의 생선잡이 그림 (기원전 1~1세기) [고베 시립박물관 소장]

2. 저장의 증거

죠몬・야요이의 마을 유적에는 저장 구멍 속에 나무열매가 들어 있는 채로 발견되었다. 오키나와의 죠몬 마을 유적, 혼도(本土)의 고분시대 이후의 마을 유적에는 저장 구멍은 보이지 않는다. 그러나 건물 안에 비축해 둔 것이 틀림없다. 나가노(長野)현 오카야(岡谷)시 하시하라(橋原)의 야요이 마을 유적의 수혈주거(지면에서 곧게 내리 판 굴 속에서 주거)에서는 불이 나서 선반에 비축했던 쌀이 아래로 떨어진 형태로 많이 발견되었다(46)①.

야요이 토기에는 몸통이 둥글게 튀어나와 있고 일단 목이 오므라들고 나서 입이 크게 벌어진 항아리가 보급되어 있어 음식과 볍씨를 비축하는데 사용되었다고 보인다. 복숭아・조개가 들어 있는 채로 발견한 예도 있다.

노송나무의 얇은 판자를 둥글게 구부려 양 끝을 벚나무 껍질로 기워서 그릇의 벽으로 하고 그 한 끝에 둥근 판자를 바닥이나 뚜껑으로서 붙여서 만든 용기가 마게모노(曲物)이다. 조금 작은 마게모노와 큰 마게모노를 합쳐놓으면 몸통과 뚜껑이 된다. 그림 두루마리를 보면 무명실에 명주실을 섞어서 짠 직물, 주걱, 채소, 화로, 채집 등 마게모노(曲物)의 용도는 다양했다.

<사진 4> 평성궁에서 출토된 마게모노(曲物) (문헌<36>에 의함) (나라국립문화재연구소 허가)

죠몬 시대 이후 재료를 횡단면으로 반으로 하고 이것을 또 반으로 나눠 벌집을 옆으로 자른 듯, 쐐기 모양의 자른 판자를 만들었다. 나무껍질의 쪽이 두껍고 심지 쪽이 얇은 판자이다. 무로마치 시대에는 가로로 통나무를 톱으로 잘라 판재를 채집하기 시작했다. 여기서 종판을 둥글게 늘어놓고 테로 묶는 통과 나무 통(술과 간장 따위를 넣어 두는 크고 둥글며 뚜껑이 있다)이 마게모노(曲物) 대신에 등장했다.

이렇게 해서 나무가 풍부한 일본에서는 물의 저장, 술의 가공·저장은 도자기로 된 항아리를 대신해서 나무로 된 통이 계속 쓰여지게 되었다. 이것은 현재 술·절임의 가공을 도자기를 사용하는 중국·한국과는 대조적이라 할 수 있다(25).

무로마치 시대에는 항아리를 몇 개 정도 늘어놓고 땅속에 묻어 입구만을 지표에 내어놓는 저장법도 있었다. 교토(京都)부 우지(宇治)시의 중세의 마을 유적에서 진간장 또는 된장이 가공·저장용이었다는 것이 지방산 분석에서 판명되었다.

3. 가공의 증거

이미 이야기는 저장과 가공에 이르고 있다. 도쿄도(東京都) 나카사토(中里) 조개 무덤에는 굴을 양식한 흔적도 보이며 또, 구멍을 파서 조개를 쪘던 흔적이 발견되었다(30).

사이타마(埼玉)현 세키잔(赤山)진영 흔적 등에서는 그 지방의 열매를 물로 씻은 흔적이 발견되었다(37)㉠.

시즈오카현에서 가공한 가다랑어를 나라의 수도에 보낸 것은 헤이죠쿄 흔적에서 꼬리표(목간)가 발견된 것에서 알 수 있다. 그것을 삶는 토기인 큰 냄비가 발견되었고 지방산 분석에서도 가다랑어를 삶은 것으로 판명되었다(50).

토기에 해수를 가득 채워 소금을 얻는 일은 나중에 제염유적에 의해 알려졌으며, 소금을 얻기 위한 제염 토기가 죠몬 시대 이후에 생겨 해조의 이용, 염전, 염부(鹽釜)가

나라(奈良)시대 이후에 알려져 있다(46)㉲.

4. 물을 푸고, 나르고, 비축하다

야요이 시대에 우물이 출현했다(59). 후쿠오카(福岡)현 이타무라(板村) 유적의 우물에서는 물을 푸기 위한 야요이 토기가, 나라현 쿄하라 유적의 우물에서는 8세기의 물을 푸기 위한 토기가 발견되었다(41)㉠. 또, 나무 용기를 붙인 대나무 두레박은 야요이 시대로 알려져 있다(56)㉠. 물을 나르는 토기는 짜서 싼 야요이 토기의 항아리이다(40). 치륜(埴輪 : 고분 주위에 세운 점토로 만든 토기)에는 항아리를 머리에 올리고 나르는 여인이 있다. 물을 저장하는 것이 큰 독인 것은 모양과 크기에서 추정할 수밖에 없다.

<그림 6> 풀을 뜯어 마게모노(曲物)에 담고 있는 여자 (문헌 <52>에 의함)

5. 발효를 이용하다

『오오구마나라 풍토기(大隅國風土記)』의 일문(逸文)에는 「쌀을 씹어서 토해 넣어서」 술을 만드는 일이, 『사쓰마나라(播磨國) 풍토기』 시사하(宍禾)군 (현재 시소우군) 니하토(庭音)마을에서는 「누룩(糀)」을 술 제조에 이용하는 기록이 있다. 고고학적으로 죠몬 유적에서 덧나무·산 뽕·산머루·산딸기 류·사루나시·개다래나무·히메코우죠 등을 짜서 버린 예가 주목되어 지금 쓰지세이 이치로(辻誠一郞)씨(국립역사민속박물관)를 중심으로 곰팡이를 찾는 일이 진행 중이다(13).

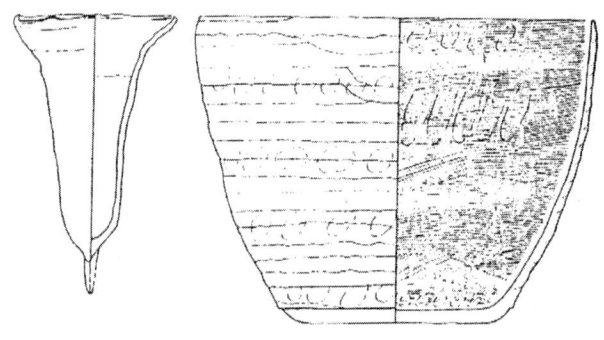

<그림 7> 제염 토기
(오른쪽) 데라이에(寺家) 유적 출토 8세기 대형 평저(平底) 토기[문헌(14)에 의함]
(왼쪽) 나가오(長尾) 유적 출토 7세기 소형 첨저(尖低) 토기[문헌(7)에 의함]

Ⅳ. 조리하다

1. 자르고 잘게 썰다

석기에 남은 지방산에서 동물을 해체했던 것을 알아냈다.

자르기 위해서는 받침대가 필요하다. 효고(兵庫)현 요시다(吉田)와(20)㉠ 시즈오카(靜岡)현 이바(伊場)(47) 유적에서는 나라(奈良) 시대의 도마가 발견되었다. 보통 적당하게 판자 위에서 잘랐던 것으로 보인다. 나라 시대의 마게모노(曲物) 통의 뚜껑・바닥의 판자에는 불규칙한 방향으로 칼집이 한 면에 많이 남아 있다. 나라(奈良) 시대의 공무원은 작은 판자에 먹으로 글씨를 써 몇 번이나 긁어내면서 사용했다. 그때 사용된 정창원(正倉院) 보물에 있는 칼이 조리에도 쓰여졌던 것은 아닐까? 이 시대에 헤이죠큐코(平城宮 궁성과 행정기관)의 식사에서는 젓가락을 왕성하게 사용했다(46)㉧. 손으로 집어 먹는 식사에서 젓가락을 사용한 식사로의 전환은 음식을 작게 잘라 먹는 일의 일반화와 대응될 것이다.

2. 생(生) 조리

문헌상에는 고기・생선을 잘게 썬 회(膾・鱠)는 기기(記紀) (『고지기(古事記)』・『니혼쇼키(日本書記)』・풍토기・『만요슈(萬葉集)』에 등장한다(46)㉢.

그러나 생조리는 당연히 더욱더 오래전에 시작된 것임에 틀림없다. 후지와라쿄·헤이죠 쿄(7·8세기)의 화장실에서 기생충의 알이 발견되어 채소와 잉어·붕어·은어 등의 담수어를 날 것 또는 반 생것으로 먹었던 것을 알 수 있다. 야요이 마을의 도랑에서도 가생충의 알이 있었던 사실은 《위지왜인전(魏志倭人伝)》(3세기)14)에 「채소를 날 것으로 먹는다」라고 쓴 것에 대응한다.

3. 깨뜨리고, 갈고, 반죽하고, 찍다

세계에 공통된 석기시대에는 편편한 돌(밑돌, 돌접시)에 올린 열매나 곡물을 윗돌로 빻거나 갈았다. 긴 윗돌을 전후로 누르며 당기면 밑돌의 중앙이 갈려 승마용의 안장 형태와 닮았기에 안장형 절구라 불리며 세계 각지에서 보인다. 그러나 일본에서는 계속 윗돌(「磨石 가는 돌」, 「敲石 두드리는 돌」)로 빻고 둥글게 갈았다.

야요이 시대 이후 나무절구·절구 공이가 나타났다(58)㉠. 작은 일인용의 절구와 두 사람이 사용하는 큰 절구가 있어 절구 공이는 세로로 잡고 사용하는 것이 많다. 그러나 가로로 된 절구 공이도 있다. 돌절구는 고고학 자료에서 보면 중세에 출현한다(24). 차(茶) 절구도 중세에 등장한다. 곡물용의 절구로는 중심에서 벗어난 구멍에 곡물 알맹이를 넣었던 것에 반해 차 절구는 중앙의 구멍에 차(茶)를 넣는다.

스에키(須惠器)15)에는 반죽하는 그릇이라 부르는 작은 물건이 있고 중세에는 스리바찌가 출현한다. 눈금이 없는 것, 눈금이 굵은 것, 얇은 것에 연대 차(差)·지방 차(差)가 있다(38).

4. 달군 돌(燒石)의 이용

큰 주먹이나 그것보다 조금 작은 돌을 불로 달군 돌은 현재에도 남태평양의 여러 섬에서 찜에 이용되고 있다. 구멍을 파서 달군 돌을 넣고 그 위에 바나나 잎 등에 싼 재료를 놓고 위를 흙으로 덮으면 재료가 가진 수분으로 찔 수 있다.

재료와 물이 든 용기에 달군 돌을 넣으면 순간적으로 끓어서 재료가 쪄진다. 달군 돌 위에 재료를 올리면 군고구마·군밤 등의 돌 구이가 가능하다.

이와쥬쿠(岩宿) 시대의 유적에서 발견된 조약돌(礫石)은 달군 돌을 모은 것으로 보

---

14) 3세기 중국의 사서.
 『삼국지』 위서동이전에 나오는 일본에 대한 기록의 약칭
15) 일본 고분시대 중기에서 平安시대에 걸쳐 만들어진 토기

인다. 도쿄도(東京都) 다마(多摩) 뉴타운 769 유적에는 이것에 지방산과 타르가 남아 동물의 고기를 구운 것을 추정할 수 있다. 죠몬 시대의 마을 유적에서 발견된 달군 돌은 집석(集石)이라 불리고 있다(67). 이시가끼(石垣) 섬에는 토기가 없는 시기에 나타난 많은 조약돌(礫郡)이 찜구이용으로 추정된다(56).

5. 불을 태우다 : 화로와 아궁이

철분을 포함한 땅에 직접 불을 피우면 땅은 변질만 하는 것이 아니라 산화해서 붉게 된다. 붉게 변하지 않은 땅에서도 X선 회석법에 의해 토양에 열이 가해졌다는 것이 확인되면 불을 피운 결과로 볼 수 있다. 와타나베 에이지(渡辺榮次, 통산성 공업기술원)는 가고시마(鹿兒島)현 가고이노하라(栫ノ原 죠몬 초창기)의 화로를 이 방법으로 확인했다(61). 게다가 재(灰)는 긴 세월이 지나면 사라진다(62). 토방을 파서 불을 피운 화로, 옥외에 구멍을 판 화로가 있지만 앞과 같은 사정으로 발굴의 현장에서 금방 확인하기 어려운 것도 있다. 또 실내에서 불을 피우면 지붕으로 연기를 빼내어야 하며 그 위치에 의해 화로를 건물의 중앙에 둘 지 한쪽에 둘 지가 정해진다(11).

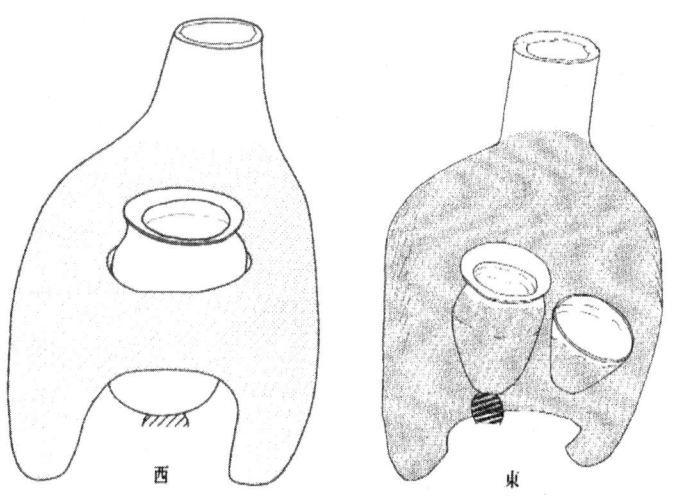

<그림 8> 화덕의 복원(문헌(57)에 의함)
(오른쪽) 관동지방에서는 아궁이 위에 두 개의 구멍을 뚫어서 넣은 토기와 아궁이의 구멍과의 사이를 점토로 막아서 사용했다.
(왼쪽) 긴키 지방에서는 하나의 구멍에 토기를 걸거나 빼내서 사용했다.

『신귀산록기회권(信貴山綠起繪卷)』(10세기)에는 직방체의 벽에 아궁이를 내어 윗면에 냄비를 올린 아궁이가 그려져 있다. 5세기에 한국(조선반도)에서 아궁이가 들어와 반지하식주거(竪穴 주거)의 벽에 붙여 연기를 바깥으로 빼내게 만들었다. 장방형이 아니라 둥글게 달았다. 완전한 형태는 아니지만 늘 부서진 모양으로 발굴되었다. 6세기, 관동지방에서는 취사 용기를 점토로 아궁이에 고정하고 사용했다(54, 57). 긴키(近畿)지방에서는 용기를 걸거나 빼내거나 해서 사용했다. 아궁이에는 토기로 만든 이동 가능한 것도 있다(12).

6. 굽다

유적에서 발굴된 뼈·조개껍질에는 탄 흔적이 남아 있어 조리의 방법으로서 굽는 것이 매우 일반적인 것임을 알 수 있다. 단 현대 중국에서는 생선을 굽는 일이 없는 것과 마찬가지로 오키나와에서는 생선 말린 것과 생선구이는 일반적인 것이 아니다.

7. 삶다·(밥을) 짓다

토기와 돌 냄비, 철 냄비 등에는 그을음 투성이인 것, 눌어붙은 것이 많아 용기를 불로 가열해 취사를 한 것을 알 수 있다.
쌀은 처음에는 쪄서 먹고 나중에 지어 먹게 되었다고 예전에는 알려져 왔다. 그러나 야요이 시대의 독에는 밥이 눌러 붙은 모양으로 남아 직접 지은 것에 의심이 없다(46)△.

8. 찌다

달군 돌을 이용해서 찌는 방법을 제외하면 찜통을 이용한다. 야요이 토기의 독에 구멍이 뚫려 있는 것을 찜통으로 보는 견해도 있다. 또 야요이 시대가 끝나갈 무렵 작은 그릇의 바닥에 구멍을 뚫은 야요이 토기는 찜통으로 불린다. 그러나 확실한 찜통은 5세기에 한국에서 들어온 새로운 요업기술로 만든 기와 색 단단한 성질의「스에이기(須惠器)」였다(46)△. 『정창원(正倉院) 문서』에 보이는 나무 찜통(51)은 고고학적으로는 파악되지 않고 있다.
또한 6세기의 관동지방에서는 어느 집이나 찜통이 있었지만 긴키 지방에서는 보기 힘든 물건이었다. 관동에서는 매일 찹쌀을 쪄서 먹고, 긴키에서는 멥쌀을 지어서 먹고,

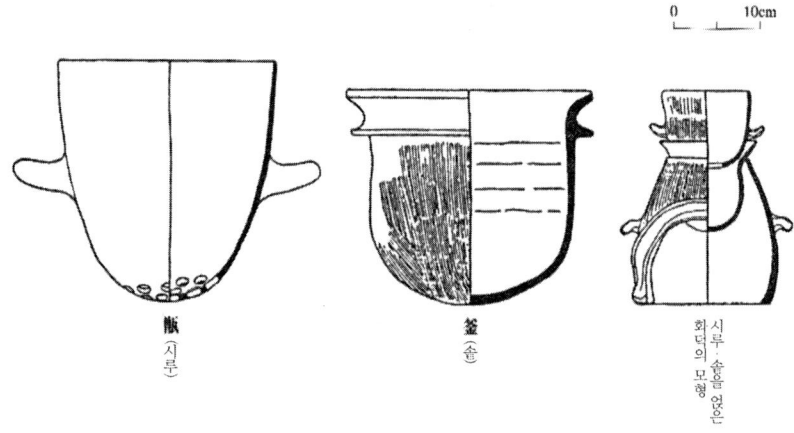

<그림 9> 시루・솥・화덕 세트(5세기)의 소형 밑이 뾰족한 토기 (문헌(16)에 의함)

축제 때 - 술잔치・찰밥・떡 - 에만 찹쌀을 쪄 먹었을 것이다. 지금에도 태국 북부에는 찹쌀을 주식으로 하는 사람들이 있다. 또 동(東)일본에서는 6세기 이후 헤이안(平安) 시대 후반까지 쌀을 찌는 일이 계속되었다는 것을 상상해 볼 수 있다.

9. 그슬리다(燻)

실내에서 화로・이로리(囲爐裏, 방바닥의 일부를 네모나게 잘라 내고 그곳에 재를 깔아 난방용, 취사용으로 불을 피우는 장치) 위에 생선 등을 걸어두면 자연스럽게 그을린다. 본격적인 훈제는 일본에서 발달되지 않은 것으로 보인다. 그런데 가고시마현에서 죠몬 시대의 오래전에 얇은 터널로 이어진 2개의 구멍을 야외에 만들어 아궁이로서 쓴 것이 주목받아 잔존 지방산 분석 결과 훈제를 만든 아궁이일 가능성이 지적되어 실험적으로도 좋은 성과를 얻고 있다(53).

V. 그릇에 담고, 먹는다

1. 공식(共食)

공식자(共食者)라는 말이 있다(『웅략기(雄略記)』 14년 4월 초, 『추고기(推古記)』

18년 10월조). 가족의 공식과 손님을 맞아 마련하는 공식은 동료 의식을 강하게 한다.

그러나 캐나다의 이누이트도 파푸아 뉴기니의 오지의 사람들도 혼자서 먹는다고 한다. 고고학적으로는 언제부터 공식을 했다고 할 수 있을까? 이것을 알기 위해서는 식기의 분류가 필요하다.

2. 공용 그릇과 개인기(個人器)

여럿이서 식사를 할 때 요리를 담은 큰 접시·큰 그릇 등 여럿이서 사용하는 그릇을 공용 그릇이라 하며, 각각이 사용하는 밥그릇·작은 그릇·작은 접시·컵·찻잔·젓가락이나 숟가락을 각자의 그릇으로 개인기(個人器)라 한다. 식기의 역사는 공용 그릇에서 시작된다. 유럽에서는 개인기가 로마에 있었으며, 사라졌다가 16세기 무렵부터 본격적으로 사용되기 시작했다. 중국에서는 한나라 시대에 개인 그릇이 시작된다. 서일본에서는 야요이 시대부터, 동일본에서는 고분 시대에서부터 시작된다.

화재로 소실되어 뒷정리를 하지 않은 채 버려진 집들의 터에서 발견된 토기 중에서 손에 들기에 적당한 용량·큰 그릇, 여러 형태가 갖추어진 그릇이 4,5개 있으면 그것은 각자 그릇이며 가족이 모여서 식사한 것을 추정할 수 있다. 작은 밥그릇과 음식을 담는 굽 달린 그릇(高杯, 高坏)이 야요이 시대의 각자 그릇인 듯하다.《위지왜인전(魏志倭人伝)》에는 굽 달린 그릇(高杯)을 일본의 식기로 들고 있다.

3. 속인기(屬人器)

한국에서는 지금 밥그릇·국 그릇·젓가락·숟가락이 누구 것인지 정해져 있으며, 일본에서는 밥그릇과 젓가락, 찻잔이 누구 것인지 정해져 있는 경우가 많다. 가정에 따라 국그릇도 정해진 집도 있다. 이것을 속인기라 부른다. 중국에는 속인기가 없으며 중국 식문화의 영향을 강하게 받은 오키나와에도 이러한 경우는 적다. 속인기의 기원에 대해서는 모모야마 시대의 나무그릇을 떠올릴 수가 있다. 그러나 고고학적인 추궁은 지금부터이다. 누구의 그릇인지 정해진 사회에는「같은 잔의 술을 마신다」(『履中記』), 「공용 그릇의 음식을 같이 먹는다」(『継体記』 21년 6월조) 는 공식하는 사람들의 연대감을 한층 더 강하게 했다.

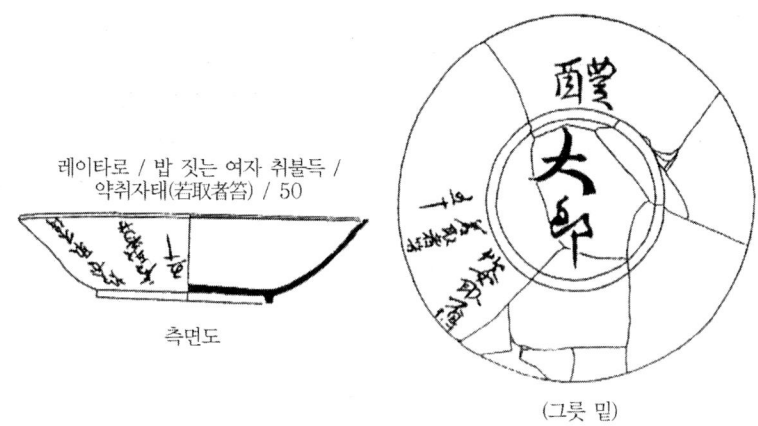

<그림 10> 평성궁의 묵서 토기(8세기) 문헌(35)에 의함
「레이타로(醴大郎)/ 밥 짓는 여자여 (이 접시를) 들어서는 안 된다. 만약 들면 채찍으로 50번 치는 벌을 내릴 것이다.」라고 적고 자신이 사용한 그릇임을 주장하고 있다.
평성궁의 우물(SE715)에서 출토

4. 젓가락과 숟가락

두 개의 봉으로 음식을 잡는 젓가락은 나라(奈良) 시대에서 헤이안(平安) 시대에 걸쳐 일반화되었다. 핀셋식의 젓가락이 이것에 앞선 것이라는 견해는 고고학적으로는 불확실하다(46). 정창원(正倉院) 보물에는 숟가락이 있어, 문헌상에도 나라・헤이안 시대의 궁정에서 숟가락을 사용한 일이 명확해졌다. 그러나 일반화되는 일 없이 잊혀져 갔다.

숟가락・주걱은 죠몬・야요이 시대에도 보인다. 단 숟가락이 30점 정도 한꺼번에 출토된 오카야마(岡山)현 미나미가타(南方)의 야요이 마을은 예외로서, 많이 발견된 것이 없어 매회의 식사에 모두가 숟가락을 사용했다고 볼 수 없다.

젓가락 받침은 현재 중국・한국에 없으며 오키나와에서도 흔히 볼 수 없으나 다른 지역에서는 많이 쓰이고 있다. 이것이 헤이안 시대의「귀 접시」(작은 접시를 양쪽에서 안쪽으로 접어 말은 모양)까지 거슬러 올라간다. 또 일본에서는 젓가락을 옆으로 놓는다. 중국에서도 당나라 때는 젓가락을 옆으로 놓았다. 세로로 두게 된 것은 송, 원나라 때부터이다(3). 한국에서는 6세기의 무녕왕능 이래 젓가락・숟가락을 세로로 놓았다. 일본에서는 언제부터 옆으로 놓게 되었을까?

5. 조형작품에서

고대 로마와 중국에서는 많은 조형작품 - 그림·조각·선화(線畵) - 에 식사의 모습과 준비하는 모습을 볼 수 있다. 일본에서는 헤이안 시대 이후의 그림 자료를 기대하는 수밖에 없다. 구태여 들자면 아오모리(靑森)·아키다(秋田)현의 죠몬인은 버섯 모양의 토기를 많이 남기고 있다. 효고(兵庫)현 교샤즈카(行者塚) 고분에서는 마름과 으름 덩쿨로 장식한 토기가 한꺼번에 발견되었다. 군마(群馬) 현 아라코쵸부타이(荒子町舞臺) 고분 출토의 부드러운 재질의 붉은 토기(土師器)인 굽 달린 그릇 8개에는 모두 흙으로 만든 음식이 만들어져 붙어 있었다. 그 음식이 모두 3개씩인 것이 흥미롭다.

Ⅵ. 영양

1. 뼈와 이(齒)에 남은 영양 상황

영양이 나쁘고 발육이 나쁘면 뼈와 이에 그것이 나타난다. 해리스의 선(線)(46)①, 안와사(眼窩篩 : 안구가 들어가는 부분의 윗벽에 작은 구멍이 많이 생기는 상태), 이의 에나멜질이 줄어들어 형성되는 것 등이다. 안와사와 에나멜질 감(減)형성 등이 에도(江戸) 서민의 뼈에 많이 보였으나 죠몬인의 뼈에는 적었기 때문에 죠몬인이 에도의 서민보다 영양 상태가 좋았다고 생각했다. 그러나 스즈키 타카오(鈴木隆雄, 동경 노인종합연구소)에게 그러한 증상이 나오기 전에 죠몬인이라면 죽었을 것이다, 에도 시대에는 그렇게 되어도 살 수 있었다고 배웠다(46)①.

<표 1> 야요이인과 현대인의 해리스의 선(線)[문헌(9)에 의함]

	남			여		
	자료수(명)	해리스선 평균치(개)	해리스선 표준편차(개)	자료수(명)	해리스선 평균치(개)	해리스선 표준편차(개)
야마구치현 야요이인	6	8.7	3.50	14	10.1	4.50
후쿠오카현·구마모토 야요이인	9	9.3	6.12	3	13.3	5.77
중부규슈 현대인	64	2.9	2.18	7	4.6	3.06

<표 2> 에나멜질 감형성(減形成)과 안와사(眼窩篩) [문헌(68)에 의함]

	밑 턱 에나멜질 감형성		안와사	
죠몬인	13/27	48.1%	5/16	31.3%
고분인	8/22	36.4	3/16	18.8
무로마치인	1/3	33.3	3/7	42.9
히토바시 에도인	28/43	65.1	34.53	64.2
와노 에도인	21/34	61.8	-	-
현대인	15/38	39.5	9/36	25.0

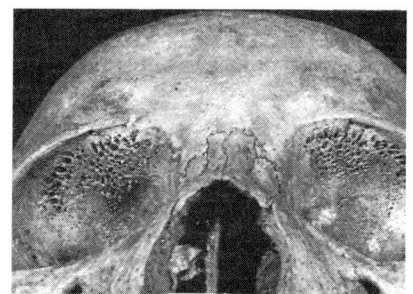

<사진 5> 히토바시인(一橋人)의 안와사의 중증 예(平田和明 제공)

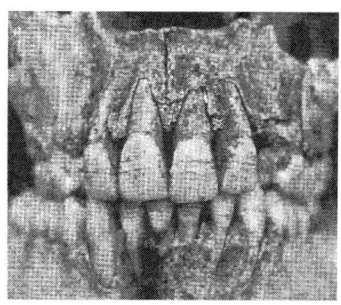

<사진 6> 히토바시인((一橋人)의 에나멜질 감형성(山本美代子 제공)

2. 무엇을 얼마나 먹었나?

세계 각 민족의 58가지 예(例)에 대해서, 채집(54쪽)·사냥·생선 잡이 중 무엇에 얼마만큼 의지해서 살아왔는지를 미국의 리(Lee)가 조사한 결과에 의하면 적도 바로 밑에서 북위·남위 40도 미만에는 채집에 가장 크게 의존했고, 40도에서 60도 미만에서는 생선잡이에, 60도 이상에서는 사냥에의 의존이 가장 컸다는 경향이 보였다(18), (39). 일본 열도의 대부분에서는 많은 곳이 채집 중점의 생활을 했다.

구체적으로 어떤 사람이 무엇을 얼마나 먹었는지는 사람 뼈의 탄소 13(^{13}C), 질소 15(^{15}N)의 동위체비(同位體比)에 의해 지금 알 수 있게 되었다. 예를 들면 지바(千葉)현의 고사쿠(古作) 죠몬인(4000년 전)의 경우 단백질에 대해 도토리·호두 등의 식물(C$_3$식물)을 29%, 사슴·멧돼지 등의 초식동물을 29.7%, 생선 28.7%, 어패류 10.8%를 먹었으며, 총 열량의 80%를 나무열매에 의존해 온 것으로 계산된다(22, 49)[16] (그림 11·12)

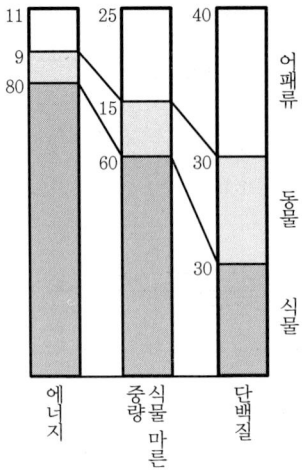

<그림 11> 고사쿠(古作) 죠몬인의 식질원(食質源) 의존율(%)[문헌(22)에 의함]

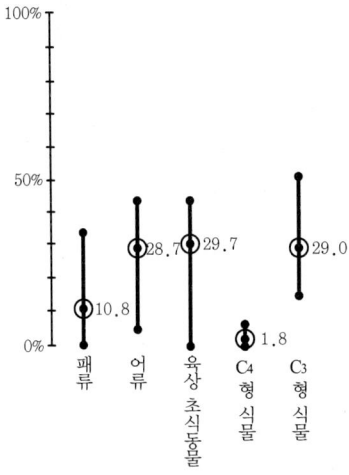

<그림 12> 단백질의 의존율(%)[문헌(22)에 의함]

몬테카루로법에 의한 고사쿠 죠몬인의 복원식물 의존율 분포(영양고려) 고사쿠 인골의 동위체비는 $^3C=17.7\delta$ $^{15}N=10.5$ 영양 획득 조건으로 단백질 70g/日, 열량 1200～3500kcal/日을 가정한다. 이 조건 하에서 평균 획득 에너지는 1560kcal기 된다. 그림 중 O와 선은 평균치, 가능한 의존율 범위를 나타낸다.

이상 고고학이 어떤 재료에 의해 어떤 방법으로 식문화를 추구하고 있는지를 예로 들었다. 자연과학과의 제휴는 놀라우며 추구 방법은 점점 늘어가고 있을 것이다. 시대를 따라서 태고 이래의 일본의 식의 변화에 대해서는 제2권의 「일본적 식생활의 형성」을 참조하길 바란다.

---

16) 동위체비(同位体比)에 의한 그후의 연구 성과에 대해서는 문헌 (23) 및 미나미가와 마사오(南川雅男) 1995 「骨から 食物을 讀む」『古代에 挑戰하는 自然科學』 쿠바프로 pp. 156-170을 참조 바람.

〔문헌〕

(1) Asato, Shiiun 1990 *The Urasoko site* Gusukube board of education, Okinawa, Japan
(2) Callen, E. O. 1963 Diet as revealed by coprolite, *Science in Archaeology*, revised and enlarged edition, pp.235-243
(3) 張競 1997 『中華料理の文化史』(ちくま新書124) 筑摩 書房 pp.164-168
(4) 藤原廣志 1994 「耕作の起源を求めて」, 『發掘を科學する』(岩波新書 355) 岩波書店 pp. 81-92
(5) 藤原廣志 1997 「プラント・オパールと 水田」, 『全面改訂新しい研究法は考古學になにをもたらしたか』クバプロ pp.192-204
(6) Hardy, Bruce L. and Rudolf A. RAFF 1997 Recovery of Mammalian DNA from middle paleolithic stone tools, *Journal of Archaeological Science* 24:601-611
(7) 橋本澄夫 1974 「內浦町の土器製鹽・遺蹟と製鹽土器」, 『內浦町史』第1卷
(8) Hesse, B. 1982 Slanghter patterns and domestication-The bigining of Pastror alism in western Iran, *MAN*(new series) Vol.17, No.3 : 403-417
(9) 北條輝幸 1989 「榮養失調と重病を探る」, 『弥生時代の硏究』第1卷 雄山閣 出版 pp.96-105
(10) 今村啓爾 1983 「陷穴」, 『繩文文化の硏究』Ⅱ 雄山閣出版 pp.145-160
(11) 今村啓爾 1985 「繩文早期の堅穴住居にみられる方形の掘り込みについて 『古代』第80號 : 1-19
(12) 稲田孝司 1978 「忌の籠と王權」, 『考古學 硏究』第 25卷 第1號 : 52-69
(13) 石毛直道・奧村生・熊倉 功夫・佐原眞 1997 「<食>の日本史」, <甘辛編>『現代』第31卷 第12號 : 216 講談社
(14) 石川縣立埋藏文化財 センタ - 1988 『寺家遺跡發掘調查報告』Ⅱ
(15) 菊池俊彦 1992 「北海道をめぐる北方民族の交流」『新版 古代の日本』九 角川書店
(16) 小林行雄 1951 『日本考古學槪說』東京創元社
(17) 小池裕子 1974 「魚貝類の硏究法『考古學 ジャ-ナル』80號 : 14-18卷 首 図版
(18) Lee, R. B. 1968 What hunters do for aliving, or, how to make out on scarce resources, *Man The Hunter*, Aldine Publishing Company, Chicago, pp.30-48

(19) Loy, Thomas H. Matthew Spriggs and stenhen Wickler 1992 Direst evidence for human use of plants 28,000 years ago : starch residues on stone artefacts from *northern Solomon Islands, Antiquity Vol.66, No.253 : 898-912*

(20) 町田章 1985『木器集成圖錄 近畿 現代編』奈良國立文化財 研究所 ⑦50 (圖版 32) ⓓ153 (圖版12219)

(21) 松井章・金原正明・金原正子 1994「トイレの 考古學」『發掘を科學する』 (岩波新書 355) 岩波書店 pp. 47-62

(22) 南川雄男 赤澤威 1988「縄文人の食糧攝取」『遺傳』10月號 (第42卷 10號) pp. 15-23

(23) 南川雄男 1997「炭素・窒素 同位体に基づく古代人の食生態の復元」『全面改訂新しい研究法は考古學になにをもたらしたか?』クバプロ pp. 168-177

(24) 三輪茂雄 1978『臼』(ものと人の文化史 25) 法政大學出版局

(25) 宮本馨太郎 1973『めし・みそ・はし・わん』(民俗民藝雙書 76) 岩崎美術史 p.196

(26) 森勇一 1997「珪藻分析に 基づく古環境復元」,『全面改訂 新しい 研究法は考古學になにをもたらしたか?』クバプロ pp. 71-86

(27) 森勇一 1997「昆蟲化石からみた先史~歷史時代の變遷」『全面改訂 新しい研究法は考古學になにをもたらしたか?』クバプロ pp.71-86

(28) Murdock, George Peter 1950 Comparative date on the division of labor by sex, *The Annauls of the American Academy of Political and Sosial Science* 22 : 195-201

(29) Murdock, George Peter 1968 The current status of the wold's hunting and gathering peoples, In R. B. Lee and DeVre(eds.) I *Man The hunter* Aldine, Chicago.

(30) 中島廣顯 1997「中里貝塚の貝處理場とカキ養殖『考古學ジャーナル』420 號 : 24-27

(31) 中西靖人 1985「筌」『弥生文化の研究』五 雄山閣出版 pp. 155-159

(32) 中野益男 ほか 1983「奈良平城宮出土の土器に殘存する脂肪酸類について」『日本農藝化學會昭和58年度大會講演要旨』p. 616

(33) 中野益男 1994「脂肪酸が示す世界」『發掘を科學する』(岩波新書 355)岩波書店 pp. 29-45

(34) 中野益男 1997 「殘留脂肪酸による古代復元」『全面改訂新しい研究法は考古學になにをもたらしたか?』クバプロ pp.148-167
(35) 奈良國立文化財研究所 1962『平城宮發掘調查報告』Ⅱ：(奈良國立文化財研究所學報 第15冊) p.73 圖版 53
(36) 奈良國立文化財研究所 1965『平城宮發掘調查報告』Ⅵ：(圖版 50)
(37) 小野昭・春成秀爾・小田靜夫 (編) 1992『圖解・日本の人類遺跡』日本第4世紀學會 東京大學 出版會 ㋑88㋺89
(38) 國立歷史民俗博物館 (歷博) 1997『國立歷史民俗博物館研究報告 第71集 中世食文化基礎的研究』
(39) 佐原眞 1975「海の幸と山の幸」『日本生活文化史1 日本的生活の母胎』河出書房新社 pp.21-44
(40) 佐原眞 1976『弥生土器』(日本の美術 125) 至文堂 p.22
(41) 佐原眞 1979「土器の用途と製作」,『日本考古學を學ぶ2 原始・古代の生産と生活』有斐閣 pp.40-60 ㋑44
(42) 佐原眞 1983「食器における共用器 銘銘器 屬人器」『文化財論叢奈良國立文化財研究所 20周年記念論文集』東明社出版 pp.1143-1162
(43) 佐原眞 1993『騎馬民族は來なかつた.』(NHK ブツクス 758) 日本放送出版協會
(44) 佐原眞 1995 「原始・古代の考古資料」『岩波講座 日本通史』 別卷3 pp.131-174
(45) 佐原眞 1995「米と日本文化」『國立歷史民俗博物館研究報告』第 60集 pp.107-136
(46) 佐原眞 1996『食の考古學』東京大學出版會 ㋑23 ㋺72-81 ㋩82-103 ㊁117 ㋭134-143 ㋬151, ㋣162, ㋠171
(47) 齋藤忠・平野吾郎 1992「歷史時代の重要遺物」『靜岡縣史』資料編 3 考古 3 p.961, p.973
(48) 坂井秀彌 1988「古代のごはんは蒸した『飯』であつた」『新潟考古學談話會會報』第2號：pp12-14
(49) 佐々木高明 1991『日本の歷史 第1卷 日本史誕生』集英社 118-122, 275- 276
(50) 瀨川裕市郎・小池裕子 1990「煮鰹は堝形土器・覺え書き」『沼津市博物館紀要』14:1-19
(51) 關根眞隆 1969『奈良朝食生活の研究』吉川弘文館 p.353

(52) 澁澤敬三・神奈川大學日本常民文化硏究所 (編) 1984 新版 『繪卷物にな 日本常民生活繪引』第1卷 平凡社
(53) 新東晃一 1997 「繩文時代早期の 爐穴の復元」 『南九州繩文通信』 第11號: 1-14
(54) 杉井健一 1993 「竈の地域性とその背景」 『考古學硏究』 第50卷 第1號: 33-60
(55) 高橋克壽 1997 「人物埴輪の出現とその意味」 『はにわ人は語る』 第26會歷博フォーラム資料 國立歷史民俗博物館 pp.6-7, p.24
(56) 瀧口宏 (編) 1960 『沖繩八重山』校倉書房
(57) 外山政子 1992 「<爐>から <カマド>へ - 古墳時代の食文化 - 新來の食文化の實態とその收容における東西日本の比較」 『助成硏究の報告2』 財團法人味の素食文化センタ - pp.87-99
(58) 上原眞人 1993 『木器集成圖鑑 近畿原始編』 奈良國立文化財硏究所 ㋐97-105 圖版 84-90 ㋓173 圖版153
(59) 宇野隆夫 1986 「井戶」 『弥生文化の硏究 第7卷』 雄山閣出版 pp. 25-37
(60) 和田晴吾 1985 「土錘・石錘」「釣針」「モリ・ヤス」 『弥生文化の硏究 第5卷』 雄山閣出版 pp.137-155
(61) 渡辺榮次 1998 「土壤報告」 『栫ノ原發掘報告書』 加世田敎育委員會
(62) Watanabe, Naotsune 1973 Ash deposit in rock shelters of prehistric Japan. *Journal of The Faculty of Science,* the University of Tokyo Sec. V Vol. Ⅳ : 3
(63) 渡辺直経 1981 「遺跡の灰から穀物をさぐる - 灰像による識別」 『考古學のための化學10章 (UP選書)』 東京大學出版會 pp.201-219
(64) 渡辺誠 1992 「燒鹽壺」江戶遺跡硏究會 『江戶の食文化』 吉川弘文館 pp. 107-127
(65) 渡辺誠 1994 「藻塩燒考」 『風土記の考古學1 常陸國風土記の卷』同明社出版 pp.101-119
(66) 渡部忠世 1970 「モチ稲栽培圈の成立」 『季刊 人類學』 第1卷 第2號: 31-52 世界思想社
(67) 八木澤一朗 1994 「南九州の集石遺構」 『南九州繩文通信』 第8號: 21-41
(68) 山本美代子 1988 「日本古人骨永久齒のエナメル質減形成」 『人類學雜誌』 第96卷 第4號: 417-433

제4장 언어로 본 식(食)

시바타 다케시(柴田 武)

I. 식(食)과 식(食)의 언어

언어는 외계의 단순한 투영물이 아니다. 언어가 존재하는 데 외계도 거기에 대응해서 존재한다고 할 수는 없다. 외계의 사물로서는 동일한 것이나 언어로서는 구별되는 일도 있다.

언어와 외계와의 관계는 외계를 인간의 머리(의식)를 통해 비춰낸 것이 말이다. 식에 대해서도, 식의 언어를 보는 것에 의해 식이라고 하는 외계의 사물이 바로 확실해지는 것은 아니다.

물론 언어에는 외계를 그대로 비춘 부분도 있지만 그것뿐만이 아니라 언어 자체의 세계가 있는 것이다. 물고기는 물속을 헤엄치고 있을 때와 시장에 있을 때, 살아있고 죽은 것의 차이가 있다. 그것은 외계의 현상으로서 누구나 알 수 있는 명백한 사실이지만 언어의 세계에서는 무관심하여 두 가지를 구별하는 일은 없었다. 근래, 「활어」라는 말이 생겨났는데 이것은 「살아있는 생선」이라기보다 「요리될 때까지 살려져 있는 생선」라는 의미이다.

이 생선이 도마 위에 올라 요리의 대상이 되면 말이 바뀐다. 물고기가 생선이 되는 것이다. 요리 전과 요리 후로 같은 생선을 지칭하는 말이 달라진다. 현재, 도쿄에서는 구별을 하지 않게 되어 모두 생선이라고 부른다. 그러나 아직 어시장이라고 하지 생선시장이라고 하지는 않는다. 과거에 구별했던 것을 말해주고 있는 것이다.

외계를 다루는 어학(魚學)에서는 이런 구별을 하지 않을 거라 생각하지만 말을 다루는 언어학에서는 이 경우는 국어학이지만 이러한 구별된 언어를 대상으로 하는 연구를 한다.

더 중요한 것은 생선과 물고기의 구별에 병행하는 구별이 또 있다는 것이다.

어(魚)	물고기	생선
우(牛)	소	쇠(고기)
양(羊)	양	머튼
도(미)稻(米)	벼	쌀

이것은 식재료의 요리 전과 요리 후라는 구별이 일본어로서 즉, 일본인의 생각으로서 매우 중요한 것처럼 여겨진다.

그러나 한편으로 이러한 구별을 하지 않는 경우도 있다.

돈(豚)	돼지	돼지
규(鮭)	연어	연어
맥(麥)	보리	보리

그러면 어떤 경우에 구별하고 어떤 경우에 구별하지 않는 것일까? 대응하는 식재료에 물질로서 어떤 차이가 있는 것일까? 아니면 차이가 없는 것일까?

언어가 반드시 외계에 대응하지 않는다는 예를 하나 더 들겠다. 예를 들면 「大根-무」와 「お大根-말을 미화하기 위해 앞에 "お"를 붙임」의 경우이다. 「大根」이라고 해도 「お大根」이라고 해도 채소라는 물질 자체의 무에는 변함이 없다. 그러나 「大根」은 밭에서 키워 금방 뽑아내서 흙이 묻어 있는 것이다. 「お大根」은 흙을 물로 씻어내고 출하된 후의 것이다. 이 경우 손님이 사는 무이니까 손님에게 경의를 표해서 「お」를 붙이는 것은 아니다. 이런 「お」가 정중어이거나 미화어로 불리는 것은 그 때문이다.

또 이 구별은 여성의 언어로서 그러하며 남성은 해당되지 않는다. 사용자의 차이에 대응하고 있다.

식과 식의 언어와의 사이에는 이러한 관계가 있다는 것을 기본에 두고 이하 문제가 되고 있는 것을 제기하겠다.

II. 의식주(衣食住) 속에서의 식(食)

의(衣)도 식(食)도 주(住)도 모두 인간의 생활을 지탱해 주는 기본적인 것으로 이들 없이는 제대로 생활할 수 없다. 언어에서도 「의식주」가 하나의 단어로 되어있는데 더욱 분석해보면 「의식(衣食)」과 「주(住)」로 나누어진다. 사전의 표제어 항목은 대게 「의식(衣食)」으로 되어 있다. 또 「의식이 갖춰져야 예의를 차릴 줄 안다.」라는 말처럼 「의」와 「식(食)」의 관계는 「의식(衣食)」과 「주(住)」의 관계보다도 더 긴밀하다.

언어에서 보면 이 세 개 중 「식」이 기본중의 기본임을 알 수 있다. 그것은 각각에 관계되는 비유적 표현을 조사해 보면 「의」와 「주」에 대한 표현이 거의 발달되지 않은 것에 반해 「식」에 대한 표현은 매우 풍부하다[17]. 표1에서 보는 것처럼 「面食い, 용모만을 보는 사람」, 「食いはぐれる, 실직해서 생활할 길을 잃다」, 「人を食う, 남을 사뭇 깔보다」, 「煮ても燒いても食えない, 어찌할 수 없다」, 「燒きもち, 질투」처럼 인간의 욕망・경제적 생활・지배・처리・의식 등에 관한 것이 있다.

일의 형편으로서 다시 생각해 보면 비록 살 곳이 없어도 게다가 옷이 없어도 살 수 있지만 먹을 것이 없으면 살아 갈 수 없다. 삼자(三者)의 중요도를 일의 형편으로서 비교해보면. 식(食)→의(衣)→주(住)의 순서가 된다. 이것은 말의 의→식→주의 순서와는 맞지 않다. 이렇게 된 것은 먼저 지적한 것처럼 처음에 「의식(衣食)」이라는 말이 있고 그것에 나중에 「주(住)」를 더한 것이기 때문이다. 「주(住)」를 앞에 붙이고 「주의식(住衣食)」이라고 하면 일의 중요도 순서(일과는 반대 순서)와 맞서는 것이다.

<표 1> 「식(食)」을 둘러싼 비유적 표현

분류	표현
욕망	面食い(용모만을 보는 사람) 初物食い(새것을 즐겨 먹거나 입수하는 일) つまみ食い(손으로 집어 먹음)
경제적 생활	食いはぐれる(실직해서 생활할 길을 잃다) 食い詰める(밥줄이 끊어지다) 冷や飯食い(냉대를 받다) 共食い(서로 다투다가 다같이 망함)
지배	人を食う(남을 사뭇 깔보다) 大物食い(자기보다 실력이 나은 상대를 잘 이김)
처리	煮ても燒いても食えない(어찌할 수 없다) うまく料理する(잘 다룬다) 人を肴にする(사람을 술안주로 한다)
의식(意識)	燒きもち(질투) 一夜漬け(벼락치기) 淸濁併せ呑む(청탁병탄 도량이 넓다)

---

17) 본론에서는 정보로서의 일본어는 전부 『岩波國語辭典 제2판』(1971)에 의함

Ⅲ. 생활어휘와 전문용어

우리가 일상생활에서 사용하는 식 관계의 언어와 조리학 등에서 쓰는 전문용어는 전혀 다른 것이다. 표 2는 조리사 시험을 치루기 위한 참고서인 『신판 조리사 독본』[18]에 나오는 조리조작(요리조작)의 분류이다. 이 표 안에 나오는 말에는 필자가 처음 본「침지」,「절쇄」,「마쇄」라는 말이 있으며, 특히「침지」는 사전을 찾기 전에는 읽지 못했다. 이것을 읽을 수 없는 사람은 나 이외에도 많을 것이다.

전문 요리 용어는 생활어휘가 아니기 때문에 어려워도 괜찮다는 생각도 있다. 그러나 하나의 일로서「침지」,「절쇄」,「마쇄」는 허무할 정도로 간단한 조작이다. 침지는 잠길 정도로 담구는 것이며, 절쇄는 자르는 것과 깎는 것이고, 마쇄는 갈고 깨는 것이다. 표 2를 보면 알듯이「씻기」,「담그기」,「절이기」,「자르기」의 일상어휘를 분류해서 각각의 총괄명에「세정」이하의 끔찍한 한자어를 아마 조리학 관계자가 인위적으로 만들어 낸 것이라 여겨진다. 즉 일본의 주부나 조리사 누구 하나 자연스럽게 사용하지 않은 말이라는 것이다.

이런 분류항의 명칭을 생활어휘로 표현해도 아무런 지장이 없을 것이라는 생각도 있다. 그렇게 하는 편이 건전하며 포스트 모던한 방법이다.「세정」과 같은 말을「씻다」,「담그다・절이다」,「자르다・깎다」처럼 동사로 표현하든지「씻는 일」,「담그기・절이기」처럼 명사구로 표현할 수도 있다. 조리사 시험을 치기 위해서만 이러한 전문어를 암기하는 것은 어리석은 짓이다.

이 표 2가 완전한 표가 아니라는 것은「마이크로 파」의 하위에「전자레인지」가 나온다는 점이다. 다른 모든 것이 동사형인데 이것만 도구를 나타내는 명사이다. 표 안에서 전혀 다른 것이다. 그러나 이 표를 만든 시대에는 아직 전자레인지로 조리하는 것을 나타내는 동사가 없었기 때문일 것이다. 매뉴얼에 쓰여 있던 것을 살펴보니 전자레인지의 업자는「일렉하다」를 보급하고 싶었던 모양이지만, 주부나 조리사는 일방적으로 지시된 것을 거부하고「칭하다」를 사용하기 시작했다. 그리고 이것이 보급되어 안정되어 갔다. 이 쪽이 알기 쉽고 호소력 있다. 말을 만드는 것도 채용을 결정하는 것도 근본적으로는 민중, 대중이다.

식에 속하는 대표적인 말에「먹다」,「잡수다」,「들다」라는 일련의 동사가 있다. 이들은 외계의 행위로서는 같은 일인데 말로서는 엄격히 구분되어 있다. 『조리사 독본』에는 이런 말은 실려 있지 않지만 일본어 교육의 교과서에는 특별히 주의해야 할 말로서 다루어지고 있다.

---

[18] 일본영양사회편 1982 『신판 조리사 독본』

「먹다」는 친한 남자들 사이에 「점심 먹었어?」라고 쓰이지만, 일반적으로 존재하는 말로서 해서는 안 되는 말로 되어 있다. 그래서 「모기에 뜯기다」까지, 「모기에 먹히다」라는 부인(婦人)도 있다. 「들다」는 내가 하는 행동이며 그때 그 말을 듣는 사람은 나보다 연장자이다. 「잡수다」에 대해서는 주어는 「당신」이나 「저 사람」이며 「나」는 아니다. 상대이거나 상대의 노력 범위 내에 있는 「저 사람」의 행위에 경의를 표한 좋은 방법이다.

<표 2> 조리조작의 분류

물리적 조리조작	세정	씻다
	침지	담그다 절이다
	절쇄	자르다 깎다 벗기다 베어내다
	혼합	섞다 저어서 섞다 혼합하다 거품 내다
	마쇄	깨다 갈다 빻다
	압착	누르다 짜다 반죽하다 쥐다
	냉각	식히다 차게 하다 얼리다
가열 조리조작	건열	굽다 볶다 튀기다
	습열	삶다 데우다 짓다 찌다
	마이크로 파	전자레인지
과학적 조리조작	분해	(발효주 젓갈)
	발효	(절임 빵)
	응고	(두부 곤약)
	연화	(육연화제-고기를 연하게 하는 것)

( ) 안의 예를 보면 알듯이 조리보다 가공으로서 행해지고 있는 것이 많다.

Ⅳ. 조리어휘의 구조

레비·스트로스의 삼각형에서 시작되었다고 하는 조리의 사면체는 조리조작이라는 외계의 일의 구조를 그림으로 나타낸 것이다(그림 1)[19].

---

19) 레비·스트로스의 조리의 사면체는 西江雅之 역 『レヴィ·ストロスの世界』 (みすず書房 1968년)에서 볼 수 있다. 단 이 그림은 「그릴 구이」, 「프라이한 것」과 같이 요리명 즉, 물질로서 명사로 나타내고 있지만 말의 의미의 상호관계는 오히려 동사의 형태로 보는 것이 이해하기 쉬우며 또 관련하는 정보를 찾기 쉽기 때문에 이러한 형태로 요약·수정했다.

이 구조를 세우는데 조리의 매개물이 물, 기름, 공기 중 어느 것에 의한 것인지를 근거로 했다. 이 매개물을 접하는 방식은 외계의 일에 의한 것으로 이것을 언어, 일본어에 의하면 '물 · 기름 · 없음'이다. 일본어에서는 오일(기름)과 라드(지방)의 구별이 없고 둘 다 「기름」이다. 튀기는 데는 기름을 사용하지만 볶는 데는 기름도 지방도 사용한다. 또 「공기」는 물리 · 화학의 세계의 것으로 언어로서는 물도 기름도 사용하지 않는 매개물 「없음」의 경우이다.

레비 · 스트로스의 사면체를 발전 · 수정한 시도는 몇 가지 있다. 필자도 그것들의 수정안과는 별도로 시도했지만 그 시도에 몇 번인가 변전이 있었다.

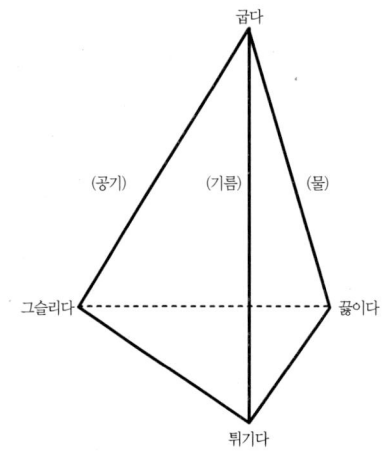

<그림 1> 레비 · 스트로스의 요리 체계의 요약

처음에는 그림 2(제1차)처럼 나타냈다(1983)[20]. 이 도표에 대해서 '짓기'의 위치에 대해 다른 의견[21]이 있었다. 재검토할 필요가 생겼지만 문제는 '짓기' 위해서는 「증기」를 사용하는지 「물 · 뜨거운 물」을 사용하는 지였다. '짓기'에는 처음 물을 넣을 때부터 「물 · 뜨거운 물」을 고려해야 할지도 모른다. 또 '짓기'는 '끓이다'의 하위의 조작이라는 의견도 있다. 그래서 <그림 2>를 포함한 문장을 다시 실으려 했을 때(1988)[22] 덧붙여

---

20) 柴田 武 · 石毛直道[編] 1983 『食のことば』ドメス 出版
21) 조리학 입장에서의 발언
   스기타(杉田) : 일상어에서 보면 확실히 "튀기다" "굽다" 그리고 "찌다" "끓이다"의 정중간의 네 개에서 그 주변의 말로 나아가는 것을 알겠는데 저희들이 조리에서 생각한 경우 결국 "데우다" "끓이다" "짓다" 는 하나의 그룹에 들어간다는 것입니다. "밥을 짓다"라고 하는 것도 "쌀을 끓이다"라고 바꿔 말해도 하는 일은 변하지 않습니다. 이러한 다소 실험도 포함해 이론적으로 나아가면 일상어는 이미지가 달라집니다. 저희들의 요구로서는 가능하면 규칙에 맞는 정확한 말로 표현했으면 합니다.(柴田 武 · 石毛直道[編] 1983 『食のことば』p.231-232)
22) 柴田 武 1988 『語彙論の方法』三省堂

기록해서 <그림 3>(제2차)처럼 바꿨다. '짓기'를 「물·뜨거운 물」의 부분으로 옮기고 '끓이다'의 하위에 두고 '살짝 데치다'는 가열조리의 조작이라기보다는 조리의 준비 조작으로 생각해서 없앴다. 게다가 다음 기회(1995)[23]에는 끓이다·굽다·튀기다·찌다의 사자관계를 끓이다·굽다·튀기다의 삼자관계로 바꿨다. 삼자관계라는 점에는 레비·스트로스의 단계에 돌아간 것이라 할 수 있다.

'짓다·찌다'는 '데치다·살짝 데치다'를 포함해서 '끓이다'에 연결되는 하위에 두었다. 이와 같이 '굽다'에 연결되는 것으로서 '볶다·그슬리다'를 두고 '튀기다'에 연결되는 것으로서 '지지다'를 두고 <그림 4>(제3차)처럼 삼각주를 얻었다.

「구조」라는 생각은 언어학의 음운론으로 발달한 논리이다. 레비·스트로스는 그 생각을 언어학자인 로먼·야콥슨에세 배웠고 문화인류학에 적용했다. 그 성과 중 하나가 앞에 나온 <그림 1>인 것이다.

구조를 세우기 위한 조건은,
(1) 현상 자체를 같은 레벨의 요소로 나눌 수 있다.
(2) 나눠진 요소에 상호 관계를 찾을 수 있다.

이다. 여기에서 역사적 사실과 역사적 변천은 고려하지 않는다. 이러한 구조를 얻는 것에 의해 전체 상황을 잘 파악할 수 있다는 이점이 있다.

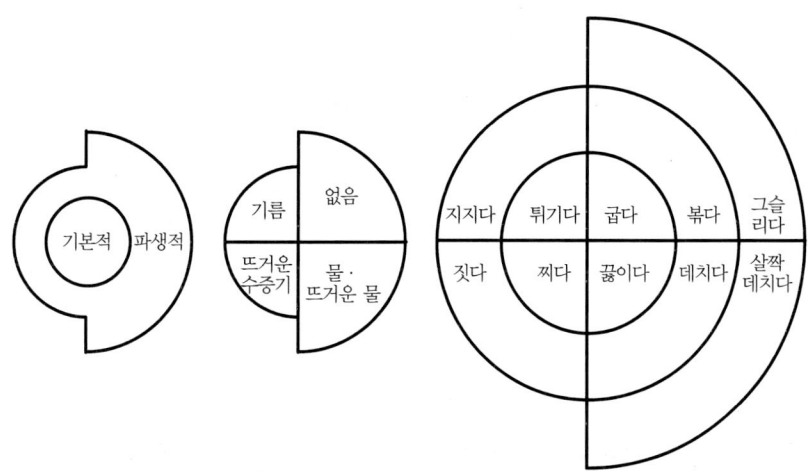

<그림 2> 가열조리 조작의 어휘(제1차)

---

23) 柴田武 1995『日本語は おもしろい』岩波書店

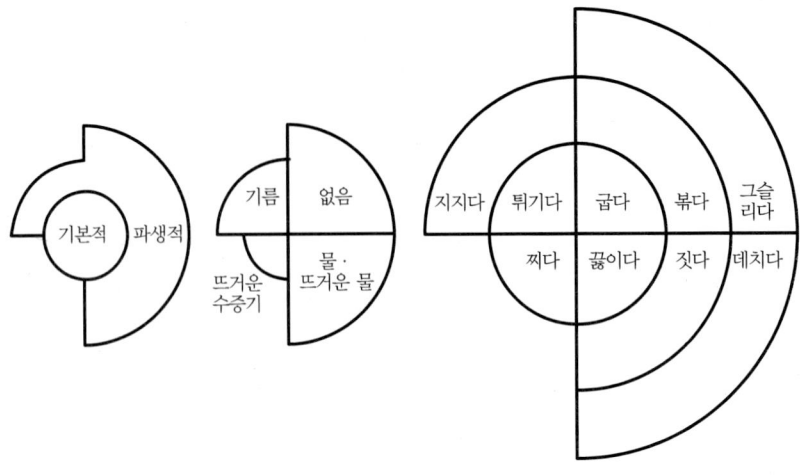

<그림 3> 가열조리 조작의 어휘(제2차)

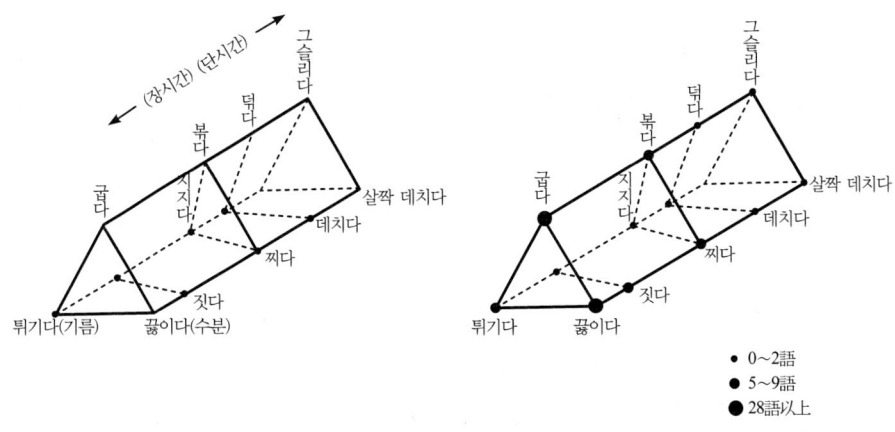

<그림 4> 가열조리 조작의 어휘(제3차)   <그림 5> 가열조리 조작의 어휘(제3차)의 파생어

Ⅴ. 가열조리 조작을 표현하는 말의 전개

가열조리 조작을 나타내는 말 (동사)의 구조는 앞에서 논한 대로지만 이들의 말이 많은 파생어(동사에 한하지 않음)를 낳고 있다. 예를 들면 "끓이다"에서 "부글부글 끓다", "끓인 음식" 등, "굽다"에서는 "생선구이", "통구이" 등이 파생했다. 이것은 파생어를 필요로 했기 때문이며 이러한 복합어의 수가 많으면 그 언어의 필요도가 높았다고 생각할 수 있다.

그런데 각각의 말의 파생 상태에는 현저한 차가 있다. <표 3>이 보여주는 것처럼 파생어의 수에는 극단적인 단계차가 있다. 단계는 삼단계로 나눠져 그 차이를 <그림 4>에 써넣어서 만든 것이 <그림 5>이다. 삼각주의 전면, 즉, 기본에 가까울수록 단계가 높다(어수가 많다)는 것을 알 수 있다.

<표 3> 조리 동사의 조어력과 그 파생어

동사	파생어	어수
끓이다	끓어오르다. 부글부글 끓어오르다. 열탕. 삶아지다. 생선을 조린 국물이 엉켜 굳는 것. 푹 끓임. 푹 삶다. 끓어오르다. 잘 삶다. 조리다. 바짝 졸아들다. 바짝 졸이다. 질게 끓은 밥물. 갓 끓인 향긋한 차. 붕어 등을 구워서 초간장에 무르게 조린 요리. 쪄서 말림. 음식을 익힘. 익히고 굽고 하는 일. 소금만으로 간을 내서 삶는 것. 고기·채소·생선을 미림·설탕·간장·다시 등을 넣고 달짝지근하게 삶은 요리. 생선·채소·해초 등을 간장·미림·설탕으로 맛을 내서 진하게 삶는 보존식품.	31
굽다	꼬치구이. 생선구이. 구운 소금. 구운두부. 닭 꼬치. 돼지 구이. 구운 밥. 구운 음식. 소금으로 구운 것. 가지에 기름을 발라 굽고 된장으로 간을 한 음식. 스키야키. 채소 생선 따위의 산적. 간장을 발라서 구움. 쪄서 구움. 있는 그대로 구움. 삶아서 굽는 것. 냄비로 굽는 것. 생선의 아가미를 구운 것. 살짝 굽는 것. 데리 야키. 가볍게 굽는 것. 통째로 굽기. 밀가루·계란·설탕을 원료로 한 동탁 형으로 구운 2장의 빵 사이에 팥 앙금을 넣은 화 과자. 동식물을 흙으로 만든 용기에 넣고 찌는 것.	28
찌다	한 번 더 찌다. 쪄서 만든 과자. 찜통. 찜 냄비. 찜 요리. 쪄서 굽는 것. 우동이 들어간 계란찜. 밥을 찌다. 계란찜	9
튀기다	튀김 기름. 튀김 대. 튀김 냄비. 튀김. 얇게 썬 재료를 밀가루로 합쳐서 한데 튀기는 것. 같은 생선에 소금·설탕·전분을 섞어 튀겨내는 것. 두부를 얇게 썰어서 가볍게 튀겨내는 것. 작은 생선·닭고기 등을 밀가루·감자가루 등을 가볍게 묻혀 튀기는 것. 유부	9
볶다	쪄서 말린 멸치. 지지다 볶다. 볶은 콩과 볶은 쌀에 설탕을 넣어 섞은 식품. 볶음, 미싯가루	6
짓다	생선·채소를 따로 쪄서 하나의 용기에 모아 담는 것. 화재나 홍수 등의 비상 상태에 현장의 사람이 밥을 지어서 제공하는 것. 밥 짓기. 뜨거운 물이나 다시마 다시로 고기나 채소를 삶아서 폰즈 등으로 먹는 요리. 음식을 삶거나 지어서 요리하는 것.	5
데치다	솥으로 데친 요리. 그대로 데친 것.	2

불에 쬐어 굽다	불에 쬐어 구운 생선 요리	1
기름에 볶다		0
살짝 데치다		0
불에 쬐어 볶다		0

Ⅵ. 식사에 관한 어휘

『대언해(大言海)』의 전신『언해(言海)』는「식사」의 어석(語釋)에「밥을 먹는 것」이라고 표기되어 있다. 그러나 식사는 단지 밥을 먹는 행위만이 아니라 하나의 생활 습관으로 봐야 한다. 그 증거로 식사의 시간이나 내용(구성)에는 일정한 형태가 있다. 각각의 식사에 대해 그것을 나타내는 말은 하나가 있으면 충분하다고 여겨지지만 각 시각의 식사를 나타내는데 원칙으로서 복수의 말이 있다. 아침·점심·저녁 중 저녁 식사에 관한 말이 가장 많은 것은 표 4가 보여주는 그대로다. 이것은 이때의 식사가 하루의 "정찬"임을 의미한다.

<표 4> 식사습관의 어휘

시각 \ 말	표기(앞부분)		표기(뒷부분)					語數	合計
			없음	밥	반	진지	식		
morning	朝	아침	○	○	○	○	×	4	5
		조	×	×	×	×	○	1	
noon	晝	점심	○	○	×	○	×	3	4
		중	×	×	×	×	○	1	
evening	夕	저녁	×	○	○	○	○	4	7
	晩	밤	×	○	×	○	×	2	
	夜	늦은밤	○	×	×	×	×	1	
night	夜	밤	×	×	×	×	○	1	1
between noon and evening	간식	간식	○	×	×	×	×	1	2
	間	간	×	×	×	×	○	1	
	말의 수		4	4	2	4	5	19	
			8		11				

○ 해당되는 말이 있음, × 해당되는 말이 없음

이들 말의 뒷부분을 보면 "밥(메시)"은 일본어, "飯" "御飯" "食"이 한자이니까 한자어가 더 많다. 「아사메시(あさめし)」는 조금 난폭한 느낌의 남성의 말인 것에 비해 「朝御飯」, 「朝食」은 정중한 말로 「朝御飯」은 여성도 사용한다. 이들에 대해 「朝食」은 조금 격식을 차린 말로 호텔의 레스토랑 등에서도 들을 수 있다. 「히루메시(ひるめし)」와 「畫御飯」과 「畫食」과의 사이에도 평행한 관계가 있다. 「夕飯・晩飯」와 「夕御飯・晩御飯」 및 「夕食」과의 사이에도 거의 평형한 관계가 있는 듯하다.

Ⅷ. 식재료·식품과 음식의 구분

앞에서도 이미 다뤘듯이 일부의 어휘에서 식재료·식품·음식을 말로 구별한다. 동물·식물의 넓은 범위에 걸쳐 유생물(有生物)의 단계, 식품의 단계, 음식·가공품의 단계로 나눠 표5에 나타냈다.

닭은 살아 있을 때는 닭이라고 한다. 식품으로서 가게에 진열되었을 때는 닭고기, 황계 또는 닭의 가슴살이라 불린다. 어느 쪽도 닭이 있다는 점에서 두 개의 경우가 배타적으로 구별된다고는 하기 어렵다. 그런데 이것이 식탁에 오를 때 또는 가공해서 보존될 때에는 치킨 또는 닭을 앞부분 또는 뒷부분 요소로서 복합어로 나타낸다. 그러나 여기서도 또한 그냥 닭을 쓸 때도 있다.

그런데 소에 대해서는 살아있을 때에는 소이지만 식품이 되면 결코 소라고 할 수 없다. 소(쇠)고기, 정육 등으로 말한다. 식품·가공품이 되면 소라고는 결코 말하지 않고 쇠고기라고도 말하지 않는다. 요리·가공의 방법에 의해 로스트비프, 비프스테이크, 말린 고기라 한다.

돼지는 유생물의 단계에서도 식품이 되어서도 돼지이다. 약간의 식품의 단계에서 고기를 붙여 돼지고기라 한다.

벼에 대해서는 유생물의 벼에 대해 식품으로서는 벼 이외의 많은 말이 있고 게다가 식품·가공품의 단계에는 이전의 두 개의 단계와는 관계없는 어휘를 전개하고 있다.

우리들의 식생활에 필요한 것만큼 어휘 수가 많아 각 단계의 구별도 확실하다. 각 단계의 구별에 대해서 조금이라도 구별되면 다른 기호로 나타내는 것으로 표5에 대해 조사한 것이 「구별의 형」의 란의 정보이다. ABC는 세 개의 단계를 말로 구별하고 있다고 인정된 경우, AAB는 유생물과 식품은 구별하지 않지만 식품·가공품의 단계로 구별하는 것을 나타낸다. 이하, 같은 맥락이다.

구별의 형태를 살펴보면 ABC와 그 이외로 나누어 생각할 수 있다.

ABC는 일본인이 자주 먹는 빼놓을 수 없는 식품인 것을 알 수 있다. 닭·소·돼지·쌀이다. 예전에는 여기에 생선도 포함되어 있었다.

<표 5> 유생물과 食의 대상에 따라 다른 언어

유생물(有生物)	식품			음식, 가공품	구별 형
鷄 닭 병아리	닭고기, 닭가슴살, 병아리	내장, 닭뼈, 간	저민조각, 갈은 고기, 네발짐승	고기	치킨라이스, 로스트 치킨, 꼬챙이구이	ABC
牛 소, 종자소 젖소, 고기	고기, 소고기 정육	로스, 지육 등심, 간			로스트비프, 비프 스테이크	ABC
豚 돼지	돼지고기				돈가스, 햄, 베이컨 소세지	ABC
猪 멧돼지	멧돼지고기					AA
羊 양	머튼, 양고기					AB
馬 말, 종자말 짐말, 안장물 덮지 않는 말 당나귀	말고기, 마육					AB
鯨 고래	고래고기, 고래					AB
漁 생선	생선, 생선살, 냉회, 생선회, 사시미	흰살생선, 붉은살생선, 머리와 꼬리가 붙은 통째의 생선		생선	건물, 자반, 젓갈, 어묵	AAB
鮭 연어	연어, 시야께				자반연어, 얼간연어	ABB
鰹 가다랭이	가다랭이	도로(살에 지방이 많은 부분)			가다랭이포, 고급 가다랭이포, 설말린 가다랭이포, 잘게 썬 가다랭이포	AAB
烏賊 오징어	오징어				건오징어	AAB
稻 벼	벼, 쌀, 찹쌀, 멥쌀, 현미, 백미, 올벼쌀, 햅쌀, 묵은쌀, 생산지에서 시장으로 보내진 쌀, 싸라기				밥, 주먹밥, 생선·채소 섞어 지은 밥, 찬밥, 초밥, 볶은밥, 지에밥, 라이스카레, 떡국, 미음, 죽, 필라프, 술	ABC
麥 보리, 대맥, 소맥	보리, 밀가루, 빵가루				압맥, 보리밥, 밀기울 보리미싯가루, 맥주	AAA
馬鈴薯 감자 마령서	감자, 마령서, 불량품(오지야가)				감자칩, 감자볶음	AAB
甘藷 고구마	고구마, 토란(芋)				고구마, 토란	AAA
豌豆 완두(콩) 청대완두	청대완두				그린피스	AAB
大豆 대두	콩, 풋콩				콩자반, 두부, 비지	ABB
포도 포도	포도				포도, 건포도	AAB
나무열매	나무열매, nuts				나무열매, nuts	ABB

제4장 언어로 본 식(食)

<표 6> 유생물과 食의 대상에 따라 다른 언어 - 독일어의 경우

유생물(有生物) 관사(冠詞) 있음	식품 冠詞(없음)		음식, 가공품 冠詞(없음)	區別法의 型
소 Rinder(Kuth, Ochse)	Rind	Beefsteak ; Filet;Rumsteak ; Gulasch Kotlclt ;	(Pôkel)Zunge ;	ABC
송아지 Kalb	Kalb	Kalbshaxc ; Kalbskeute ; Kalbsniere	Talg Käse	AAB
돼지 Schwein(Sau, Eber)	Schwein	Nacken ; Niere ; Hirn ; Schweins haxe ; Eisbein ; Schnitzel ; Kotlett	Schinken ; Speck ; Schmalz ; Kasseler ; Wurst ; Sülzo ; Pastete ; Frikadelle	AAB
양 Schaf(Mutter schaf, Hammel)	Hammel	Hammelkeule		AA ·
새끼양 Lamm	Lamm			AA ·
산양 Ziege	Zicklein		Ziegenkäse	AAA
말 Pferd...				A · ·
닭 Huhn(Hahn, Henne)	Huhn, Suppenhuhn			AA ·
병아리 Küken	Hähnchen			AAA
거위 Gans	Gans	Gänseklein	Gänsepastete	AAA
오리 Ente	Ente			AA ·
토끼 Hase	Hase	Hasenklein		AA ·
사슴 Reh, Hirsch	Reh, Hirsch	Rehrücken		AA ·
생선 Fisch...	Hering ; Aal ; Karpfen ; Schlei ; Dorsch		Matjes ; Bückling ; Ölsardinen ; Rauchaal ; Räucherlachs	ABC
감자 Kartoffel	Kartoffeln ; Salz kartoffeln ; Pell kartoffeln ; (Karto ffel-) Puffer ; Püree		Chips ; (Pomme-) Frits(~Fritten)	ABC
보리 Weizen...	Mehl		Gries ; Nudeln ; Brot ; Bier	ABC
벼 Reis	Reis ; Milchreis		Puffreis	AAA
포도 Wein(stock)			Rosine ; wein	A · A
다시마 Tang				A · ·

(식품 column 중간 구분: Fleisch / Hack~Mett / Geflügel / Wild / Fisch)

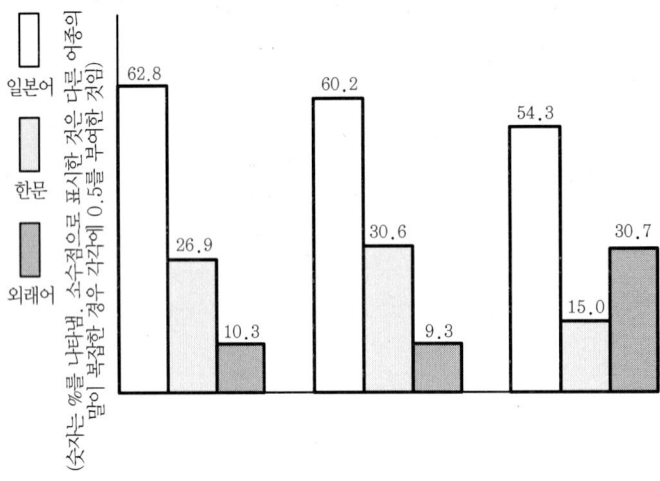

<그림 6> 유생물, 식품, 음식물·가공품의 어종(語種) 분포

다음으로 유생물과 식품과 음식·가공품 각각의 단계에서 사용된 어종을 조사해 보면 그림6에서 보는 것처럼 유생물의 단계에서 일본어·한자어·외래어의 비율이 6·3·1이며 그것이 식품의 단계에서도 거의 변하지 않는다. 그런데 식품·가공품의 단계에서 한자어와 외래어의 관계가 반대로 되어 있다. 한자어가 하던 역할이 외래어로 대체된 것 같은 형태이다.

Ⅷ. 독일어와의 비교

앞에서 논한 것을 독일어의 경우와 비교해 보자. 또 이 정보는 일본어 학자로서 매우 유능했던 G.벵켈 박사[24] 자신이 가정 안에서의 사용을 기록한 것에 의한 것이다. 1983년에 발표된 나의 표[25]에서는 사전 정보에 의한 것이지만 그 분야에서 일하는 사람으로서 부주의하다고 야단을 맞아 대신에 정보를 제공해 주었다. 표 6이 그것이다.

유생물과 식품을 구별하는 (AB)것이 비교적 적다. 단순하게 비교는 할 수 없지만 일본어의 경우 AB는 10회, 독일어의 경우는 5회이다.

AB에 속하는 것은 소·병아리·생선·감자·보리이다. 생선이 해당하는 것은 의외

---

24) Gunther Wenck(1916~1992) 독일의 일본어학자. 함부르크대학 교수 Japanische Phonetik(1954, 1957, 1959)를 시작으로 많은 일본어 연구서를 남겼다. 외국인 일본어 학자로서 가장 실력이 있었다.
25) 柴田武·石毛直道 (編) 1983 『食の乙とば』 ドメス出版 p. 217

였지만 나머지는 매우 독일인다운 식생활이라 여겨진다.

감자의 식품명, 소·돼지의 부분명이 발달되어 있다. 일본어에서 벼와 생선의 식품명이 발달되어 있는 것과 비교된다.

또 독일어에서는 소·돼지·양·산양·말의 고기는 Fleisch, 닭(병아리를 포함한)·거위·집오리는 Geflugel, 토끼·사슴은 wild, 생선은 Fisch처럼 네 개로 나눠진다.

이것에 반해 일본어에서는 닭·소·돼지·멧돼지·양·말·고래는 고기, 물고기는 생선으로 두 개로 나눠진다.

이상의 일·독 비교는 일본어의 도쿄 방언과 독일의 함부르크 방언과의 비교이다. 물론 지역 차도 있으며 연대 차도 있다. 게다가 개인, 가정 차라는 것도 고려해야만 한다.

제 2부

사람에게 있어서 食

제1장 영장류의 식(食)

이타니 쥰이치로(伊谷純一郞)

Ⅰ. 영장류 연구의 심화

제가 지금부터 서술하려는 것은 문화 이전의 식(食), 혹은 요리혁명[1] 이전의 식에 대한 것일지 모른다. 어쨌든, 사람의 식문화가 싹트게 되는 기반이 주가 될 것이다.

무엇보다도, 식은 영장류에 있어서 이미 문화적 행동임이 1950년대에 일본 연구자에 의해 밝혀져서 주목을 받았다(12) (13). 이것에 대해서는 후에 언급할 것이다. 1960년경부터 일본과 구미의 각국에서 야생 영장류를 대상으로 한 조사가 왕성하게 이루어졌다. 여기서는 실험실에서의 연구 결과가 아니고, 연구자가 직접 야생의 원숭이 사회에 들어가서 거기서 관찰하며 얻은 데이터를 기초로 서술하려고 한다.

토마스 헉스리(Thomas Huxley)[2]가 《자연 속에서 인간의 위치》(*Evidence as to man's Place nature*)(5)를 저술한 것은 1863년의 일이나 그로부터 100년이 경과된

---
1) 자연 식재를 손으로 가공하여 이용하는 일이 습관이 되기 이전을 지칭함. 또한 과실의 가식부와 과피나 종자 등의 폐기 부분을 선별하는 행동은 영장류에서 넓게 보여 지며, 그런 행동에 섬세한 손이 도움이 되는 것을 말할 필요도 없을 것이다. 또, 고구마를 물로 씻어서 먹는 행도(幸島)의 일본원숭이의 행동 등도 식전에 하는 가공이라 할 수 있으며, 고구마를 바닷물에 씻어 먹는 것은 조미(Seasoning)라고도 이야기할 수 있다. 이것들은 모두 조미 이전에 볼 수 있는 현상으로 주목 된다.
2) 토마스 헉스리(1825~1895) 영국의 동물학자. 1846년부터 5년간, 해군의 군의관으로서 오스트레일리아 해역을 항해. 후에 찰스·다윈과 친교가 있고 다윈의 진화학설을 이론적으로 보호했다. 「자연 속에서 인간의 위치」는 「유인원지」, 「인간과 하등 동물의 관계」, 「인간의 화석 유적의 2, 3」의 3장에서는 처음으로 인간의 진화를 이론적으로 설명했다. 오늘날 자연인류학·영장류학의 시조이다.

지금에서야 우리는 자연 속에서 인류 생활의 위치에 대해 논하게 되었다.

우리 인류는 동물 분류학상에서 영장목(靈長目, Primates)이라는 계통 군에 속해 있다. 영장목은 사람이나 침팬지, 고릴라를 포함하기 때문에 동물 중에서 가장 진화된 그룹이라 하겠지만 같은 그룹 속에서는 극히 원시적인 종도 포함되어 있음을 잊어서는 안 된다.

이것은 원원류(原猿類, Prosimii)로 그들은 지금부터 약 5,000~6,000만 년 전, 제3기 초기에 원시적인 포유류로부터 영장류의 선조가 분지된 당시의 극히 원초적인 특징을 가지고 있다. 이것은 살아있는 화석이라고 말해도 좋은 존재이다.

이와 같이 고도의 진화를 가진 종과 원시적인 종이 같은 그룹 속에 속해 있다는 점은 영장목이라는 계통군이 갖는 하나의 큰 특색이라고 할 수 있다.

II. 영장류의 식성 분류

영장목은 2과로 나뉘어져, 현생종은 약 180여 종이 알려져 있다. 이들 종 각각의 식습관을 조사하여 그것에 계통적인 고찰을 하려고 한다. 이를 통해 우리들 인류가 가지게 된 식성의 유래, 또는 그 기반을 알 수 있을 것이다.

금세기 후반이 되면서 야외에서 가져온 자료 덕택에 이러한 고찰이 가능해졌다. 예전에는 인류를 다른 영장류에서 구별하는 항목의 한 가지로 잡식동물로 분류하였다. 즉, 이 사실에 반하여 침팬지, 고릴라는 채식동물이라고 하였다. 그러나 야외 연구가 진행됨에 따라 이 문제는 재고할 수밖에 없게 되었다. 이것에 대해서는 뒤에 상세히 서술할 것이다.

각 종들의 식성을 어떻게 다룰까가 급선무의 과제가 되겠다. 주요한 식물(食物)에 의해 초식, 육식, 또는 과실식, 곤충식 등으로 나누는 방법이 있다.

동물분류학에서도 계통군의 형태적 특징뿐만 아니라 식습관상의 특성에 착안하여 식육목(Carnivora), 식충목(Insectivora) 등의 이름을 부여한 예도 있다. 또한, 초식동물 중에서 벼와 식물의 잎을 먹는 것을 글레이저(grazer), 나무의 작은 가지와 잎을 먹는 것을 브라우저(Browser)로 구별하기도 한다. 이러한 분류에 대하여 여기서는 동물이 접수할 수 있는 식물(食物)의 폭에 착안하는 방법을 취하고자 한다.

<사진 1> 잎을 먹고 있는 아카호에
원숭이
(伊澤紘生 제공)

<사진 2> 바나나 잎을 먹고 있는
고릴라의 새끼
(山極壽一 제공)

그것은 일반식(generalized diet)과 특별식(specialized diet)으로 구별하는 방법이 있다. 전자는 선택이 거의 없는 무작위의 폭넓은 식성을 나타낸다. 이것은 잡식(omnivorous)에 가까운 개념이라고 해도 좋다. 이것에 비하여 후자는 폭이 좁은 식성을 나타내어 편식이라고 할 수 있다.

III. 잡식과 편식에 의한 분류

영장류의 각 계통군에 대해서 잡식과 편식별로 나타내는 것이 표1이다. 표의 상반부는 원시적인 원원류(原猿類)를 원원아목으로 표기했다. 하반부가 보다 진화된 형태로 진원아목이다. 진원은 또한 신세계의 오마키원숭이 상과(上科), 구세계의 오나가원숭이 상과, 유인원과 사람으로부터 된 사람 상과 이 세 가지로 나뉘어져 있다.

이 표를 보고 먼저 눈에 들어오는 것은 영장류에는 편식보다는 잡식이 많다는 것이다. 그리고 우리 인류도 영장류 식성의 다수파에 속하는 잡식의 일원임을 주목하고 싶다.

<표 1> 영장류의 식성

구 분	잡식(generalized diet)	편식(specialized diet)
원원아목 (原猿亞目)	안경원숭이과 로리스과 소인여우원숭이과의 대부분 여우원숭이과의 대부분 아이아이과	소인여우원숭이과의 일부 여우원숭이과의 절반 인도리과
진원아목(眞猿亞目) (오마키원숭이 상과) (오나가원숭이 상과) (사람 상과)	마아모셋트과 요원숭이과 오마키원숭이아과 사키아과 오나가원숭이과의 대부분 테나가원숭이과의 대부분 팡속(침팬지, 보노보) 사람속(사람)	구모원숭이아과 호에원숭이아과 오나가원숭이과의 소수 코오부스아과 테나가원숭이과의 소수 봉고속(오랑우탄) 고릴라속(고릴라)

 다음으로 원시원숭이류(원원류)의 대부분이 잡식성이라는 것도 중요하다. 잡식성인 원시원숭이는 거의 야행성이다. 즉, 야간만 활동하고 낮에는 나무 둥지에서 자는 동물들이다. 이들은 거의 집단을 가지고 있지 않은 단독 행동자로서, 야간에 나무 위에서 활동하면서 곤충이나 도마뱀 등을 잡아먹거나 과실, 수액 등을 먹는다.
 야행성 원원류 사이에는 계통을 달리함에도 관계없이 공통적으로 보이는 행동상의 제특성, 야행성 복합(noctural complex)이라고 부르는데, 이 중 하나가 잡식성 특성의 하나로 할 수 있다.

Ⅳ. 잡식성 원원류의 식물(食物)

 최근 필리핀 안경원숭이의 곤충식에서 편식 경향이 전해지고 있지만 이 식성의 전(全) 내용이 명확하게 밝혀진 것은 아니다.
 이것 이외에 야행성 원원류에서 식충성(食忠性)만 편식화된 예는 알려져 있지 않다. 영장류에서 곤충을 좋아하여 먹는 것은 먼저 잡식성으로 보는 것이 좋다. 이런 것은 반드시 곤충 이외에 과실, 잎, 줄기, 수액 등도 먹고 있다. 물론 같은 잡식류라고 해도 종류별로 기호도가 다름이 보여지기는 한다. 아프리카산의 로리스그룹의 하나인 포트는 나뭇가지에 매달려 천천히 행동한다. 한편 같은 로리스그룹의 데미도후가라고는 매우 민첩하게 점프한다. 이 양자의 위(胃) 내용물 조성을 그림으로 나타냈다.

그림 1은 포트의 식물조성이다. 과실이 주가 되지만 수액과 곤충도 먹고 있음을 알 수 있다. 그림 2는 데미도후가라고이다. 곤충이 주가 되고 과실과 수액은 그 다음이다.

<사진 3> 사마귀를 먹고 있는 로리스(小寺重孝 제공)

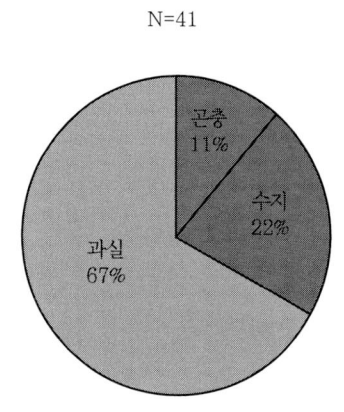

<그림 1> 포트의 위(胃) 내용물에서 본 식물 조성[문헌(1)에 의한 제도]

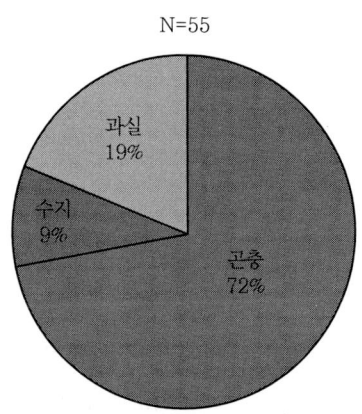

<그림 2> 데미도후가라고의 위(胃) 내용물에서 본 식물 조성[문헌(1)에 의한 제도]

이와 같이 다른 점은 있으나 둘 다 식물성 식물과 동물성 식물이 조합을 이루고 있는 것이 공통점이다.

<표 2> 영장류의 식성과 체중(단위 : g)

A. 원원류의 식성과 체중				B. 진원류의 식성과 체중			
잡식		편식		잡식		편식	
안경원숭이과				마모셋트과			
서안경원숭이	110~120			마모셋트아과			
				비구미마모셋트	120~190		
로리스과				코몬마모셋트	280~350		
로리스아과				라이온타마린	630~710		
혼로리스*	300			세마다라타마린	260~380		
스로우로리스	1200			겔지몽키아과			
안완티보*	200~500			겔지몽키	390~670		
포트*	1100			오마키원숭이과			
가라고아과				요원숭이*	800~1300	아카호에원숭이	4500~6500
데미드후가라고*	60			다스키티티	700	맨트호에원숭이	6600~7800
쇼우가라고*	250			코몬리스원숭이	500~1100	츄우베이곰원숭이	
하리츄메가라고*	250			후싸오마키원숭이			7500~7600
소인여우원숭이과		포크여우원숭이*			2500~3900		
브라운쥐여우원숭이과	55		300	수영사키	2600~2900	훈볼트우리몽키	5500~6500
오오소인여우원숭이	450			휜얼굴사키	1900~2100	유우리곰원숭이	12000
				아카우아카리	3500~4100		
여우원숭이과		회색잰틀여우원숭이*		오나가원숭이			
잰틀여우원숭이아과			700~1000	오나가원숭이아과			
이타치여우원숭이아과		이타치여우원숭이*		타라보완	1100~1400	게라다히히	14000~21000
여우원숭이아과			500~1000	프랫셔몽키	4200~7500		
브라운여우원숭이+		맨구우스여우원숭이+		사반나몽키	3300~4500		
	2100~4200		2000~2200	빨강몽키	3300~4200	코로부스아과	
위여우원숭이	2300~3500	검은여우원숭이	2000~2900	빠터스몽키	4000~13000	텡구원숭이	8000~23000
		목카라접기여우원숭이	3300~4500	호호지모망가베이	6400~9000	크로감리리후몽키	5800~7400
인도리과		아봐히*	1000				
		베로씨하카	3500~4300	카니구이원숭이	4500~6200	하누맨랑구르	5400~23600
		캄무리시하카	6000~8000	돼지원숭이	4800~8300		
		인도리	7000~10000	일본원숭이	8300~18000	모자랑구르	8900~14000
				사반나히히	12000~25000	아비시니아코로부스	
				맨토히히	9900~16900		5400~14500
				맨들릴	11500~25000	아카코로뚜쯔	5500~10000
				쇼우죠우과			
				테나가원숭이아과			
				시로테나가원숭이	5300~5700	후쿠롱테나가원숭이	10500
				후룻크테나가원숭이	5500~5600		
				쇼우죠우아과			
				보노보	31000~39000	오랑우탄	40000~90000
				침팬지	30000~800000	고릴라	90000~180000
아이아이과				사람과			
아이아이*	3000			사람	55000~68000		

* 는 야행성 종을, +는 황혼성 종을, 그 이외에는 주행성 종을 나타냄
체중은 맥도날드.D.W.(편)(井谷純一郎 (감수) 1989 「동물대백과 3 영장류」평범사에 따름
사람의 체중은 Fleagle.J. 1988 *Private Adoptation and Evolutio3*에 의거한 수치

V. 편식성이 있는 원시원숭이류

잡식성 원원류(원시원숭이류)에 관해서 논하기 위해서 표1에서 열거한 편식의 종류를 설명하겠다. 이타치여우원숭이는 몇 개의 정해진 나뭇잎, 꽃, 나무껍질 등이 식생활의 전부이다. 젠틀원숭이는 주행성 종이지만, 오직 대나무에 의존하고 있다.

인도리과의 아부아히는 야행성, 시후아카와 인도리는 주행성이지만, 그들은 철저하게 나뭇잎만 먹는다고 해도 좋을 것이다. 이 엽식이라는 식성과 체구가 큰 정도에는 어떠한 상관관계가 있다고 할 수 있다. 아부아히는 다른 야행성 고비도여우원숭이류와 비교하면 매우 대형화되어 있다. 또한 인도리는 원원류 중 최대의 사이즈를 가지고 있다.

영장류에 있어서 편식화는 식물성을 식성화시키고 있지만 그것과 더불어 거대한 체형을 갖는 것에 주목할 만하다. 그것은 원원류만의 현상이 아니고 진원류의 편식화된 종에서도 인정되어지는 현상이다.

초식성 편식 동물은 왜 대형화되었는가?[3]

이타니(伊谷) : 저는 영양학은 그다지 잘 알지 못하지만, 아마 초식동물은 보통 우리들의 소화기에서는 소화되지 않는 셀룰로오스(cellulose) 같은 것을 소화하는 효소를 가지고 있으며, 먹는 것을 대단히 효율 좋은 영양분이 되도록 할 수 있다는 것이 하나의 요인이 아닐까 생각합니다. 또 하나는 더욱 큰 체구를 가지면 민첩함이 떨어져 동물을 사냥하기에는 부적합하기에, 잡식성으로 육식하는 동물에게 너무 큰 체구는 여러모로 불편을 주기 때문으로 생각됩니다.

키무라(木村) : 영양학의 입장에서도 지금 이타니 선생님의 의견에 대부분 찬성입니다. 초식이란 것은 가장 가까운 곳에 먹이가 있는 것이며, 특히 셀룰로오스를 이용 할 수 있는 것은 칼로리 원으로서 상당히 큰 이익이라고 생각됩니다. 그러한 의미에서 초식 쪽이 보다 안정된 에너지원(칼로리원)을 얻을 수 있다고 생각됩니다.

고마쯔(小松) : 동물의 대형화 문제에서 수중 동물 중에는 고래처럼 플랑크톤이나 보리새우를 먹고 거대하게 되고, 어류에도 상어나 이토마키에이와 같은 거대한 어류는 플랑크톤을 먹습니다. 느긋한 환경에서 먹을 것이 풍부한 점과 자신이 적극적으로 방어 수단을 갖지 않는 동물의 경우 체구의 대형화는 포식자에게 공격도 적게 받을 수 있습니다. 포식자의 경우에는 역으로 아주 소형으로 움직임이 민첩합니다. 예를 들어

---

[3] 이시게 나오미찌(石毛直道) 편 1980 「식의 문화 심포지움 80' 인간·음식·문화」 pp. 182~183 에서 발췌. (동북(東北)대학·영양학) 소송재경(小松在京) (소설가)

이이즈나 에조이 타치류나 리카온은 집단으로 방어체계를 합니다. 이러한 이유가 이들을 대형화하지 않게 하는 이유가 아닐까요.

VI. 영장류의 기반은 잡식이다

표 1, 2에서 밝힌 것처럼 영장류의 기반은 잡식이라고 생각해도 과언이 아닐 것이다. 그들은 주로 곤충이나 소동물과 식물의 양쪽에 걸쳐 폭넓은 음식물 레퍼토리를 갖고 있으며, 열대 삼림의 숲속에서도 활동의 장을 넓혀 번영하고 있다. 그리고 그 속에서 극히 일부만이 편식화의 길을 걷고 있다.

편식종의 식성을 조사해 보면, 젠틀여우원숭이의 대나무 먹기가 그 좋은 예일 것이지만, 이는 한정적이기는 하지만, 노력 없이 손에 넣을 수 있는 것으로 식생활을 영위하는 것을 알 수 있다. 영양이나 맛 등은 제2의 문제로 여기며 어디에나 풍부히 있는 음식물에 의존하게 된 종이라고 사료된다. 또한, 위험이 큰 공격 등을 필요로 하지 않게 된 것도 있기 때문이다.

VII. 진원류의 잡식과 편식

신세계에 있는 소형의 마모셋과의 원숭이들은 과격한 공격수이면서 동시에 과실을 좋아하는 잡식성이다. 보다 대형의 오마키원숭이과의 5번째 아과 중 3아과에 속하는 종은, 마모셋과 닮은 식성을 가지고 있으나, 가장 대형화된 2번째 아과인 쿠모원숭이아과와 호에원숭이아과에 속하는 종은 편식성이다. 쿠모원숭이는 frugivora[4]로써, 특히 과실을 좋아한다. 그것에 비하여 호에원숭이는 나뭇잎을 먹는 folivora[5]이다.

구세계에서 오나가원숭이과는 오나가원숭이과와 코로부스아과로 나뉘어져 있다. 지상에도 활동권을 넓힌 오나가원숭이아과, 이것은 일본원숭이나 히히 등을 포함하며 모두 잡식성이다. 이에 대하여 나무 위 생활에만 머물고 있는 코로부스아과는 별명으로 리휘타라고 불리며 편식성이다. 이들의 위는 반추동물의 위와 같이 몇 개로 나뉘어져

---

4) 프루지보라(frugivora) 식물성 식품 중 특히 과실에 의존한 식성을 지칭함. 열대림에서 계속적으로 생산되는 여러 열매에 의존함.
5) 폴리보라(folivora) 식물성 식품 중 특히 나무나 풀잎에 의존하는 식성을 지칭함.

있으며, 대량의 잎 등을 소화할 수 있도록 특수화되어 있다.

오나가원숭이류 쪽은 넓은 음식물 레퍼토리를 갖고 있으며, 사반나성 히히는 토끼, 영양 등을 공격하여 육식을 먹는 장면을 관찰할 수 있으며, 일본원숭이도 곤충, 민물게, 새알, 물고기 등을 먹는 예가 알려져 있다.

유인원에도 위와 같은 잡식성과 편식의 대조를 볼 수 있으며, 이것에 대해서는 뒤에 열거하고자 한다.

Ⅷ. 일본원숭이의 음식물 메뉴

식성에 관해서 고찰을 해보려고 한다. 그러나 그 전에 설명해 놓고 싶은 것이 한 가지 있다. 우리들의 연구결과에서는 같은 일본원숭이여도 집단마다 먹는 음식물의 메뉴에는 미묘하게 차이가 있다. 그들은 집단마다 고유의 식문화를 갖고 있으며 이 고유의 식습관을 후배에게 전해주는 메커니즘까지도 명확히 밝혀졌다(7)(12).

쿄오도에 있는 람산원숭이에 대해서는 200여 종에 가까운 식물성 먹이를 취하는 것이 기재되어 있고(10), 그것을 과별로 수종을 추출하여 나타낸 것이 표3이다. 이들 중에는 분명하게 유독한 타게니구사, 에고노끼, 기츠네노보탄, 아세비라는 것이 포함되어 있다.

<표 3> 람산(嵐山)의 일본원숭이가 먹는 식물성 음식물(문헌 16에 의함)

종	과	예
21종(1과)	장미과	헤비딸기과, 무마딸기, 산벚꽃
17종(2과)	국화 이네과(화본과)	노아자미, 노게시, 오니타비라고 네자사, 스즈키, 에노코로구자
15종(1과)	콩과	네므노키, 스즈비토하기, 구즈
8종(1과)	버들여뀌과	이타도리, 미즈히키, 미조소바
7종(1과)	철쭉과	우스노키, 나쯔하세, 아세비
6종(1과)	백합과	사사유리, 쟈노히게, 살토리이장미
5종(2과)	녹나무과 감귤과	녹나무, 야브닛케이, 쿠로모지 카라스장쇼우. 산초, 고쿠사기
4종(5과)	너도밤나무과 뽕나무과 포도과 쐐기풀과 인동덩굴과	씨이, 밤, 아라카씨 산뽕나무, 코우조, 아사 들포도, 삼카쿠즈루 야브마오, 이라쿠사 코바노가마즈미, 고마키

3종(7과)	으름덩굴과	아케비, 미츠바아케비, 무베
	목련과	코부시, 호오노키
	옻나무과	야마하제, 산옻나무
	감탕나무과	나나미노키, 감탕나무
	단풍나무과	이로하카에데, 산단풍나무
	동백과	산동백, 히사카끼
	가지과	야마호로시, 하다카호오즈끼
2종(13과)	느릅나무과	무쿠노키, 에노키
	패랭이꽃과	하코베
	양귀비과	타메니구사
	미나리과	하나우도
	층층나무과	하나이카다
	감나무과	감
	물푸레나무과	히이라기
	꼭두서니과	헤쿠소가즈라
	금방동사니과	마스쿠사
	닭의 장풀과	닭의 장풀
	등심초과	야마스즈메
	참마과	참마
	소나무과	적소나무
1종(25과)	기생목과	마쯔구미
	피과	이노코즈치
	미나리아재비과	여우노보탄
	메기과	난텐
	평지과	무
	범의귀과	코아지사이
	소태나무과	소태나무
	토우다이쿠사과	유즈리하
	세잎병꽃나무과	곤즈이
	청동과	청동나무
	개다래나무과	사루나시
	제비꽃과	다치츠보제비꽃
	수유나무과	나와시로구미
	오갈피나무과	우도
	때죽나무과	때죽나무
	하이노키과	쿠로바이
	협죽도과	테이카카즈라
	지치과	오닐리소우
	쿠마쯔즈라과	야마무라사키
	도라지과	츠르인삼
	생강과	생강
	주목과	가야
	이누가야과	회색니우가야
	삼목과	삼목
	노송나무과	노송나무

※ 1과에 포함된 종의 수가 많은 순서대로 나열하였다. 59과 193종.

또 그림 3은 본인의 다까사게 산(高崎山)에 있는 원숭이의 먹이 리스트를 기준하여, 먹을 수 있는 식물의 부위를 나타낸 그림이나 이들이 식물의 여러 부위를 음식물로서 이용함을 알 수 있다. 잎, 가지, 덩굴, 뿌리, 나무껍질, 과실, 그 밖의 것이 있으며, 이들이 식물세계에서 활동한 흔적을 얻을 수 있을 것이다.

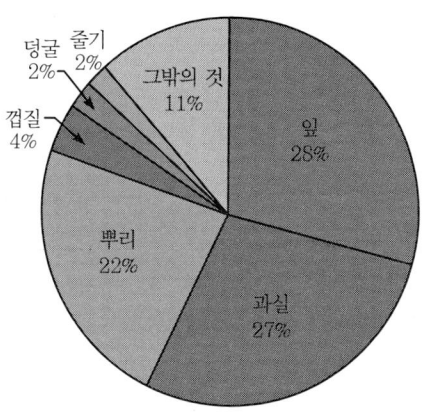

<그림 3> 고삭산 원숭이가 식용하는 29종의 식물 부위[문헌(6)에 의한 제도]

한겨울 흰 눈이 덮여있는 하북반도(下北半島) 같은 곳에서 일본원숭이가 어떻게 겨울을 견디어 내는지는 수수께끼이다. 그들은 치도리노키, 카에데, 타워 등의 낙엽수의 겨울싹과 나뭇가지 껍질의 형성층을 깨물며, 눈(雪)을 헤집고 전년도 가을에 땅에 떨어진 너도밤나무나 졸참나무의 열매를 주워 먹으며 생존하고 있는 것이다. 이것은 적설지의 원숭이가 자연 개발을 해나가는 예일 것이며, 한편으로는 잡식 일본원숭이에게만 가능하다는 느낌이 깊이 들었다.

IX. 오랑우탄과 고릴라는 편식주의자

사람 상과(上科)에는 긴팔원숭이, 침팬지, 보노보, 사람이 잡식성이며, 큰 몸집을 가진 오랑우탄과 고릴라는 편식성이다. 야생의 오랑우탄이나 고릴라가 포유동물을 잡아먹는다는 기록은 없다. 사육한 로란도고릴라의 새끼는 비프스테이크를 대단히 좋아하지만 야생 상태에서 육식을 먹는다는 보고는 전혀 찾아볼 수 없다.

마운틴고릴라에 관한 초기 연구자 조지·샬러(George Schaller)[6]는 저서 《*The mou-*

ntain Gorilla》(1963)(19)에서 '고릴라가 동물을 먹는 것은 인정하지 않으며, 분변 속에서 동물의 뼈와 곤충의 유골은 발견할 수 없었다'라고 쓰여 있다. 나도 우간다 서남부의 카욘저 숲에서 고릴라의 변을 몇 개 조사했지만 동물식의 흔적은 찾아볼 수 없었다(8).

그러나 그 후 연구에 의하면, 다이안 포시(Dian Fossey)[7]는 고릴라가 약간이지만 육식을 섭취한다는 보고가 있다. 지렁이, 녹색 애벌레, 민달팽이, 거미 등으로 그것에 소비하는 시간은 전체 섭취 시간의 2%도 채 안 된다.

한편, 가봉의 원생림에 있는 서(西) 로란도고릴라를 추적하던 튜틴(Caroline Tutin)[8]은 고릴라는 상습적으로 개밋둑(의총) 흰개미를 먹는 것을 보고하고 있다(23). 또, 비룽가 화산에 있는 산고릴라도 개미를 먹는 사실이 목격되었다(4).

고릴라의 종류에 관해서는 또 하나의 종류인 동(東)로란도고릴라가 분포하고 있는데, 위에서 언급한 키비호수 서쪽 해안에 있는 카후지 산 주변을 조사한 야마기와 쥬이치(山極壽一)[9]는 고릴라가 일 년 동안 하리아리아과(Ponerinae)에 속하는 6종의 개미를 포식하고 있음을 밝혀냈다(24). 성별, 연령에 관계없이 어느 개체의 변에서도 아리의 유해가 검출되었기에 하리아리는 고릴라 메뉴의 한 가지로 보아도 좋을 것이다. 어쨌든 고릴라의 식성 한 가지를 명확히 하는데도 많은 연구자의 이러한 노력과 시간이 필요했던 것이다.

그러나 그것은 침팬지가 도구를 사용하여 흰개미 낚시나 검은 큰개미 낚시를 하는 것에 비교하면 너무나도 작은 규모의 포식활동일 것이다. 이들은 이들의 선조가 가지고 있는 잡식이라는 명맥을 간신히 보여주는 정도일 뿐이다.

고릴라, 오랑우탄은 함께 편식주의자이지만, 고릴라는 수분이 풍부한 섬유질 음식에 의존하며, 오랑우탄은 열매류에 집착한다.

---

6) George Schaller 미국 국립과학재단과 뉴욕동물학회에서 파견되어 1959년부터 2년간에 걸쳐서 콩고민주공화국(당시 벨기에 령에 속한 콩고였음)의 비룬가화산군에서 산고릴라의 조사를 통하여서 처음으로 그 생태를 밝혀냈다.
7) Dian Fossey 미국 여성으로 영장류 연구자. 케니아 국립박물관 관장 L·리키의 조수를 거쳐서 1967년에 비룬가화산군에서 산고릴라의 장기 조사를 실시하여, 생태, 행동, 사회의 각 측면에서 본 고릴라상을 그려냈다. 1987년 르완다의 카리소케 조사기지에서 사고사(事故死).
8) caroline Tutin 영국 여성 영장류 연구자. 최초로 탄자니아의 곤베국립공원에서 침팬지의 연구를 실시하였으나, 그 후 가본공화국의 열대림에서 로란도고릴라와 침팬지에 대해서 오랫동안 인내하며 조사를 계속하고 있다.
9) 야마기와 쥬이치(山極壽一) 1978년부터 야생 고릴라 연구를 착수하여, 르완다의 카리소케에서 포시의 연구를 협력하고, 1987년 이후는 콩고민주공화국의 카후지산령에서 히가시 로란도고릴라와 침팬지 조사를 계속하고 있다.

식물 선택의 본능과 학습[10]

이타니(伊谷) : 같은 일본원숭이면서, 집단에 의해 먹이가 달라진다는 것은 본능에 의해 먹고 안 먹고를 구별하는 것이 아니라, 오히려 문화적, 전통적인 조건에 의해 각 집단이나 각 사회마다 먹이의 메뉴가 정해지고 이것은 전승되어 갑니다. 본능적, 또는 생득적인 이유에서가 아니라, 오히려 키무라가 논한 것처럼 학습의 영역으로 들어가는 것이 아닐까 생각합니다.

키무라(木村) : 지금 이야기한 선택에 관한 것으로, 예를 들어 본능에 의한 먹이 선택이라는 것이 확실히 인간의 경우는 동물에 비해 그 능력이 떨어질 것입니다. 그러나 본능이 떨어지는 대신 학습 또는 그 추측 능력이 발달되었고 이런 능력으로 먹이를 선택할 수 있게 됩니다. 그런 의미에서 진화된 종일수록 본능적인 면은 점점 적어진다고 할 수 있습니다.

Ⅹ. 고릴라의 먹이

샬라는 산고릴라 식물성 먹이 29종을 기재했다(19). 이네과와 카야츄리풀과가 각 1종, 헤고과가 1종, 이것은 목성 시다의 잎사귀이다. 그 외에 다른 초본류 11종, 덩굴식물이 5종, 관목이 3종, 목본이 7종으로 되어 있다.

이들이 특히 좋아하는 것은 부드러운 초목의 줄기와 뿌리, 죽순, 쭈르무라사키과의 덩굴과 잎, 헤고의 잎사귀 등이다. 이와 같이 이들의 먹거리는 주변 어디에도 있는 그런 것에 의존하는 매우 편리한 잡식주의자인 것이다.

최근 고릴라의 주식으로 되어있는 대형의 벼과(이네과), 생강과, 쿠즈울금과의 식물 등은 테레스트리얼 허베이셔스 베지테이션(Terrestrial herbaceous vegetation THV)[11]으로서 연구자들의 주목을 받고 있다.(15) 고릴라 뿐만 아니라 침팬지, 보노보에게도 중요한 먹거리로서 THV가 여러 각도에서 거론 되어지고 있다.

---

10) 이시게 나오미찌(石毛直道) 편 1980 「식문화 심포지움 '80 인간·음식·문화」 P185에서 발췌, 키무라(本村修一)(동북(도후쿠) 대학·영양학)

11) Terrestrial herbaceous vegetation, (지구상의 초본식물) THV 미국의 리처드·랑검이 대형 유인원의 음식물 중에서 THV가 특히 중요한 것으로 설명한 이후, 많은 연구자들의 관심을 모으게 됐다.

XI. 침팬지는 별난 먹거리주의자이다

침팬지는 매우 별난 먹이를 먹는 것으로 밝혀지고 있다. 마하네산령에서 연구를 시작하여 18년 되던 시점에서 니시다 도시사다(西田利貞)[12]·우에하라 시게오(上原重男)[13]는 57과 198종의 식물성 먹이 리스트를 발표했다(18). 최근에는 더 많은 식물이 첨가되었는데 앞에서 이야기한 고릴라의 먹이 리스트와 비교하여 훨씬 폭넓은 식성을 갖고 있음을 알 수 있다.

같은 식물에도, 과실과 잎 등의 식물부위의 차가 있음을 별도로 나타냈으며, 각 부위가 차지하는 비율을 표시한 것이 그림 4이다. 이 그림은 일본원숭이의 그림 3과 매우 닮은 것을 알 수 있다. 주변에 있는 식물들을 세밀하게 인지하고, 개발하는 능력이 있음을 이 보고서의 먹이 리스트와 그림4에서 쉽게 알 수 있다.

마이클 호프만(Michael Huffman)[14]은 니시다(西田)에 의한 리스트에서도 나오는 국화과 2종, *Aspilia mossambicensis*와 *Vemonia amygdalina*는 침팬지가 약으로 섭취하고 있음이 틀림이 없다. 콘베에도 같은 관찰을 실시했다. 한방에서 말하는 약식동원이 침팬지에서는 이미 식물의 약효를 인식하고 있는 것으로 추측된다. 현재 이외에도 여러 종에서 약학적 분석을 활발하게 진행하고 있다.

니시다·우에하라는 동물식에 대해 정리하여 보고했다. 포유동물은 손에 닿는 것은 모두라는 느낌마저 든다. 영장류 5종, 설치류 2종, 우제류 3종, 하이락쿠스과 1종 그 밖의 미동정 된 것 3가지로 되어 있다. 이중에서는 침팬지가 침팬지를 먹는 동족 먹이도 포함되어 있으며, 이것에 대해서는 후에 설명을 첨가할 것이다. 조류는 병아리와 알을 포함하여 5종이 있다. 곤충은 미동정인 것이 많지만, 개미나 흰개미가 많으며 초시목(鞘翅目), 반시목(半翅目), 맥시목(脈翅目), 인시목(鱗翅目)이 있으며 24종이 기재되어 있다. 조사가 진행되면 이 숫자가 더 늘어날 것으로 보인다.

---

12) 니시타 도시사다(西田利貞) 1965년부터 탄자니아 서부의 마할레산령에서 야생 침팬지의 연구를 시작하여, 1966년에서 먹이를 주는 일에 성공. 침팬지의 사회구조를 해명하기에 이르렀다. 1986년에는 이 지역은 마할레산령 국립공원으로 지정되어 연구는 30년 이상 계속 되었으며, 이 사이에 많은 발견이 있었다.
13) 우에하라 시게오(上原重男) 1970년대 이후, 마할레산령에서 침팬지의 사회학·생태학적 연구를 계속하였으며, 특히 침팬지의 식생태에 대해서 깊이 연구하였다.
14) 마이클 호프만(Michael Huffman) 미국 출신의 영장류 연구자. 1984년 이후, 일본원숭이와 침팬지의 연구를 시작하여, 영장류의 식물 중에 약효 성분을 포함하는 것이 적지 않음을 발견하여 주목을 받았다. Huffman, M, A. 1997 Current evidence for self-medication in primates : a multidisciplinary perspective. *Year Book of Physical Anthropology*, 40 : 171-200에 상세하게 있음.

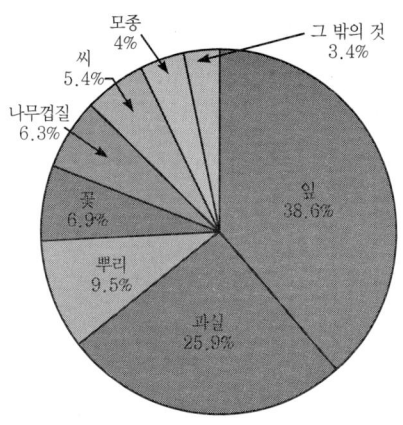

<그림 4> 침팬지가 식용하는 식물부위[문헌(18)에 의한 제도]

침팬지가 곤충식을 하기 위해 도구를 사용하는 것은 앞에서도 이야기했다. 나뭇가지나 풀줄기와 같은 간소한 도구이지만, 이런 창의성에 의해 손으로 닿기 어려운 나무 구멍 속이나 무덤 속에서 미세한 곤충을 모아 입으로 운반하는 것은 주목할 점이다. 이들은 이렇게 하여 동물성 단백질을 그들의 식탁 위에 올려 놓는 것이다.

XII. 침팬지의 식성의 특징

침팬지의 식성을 보면 진화의 과정을 이야기해주는 중요한 사항들이 많이 있으므로 여기서 몇 가지 지적해 놓고 싶다.

먹고, 안 먹고의 문화적 현상에서 볼 수 있는 집단이 갖고 있는 먹이의 차이가 있는데, 이것이 집단별로 전승되는 것은 이미 일본원숭이에서 명확히 밝혀진 점이다. 같은 현상이 침팬지에서도 보여진다. 제인 구달(Jean Goodall)[15]이 조사한 곰베와 니시다 등이 조사를 계속하고 있는 마하레에서는 곤충식에서 차이가 보여진다. 곰베에서는 곤충식의 주체가 흰개미이지만 마하레에서는 나무 위에서 사는 검은 큰개미 등이다. 그러나 이들을 낚는 도구의 소재나 형태는 서로 다르다. 두개의 침팬지의 지역 사회에서는 똑

---

15) Jean Goodall 영국의 영장류 학자. 1960년에 인류학자 L-리키의 지도로 탄자니아카호의 동쪽 해안에 있는 콩베동물보호구(후에 국립공원)에서 침팬지 연구를 착수, 많은 발견을 했다. 「숲속의 이웃」, 「야생 침팬지의 세계」, 「마음의 창」 등의 저작물은 번역되어 널리 읽혀지고 있다. 최근에는 장기조사의 계속과 함께 대형 유인원의 보호운동을 벌이고 있다.

같은 곤충 낚시법이 보여지지만, 그 대상과 기법은 문화적인 차가 있음을 알 수 있다.
　지상에서 대집단을 이끌고 맹렬히 이동하는 싸스라니개미는 마하레에서는 먹이의 대상이 아니다. 그러나 맥그루(William McGrew)[16)]에 의하면 검은 큰개미를 먹지 않았던 곰베에서는 싸스라리개미 낚시가 있음을 보고했다(14). 침팬지는 이동하는 싸스라리개미 무리 안으로 긴 막대를 찔러 넣고 기어오르는 개미를 손으로 잡아서 입에 넣는다.
　스기야마[17)]에 의하면 서아프리카에 있는 풋소우에서는 침팬지가 석판 위에다 아브라야시 열매를 놓고 손으로 돌을 집어서 망치처럼 사용하여 열매를 쪼개는 행동이 발견되었다(21). 폿소우에서는 이외에도 동아프리카와는 다른 여러 가지 도구를 사용하는 행동이 관찰되어진다.

XIII. 나누어 줌(分與)의 의미

　침팬지는 때로는 커다란 과실이나 원숭이, 영양 등을 손에 넣는 경우가 있다. 이들은 이러한 가치있는 먹거리를 동료들과 나누어 먹는 습성이 있다. 이것은 우열의 관계가 아니라, 가진 자와 갖지 못한 자와의 관계인 것이다.
　사냥은 수컷이 더 잘하기에 개미낚시와 같은 채집은 암컷 쪽이 열심히 한다는 결과가 있으나, 인류의 선조가 성에 의한 경제적 분업 발생을 상상하면 남녀 각자가 각각 취득한 먹거리를 서로 나누는 마음이 있었음이 쉽게 상상이 된다. 이것을 통해 침팬지는 서로의 입장을 생각하기 시작한 매우 중요한 일이라 할 수 있다.
　영양 등과 같은 사냥물을 가운데 놓고 향연을 펼치는 광경, 즉 고기 조각을 서로 나누는 장면을 다른 영장류에서는 도무지 볼 수 없었던 것이다. 그리고 그것은 바로 인간의 식탁 풍경 연회의 장면에 너무 근접한 것이라 할 수 있다.

---

16) william. Mc Grew 미국의 영장류 학자. 곰베와 마할레, 우간다의 키발레 등에서 침팬지의 연구를 했다. 니시다(西田利貞)와 함께 문헌(15)의 편자이기도 하다.
17) 스기야마 유키마루(杉山幸丸)와 인도에서 하누만랑글을 조사. 처음으로 새끼를 죽이는 보고를 함으로써 주목을 받음. 1970년대부터, 서아프리카에 있는 기니아의 봅소우에서 침팬지의 관찰을 진행하며, 여기에 기록한 것처럼 동아프리카와는 다른 도구 사용 문화에 대해서 많은 기록을 남겼다.

<사진 4> 침팬지의 검은큰개미 낚시(필자 촬영)

XIV. 공식(共食 : 서로 잡아먹음)에 대해서

지금까지 10가지 예가 넘는 침팬지의 공식의 예가 기록되어 있다. 맨 처음의 예는 우간다의 부동고 숲에서의 스즈키(鈴木)[18]의 관찰에 의한 것으로 특이한 사례는 아닐 거라고 생각되었지만 이윽고 곰베에서도, 마하레에서도 카니발리즘(동족을 먹는 풍습)의 보고가 연이었던 것이다.

가와나카 켄지(川中健二)[19]는 모든 사례를 상세히 분석하고 있지만, 이 문제는 아직 완전히 해결된 것이라고 할 수 없다. 따라서, 이 문제를 식문화의 일부분에 넣기에는 조금 주저되는 바가 있지만, 북경원인을 시작으로 많은 고인골(古人骨)에 카니발리즘 흔적이 있는 것도 합쳐서, 지금부터의 중요한 과제로 보류해야 할 것이다.

한두 가지의 소감을 적고 싶지만, 이것은 잡식이 도를 넘은 것이 아니라, 필시 사회구조와 깊은 연관을 가진 현상임에 틀림없다. 희생자는 유아로, 그 대부분은 수컷이지만, 결과부터 말하면, 그 부계의 단위집단의 수컷 '1'에 대해서 암컷 '2' 또는 '3'이라는 성비는 어딘가에서 수컷을 솎아내는 것이 일어나지 않으면 성립될 수 없는 구성인 것이다. 사회구조를 의도적으로 바꿔나간다는 일반 의지와 같은 것이 슬슬 비친다고도 할 수 있지만, 그것이 식과 관련이 있다는 것은 대단히 주목해도 좋은 문제라고 생각한다(10).

---

18) 스즈끼(鈴木晃) 1960년대에 서부 탄자니아, 나아가 우간다의 부동고에서 침팬지 연구를 하고, 1980년대 전반부터는 보루네오 동부에서 오랑우탄 연구를 계속하고 있다.

19) 가와나카 켄지(川中逮二) 마하레산 국립공원에서 침팬지 연구를 계속하고 있다. 1986년에는 니시다 토시사다(西田利貞)와 함께 침팬지 암컷이 집단사이를 이적한다는 중요한 발견을 했다.

<사진 5> 사냥한 고기를 함께 먹는다 (川中健二 제공)

XV. 보노보에 대해서

보노보에 대해서는 카노 타카요시(加納隆至)[20]와 그 공동 연구자들에 의한 많은 논문과 저서가 쓰여, 마지막 유인원 보노보는 일본인 연구자에 의해 처음으로 베일을 벗게 되었다. 식성에 대해서도 꽤 많은 것이 밝혀졌지만, 여기서는 그것을 요약하는데 그치겠다.

보노보의 식성은 유형적으로 말해서 침팬지와 다를 바 없다. 폭이 넓은 음식물 레퍼토리를 지니며, 특히 과실에 대한 의존이 높지만 frugivora(후루지보라)라고 단정할 수는 없다. 과실뿐만 아니라 박태기나무과(Cercis chinensis)의 여러 종의 콩 등도 중요한 위치를 점하고 있는 것이다.

지상에서의 채식(採食)보다 나무 위에서의 채식 쪽이 빈도가 높다. 그러나 현삼과(Scrophulariaceae)의 어린 줄기와 잎이나 아프리카생강 등 이른바 THV(초본식물)는 지상에서 대량으로 먹는다.

곤충식은 침팬지와는 어딘가 다르며 개미나 흰개미 중심 주식이 아니라, 채집을 위한 도구 사용도 알려져 있지 않다. 건기에 사이노메토라 나무에서 대량으로 발생하는 팔랑나비 유충을 보노보들은 '미친 듯이' 먹는다고 한다. 그들이 열중하는 또 하나의 대상은 땅을 파서 얻을 수 있는 지렁이였다.

---

[20] 카노 타카요시(加納隆至) 침팬지 연구의 초기에 서부 탄자니아의 침팬지 분포 조사를 하고, 더 나아가 콩고민주공화국(당시 자이르)에서 보노보 연구에 착수. 웸버에서 보노보 길들이기에 성공했다.

XVI. 사람은 원래 잡식이었다

지금까지 많은 인류학자가 생각해 온 것처럼, 사람이 과연 잡식화되어 현재에 이르렀는지 아닌지를 고찰해 보고 싶다. 잡식화되었다는 것은 결국은 편식이었다는 것을 전제로 하지 않으면 안 된다.

그러나 지금까지 보아온 영장류 중에 편식에서 잡식으로 옮겨왔다고 생각되는 예를 볼 수 없었다. 나는 인류는 잡식화된 것이 아니라 영장류의 가장 초기적인 식성을 보존하면서 오늘에 이르렀다고 생각한다. 다채로운 메뉴를 보존해 그것을 더욱 개발하면서 진화를 계속한 끝에 가치를 낳고, 분여(分與)를 낳고, 배려나 가치 있는 것의 유통이나 또, 객관적인 시각도 낳은 것이라고 생각한다.

오늘날 우리 인류가 지금만큼 다양한 식문화를 만들어낼 수 있었던 것도 그 근본을 말하자면, 잡식주의자의 질리지 않는 호기심이었다고 해도 좋을는지 모르겠다.

〔문헌〕

(1) Charles-Dominique, P. 1977 *Ecology & Behaviour of Nocturnal Primates*. Columbia University Press, New York.
(2) Fossey, D. and A. H. Harcourt 1977 Feeding ecology of free-ranging mountain gorillas. In Clutton- Brock(ed), *Primate Ecology*, Academic press, London, pp. 415-447
(3) Goodall, J. 1986 *Chimpanzees of Gombe: Patterns of Behavior*, Harvard University Press, Cambridge.
(4) Harcourt, A. M. and S. A. Harcourt 1984 Insectivority of gorillas. *Folia Primatologica* 43 : 229-233
(5) Huxley, T. H. 1863 *Evidence as to Mars place in nature*, William and Norgate, London
(6) 伊谷純一郎 1956 『野生ニホンザルの食生活-高崎山の群れについて(その1) 野生の植物性食物』靈長類 研究グループ
(7) 伊谷純一郎 1958 『高崎山のニホンザル自然群における新しい食物の獲得と 傳播』*Primates* 1 : 84-890
(8) 伊谷純一郎 1961 『ゴリラとグミ-の森』岩波書店
(9) 伊谷純一郎 1964 『アフリカ動物記』河出書房新社
(10) 伊谷純一郎 1986 「人間平等基原論」伊谷純一郎・田中二郎 (編)『自然社

會の人類學』アカデミア出版會 pp. 349-389

(11) Kawanaka K. 1981 Infanticicle and and cannibalism in chimpanzees with special reference to observed case in the Mahale Mountains. *African Study Monographs* 1 : 69-99

(12) 川村俊蔵 1954「ニホンザルの食餌行動に現われた新しい行動型-動物におけるカルチュアの分析」『生物進化』2(1) : 10-13

(13) Kawamura, S. 1959 The process of sub-human culture propagation among Japanese mcaques. Primates 2 : 43-60

(14) McGrew, W. C. 1974 Tool use by wild chimpanzees in feeding upon driver ants. *J Human Evolution* 3 : 501-508

(15) McGrew, W. C., L. F. Marchant and T. Nisida(eds) 1996 *Great Ape Societies*, Cambridge University Press, Cambridge.

(16) 村田源・間直之助 1968『風山の植物とサルの食草』(岩田山自然史研究所調査報告第二號) 岩田山自然史研究所

(17) Nisida, T. 1973 The ant-gathering behavior by the use of tools among wild chimpanzees of the Mahale Mountains. *J. Human Evolution* 2 : 357-370

(18) Nisida, T. and Uehara 1983 Natural diet chimpanzees(*pan troglodytes Sweinfurt hii*) : long- term record from the Mahale Mountains, Tanzania, *African study Monographs* 3 : 109-130

(19) Schaller, G. 1963 The Mountains Gorilla : *Ecology and Behavior*, Chicago University Press, Chicago

(20) 衫山幸丸 (編) 1996『サルの百科』動物百科 データハウス

(21) Sugiyamsa. Y. and J. Koman 1979 Tool using making behavior in wild chimpanzees at Bossau, Guinea. *Primate* 20 : 513-524

(22) Suzuki, A. 1971 Carnivority and cannibalism observed among forest-living chimpanzees. *J. Anthropological Society of Nippon* 79 : 30-48

(23) Tutin, C. E. G. and M. Fernandez 1983 Gorillas feeding on termites in Gabon. West Africa. *J. Mammalgy* 64 : 511-513

(24) Yamagiwa, J., N. Mwanza, T. Yumoto and T. Maruhasshi 1991 Ant eating by eastern lowland gorillas. *Primates* 32 : 247-253

(25) Watts, D. P. 1989 Ant eating behavior of mountain gorillas. *Primates* 30 : 121-125

제2장 사람의 식물식(植物食)

나카오 사스케(中尾佐助)

I. 식(食)으로서의 동물과 식물

　동물이라는 것은 고기나 내장까지도 아주 먹기 쉽다. 날로 먹어도 지장이 없고, 구워서 먹어도 된다. 동물의 뼈 속에는 골수가 있고, 뇌 속에는 뇌수가 있지만, 골수도 매우 맛있다. 털만은 먹을 수 없지만, 껍질도 먹을 수 있고, 돼지껍질 등은 특히 맛있고 영양도 있다. 심장, 신장, 위, 장까지도 먹을 수 있다. 포유류의 몸에서 먹을 수 없는 부분은 쓸개 정도로 이것만은 너무 쓰기 때문에 세심하게 주의를 기울이지 않으면 안 된다. 그러나 쓸개를 고기에 조금 섞으면 맛있다는 이야기를 들은 적도 있다.
　게다가 동물은 포유류만이 아니라 새도 먹을 수 있고, 파충류도 양서류도 있고 새우, 게, 물고기, 곤충까지 대부분을 생으로 요리해도 무척 영양이 있고 맛있게 먹을 수 있다. 종종 복어와 같은 독을 지닌 물고기도 있지만 극히 예외적이며 그 이외는 영양이 상당히 좋고 문제없다.
　그러나 동물의 경우 계속적으로 항상 손에 넣는 것이 상당히 어렵다. 그 때문에 가축이라는 것이 만들어진 것으로 생각해도 좋을 것 같다. 그런데 식물이라고 하면 얼마든지 있다. 뒷산에는 소나무가 나있고 참억새도 잔뜩 나있다. 식물체 그 자체를 입수하는 것은 쉽지만, 무턱대고 먹을 수는 없다. 참억새도 말이나 소는 먹을 수 있지만 인간은 먹기 힘들다. 식물은 손에 넣기 쉽지만 인간의 먹을거리로서는 부적당하며 결국, 인간이 먹을 수 있는 것은 식물에서는 뿌리와 과실과 종자뿐이라는 것이다.
　이것은 왜 그러냐면 식물의 뿌리, 과실, 종자라는 것은 식물의 영양분을 농축해서 저장해 두는 곳이기 때문이다. 이것만이 인간이 먹을 수 있는 부분이며, 영양분으로서 쓸

모가 있는 것이다. 여러 가지 식물 중에서 식용으로 할 수 있는 것을 선택해서 우리들은 먹게 된 것이다.

II. 채소만으로 살아갈 수 없다

「채소가 있지 않나?」라고 할 수 있겠지만, 협의(狹義)의 채소만으로는 인간은 살아갈 수 없다. 고릴라와 같이 식물체만을 먹는 원숭이도 있지만, 인간이 그대로 했다가는 금세 쇠약해진다. 기근일 때 나무의 싹, 풀잎을 모아 먹지만 그것만으로 살아갈 수 없다. 채소에는 비타민이 있고, 또 소화되지 않는 섬유소가 유효하게 작용하여 소화를 돕는 역할을 하지만, 칼로리에는 도움이 되지 않는다. 그렇기는커녕 많은 채소를 너무 많이 먹으면 거기에 포함되어 있는 적은 당분을 소화해서 흡수하는데 사용되는 칼로리는 채소로부터 얻은 칼로리보다 많기 때문에 채소는 칼로리가 마이너스나 제로가 된다. 세계의 여러 민족을 봐도 채소만 먹고 있는 민족은 하나도 없다. 혹은 일정기간, 예를 들어 1개월이라도 채소만으로 생활하는 민족은 없다. 아무리해도 뿌리나 과실, 종자를 먹지 않으면 안 된다. 그러나 그럼에도 불구하고 인간은 세계 속 어디에서도 채소를 먹고 있다. 채소는 향을 즐길 수 있고, 식욕을 불러일으키며, 입 속에서 씹는 즐거움이라는 부분에 커다란 의미가 있을 것이다.

어떤 채소를 먹느냐고 하면, 아라시 산의 일본원숭이의 식물성 식물에 있는 식물[21]의 80~90%는 인간도 먹고 있다. 그러므로 채소의 섭취법이나 어떤 채소를 먹고 있는지의 관점에서 원숭이에 매우 가깝다고 생각해도 좋을 것 같다. 그러나 원숭이는 그걸로 살아갈 수 있지만 인간은 이것만으로는 잘 살아갈 수 없다는 것이다.

III. 감자도 조리하지 않고는 먹을 수 없다

사람이 살아가기 위해서 먹는 것은 식물에서는 뿌리, 과실, 종자의 3가지인 것을 서술했지만, 그 중 뿌리는 먹는다고 해도 실은 쉽게 먹을 수는 없다. 뿌리라는 것은 거의 전부 유독하다. 뿌리는 대부분은 다년초 식물로, 겨울동안 혹은 열대의 건기와 우기가 있는 곳에서는 건기 동안에 영양분을 농축 저장하고 있다. 그리고 저장하고 있는 기간

---

21) 본 권 103p 「伊谷論文(이타니 논문)」 표3 참조.

에 동물, 예를 들면 멧돼지와 같이 땅을 파서 먹는 동물에게 먹히면 안 되니까 독을 가지는 것이 하나의 방어 방법인 것이다.

현재 우리들이 알고 있는 독뿌리는 토란이다. 실험으로 토란을 사와서 새끼손가락 끝 정도로 작게 잘라 생으로 먹어보면 된다. 입안이 확 이상해지고 삼키면 식도가 이상해진다. 이것이 나으려면 빠르면 수일, 길면 일주일이나 걸린다. 생명에 별 지장은 없지만, 그렇게 심한 독인 것이다. 그런데 그것을 삶으면 안전하게 먹을 수 있게 된다. 이것은 토란 속에는 많은 세포가 있지만 그 세포 속에 여기저기 특별한 세포가 섞여 있어 그 속에 얇은 바늘 다발 같은 수산칼륨의 결정이 들어가 있다. 생토란을 씹으면 그 세포가 부서져서 바늘과 같은 결정이 흘러나와 입속의 점막에 꽂힌다. 이 독은 물에 녹는 성분이 아니라 그러한 부대적인 것이기 때문에, 삶으면 그 부대적인 독이 사라지는 것이다. 토란의 껍질을 까면 나중에 손이 가려워지는 것도 바늘 다발과 같은 결정이 꽂히기 때문이다.

그 독을 삶음으로써 해소한다는 것은 결국 조리함으로써 독을 빼는, 먹기 힘든 것을 먹을 수 있게 하는 것이다. 감자 등도 원종은 필시 매우 맛이 아닐 것이다. 그 때문에 감자의 원산지인 볼리비아, 페루 등에서 말린 감자를 만들고 있다. 이것은 단지 말리는 것이 아니라 하루의 온도 변화가 극히 큰데다가 건조한 고원지대의 건기 특유의 기상 조건을 이용해서 냉동 건조하는 것이다. 즉 언두부나 한천을 만드는 것과 같은 원리로 세포액을 흘려보냄과 동시에 건조하는 기술을 볼리비아, 페루의 고지에서는 아주 옛날부터 개발하고 있다.

<사진 1> 감자의 독빼기
안데스고원에서는 감자를 문 밖에 방치하여 얼린다. 낮이 되면 그것이 녹기 시작하는데 그때 발로 밟아 유독성분을 포함한 수분을 눌러 빼서 독을 뺀다.(야마모토 기후 제공)

여기서 한 가지 덧붙일 것이 있다면 조리와 가공이라는 것에 대해서 그 행위만으로는 조리와 가공을 구별할 수 없다는 것이다. 캔으로 만드는 것은 가공이고, 부엌에서 만들면 조리가 되는 것인가라는 질문이 되는데 나는 그것이 진정한 정의라고 생각한다. 부엌 또는 그 연장에서 하는 것이 조리고, 밭의 연장부문인 가공장에서 하는 것이 가공이라는 것이다. 그렇듯 조리와 가공을 분할하는 편이 좋지 않을까? 삶는 것이 조리인지 가공인지는 그것을 하는 장소의 차이에 지나지 않는 것이다.

Ⅳ. 과실과 작은 새

과실이라는 것은 무척 먹기 쉽다. 가을이 되면 붉은 나무열매가 잔뜩 달리는데 그것은 거의 대부분 안전하다. 그리고 작은 새가 먹고 과육을 소화시켜 단단한 종자를 똥과 함께 내보낸다. 그 사이에 새는 멀리 날아가 자연히 종자를 살포한다. 그 때문에 가을의 붉은 나무열매는 작은 새에게 먹히기 위해서 독이 있으면 안 되는 것이다.

과실은 익을 때까지는 파랗고 눈에 띄지 않는다. 게다가 맛이 없다. 떫은 감은 파랄 동안은 떫고 빨개져도 떫다. 그러나 마지막에 흐물흐물해지면 떫은맛이 없어진다. 그때가 되면 먹어도 된다. 파란 감도 먹을 수 없지만, 익으면 먹어도 되는 것이다. 가을의 빨간 나무열매의 안정성은 작은 새에 의해서 동물 테스트가 끝난 것이다. 온대의 과일은 이와 같이 거의 안전하지만, 열대에는 유독한 큰 과일이 있다. 이것은 왜 그런지 아직 알 수 없다.

과실을 주식으로 할 수 있다. 과실은 일반적으로 건조하면 보존력이 있어 주식으로 해도 되는 것이다. 실제로 그런 건조 과일로 살아가고 있는 것은 대추야자이다. 아랍계 민족에서는 대추야자와 낙타의 젖을 섞는 부족이 있어 그것만으로 살아가고 있으니 상당히 단조로운 빈약한 식사 같지만, 생각에 따라서는 상당히 좋은 식사라고 할 수 있다. 건조 과일로 잘 알려져 있는 것은 말린 포도일 것이다. 그리스도 문명을 만든 고대 그리스도인들은 포도, 대추야자의 건조품을 무척 많이 먹었다. 당시 밀(소맥)이 있고 가축이 있어 고기와 유제품도 먹었지만 그 중에서 무엇이 주식이었는지는 잘 모르겠다. 그러나 당시의 농업은 과수류의 비중이 매우 높았다는 점에서 보면 건조 과일을 많이 먹고, 빵을 조금 먹고, 고기와 유제품은 그렇게 많이 먹을 수 없었을 것이라고 생각한다.

Ⅴ. 곡류의 종자와 목화 열매

또 하나 주된 농경의 먹거리는 종자이다. 이것은 곡류의 종자와 큰 지역에서는 콩류이다. 이 두 가지를 먹을 수 있다. 그런데 곡류의 종자라는 것은 벼과라는 신기한 것으로 전분의 종자이다. 종자에 전분이 있는 것은 당연하다고 여길지도 모르지만, 식물계에서는 에너지의 축적에는 유분에 의지하는 것들이 상당히 많다. 그런데 벼과의 종자는 대부분이 전분으로 유분(油分)은 배(胚) 부분 정도밖에 없다. 쌀이라면 정백했을 때 유분은 쌀겨 속으로 들어가 버린다. 쌀 기름은 쌀겨를 짜서 만든다. 옥수수기름도 그 배 부분을 모아서 만든 기름이다.

부산물로 대량으로 종자가 생기는 것의 대표로 목화가 있다. 목화라는 것은 종자가 완전히 익으면 종자에 나는 털이다. 목화를 수확하면 많은 종자가 나온다. 그 종자에서 나오는 면실유라는 기름은 공업용 또는 조금 가공해서 식용유에 섞을 수도 있다.

그러한 관점에서 보면 콩류도 전분이 없다는 것은 아니지만 곡류만큼은 많지 않다. 벼과는 전분이 많은데다 모두 무독하다. 그것에 비해 야생콩의 대부분은 유독하다.

<사진 2> 대추야자
야자과에는 과실이 먹을 수 있는 것이 적지 않으나 그 중에 대추야자는 먹을 수 있는 과실이 대량으로 열러 진귀한 야자이다.(吉田集而 제공)

<사진 3> 대추야자의 과실
숙성한 과실을 채집하고 건조하여 보관한다. 건조는 보존을 위함뿐만이 아니고 영양분을 농축한다는 의미도 갖고 있다.

Ⅵ. 조릿대 열매 이야기

이것은 들은 이야기이다. 조릿대[22])는 벼과 속에 들어가지만 대나무는 몇십 년에 한 번 꽃이 피고 종자가 생긴다.「조릿대에 황금이 주렁주렁 달린다.」라고 하여 이 종자는

---
22) 조릿대는 작은 대나무의 총칭임.

먹을 수 있다. 전쟁 중, 토후쿠 지방에서 조릿대에 대량으로 열매가 생긴 일이 있다. 그래서 군부의 명령으로 초등학생들을 동원하여 조릿대 열매를 모아 그 조릿대 열매를 정제해서 소맥분과 섞어 배급을 했다고 한다.

  그러자 각지의 임산부가 유산할 것 같다고 해서 큰 소동이 일어났다. 그 이유는 조릿대 열매가 독이였던 것이 아니라 조릿대 열매에 맥각균(麥角菌)이라는 곰팡이가 붙어 있었던 것이다. 그것이 붙으면 검어져 알이 커진다. 그것을 수분이 많은 곳에 두면 작은 버섯이 생긴다. 이 맥각균은 옛날 유럽에서 임신중절 약으로 사용했다. 현재 약용으로서는 호밀에 붙은 맥각균을 보통 사용하고 있다. 그것을 모르고 소맥분에 섞었기 때문에 소동이 일어났던 것 같다. 벼과의 종자만이라면 문제없지만 이것외에 다른 균이 붙거나 하면 위험하다는 예가 될 것이다.

Ⅷ. 벼과의 식용종자의 원류(源流) – 보리

  이와 같이 안전한 벼과의 식물이 세계 농업 또는 식료의 주류가 되었다는 것은 정말 당연한 것이며, 그에 비하면 콩류는 모든 종류의 콩이 극히 적지만 유해물질을 포함하고 있다. 벼과는 그 점에서는 굉장히 안전하다.

  그런데 그 벼과의 종자를 어떻게 먹었는가에 대한 것인데 그 전에 벼과의 종자는 언제쯤부터 먹었을까? 극히 최근 알게 된 가장 오래된 예는 1만 8천 년 전이다. 이것은 나일계곡에서, 현재는 건조한 지역이지만 거기서 구석기 시대의 유적 중에서 석기와 함께 보리가 탄화된 것이 나왔다. 그 무렵 보리를 먹었다는 것인데 현재 그 일대는 야생 보리가 나지 않는다. 그러나 지중해 연안으로 가면 야생 보리가 다소 보인다.

  1만 8천 년 정도 전이라면 현재와는 기후가 상당히 달랐기 때문에 그 무렵 거기에 보리가 있었다는 것은 당연한 것이다. 야생곡류, 벼과의 것은 전부 먹을 수 있기 때문에 길가의 마른 풀이나 억새풀도 모아 두기만 하면 문제없이 먹을 수 있다. 그러한 의미에서는 야생 보리를 모아서 먹었다고 해도 전혀 이상할 것이 없으며 보리를 재배하기 전의 몇천 년 동안 야생 보리를 먹었음에 틀림없다.

Ⅷ. 재배 곡류의 문제

　그 무렵 곡류를 어떻게 모았는지 또 어떻게 해서 먹었는지 여기에는 여러 가지 문제점이 있다. 우선 모은 것은 대부분 말린 것이 아니었을지 그런 곡류의 형태가 한 가지 연상된다. 이것은 야생으로도 재배로도 같다.

　그런데 재배하게 된 후, 한 가지 성가신 문제가 때때로 일어난다. 마침 내일부터 수확하려고 베려고 할 때 종종 비가 며칠씩 내릴 때가 있다. 그런데 재배한 것은 바로 싹이 나와 버린다. 야생의 곡류는 싹이 나오지 않는다. 재배한 것은 종자를 뿌리면 싹이 나도록 품종 개량한 것이다. 야생일 때는 싹틈이 고르지 않아 성숙하고 나면 휴면한다. 재배가 되어 휴면성이 없어져 버린 것은 비가 내리면 발아가 시작된다. 즉 이삭 발아가 시작되어 그것에는 정도가 있어 외관상 거의 알 수 없는 것도 있고, 꽤 많이 싹이 자란 것도 있고 여러 가지다.

　그러한 이삭 발아한 것은 버리면 될 거라고 여기겠지만 대부분 가난한 농민은 버릴 수 없다. 그래서 할 수 없이 베어 와서 먹는 처지가 된다. 그런데 그것을 돌그릇 등으로 으깨 삶아보면 의외로 맛있다. 그것은 싹이 나 있지만 먹거리가 되는 것이다.

Ⅸ. 곡류 · 콩류의 싹틔움

　인도에는 시고꾸비라는 것이 있다. 그 싹을 가루로 만들어 죽을 만든다. 이것은 노인이나 아이들의 먹거리라는 것은 수긍이 간다. 그리고 그러한 것을 쪄서 방치해두면 술이 된다. 결국 맥주 같은 음료가 되어버린다.

　또 하나, 콩은 싹을 틔우면 먹기 쉬워진다. 콩은 수확기에 비가 내려도 좀처럼 싹이 나지 않지만 적극적으로 싹을 틔운다. 왜냐하면 콩은 무척 삶기 힘들다. 싹을 틔우면 콩의 배유는 자엽(종자가 발아하여 최초로 나오는 잎)이 되고 그 자엽은 매우 부드러워져 금세 삶아진다. 우리들이 알고 있는 싹틔움은 뿌리가 자라 있지만 거의 뿌리가 자라지 않을 정도의 싹틔움으로 해두면 자엽을 부드럽게 함으로써 효과가 있다.

　인도에는 콩을 으깬 달(렌즈콩)이라는 식품이 있다. 이것은 인도의 식사에는 언제나 나오는 것이지만 그 만드는 방식을 보면 한번 수분을 흡수시켜서 잠시 두고 나서 건조시켜 으깬다. 결국 일종의 싹틔움이다. 따라서 삶기 쉽다. 이와 같이 싹틔움으로 해서 먹는 것은 우수한 방법이다.

X. 곡류의 까끄라기(벼, 보리 따위의 깔끄러운 수염) 제거법-태워 떨구기

　벼과의 식물에는 까끄라기라고 하는 꽃의 바깥에 있는 침과 같은 돌기가 잔뜩 있어 이것은 곡류를 수확할 때 매우 성가신 것이다. 그것을 간단히 없애는 방법이라고 하면 마른 것에 불을 붙여서 확 태운다. 또는 이삭만 쌓아 올려 불을 붙여 그것을 갈퀴로 이리저리 휘저으면 까끄라기가 확 타 왕겨와 같은 것도 반 정도 타버린다. 이것이 태워 떨구는 방법이다.

　이 태워서 떨구기를 하면 좀처럼 벌레가 슬지 않는다. 바구미 등도 생기지 않아 저장이 쉬워진다. 그런데 밀을 그렇게 태워 떨구면 빵을 못 만들게 된다. 왜냐하면 밀은 한번 부분적으로 가열을 하면 속의 효소가 변성을 일으킨다. 그러면 밀가루로 해서 물을 넣어 반죽해도 찰진 형태를 만들 수 없다. 그러나 태워 떨군 밀을 애벌 빻아 죽으로 하면 좋다.

XI. 곡류를 볶는다

　곡류를 먹는 또 하나의 방법으로는 볶아 먹는 것이 있다. 인간은 구석기 시대에 보리를 먹었는데 그 조리법의 하나로 볶는 방법이 있었다. 구석기 시대는 토기가 없었기 때문에 냄비류는 없었다. 그렇다면 어떻게 보리를 볶았는가 하면 그것은 간단하다. 우선 모래를 구워 그 모래 속에 보리를 섞는다. 그리고 굽는다. 그 후 체를 쳐 나누면 되는 것이다.

　이런 굽는 방식은 현재는 티벳인이 행하고 있다. 티벳인들의 주식은 쌀보리(naked barley)의 참파(티벳어)라는 것으로 모래로 볶아 돌맷돌로 돌려 가루를 만든다. 그것은 참파라고 하여 일본의 미숫가루와 동일하다. 티벳인들에게 어째서 모래로 볶느냐고 물어봤지만 냄비에서 볶는 것보다 모래로 볶은게 맛있다는 것이다.

　또 인도에도 역시 모래로 볶는 방식이 있다. 이것은 사츠우라고 하여 보리 혹은 벼를 그렇게 한다. 그것도 곡식알들을 모래로 볶아 가루로 만드는 것이다. 토기 이전에 여러 가지 방법이 이루어졌다는 것이다. 볶은 보리를 그대로 먹는 곳도 있으며 티벳에 웃이라는 이름으로 보리를 볶은 것이 있다.

　성서를 보면 그러한 이름이 많이 나온다. 그 중에 다섯 번 정도 볶은 보리라는 문자가 나온다. 어떠한 방법으로 볶았는지는 아직 확실히 모르지만 어쨌든 볶은 보리를 먹었다는 것이 나온다.
 여기에서 곡류를 먹기 시작한 것을 추측해 이야기했다. 그 후, 분식이나 여러 가지 문제가 나오는데 이것은 토기를 사용하게 된 이후의 문제로서 나온 것이다.

제3장 수렵채집민의 음식

다나카 지로(田中二郞)

I. 식행동을 변혁한 수렵과 육식

최근의 화석인류에 관한 연구에 의하면 인류는 대략 500만 년 전에 탄생했다고 한다. 인류는 그 역사의 99.8% 이상을 수렵채집에 의해서 생활했다. 현대 문명을 기반으로 하는 농경 목축 문화는 고작 1만 년의 역사에 지나지 않고 그 사이 우리의 생활과 문화는 현저한 변모를 이루었다고 하지만 식행동을 시작으로 하여 그 원점은 오랜 채집 시대에 기인하고 있는 것이다.

사람에게 한정하지 않고 동물에 있어서, 음식은 성(性)과 함께 생존상 가장 중요한 행동이다. 동물은 음식을 섭취하지만 이것을 식사라고 할 것은 없다. 식사는 사람이 사람답게 처음으로 나타난, 바야흐로 인간적인 행위이다. 동물도 식물을 섭취할 때 아마 종(種)의 쾌감을 맛보며 그것은 어디까지나 개체 레벨에 있어서의 본능 충족이며, 식물은 개체를 유지해 가기 위한 영양 공급원이 되는 것에 지나지 않는다. 이러한 개체 유지의 기능에 더하여 인간의 식사에는 한층 새로운 역할이 더해지고 있다. 즉, 식행동은 인간에 있어서 단순한 개체 유지의 레벨을 넘어 사회적인 의의를 가지게 되었다. 그 행동은 질적인 변화를 가져왔고, 집단을 단위로 한 공동 음식이 되어, 사회적인 커뮤니케이션, 또 초자연과의 커뮤니케이션의 수준까지 높일 수 있다는데 이르고 있는 것이다.

II. 사회적 행위로서의 식사

식사의 발생은 수렵과 육식 및 사냥감의 분배와 밀접한 관계를 가지고 있다고 생각된다. 영장류는 일반적으로 식물식(植物食)을 중심으로 하면서, 곤충이나 작은 동물을 먹는 잡식성의 계통군(系統群)이다. 피그미(Pygmy)나 부시맨 족과 같은 현존의 수렵채집민은 식료의 70~80%가 식물성으로 성립되었다고 추측할 수 있듯이 인류는 식의 기반을 식물에 두면서, 수렵이라고 하는 새로운 생계 수단을 발전시켜 왔다.

동물의 수렵은 종래의 식물 채집과 비교하면 어렵고 불안정한 식료 획득 수단이었음에도 불구하고, 사냥한 고기의 맛과 높은 영양가에 매료된 인류는 사냥꾼의 길을 선택하였던 것이라고 생각된다. 남자들은 공동으로 사냥에 전념하게 되었고 인내와 노고 후의 행운으로 동물을 쏘아 죽일 수 있었던 경우에는, 이 희소가치 있는 사냥감의 고기를 캠프에 있었던 동료들 전원이 서로 나누어 먹는 것이다. 나무의 열매나 풀뿌리에 비해 고기는 맛이 좋아서 그러니까 식의 기반인 식물채집 쪽은, 출산이나 육아를 위해 베이스 캠프로부터 별로 멀리 나갈 수 없는 여성들에게 맡겨두고 남성은 언제 잡힐지도 모르는 수렵 활동을 열심히 했다. 남녀 간의 분업이 확립되어 가족이라고 하는 사회단위가 완성되어 갔다.<사진 1>

<사진 1> 수렵채집의 생활 양식에는 빈번한 이동이 불가결해 주거는 간단한 초가지붕의 오두막이다.(이하 사진은 필자가 촬영한 것임)

집단에 의한 공동 수렵의 필요성과 미숙하고 믿음직스럽지 못한 상태로 태어난 갓난아기의 양육과 보호 때문에 여러 가족 규모의 집단적이며 영속적인 베이스 캠프가 불가결하게 되어, 근린집단과의 사이에도 긴밀한 연대관계가 연결되어진 것이다. 날마다 채집한 식물성 식물은 각 가족 단위로 소비되었지만 남성 헌터들이 가져오는 고기는 집단의 구성원 전원에게 분배되어 맛보게 되었다. 다른 집단으로부터 온 방문자도 이 향연에 참가할 수 있었을 것이다. 고기를 둘러싼 식사는 오랜만에 맛 좋은 음식이며 사

람들은 즐겁게 환담하고, 또 많은 경우 노래나 춤에 흥미를 느낄 것이다. 이와 같이 식사는 사람다운 과정을 통해서 또, 집단의 연대와 상호 보완하기 때문에 확립되고 있다고 생각된다.

Ⅲ. 식문화의 원형

식물식(植物食)이 중심인 영장류의 채식 패턴에는, 초식동물 같이 분명한 리듬이 없다. 하루종일 마시고 먹고, 나뭇잎이나 과실을 먹는 것이 보통이다. 인류만이 육식을 취해 정주적(定住的)인 보금자리를 가지게 된 덕분에 정한 시간에 식사를 하게 되었다. 섭식의 리듬은 육식 동물인 개과나 고양잇과의 것과 유사하게 되었던 것이다.

하나의 생계 수단으로서 수렵의 발달이 정착할 수 있는(적어도 일정 기간 동안) 보금자리를 가지게 되었고, 거기에 식료를 모아서 쌓아둠과 재분배, 분업, 가족, 한층 더 나아가 사회집단의 형성 등, 여러 가지의 사회경제적인 발달을 가져오는 결과가 되어, 그러한 제 요소 간의 복잡한 피드백을 통해서 인류 특유의 식행동을 만들어 가는 기반을 갖추어져 왔다고 생각할 수 있다.

정기적으로 먹기[23]

오오츠카 : 원숭이와 같이 계속해서 먹는 형태로부터, 현재의 우리의 식사가 이(二)식형 혹은 삼(三)식형으로 해서, 정기적으로 먹는 형으로 바뀌어 온 계기를 다나카는 "육식의 개시와 관계된다고 했습니다만, 생리적으로 충분히 납득된다고 생각한다면 영양적으로 농축된 에너지와 단백질도 수 시간 저장하여 섭취 방법을 알게 되었기 때문이다."라고 생각하는 것이 타당하지 않을까요.

다나카 : 분명히 생리적인 면도 하나 있습니다. 예를 들어 우리를 포함한 영장류는 잡식성입니다만, 고릴라는 예외로 꽤 엄격한 채식주의자이며, 아프리카의 삼림에서는 죽순의 심이나 아스파라거스의 새싹 등 부드러운 것을 선택해 먹고 있습니다. 그런데 동물원에서 사육하려면 도저히 그렇게 하지 못하기 때문에 고기를 주어 정기적으로 먹게 합니다. 사육이 매우 편리해진다고 말하고 있습니다만 인간의 경우도 이런 계기가 있

---

[23] 도요가와(豊川裕之)・이시게(石毛直道)편 1987 「식과 몸」 pp.135~136에서 발췌.
　　오오츠카(大塚愼一郎) 시즈오카 영화여자학원단기대학・영양학 (靜岡英和女學院短期大學・榮養學) 기무라(木村修一) 동북대학・영양학(東北大學・榮養學)

> 었다고 생각합니다. 수렵민의 경우 고기는 사냥감이 있던 날에 한정되기 때문에, 거의
> 날마다 식물의 뿌리를 먹고 가끔 집어 먹으면서도, 그런데도 모여서 한 장소에서 먹습
> 니다. 거기에 가족, 분업, 분배의 체제가 완성되는 바람에 「식사」라고 하는 생리적인
> 면과 사회 기능이라는 양면이 있다고 생각합니다.
> 기무라 : 육식 동물의 경우에는 사냥감을 잡았을 때만 먹을 수 있기 때문에 결과적으
> 로 정기적으로 먹기가 쉽지 않습니다만 한번 먹으면 단백질, 지방으로 시작해 상당한
> 영양소를 섭취할 수 있습니다. 반면에 초식동물은 아침부터 밤까지 차분히 먹고 있습
> 니다. 잡식이라는 것은 중간적으로 애매한 곳이 나타나는 것이라고 생각됩니다.

현대의 복잡하고 다양한 식문화의 원형을 더듬기 위해서 다음에 수렵채집민의 식생활을 살펴보려고 한다.

Ⅳ. 부시맨의 수렵

부시맨이 실시하는 대표적인 수렵은 독화살을 이용한 활과 화살렵이다. 활은 길이 70cm, 화살은 50cm 정도의 작은 것으로 화살에는 살깃뿌리도 없는 극히 유치하고 심플한 것이다. 사정거리가 짧은데다가 명중률도 나쁘기 때문에 10m 정도의 가까운 거리에까지 사냥감에 접근하지 않으면 안 되어 사냥을 실시하기 위해서는, 동물의 습성들에 관한 정확한 지식과 소리 없이 다가가기 위한 고도의 숙련 및 인내가 필요하다.

활과 화살렵의 사냥감은 기린, 코끼리, 쿠두, 겜스복, 와일드 비스트, 하테비스트 등 대형 초식동물이 중심이 된다. 남성 사냥꾼들은 매일 같이 활과 화살과 창이 들어있는 수렵구대를 어깨에 걸쳐 메고 수풀 속을 배회하며 돈다. 부시맨이 사는 칼라하리 사막은 나무가 있는 적은 평원으로 전망이 좋고 동물은 넓은 지역 내에 산재하고 있으므로 사냥꾼은 제각각의 방향으로 단독으로 나간다. 전망이 좋으므로 사냥감의 발견은 용이하지만 그것은 동시에 사냥감 쪽에서도 사냥꾼의 접근을 용이하게 감시할 수 있다는 것을 의미하고 있다. 몇 킬로미터 앞에서 사냥감을 바라본 사냥꾼은 키가 낮은 수풀의 그늘에 몸을 감추면서 우회해 바람이 불어 가는 쪽으로부터 다가간다. 동물에 가까워짐에 따라 엎드려서 신중하고 끈기 있게 사냥감이 그의 방향에서 보일 때부터는 천천히 전진한다. 마른 가지를 뚝 꺾는 작은 소리도 동물에게 경계심을 가지게 하므로 최후의 단계에는 특히 신경을 곤두세운다. 근거리까지 접근하면 화살을 쏘는 작업이 남아

있다. 사냥감의 발견으로부터 활과 화살을 쏘아 어깨에 걸칠 때까지의 과정은 수렵에 대한 기술적인 숙련에 더하여 자연 속에서 일체화하여, 목표로 하는 사냥감의 동물과 일대일로 상대하는 사막의 사냥꾼의 독특한 능력에 의해서 실현된다. 큰 행운이 수렵의 성공을 좌우한다는 것도 확실하다.(사진2)

<사진 2> 대형 동물의 수렵에는 몇 사람의 남자들의 공동 작업이 필요하다.

V. 대량의 고기를 가져오는 활과 화살렵

독화살이 명중하면 사냥꾼은 그 화살이 사냥감의 몸에 제대로 박혀 있는 것을 확인하고, 도망친 방향을 확정한 후 일단 그 자리를 떠나 캠프에 돌아온다. 독이 들어가서 사냥감이 넘어지기까지 하루 정도의 시간이 걸리는 것과 해체나 운반을 위해서 일손이 필요하게 되기 때문이다.

이튿날 아침, 그는 어두컴컴할 때에 동료들 몇 사람과 같이 현장에 가서 사냥감이 도망친 발자국을 더듬어 추적한다. 사냥감을 찾으면 아직 숨이 있는 경우에는 창으로 찔러 즉시 해체에 착수한다. 내장 등은 썩기 쉽고 또 운반하기 힘든 부분은 모닥불로 구어 배를 채운 다음 인원수대로 짐에 나누어 짊어지고 캠프로 돌아온다.(사진3·4)

<사진 3·4> 사냥감은 그 자리에서 해체해 인원수로 배분해 어깨에 메고 돌아온다.

가족들이 기다리는 캠프에 돌아오는 것은 일몰 후나 때로는 다음날이 되기도 한다. 이러한 큰 사냥감을 얻게 되는 것은 한 달에 한 번 정도이며, 힘들고 격렬한 노동에 의해서 손에 넣은 고기는 새삼스럽게 귀중한 맛 좋은 음식이 되는 것이다.

부시맨은 활과 화살수렵 외에도 다양한 방법으로 수렵을 실시한다. 타조나 큰느시(kori bustard)와 같은 대형의 새 사냥과 더불어 산토끼, 스프링 헤어, 소형의 레이요 우류(antelope), 여우, 쟈칼(canis mesomelas), 야생 고양이(wild cat), 호저, 폴폴 나비(meleagris), 느시(bustard) 등의 소형의 동물은 비교적 빈번히 잡힌다. 가는 로프를 이용한 간단한 장치의 함정이나 곤봉, 사냥개 등이 이용되어, 이러한 방법에 의해서 사냥감 자체는 작은 것이지만 꽤 빈번히 고기를 손에 넣을 수 있는 것이다. 그러나 이러한 작은 동물에서는 도저히 모두가 나누어서 먹을 정도의 고기를 가져오지 못한다. 사람들의 기대는 뭐니뭐니해도 전원이 맛 좋은 음식을 먹을 수 있는 대형의 사냥감 획득에 기대를 건다. 사냥꾼들은 함정 수렵 등에 의해서 작은 동물을 획득해서 그의 가족이나 친구들에게 고기를 공급하는 한편, 많은 노력에도 댓가가 적은 활과 화살수렵에 열심히 하지 않을 수 없는 것이다.

Ⅵ. 피그미(Pygmy)의 수렵

부시맨이 사는 건조하고 개방적인 칼라하리 사막과는 대조적으로 비가 많은 콩고 삼림 안에서는 같은 수렵채집민이면서 그곳에 사는 피그미(Pygmy)의 수렵은 완전히 다른 방법으로 행해지고 있다.

　전망이 좋지 않은 삼림 안에서는 사냥감의 발견은 극히 어려워, 배회하며 활과 화살로 쏘는 수렵법은 적합하지 않다. 피그미들이 실시하는 수렵은 많은 사람들이 그물 또는 활과 화살을 이용해 삼림의 한 구획을 둘러싸서, 안에 있는 동물을 붙잡는 방법이다.

　그물은 비교적 최근에 농경민으로부터 전해져 온 사냥도구라고 할 수 있으나, 그것을 이용한 수렵법(네트・헌팅)은 전통적으로 행해져 온 집단의 활과 화살렵과 원리적으로 완전히 같다. 즉 10명 정도의 남성 사냥꾼이 「각각 40~100m 길이의 그물을 지참해 숲의 한 구획의 시작이라고 생각하는 장소에 접어들면 일제히 각자의 그물을 깊게 둘러싸게 한다. 각자의 부서는 제각기 알고 있어 금새 직경 300m 정도의 원으로 진(陳)이 완성된다. 남자들이 그물을 쳤을 무렵 몰이꾼의 역할을 하는 여성들이 일렬횡대가 되어 원진 안에 진입해, 안의 동물을 쫓아 세운다.」(13)(19) 1회 망을 이용한 사냥은 약 1시간에 종료하지만 이것을 1일 6회에서 8회 반복한다. 이러한 과정은 모두 무언 중 진행한다. 그물로 둘러싼 원진의 개구부 부근에서는, 사냥감의 동물이 역주해서 도망쳐 버리는 일이 많아, 이 위치에 그물을 치는 곳을 3회마다 교대하고 하루의 수렵 성과가 균등하게 되도록 궁리를 하고 있다. 훌륭하게 제휴를 취할 수 있던 집단플레이다. 사냥감은 삼림 안에 많이 생식하는 소형 타이거류가 중심이다. 이 동물들은 하루 중, 수풀의 그늘에 고요히 숨어 있지만 이러한 동물의 습성과 전망이 좋지 않은 삼림이라고 하는 입지 조건에 교묘하게 적합한 수렵법을 피그미는 이용하고 있는 것이다.(그림 1・2)

<그림 1> 집단 수렵의 모식도 [문헌(2)에 의함]
이트리 숲에 사는 무브티 피그미가 행하는 집단 활과 화살렵 모타에 대해서는 개와 그 소유자가 몰이꾼의 역할을 한다.

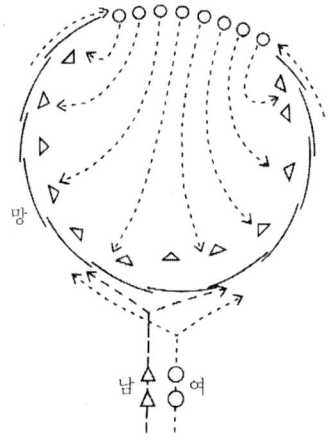

<그림 2> 네트·헌팅의 모식도 [문헌(19)에 의함]

그들은 그 밖에도 활과 화살로 나무 위의 원숭이를 쏘아 맞히고 창으로 코끼리나 버팔로를 찔러 죽이거나 하는 다양한 수렵법을 이용하고 있지만 가장 일상적으로 행해지는 수렵 성과로 안정되어 있는 대표적인 수풀의 수렵법은 이러한 막사냥 형식에 의한 집단수렵이다.

Ⅶ. 동물성 식물(食物) vs 식물성 식물(食物)

피그미(Pygmy)의 경우에는 집단 수렵에 의한 고기의 공급이 비교적 안정되어 있는데 더욱 근래에는 인근의 농경민으로부터 사냥감의 고기와의 교환으로 농산물을 도입하고 있으므로 식물 채집의 활동은 저조해지고 있다. 그러나 일반적으로는 열대 지방의 수렵채집민은 수렵보다 채집에 의해 큰 비중을 두고 있다는 것이 정설로 되고 있다(표1).

<표 1> 수렵채집민의 생계 양식의 위도에 의한 분포

위도	G	H	F	합계
60 이상	-	6	2	8
50~59	-	1	9	10
40~49	4	3	5	12
30~39	9	-	-	9
20~29	7	-	1	8

10~19	5	-	1	6
0~9	4	1	-	5
합계	29	11	18	58

G, H, F는 각각, 생계의 기반을 채집(조개류를 포함), 수렵, 어로에 대하고 있는 민족을 나타낸다. [문헌(8)에 의함]

　수렵은 인간화 과정을 통해서 생계 활동의 하나로서 확립해 온 수단이지만, 부시맨 수렵의 실태를 봐도 알 수 있듯이, 야생 동물이라는 것은 간단하게 잡히는 것은 아니다. 실은 부시맨이 날마다 식료의 기반으로 하고 있는 것은 근, 경, 엽, 과실, 종자 등이라고 하는 식물성인 것이다. 식물(植物)은 분포나 생육의 시기가 일정하므로 무엇보다도 동물과 같이 도망다니거나 하지 않고 게다가 그것을 채집하기 위해서는 뜯어내거나 파내거나 할 만큼 단순한 조작을 하기만 하면 되는 것이다. 언제 잡을지를 알지 못하는 동물의 수렵이 아니고 신뢰를 둘 수 있어서 안정된 공급을 바랄 수 있는 식물성 식물이 식생활의 기반이 된다는 사실은 용이하게 이해된다.

　지구상의 수렵채집민을 보더라도 수렵에 생활의 베이스를 두고 있는 것은 이뉴잇(에스키모) 등, 고위도 지역에 분포하는 소수의 사람들에게 한정되어 있다. 극한의 빙원상에서는 채집해야 할 식물이 없고, 사람들은 동물의 수렵에 의해서 생활을 하고 있는 것이다. 수렵은 북극의 땅이라고 해도, 타의 지역과 적지 않은 불안정한 요소를 내포하고 있다. 그러나 이뉴잇들은 천연의 냉동고를 갖고 있으므로 어느 계절에 대량으로 포획한 사냥감을 냉동 보존할 수 있어 거기에 따라 음식물 공급의 안정성을 확보하고 있는 것이다.

　그에 대하여 저위도 지방, 즉 열대지방에서는 식료의 보존은 극히 어렵고 식물성 음식의 채집을 베이스로 한 「하루살이」의 생활이 기본이 되고 있다. 부시맨의 경우에는, 전 식료의 70~80%가 식물성 식물에 의해서 조달하고 있고, 피그미(Pygmy)의 경우에는 교역에 의한 농산물이 주체라고는 해도 쌀, 바나나, 카사바(cassava), 고구마 등 식물성 식료가 차지하는 비율은 60%에 이르고 있다(3).

Ⅷ. 채집 활동에 있어서의 공동과 협조

　동물의 수렵이 실제로는 어려움으로 가득 찬 것임에도 불구하고, 타관 사람의 눈에는 화려하게 비치고, 또 거기에 따라서 초래되는 고기가 평소 채워지지 않은 사람들의 기아감을 달래주고 서로 모여 노래하고 춤추며 밤새 이야기하는 등의 행위를 통해서 사회적 충족감도 주는 것이기도 하다. 그러므로 이전에는 수렵이 수렵채집민의 식생활 근간이라고 생각할 수 있었다. 그렇지만 수렵이 음식물의 질적 전환을 촉구한 중요한 요소인 것은 틀림없다고 해도 현실의 식생활은 여성이 날마다 모아오는 식물성 식품에 의해 유지되고 있는 사실이 차례차례로 밝혀져 갔던 것이다(8)(15)(16).

이러한 연구는 동식물 자원의 이용 빈도, 영양가(칼로리 섭취량), 획득에 필요로 하는 노력(에너지의 투하량) 등의 수량적인 데이터를 중심으로 분석이 진행되어 왔다. 게다가 이러한 수렵채집민의 생태 인류학적 연구는 모두 남성 연구자에 의해서 행해진 것이며 식물 채집의 양적 중요성을 지적하면서도, 여성들에 의한 구체적인 채집 활동을 상세하게 다룬 일은 없었다.

이마무라 카오루[24]는 1998년 이래의 조사에 의해서 여성의 채집 활동을 면밀하게 관찰해 채집 품목, 수확량, 채집 행동, 집단 사이즈, 채집 활동에 투입되는 노동 시간 등을 자세하게 분석했다. 그 결과 채집은 단독으로보다는 집단에서 행해지는 것이 많고, 집단 사이즈는 식물 자원의 계절 변동이나 분포 상황, 채집지역까지의 거리에 대응하는 등의 사실에 의해 좌우된다.

한층 더 흥미로운 것은 집단 채집이 단독 채집보다 효율이 높고, 개개인의 수확량의 차이를 적게 해 평균화의 효과를 가져오는 사실을 분명히 한 것이다(사진5). 이것은 집단으로 채집하러 나가는 것에 의해서 공동이나 정보 교환이라고 하는 사회적 교섭이 보다 빈번히 발생하고, 그것이 효율을 높이기 위한 중요한 역할을 이루고 있는 것을 보여주는 것이다.

<사진 5> 여자들은 동료끼리 서로 권유하고 식물 채집에 나간다.
그러면 즐겁고 효율도 오른다

---

[24] 이마무라 카모류(今村薰) 나고야학원대학 경제학부 강사 인류학 (名古屋學院大學経済學部講師・人類學)

IX. 조리와 분배

수렵채집민의 사회를 특징짓는 평등 분배에 대해서도 종래는 남성이 수렵과 그 사냥감의 고기를 중심으로 논의가 전개되어 왔다(3)(9)(10)(11)(14)(18).

부시맨은 사냥에 성공하면 수렵 활동에 있어서의 역할이나 친족 관계의 친소(親疎)에 따라 강제적이고 의무적으로 고기의 분배를 행한다. 이 일차 분배 후, 각 세대의 여성에 의해서 조리된 고기는 채집 식물 등의 요리와 같이 각 가족 별로 소비되는 것이 원칙이다. 그러나 실제로는 가족 이외의 사람들이라도 식사의 장소에 마침 있었다면 음식은 빈번히 대접하는 것이 보통이다.

이마무라는 어느 초로의 여성이 관여한 140회의 식사의 예를 분석했다. 이 중「46회는 다른 사람으로부터 식사를 받았고, 94회는 자신(구아리)이 조리한 식사이었다. 94회 중 구리가 혼자서 행한 식사는 8회뿐이었으며, 다른 86회는 타인과 나누어 함께 먹었다. 구아리는 86회의 식사로 총계 436명의 어른에게 음식을 대접했다」는 것들을 보고하고 있다(사진6·7).

음식의 종류마다 나누어 줄 수 있는 인원수를 비교하면, 냄비를 사용해 끓여서 하는 조리나 절구를 사용해 찧어 으깨어 조리하는 것 등의 경우에 많은 사람이 모이고, 그리고 분배해 주는 경향이 강해진다. 뿌리와 줄기와 같이 뜨거운 재 안에 묻어 1~2시간 방치해, 공복 때에 꺼내 먹거나 과실을 채집 자루로부터 꺼내 생으로 입에 가득 넣고 먹는 것처럼 별로 조리를 필요로 하지 않는 음식은 적은 인원수로 소비된다.

<사진 6> 콩(바우히니아 에스큐우렌타 Bauhinia esculenta)을 굽고 나서 벗긴다.

<사진 7> 오두막 앞에서 모닥불로 요리를 하는 노파

X. 과잉 관계

　취사하고 주위에 맛있는 냄새가 감돌거나 절구로 찧는 리드미컬한 기분 좋은 소리가 들려오거나 하면 사람들을 무의식중에 조리 장소로 끌어 들일 수 있어 환담의 고리가 이어진다. 모닥불을 없애지 않게 누군가가 고목을 주워오고, 다른 사람은 냄비의 물의 가감을 살피고 휘젓는다. 또 다른 한 명이 주전자의 물을 따라 넣는다. 절구와 절구공이를 조금 떨어진 집으로부터 빌려서 오는 사람도 있다. 냄비 안에 있는 것이 익을 무렵이 되면 이것을 절구로 옮겨 찧어 부수어뜨려 마지막 마무리를 한다.

　냄비 주위에 둘러앉은 사람들은 다양한 화제에 꽃을 피우면서 일련의 작업을 부담없이 돕는다. 우기인 어느 날 야생초를 조리하는 장면을 관찰한 이마무라는「여덟 명이 재료나 조리 도구를 제공하고 10명이 작업을 행해 13명이 먹었다」는 것을 보고하고 있다(7). 그저 조그마한 야생초의 조리는 혼자라도 간단하게 할 수 있어, 특히 누군가의 도움을 필요로 하는 것은 아님에도 불구하고 서로 돕기와 나누어야 한다는 것은 공동이나 분배라고 하는 사회 경제적 실용의 범위를 넘어「과잉」이라고도 말할 수 있다. 장소를 공유하고 체험을 공유하는 것이 수렵채집민 사회의 평등주의를 지지하는 기둥이 되고 있는 것이다. 식물(食物) 재료의 획득으로부터 조리를 거쳐 소비에 이르는 사람들의 이러한 과잉이기까지 한 상호 교섭의 축적에 의해서 사람의 식사는 쌓아 올려 왔다고 할 수 있을 것이다.

XI. 곤충식

열대우림에 사는 피그미가 흰개미를 시작으로, 나비나 나방 유충, 투구벌레 등을 빈번히 식용으로 하고 있는 사실은 잘 알려져 있는 일이다. 건조한 칼라하리 사막에는 부시맨에 대해서도 우기 중의 극히 단기간, 게다가 종류나 양 모두 적다고는 말하지만 흰개미나 나방의 유충이 기꺼이 채집되어 먹을 수 있다는 것이 보고되어 왔다.

그렇지만 일반적으로 곤충은 식물 섭취 전체 중에서 양적인 공헌도 즉 칼로리원으로서의 중요도는 낮고 오히려 기호품으로 선호하고 있는 것으로 지적되어 왔다. 분명히 실버 바우아[25]의 보고에 의하면 1960년 전후 우기의 약 4개월간에 80명이나 되는 집단에 의해서 283kg의 곤충이 채집되어 이 계절에 잘 먹을 수 있는 포유류의 스프링헤어나 다이가의 포획량을 능가했다고 하는 기록도 없는 것은 아니다. 이러한 대수확이 있던 해에는 흰개미나 고구마벌레와 같은 단백질과 지방이 풍부한 식품은 영양적으로도 크게 공헌하고 있던 것임에 틀림없다.

그러나 곤충의 발생은, 특히 건조 지역에 있어서는 강우량 등의 기후 조건과 먹을 수 있는 식물의 생육 상태에 크게 좌우되므로, 어디까지나 해마다 변동하는 매우 불안정한 식료 자원에 지나지 않는다고 할 수가 있다.

<표 2> 식용 곤충의 맛의 평가 [문헌(13)에 의함]

곤충명		풍미	식감	비고
흰개미	카네	(+)고—(-)코무		
흰개미	가	(+)고—(-)코무		
흰개미	카무카레	(+)고—(-)코무		
흰개미	아메	(+)고—		
메뚜기	게메	(+)고—(-)자 —		
메뚜기	규게메	(+)고—(-)자 —		
메뚜기	코무	(+)고—(-)자 —		
비단벌레	고아함쿠추로	(+)고—		알을 품은 암컷
박각시나방유충	규-노	(+)고—(+)카이	(+)코무코무	
박각시나방유충	고네	(+)고—(-)자 —	(+)코무코무	잘 자란 유충
밤나방유충	굴구	(+)고—(-)자 — (+)카우	(+)코무코무	

---

25) 죠지·B·실버바우아. 영국 보호령 바츄아나랜드(당시)의 부시맨 조사관으로서 실태조사를 행하였다. 현재는 호주, 모낫슈 대학 인류학부 교수.

산마유가유충	카이카네	(+)고—		(+)코무코무	
카레하가번데기	게리	(+)고—			
개미유충	고아	(+)고—	(+)카우	(-)고라고라	가시가 입에 박혀 아프다
개미유충	코레		(+)카우		
큰개미	가—		(+)카우		
큰개미	고레		(+)카우		

<표 2 해설>
(+)는 좋다 (-) 좋지 않다고 평가되고 있는 것을 나타낸다.

(+)의 평가
「고—」라고 하는 것은 타조의 알이나 고기를 구워 수박씨와 함께 볶는 식품에 해당되는 풍미의 하나이다.
「카이」는 육즙이 약간 탄 좋은 풍미를 표현함.
미각의 「카우」는 짠맛과 신맛을 나타낸다.
식감의 「코무·코무」는 씹었을 때에 유충 표면이 사각사각 안이 부드러운 입맛을 표현함

(-)의 평가
「코무」는 타조 고기의 냄새를 연상시키는 풍미.
「자」는 식물의 풋내의 풍미.
「고라고라」는 육즙이 없는 바삭바삭한 감촉을 표현함.

XII. 식사에서 차지하는 곤충의 역할

노나카 켄이치[26)는 부시맨에 의한 곤충 이용 실태를 민족곤충학의 입장으로부터 상세하게 분석하였고,(12)(13) 거기에 따르면 부시맨이 음식으로서 이용하는 곤충은 종래 생각되고 있었던 것보다도 훨씬 많아, 흰개미목 4종, 직시목 3종, 투구벌레목 1종, 인시목 7종, 막시목 3종, 합계 18종에 이르고 있는 것이 밝혀졌다.

이러한 식용 곤충은 모두 부시맨에 의해서 「맛있는 것」이라고 여겨지고 있어 풍미, 미각 및 식감이라고 하는 측면으로 자세하게 평가되고 있다(13). 표2는 각각의 곤충의 맛에 대한 평가를 나타낸 것으로 많은 곤충은 「고」라고 하는 플러스 평가를 얻었으며, 참새나방의 유충 규노에 대해서는 한층 「카이」라고 말하는 플러스의 평가가 더해지고, 식감도 우수한 것으로 나타내고 있다. 나방의 유충의 코레나 큰개미의 가-와 고레와 같이 풍미나 먹을 때의 느낌에 대해서는 평가가 되지 않음에도 불구하고, 산미를 나타내는「카우」의 미각이 평가되고 식품에 더해지고 있는 것도 있다.

---

26) 노나카 켄이치. 미에(三重)대학 인문학부 조교수(인문지리학·민족곤충학)

이러한 식용 곤충은 (1) 기후 조건을 좋게 타고 난 해에 많이 발생하고 주식이 될 수 있는 것, (2) 소량에서도 기꺼이 먹을 수 있는 보조적인 식품이 될 수 있는 것, (3) 다른 식품 재료와 혼합하고 맛내기로서 이용되는 조미료적인 식품, 이와 같이 대략적으로 3개의 카테고리로 나눌 수 있어 참새나방의 유충인 규노나 비단벌레와 같이 특히 맛이 좋다고 여겨지는 것은 상기 (1) (2) (3)의 어느 것에도 이용된다(13).

곤충은 수확이 해마다 변동이 크기 때문에 안정된 식물 자원이 될 수 없지만, 음식을 맛있게 조미하고 한편 조리의 버라이어티도 증폭시켜 식사에 질적인 즐거움과 풍부함을 준다고 하는 점에서 큰 역할을 한다.

XIII. 맺음말

칼라하리 사막에 사는 부시맨은 평상시 식료의 대부분을 야생 식물에 의존하고 있다. 사람들은 계절마다 여무는 식물 중에서 가장 맛있고 영양가 높은 것을 선택하고 식사에 제공하지만, 그것은 계절에 의해서 어떤 종류의 콩이거나 수박이거나 풀뿌리 이거나이다. 때로는 사냥감으로 고기가 손에 들어가면 고기는 대단히 맛좋은 음식이므로 없어질 때까지 고기뿐인 식사가 된다. 여기에는 주식과 부식의 구별은 없고, 억지로 말하면 주식뿐이라고 하게 된다. 아침에 일어나 전날의 남은 것을 집어먹거나 수렵이나 채집 도중 몰래 먹는 것은 있지만, 가족 전원이 한 곳에 모여서 결정된 양의 식사를 하는 것은 기본적으로 저녁 식사뿐이다.

동 아프리카 유목민의 경우 식물의 대부분은 젖, 고기, 피 등의 가축 산물이며, 이것에 교역에 의해서 손에 넣은 곡류 등이 약간 첨가된다. 가축은 귀중한 재산이며 그들의 생활의 자본이라고도 말할 수 있는 것이므로 이것을 일상적으로 도살할 수는 없고 따라서 의외로 고기를 먹을 기회는 많지 않다. 일상 식사의 대부분은 부수적으로 얻을 수 있는 젖에 의해서 조달되고 있는 것이다[27].

농경민에 이르러 간신히 주식과 부식의 구별이 등장한다. 동 아프리카의 농경민은 옥수수, 조(Italian millet), 카사바(cassava) 등의 가루를 죽 상태로 만들어 이것을 주식으로 하고 고기, 생선, 채소 등의 반찬을 소량 곁들이는 것이 보통이다. 식사라고 하는 것은 1일 3회, 밥을 주식으로 하고 고기, 생선, 채소 등의 반찬을 곁들인다고 하는 것이 일본인이 일반적으로 받아들이는 이미지일 것이다. 주식이 쌀밥인지 아닌지는 묻지 않는다고 해도 우리의 식사는 주식과 부식으로 되는 것을 원칙으로서 하루 3회로

---

27) 본 권 142p 「谷 논문」 참조

나누어 취하는 것이 아주 당연한 일로 생각하고 있다.

　수렵채집민을 시작으로 한 아프리카 여러 민족의 식생활을 보면 식사의 내용은 대체로 버라이어티가 부족하고, 또 기본적으로 식사는 저녁 1회만이라고 하는 케이스가 압도적이다. 현대 문명 사회 속에서 우리가 일상 당연한 일로서 행하고 있는 이른바「식사」의 스타일이 정착한 것은 아마 극히 최근의 일이었을 것이라고 생각된다.

〔문헌〕

(1) Bodenheimer 1951 *Insects as Human Food*. Dr.W.Junk Publishers.
(2) 原子令三 1977「ムブテイピグミ?の生態人類學的研究 - とくにその狩獵を中心にして」『人類の自然誌』雄山閣出版
(3) 市川光雄 1982 『森の狩獵民』人文書院
(4) 池谷和信　1994 「21世紀の狩獵採集民　-　ポツワナ、サン社會の事例から」『季刊民族學』: 68
(5) 今村薰 1992「セントラル?カラハリ?サンにおける採集活動」『アフリカ研究』: 41 日本アフリカ學會
(6) 今村薰 1993「サンの協同と分配 - 女性の生業活動の視點から」『アフリカ研究』: 42 日本アフリカ學會
(7) 今村薰 1996「ささやかな饗宴 - 狩獵採集民プッシュマンの食物分配」『續自然社會の人類學』アカデミア出版會
(8) Lee, Richard B. 1968 What hunters Do Fora Living, or, How To Make Out on Scarce Resources, *Man the hunter*, Aldine publishing Company.
(9) Lee, Richard B. 1979 The! Kung san : *Men, Woman and Work in a Foraging Society*. Cambridge Univ. press.
(10) Marshall, Lorna 1961 Sharing, Talking and Giving : Relief of Social Tensions among the! Kung Bushmen, Africa : 31
(11) Marshall, Lorna 1976 *The! Kung of Nyae*. Harvard Univ. Press.
(12) nonaka, Kenichi 1996 Ethnoentomology og the Central Kalahari San, *African Study monographs*, Supplementary Issue : 22 center for African studies, Kyoto Univ.
(13) 野中健一 1997「中央カラハリ砂漠のグイ?ガナ=プッシュマンの食生活にお ける昆蟲食の役割」『アフリカ研究』: 50 日本アフリカ學會
(14) Osaki, Masakazu 1984 The Social influence of Change in Hunting Technique among

the Central Kalahari San, *African Study monographs* : 5 center for African Area studies, Kyoto Univ.

(15) Silberbauer, George B. 1981 *Hunter and habitat in the Central Kalahari Desert*, Cambridge Univ. Press.

(16) 田中二郎 1971『ブッシュマン』: 思索社

(17) 田中二郎 1978『砂漠の狩人』: 中央公論社

(18) Tanaka Jiro 1980 *The San Hunter-gatherers of the Kalahari : A Study in Ecological Anthropology*, University of Tokyo Press.

(19) 丹野正 1977「ムブテイ族ネット・ハンターの狩獵活動とバンドの構成」『人類の自然誌』雄山閣出版

(20) Yellen, J. E. and R. B. Lee 1976 The Dobe-/Du/da environment : Background to a hunting and gathering way of life, *Kalahari Hunter-gatherers*, harvard Univ. Press.

제4장 목축민의 식

타니 유타카(谷泰)

I. 목축민은 식탁에 무엇을 더하였는가?

어떤 곳이라도 '슈퍼마켓'이라 하는 오늘날의 식품 코너에는 스테이크 및 햄버거 등 여러 가지 육류 요리의 식재료가 되는 생육뿐 아니라 햄, 소시지와 같은 보존 가능한 육가공품이 넘쳐나고 있다. 또한 다른 코너에는 우유, 버터, 크림을 비롯하여 요구르트, 각양각색의 치즈 등의 유가공품이 우리들의 미각을 유발하고 있다. 물론 우리나라에서는 이들 식품은 고대의 어떤 시기를 살펴보면 오래도록 사람들의 식탁에 등장하지는 아니하였으나 메이지시대 이후 서양문명을 받아들이고, 문명을 개화함과 동시에 도입되어서, 이제는 우리나라에서도 「축생(畜生)」라고 해서 먹는 것을 기피했던 동물의 식재가 식품 코너의 불가결한 부분을 점유하기에 이르렀다.

1. 목축의 식과 수렵의 식과의 연관성

그렇다면 여기서 「동물」이라고 하여 물고기 및 곤충은 제외하고 여러 종류의 포유동물에서 얻어지는 식재료에 주목하고자 한다. 그러면 이들 중에는 멧돼지 및 곰 등 사냥함으로써 얻어진 야생의 고기도 당연히 포함되어야 한다. 사실 겨울이 되면 유럽의 가게, 생고기 집에는 이런 것들이 방금 전날에 잡아와서 양다리를 묶어서 매달아 놓고 있다. 고기라 하면 우리들은 소, 양, 산양과 같은 가축의 고기, 말하자면 「목축의 식(食)」을 상상하지만 고기는 목축 성립 이전에 수렵으로부터 공급되어 왔다. 육식이라고 하는 한 「목축의 식(食)」은 「수렵의 식(食)」과 연결되어 있다. 만약 여기에서 다른 점을 지적하자면 수렵에 의해서 얻어진 고기(肉) 공급은 계절에 따라 변동한다. 삼림 저편에서 숨바꼭질 하듯 하는 포획물이란 여러 가지로 요행에 의존하여서 공급이 불안정하였다. 여기에 비해서 목축하는 양, 산양, 소의 고기는 항상 사람 곁에 있어서 필요할 때 도살하고 수요에 따라 공급하게 되는 것이다. 목축의 개시와 더불어 우리 인류는 안정된 고기 공급을 보장받게 되었다. 또한 대량으로 공급됨으로써, 단지 건조하는 것에만 그치지 않고 훈제와 소시지 등 여러 가지 보존 방법이 개발되어진 것이 사실이다.

2. 목축 식품의 고유성

단지 「목축의 식(食)」과 「수렵의 식(食)」을 비교해서 그 결정적 차이를 지적하자면 유제품에 있다고 말해도 지나치지 않는다. 수렵민은 야생의 동물로부터 젖을 짜지 않는다. 아니 더욱 짜지지 않는다. 들에 있는 들소로부터 젖을 짜려고 가까이 가면 도망가는 습성이 있고 무리하게 붙들어서 젖을 짜려고 유방을 붙잡아도 사납게 난리를 부릴 것이다. 착유라 함은 바로 인간의 관리하에서 따르게끔 하여 유방을 잡는 것을 허락하는 친화관계가 사람과 동물의 사이에서 성립해서 처음으로 가능하게 되었다고 보여진다. 유제품이라고 하는 식자재가 온전히 목축에 의해서 이루어진 식품이라고 말하는 것은 이 점만을 생각하여도 수긍이 간다. 그러면 가축화를 개시하여 가축을 사람의 관리하에 두고 상호 친화성이 얻어지면 즉시로 인간은 착유를 시작하였을까? 도저히 그러리라고 생각되진 않는다. 젖을 내는 암놈은 자신의 새끼가 아닌 다른 새끼가 젖을 빨아도 유선이 열리지 않는다. 하물며 동류(同類)가 아닌 인간이 다짜고짜 유방을 붙잡고 짜도 젖은 나오지 않았다는 것이 본래의 형태인 것이었다. 젖을 얻기 위해서 본래 새끼에게 독점되는 어미의 젖을 인간이 쓰고자 하여 착취하였다는 것을 가능하게 하는 특정한 기법의 개발을 또한 끈기있게 기대해야만 했다.

이렇게 생각하니 「목축의 식(食)」의 성립에 관한 물음은 두 단계에 걸쳐서 된다. 먼저, 본래는 야생이었던 목축 가축을 인류가 언제, 어디서, 어떻게 해서 가축화하였을까 하는 물음이다. 그리고 가축화 이후 인류는 언제 어떻게 해서 착유에 성공하였을까 하는 물음인 것이다.

Ⅱ. 가축화의 시작

1. 가축화는 언제부터 시작되었는가

먼저 최초의 물음은 가축화는 언제, 어디서 시작되었는가? 또한 그것은 어떻게 해서 이같이 달성되었는가? 이 목축의 성립에 관한 물음은 그것이 4대 생업의 하나이므로 19세기 후반 이래 문명사가(文明史家)를 시초로 해서 역사가, 인류학자, 고고학자에 의해서 반복되는 물음이었다. 우리나라에서도 지금 이마니시 킨지(今西錦司)나 우메사오 타다오(梅棹忠夫)를 위시해서 그 경위가 의문시 되었으며, 어느 정도의 가설이 제시되었다(13)(22). 그러나 어느 것도 가축화의 과정을 확실하게 증언하는 데이터를 가지고 증거로 제시된 것은 없었다. 그래서 이들의 물음에서 먼저 「언제, 어디서」라고 하는 물음에는 간접적 증거지만 확실한 데이터를 가지고 해답이 제시된 것은 금세기 중엽 이후 동물 고고학자의 정력적인 추구에 의한 것이었다.

여기에서 그들이 행하였던 것은 중근동(中近東)에서 출토된 소비동물 유골의 광범위하고 상세한 검토였다. 구체적으로 말하면 동일지점에서 출토되는 시대 층을 달리하는 소비동물 유골의 사이즈 비교를 각양각색의 지점에서 행하여 약 기원전 7000년대 중엽을 경계로 하여 뼈(骨)의 평균 사이즈의 축소화가 발생되어진 것이 발견되었다. 그래서 그것을 한정된 집단 내에서 폐쇄된 유전자의 교류, 말하자면 생식(生殖) 격리의 결과이며, 가축화가 된 사실의 표현이라고 보는 외에 관리된(4)(5)(6)(17)(18) 가축 군에서는 그때까지와는 다르게 관리군 내에서 생식 격리가 일어나게 되었을 것이다. 더욱 그들의 소비동물 유골은 대략 그 시기를 경계로 하여 그때까지 보다 오래된 층에서는 유아기 및 높은 연령기의 도살의 예가 일정한 비율을 점유하는데 대하여 그 이후에는 이들 연령의 도살 케이스가 급격하게 감소한다. 더욱이, 일반적으로 체중의 증가(다시 말하면 성장)가 정지하는 2세 전후의 도살수가 증가한다고 하고 여러 가지 도살 연령 구성 패턴의 특이한 변화에 주목했다.(9)(18)

그래서 일정한 풀[草] 소비에 대한 고기 취득량의 최대화라고 하는 목축민의 의도적인 도살 전략의 표현을 거기에서 보았던 것이다. 이렇게 해서 동물 고고학자는 소비 유골의 존재 양태의 변화에 따라서 해석과 광역 비교 끝에, 결국 지금의 레바논 남부, 시리아에서 산양의 가축화를 최초로 하여 얼마 안 되어 자구로스 산맥(이란 남서부에서 남동으로 뻗어 있는 산)에서 더욱더 광범위한 지역으로 가축화가 전파·확대되어가는 과정을 상세히 재구성하고 있다.

> **목축의 대상이 되는 동물[28]**
>
> 목축은 어떠한 동물을 대상으로 식재원을 얻고 있는가? 수렵민이라고 하는 것은 상당히 여러 종류의 동물을 수렵해서 식(食)에 충당하고 있음을 말한다. 그러나 목축에 있어서 문제가 되는 동물이라고 하면 실은 지극히 한정된다. 먼저 제일은, 목축에 있어서, 동물로부터 젖을 짜고 그것을 마심으로서 기본적인 대상이 되는 동물은 포유동물에 한정된다. 포유동물이라고 하면 물론 사자나 낙타, 쥐도 여기에 포함된다. 아니, 이 외의 여러 가지 포유동물이 있다.
>
> 그러나 그중에 인류가 목축의 가축으로서 가축화에 성공하고 목축의 대상으로 한 포유동물이라고 하는 것은 극히 한정되어 있다. 일반적으로 말하자면 말, 소, 양, 순록, 돼지, 낙타, 라마, 알파카 등이 있다. 발에 각질의 발톱을 가진 유제류(有蹄類), 물론 발굽이 둘로 갈라진 것부터 말과 같이 나뉘어져 있지 않은 단제류(발굽이 갈라지지 않은 것)도 있으나, 대개는 유제류의 동물이다. 그러나 사슴은 같은 유제류지만 목축의 대상으로는 하지 않는다. 어찌해서 이와 같이 되었으며 왜 소, 양 등 특정한 것만이 선정되었는가 라는 것에 대한 여러 가지 논의가 있으나 기본적으로 그것이 초식성이고 또한 군거성(群居性), 결국은 무리를 짓는 집단이라고 하는 것이 하나의 큰 포인트가 되었다고 생각된다. 물론 얼룩말도 여기에 속하나 가축화되지 않은 조건은 또다시 미묘한 것이다.

III. 초기 목축민의 선조는 수렵, 농경민이다

말하자면, 동물 고고학자가 가져오게 된 이와 같은 지견(知見)은 목축민에 관한 종래의 이해에 대해 갖고 있는 의미가 절대로 무시되지는 않는다. 그때까지 목축은 바로 그 물질문화의 빈곤으로부터 농경의 개시에 선행(先行)한다. 보다 원초적인 생업형태였다고 하는 것이 일반적 견해이었다.(10)(19)

더욱이 목축민 중에서도 많은 유목민은 확실히 문명 중심인 도시로부터 멀리 떨어져 정착하지 않고 언제나 이동하는 형편 때문에 유목민이야말로 목축민 중에서도 제일 원초적 형태라고 생각되었다(8). 그래서 생업의 발전단계로서「수렵·채집」으로부터「목축·채집」으로, 이렇게 해서 정착한 농경의 개시와 함께「농경·목축」이라고 하는 현

---

[28] 이시게(石毛直道) 편 1980「식의 문화 심포지움 '80 인간·음식·문화」pp.118-119에서 발췌

재 중근동에서 일반적으로 보게 되는 생업 형태가 탄생되었다고 생각되고 있는 것이다. 원래의 유목민은, 「농경의 식(食)」이 부족했기 때문에, 「목축민의 식(食)」은 본래 고기와 젖을 기초로 하였다고 예상되곤 하였다.

그래서 동물 고고학자의 성과는 이들 종래의 견해를 온전히 뒤엎어서 기원전 8000년에 이미 성립된 보리의 재배화가 적어도 1000년 늦어졌으며, 또 가축화는 바로 「수렵, 농경」민이 중심이 되어서 달성되었음을 명백하게 하고 있다. 더더욱 이것들이 최초로 중근동에서 가축화를 개시한 초기 목축민의 선조는 이미 돌을 쌓아 만든 주거를 가지고 소규모로 그 주변의 화본과 식물의 원류를 보리밭으로 만들고 계절적으로 방문하는 가젤(영양의 일종) 무리를 쫓아내는 수렵이 행하였다는 것이 지금에 와서 여러 가지 증거를 통해서 명백해지고 있다. 그러나 가젤의 몰이라는 수렵으로부터 얼마되지 않아서 산양, 양의 수렵을 시작하게 된 그들은 그것들을 일정한 울타리에 가두고 드디어는 산양, 양으로부터 가축화를 달성하게 된 것이라고 생각된다.(3)(11) 지금이야말로 이와 같은 경위가 어떻게 추정되었는지, 또한 그 이후 현재 보여지고 있는 목축 가축 무리가 어떠한 사람의 개입과 가축 무리의 반응의 기초에서 성립되었는가 라는 물음에는 말하지 않기로 한다(21). 단지 이들의 새로운 지견(知見)이 의미하는 것은, 초기 목축민은 절대로 전업 목축민일지라도 항차 유목민이라고 할 수는 없다. 이들 가축화를 달성한 사람들은 그때까지 〈수렵·농경〉을 행하고 있었으며 가축화를 통해서 〈농경·목축〉으로 이행하여 적어도 반 정착적인 농경자라고 말할 수 있다. 그래서 중근동에 있어서 유목민은 〈농경·목축〉 생활의 전개 이후, 농경지가 촌락의 주변에 확대되었으며 끊임없이 먼 거리에서 방목을 강제로 행하게 된 결과 생긴 것으로, 전업 목축의 유목 집단은 정말로 이와 같은 노출로 인해 차후 성립되었다고 보여진다(2).

1. 빵과 고기 - 초기 목축민의 식생활

어찌했든, 초기 목축민은 농경 환경 가운데서 성립하였고 절대로 「농경의 식(食)」을 소홀히 하지는 않았다. 이와 같은 것은 「목축민의 식(食)」을 생각할 때 절대로 무시할 수 없다. 사실, 적어도 구대륙의 유목민을 살펴볼 때, 곡류를 중심으로 한 「농경의 식(食)」을 소홀히 한 사람은 처음부터 없다. 그들은 그 무엇의 형태로도 농경(민)과 관계되는 「농경의 식(食)」을 얻고 있다. 더더욱 초기 목축민은 성장 단계를 마치고, 여유를 가지게 되어 양, 산양 고기의 본거지가 되는 농촌에서 수확한 밀가루를 혼합하여 반죽한 것을 화로의 언저리에서 얇은 석판으로 구운 빵과 함께 식재료로 하고 있었다(사진 1·2). 요는 본래 「목축민의 식(食)」은 빵과 고기로 되어 있었다는 것이 역사적 경위로 보아서 극히 자연스러운 추론이라고 생각된다.

<사진 1> 아프가니스탄·바슷도윈 유목민 등 중근동의 목부들의 일상식에는 반드시 효모가 없는 얇게 구운 빵이 함께 한다. 현재는 화로 위에 얹은 철판 및 도자기판 위에 구우나 원초적인 것은 평평한 석판을 사용하였으리라 생각된다.(필자 촬영 1978)

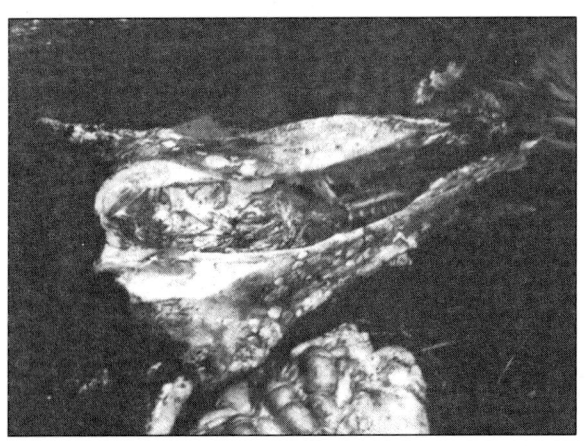

<사진 2> 아프가니스탄·바슷도윈 유목민의 양의 도살.(필자 촬영 1978)
목과 다리를 자르고 목의 부분으로 손을 넣어 고기와 가죽을 나누어 갈라서
가죽을 벗긴다.(필자 촬영 1978)

Ⅳ. 우유 이용의 개시 - 그 시기와 경위

그렇다면 「목축의 식(食)」에서 고기와는 별도로 유가공품이 있다. 그래서 그것은 착

유를 전제로 하고 있다. 앞서 서술한 바와 같이 착유는 동물, 즉 암컷의 유방에 손으로 문질러 젖을 짜내는 것이며 개체 수준의 친화성이 없으면 불가능하다. 가축화라는 것은 집단적이고, 동물 개체의 먹이와 생식 활동을 사람의 관리하에 두는 것이며, 목동은 개체의 출산으로부터 죽음에 이르기까지 날마다 몸 가까이 그의 행동을 돌보고 개입하고 있다. 더욱이 방목에 나아갈 때 선도하는 목부의 뒤를 무리가 따라 다니는 모양을 본 사람은 야생 단계에서는 상상할 수 없는, 목부와 가축과의 사이에 성립하는 친화성의 증거를 인지할 수 있다.

그러나 이러한 종(種)의 친화성이 성립하고 있다고 해서, 이것이 이대로 유방을 잡고 젖을 짜는 것을 허용하는 관계의 성립을 의미하지 않는다는 것은 이미 지적하였다. 암컷의 젖을 자신의 새끼 이외의 것이 유방을 빨려고 해도 유선이 열리지 않는다. 하물며 사람이 억지로 유방을 잡고 짜려고 해도 근대의 개량 소 이전에는 젖이 나오지 않았던 것이다(1). 「목축의 식(食)」의 중요한 요소가 되는 유제품은 가축화의 개시와 함께 바로 가져온 것이 아니다. 거기에는 어떠한 기법의 개발이, 사후적으로 가해진 것으로서 처음으로 가져다 준 것이라고 생각하지 않으면 안 된다. 사실 가축을 소유하고, 어떤 친화성을 확립하고 있다고 해도, 동남아의 사람들은 젖을 짜지 않는다. 또한 독자적으로 라마, 알파카를 가축화했다.

남미의 안데스 목축민도 아직 착유를 몰랐다. 그래서 역사적으로 보아 고대로부터 연속하여 유제품을 받아들였다고 알려진 중근동을 위시한 구대륙의 목축민도 이와 같은 새로운 착유의 기법을 개발하기 이전에는 유제품 없이 수렵 단계의 식(食)의 연장, 단순한 육식자였던 기간을 지냈다고 보아야 한다.

1. 우유(젖)의 이용은 언제 개시하였는가

그러면 도대체 언제 인류는 스스로의 소비 목적을 가지고 목축으로부터 젖을 짜기 시작하였는가? 또한 그 기법의 개발은 어떠한 경위의 기초 하에서 이루어졌을까? 이 물음 중에서 그 「언제」라는 물음에 대하여는 우리는 동물 고고학자에게 그 연구 성과를 구할 수가 있다.

먼저 젖의 이용 개시 이전에는 비록 목축민이라 할지라도 그들은 온전히 육식 생활자였으며, 가축을 고기의 자원 대상으로만 보았다고 한다. 동물은 성장 단계를 지나면 체중은 붓지 않고 고기의 양은 더 증가하지 않는다. 말하자면 그 후는 보다 많은 풀을 먹어도 고기가 불어나지 않고 먹이만 축내는 것이 된다. 물론 암놈은 그 새끼를 낳는 만큼 재생산자로서 멋대로 소비는 아니한다. 그러나 젊은 개체에 새끼를 낳게 하는 것이 생산 효율은 높다. 최종적으로 소비하는 개체를 고기의 양이 고정될 때까지 보유하는 것보다 고기가 부드러울 때 적당히 여유를 두는 것이 좋다. 한편 수컷에 대해서는 일정 수의 수컷을 보유하게 되면 그 외의 것은 살려두어도 얻을 바가 없으며 도살해서 소비하는 것이 지나치다고 할 수는 없다. 앞서 본 바와 같이 가축화 개시 이후 소비 연령 구성 패턴으로 2~3세에서 소비하는 경우가 많은 것은 그 때문이었다. 그렇지만 기원전 5000년경에는 소비동물 유골 가운데 4~5세 이상의 개체 수가 증가하기 시작한다. 바로 젖 이용 대상으로 암놈을 살려 놓기 시작하였음이 틀림없다. 암놈은 출산 이후 적어도 반년 남짓 매일 일정량의 젖이 나오게 된다. 고기는 고정되지만 젖이라고 하는 이익[29]을 줌으로써 생산재(生産財)로서 살려두어도 무방하다. 위의 사실은 이와 같은 새로운 관리 전략의 출현 결과라고 보인다(7). 이렇게 해서 중근동에는 적어도 기원전 5000년에는 인류가 젖 이용 때문에 착유를 개시하였다고 보여진다.

2. 젖 이용을 위하여 착유에 이르는 과정

그렇다면 착유는 가축 개체와의 단순한 친화성의 성립만으로는 달성하지 못했다. 암컷의 젖은 자신의 새끼 외에 다른 새끼가, 가령 유방을 잡고 빨아도 유선은 열리지 않는다. 그러면 그 기법은 도대체 어떠한 것이었으며 어떻게 해서 발상(發想)되었는가.

이 물음에 대해서는, 소의 착유에 적용된 착유 기법의 개발에 의한 것이라고 예전부터 지적되어 왔다(1). 자신의 새끼 외의 것이 젖을 빨면 젖어미의 유선이 열리지 않게 되므로 먼저 자신의 새끼를 먼저 빨게 하여 유도하면 된다. 요는 새끼를 가까이 해서 유방을 물게 하여 유선이 열리게 되면 그때 떼어내서 즉시 착유를 시작하면 된다. 사실 이 기법은 현재 아프리카에서도 사용되고 있으며 기원전 3000년에 고대 오리엔트에서 일반화된 것으로, 그 모양을 그린 벽화(사진3)로부터 알려지고 있다. 정말로 자신의 새끼를 이용한 착취의 기법이라고 할 수 있다.

단지 이와 같은 기법이 인간이 이용하기 위해서 가축으로부터 젖을 착취하고자 하는 의도를 가진 인간들에 의해서 언뜻 생각되었다는 상상에는 얼마간의 의문이 남는다. 다른 종(種)의 동물 젖은 냄새가 싫으며 처음으로 마시면 맛이 좋다고 생각되지 않는

---

29) 예를 들면 낙타 한 마리가 하루에 약 1200~1400g의 젖을 낸다. 렌디레 족이 하루에 마시는 낙타의 젖은 약 4000g이므로 세 마리의 낙타를 가지면 하루의 식료가 된다. 또 낙타는 출산 후 20개월 젖을 내므로 한 마리로 환산하면 다음 임신기까지 6개월분, 한 사람을 부양하는 젖을 내는 꼴이 된다.
[사토 슌(佐藤俊, 목축민 연구자)의 아프리카 사바나지역, 렌디레 족의 조사에 의함.]
[이시게(石毛直道) 편 1983 『식의 문화 심포지움 '80 인간·음식·문화』 pp124-125에서 재편성.]

것을 우유를 마시는 습관이 없었던 우리들은 알고 있다. 덧붙여서 그때까지 젖을 마시는 습관이 없었던 사람이 젖을 마시면 유당 분해 효소 활성의 저하로 설사를 하게 된다(20). 베트남 전쟁에 참전해서 오래도록 우유를 마시지 아니한 미군이 귀국해서 우유를 마시고 자주 설사를 하였다는 보고도 있다. 이와 같은 것을 생각할 때 인류는 가축을 앞에 두고 가축의 젖을 마시고자 하는 욕망에 얽매어 이따금 그것을 마셔보고 맛이 좋았으므로 착유의 기법을 발상하게 되었다는 직선적인 판단은 일단 각하(却下)하겠다. 그렇게 해서 최초로 가축의 젖을 마셔본 사람은 적어도 다른 필요가 있어서 짜내었던 가축의 젖이 젖산 발효해서 요구르트가 된 것을 이따금 마심으로써 젖의 가치를 발견하였다고 보는 것이 타당한 생각이다. 단 이 판단의 근본은 인간이 이용하기 위한 착유 이전에는 전혀 있을 법도 하지 않는 〈사람의 이용을 전제로 하지 않는 착유〉가 있었다고 하는 가정을 세우지 않으면 아니 된다(21). 하지만 실은 이처럼 있을 법도 하지 않은 착유가 많은 목축민의 근저에서 이루어지고 있다.

그렇다면 그와 같은 착유가 되어졌다는 경우란 대체 어떠한 것이었을까. 또한 그것은 어떠한 상황에서 개시되었다고 생각되는 것일까.

〈사진 3〉 송아지를 이용한 젖 생성에 의한 착유 풍경.
슈메르기 우바이드 신전의 벽화(이라크 국립박물관 소장)

3. 인간의 이용을 목적으로 하지 않는 착유

가축화의 개시 이후 중근동의 목부들은 대규모의 무리를 이루는 방목을 시작하였던 것 같다(그림1). 실은 그 이전의 야생 단계에서는 암컷은 물로부터 홈 레인지(home range)를 가지고 분산하고 있었다. 그러나 가축화와 함께 그들은 바야흐로 캠프(camp)지를 홈 레인지로 보게 된다. 이렇게 해서 암놈들은 방목을 마치고 캠프 지에 돌아와서는 함께 모여 군집하며 캠프 지의 근방에 무리를 지어 집거(集居)한다. 이와 같은 커다란 무리들 중에서 자주 생후 얼마 안 된, 허리와 무릎이 약한, 새로 태어난 새끼는 다른 젖어미를 타넘어서 진짜 어미에게 가기가 힘들었을 것이다. 또한, 곁에 갈 수 있어도 방목 중 출산 등으로 출산 직후 모자의 상호 인지가 성립되지 아니한 것은 어미의 수유를 거부 당하게 된다. 가축화 이후 일일 방목(그날 돌아가는 방목)의 개시와 함께 야생 단계에서는 자연스럽게 실현되었던 모자 간의 행복한 수유·포유 관계는 이렇게 해서 불안정하게 되었다고 생각된다(21). 이 때문에 현재도 이 지역의 목부들은 행복한 수유·포유 관계의 성립을 실현할 수 있는 개개의 실자·실모 관계를 기억해서 포유에 성공하지 못한 새끼를 발견하자마자 새끼를 안고 그 어미 곁에까지 가서 어미의 옆구리에 새끼를 밀어 넣는 작업을 계속 반복하고 있다. 바로 그것은 가축화 이후에 부담하게 된 것이며 출산 후 수유·포유 개입의 보조로 보완하고 있는 자세인 것이다.

  게다가 이와 같은 상황에서 어미의 사망, 혹은 모자 상호 인지가 성립되지 않아서 서로 포유 혜택을 받지 못한 새로 태어난 새끼가 더러 있다(21). 이럴 때 어떻게 하면 좋을까. 적어도 구대륙에서 매일 돌아오는 방목을 하는 목부들은 이와 같은 고아들에 주목하고 먼저 어미로서 이용하고자 하는 젖어미를 정하고 그 새끼(實子)를 이 젖어미 가까이 가게 하여 젖을 빨게 함으로써 최유(催乳, 젖 생성)를 시행하게 한다. 그래서 유선이 열리면 새끼를 떼어내고 고아에게 젖을 물게 한다(21)(사진4). 그것은 바로 젖 이용을 목적으로 하는 착유와는 별도로 고아에게 포유를 허용케 하는 젖의 분비 촉진이라고 한다. 더욱이 이와 같이 하여도 젖어미가 자기 새끼 외의 다른 새끼에게 수유를 허용한다고 단정지을 수 없다. 그와 같은 경우에 어떻게 하면 좋을까. 새끼에 의해서 최유하고 그 새끼를 떼어낸 뒤 이번에는 고아 대신으로 사람이 착유하면 된다. 사실, 이와 같이 하여 고아에게 인공 포유하고 있는 예는 몽골, 그리스에서도 관찰되고 있다(15)(16)(21)(사진5).

  먼저 <인간의 이용을 목적으로 하지 않는 착유>가 있을 것이라고 말하였으나 실은 일일 방목이 가져온 수유·포유 관계의 불안정을 보완하는 기법으로서 시작된 수유·포유를 돕기 위한 특수한 경우로서 그것이 행하여지고 있다. 이같이 보게 되면 인간의 이용을 목적으로 한 착유 이전, 이용을 전제로 하지 않는 착유가 젖어미로부터 포유를 받지 못하게 된 고아 때문에 인공 포유로서 개시 되었다고 하는 판단은 절대로 근거가 없는 것이 아니다. 그래서 이와 같이 저장하여둔 젖이 젖산 발효한 것이 식재료로서 가치가 발견되었다. 젖 이용 때문에 착유는 이렇게 하여 시작되었다는 것이 필자의 가설이다(21).

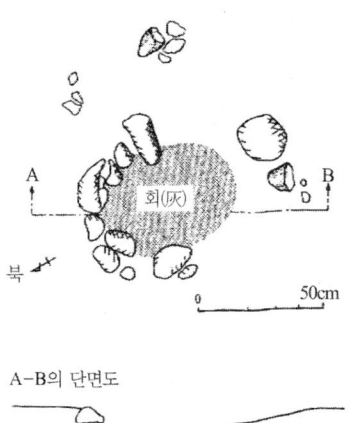
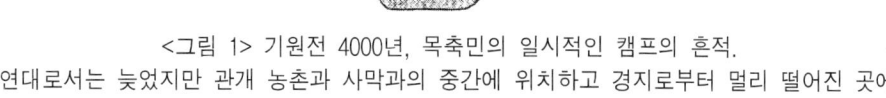

<그림 1> 기원전 4000년, 목축민의 일시적인 캠프의 흔적.
연대로서는 늦었지만 관개 농촌과 사막과의 중간에 위치하고 경지로부터 멀리 떨어진 곳에 방목을 행하였음을 알 수 있다. [문헌(12)에 의함]

<사진 4> 새끼가 그 어미 곁에 이르지 못할 때 하는 수유·포유의 개조된 풍경.
인도 라디야스단에서(필자 촬영 1992)

<사진 5> 이 용기는 스위스의 소 사육자가 사용한 모친을 잃어버린 새끼 소를 위한 포유통이다. 옛날 중근동에서는 가죽 포대가 사용되었다고 생각된다.
(야외민족박물관 리트르・월드 소장)

4. 우유 이용 결여 지역과의 비교

물론 이 가설에 따르면 새끼에 대한 수유・포유의 도움이 이루어지지 않은 지역에서는 착유를 발상(發想)하기에 이르는 상황은 이루어지지는 않았다고 하겠다. 실은 남미에서는 독자적으로 라마, 알파카가 가축화되고 일일 방목을 하고 있다. 그럼에도 불구하고 모자의 착유・포유 관계의 불안정화를 보완하는 것 같은 수유・포유의 도움이 행해지지 못한 때문인가, 유아 사망률은 극히 높다(14). 그러므로 그곳에서 착유의 생각은 미치지 못했다. 또한 동남아시아 소를 사육하는 사람들도 착유를 하지 않는다. 여기에서는 사육되는 소의 머리수도 적고 출산 후 모자 관계는 안정되어 있다. 말하자면 모자의 상호 인지의 불안정화 요인이 낮고 수유 시 수유・포유의 도움을 행할 필요가 없었다(21). 어떠한 지역도 바로 고아를 위한 착유가 발생되는 선행 기법이 결핍되어 있기 때문에 젖 이용의 결여 지역으로 머물렀다고 생각된다.

그에 대해서 중근동으로부터 아시아에 이르기까지는 정말로 건조 지역이어서, 농지 이외에 화본과(禾本科) 초원이 넓게 분포되어 있다. 동남아시아와 같이 바로 곁에 풍부한 풀이 있어서 필요하다면 용이하게 풀을 베어 줄 수 있는 지역이 아니다. 일일 방목은 거의 정말로 필요한 일이며 그래서 방목해야만 다수의 무리를 사육할 수가 있는 것이다. 단 큰 무리를 일일 방목할 수 있는 것의 단점은 앞에서 지적한 바와 같은 것에 있다. 그래서 중근동에서는 그것을 보완하기 위해서 일찍부터 출산 시 수유・포유를 돕는 기법이 발생하였다. 그래서 이와 같은 수유・포유의 과정에서 착유 전에 벌어지는 장애물을 넘는 최유 기법이 고아를 위해서 발상되어 드디어는 고아를 대신하여 사람이 착유하기에 이르렀다. 이와 같은 것을 보면 젖(乳) 이용으로 가게 되는 원인과 결과의 방법에는 커다란 무리를 이끌고 일일 방목하는 목부의 자세, 다시 나아가서는 그것을 가능하게 한 광대하고 건조한 화본과 초원이 보인다. 그래서 인간을 위한 젖(乳)의 이용을 가능하게 한 착유의 기법은 이러한 환경 조건과 그와 같은 장소에서 가축화가 가져오게 된 어려움을 해결하고자 해서 발상된 도와주는 기법을 전제로 하여 성립한 것이라고 생각된다.

물론 이렇게 한 젖(乳) 이용의 기법은 그 후 중앙아시아를 위시해서 서쪽으로는 유럽, 남으로는 동아프리카 땅으로 전파함으로써 지역에 적응한 다양한 유제품의 개발을 가져왔다. 그 버라이어티(variety)에 관해서는 말할 여지가 없으나 「목축민의 고유한 먹거리」 유제품의 성립 경위는 이상으로 이해되었다고 생각한다.

V. 목축민의 먹거리가 가져오게 된 문명사적 의미

그런데, 이 젖 이용 개시가 가져오는 의미는 앞에서 언급한 가축의 도살 전략상의 변경, 그리고 유제품이라고 하는 새로운 식재의 도입에 멈추지 않고 광범위하다.

그렇다고 해도 젖 이용 이전, 가축을 단순히 고기의 대상으로 보는 단계에서 도살은 필연이었다. 도살을 돌이켜 보자면 자기의 생존을 유지하기 위해서 죽이는 것을 나쁘다고 할 수는 없는 것이다. 그에 대해서 젖의 이용은 참으로 죽임을 전제로 하지 않는 식자원의 획득의 길을 개척한 것이다. 그것은 <도살을 전제로 하는 식>과 <도살을 전제로 하지 않는 식>이라고 하는 두 항목에 대한 대립적 범례의 조정을 가능하게 한다. 다시 말하면 <도살을 전제로 하는 식>과 <도살을 전제로 하지 않는 식>을 죄/무죄, 깨끗하지 않음/깨끗함 이라고 하는 삶을 영위하는 논리적인 테마로서 대립시켜 그에 의한 식생활, 따라서는 식습관을 달리하는 집단을 차별화하는 가능성이 열리게 되었다. 덧붙여서 도살한 고기에 부정적인 가치를 부여하는 식 윤리(食倫理)를 우리는 힌두의 아힌사(살생의 계율)라고 하는 관념뿐만이 아니고 히브리의 구약성서에서도 육식의 부정적인 평가를 보게 된다(21). 이 모든 것이 바로 젖 이용 지역에 속해 있다. 그에 대하여 동남아시아 또 중국에서는 이러한 종류의 육식을 죄라고 보는 식 윤리는 고유한 것으로서 발생하고 있지 않다. 젖 이용이 가져오게 된 문명사적 의미로서 이 식 윤리의 발생은 무시되지는 않을 것이다. 또한 현대적으로 생각하면 우유의 이용에 의해서 여성이 모유 보육으로부터 해방이 되었다. 이렇게 해서 일하는 여성은 노동의 장에서 더 한층 확대 실현하고 있다.

식탁이 활기찬 것은 특별히 「목축민이 가져다 준 먹거리(食)」의 문명사적 의미로서 이와 같은 점도 무시할 수 없어 마지막에 덧붙여 기록하고자 하였다.

〔문헌〕

(1) Amoroso, E. C. and P. A. Jewell 1963 The exploitation of the milk-ejection reflex by primitive people. In A. E. Mourant and F. E. Zeuner(eds.), *Man and Cattle*.

(2) Bar-Yosef, O. and A Khazanov. 1992 *Pastoralism in Levant-Archaeological Materials in Anthropological Perspectives* (Introduction). Monographs in World Archaeology 10. Madison, Prehistory Press.

(3) Bar-Yosef, O. and F. R. Valla 1991 *The Natufian Culture in the Levant. International Monographs in Prehistory.* Michigan.

(4) Bokonyi, S. H. 1969 Archaeological problems and methods of recognizing animal domestication. In P. J. Ucko and G.W.Dimbley(eds.), *The Domestication and Exploitation of Plants and Animals*. London, Duckworth, pp.218-219

(5) Bokonyi, S.H. 1989 Definition of animal domestication. In J. Clutton-Brock(ed), *The Walking Larder*. London, Unwin Hyman, pp. 22-27

(6) Bosseneck, J. and A. von Driesch 1978 The significance of measuring animal bones from archaeological sites. In R. H. Meadow and M. A. Zeder(eds.), *Approaches to Faunal Analysis in the Middle East*. Peabody Museum Bulletin, Harvard, pp. 25-39

(7) Davis.S.J. 1984 The advent of milk and wool production in western Iran :Some speculation. In J. Clutton-Brock and C. Grigson (eds.), *Animals and Archaeology*, vol. 3, *Early Herder and their Flocks*. British Archaeological Reports International Series 202, pp.265-278

(8) Digard, J. P. 1990 *L'Homme et les Animaux Domestique*, Paris, Fayard.

(9) Ducos, P. 1978 "Domestication", defined and methodological approaches to its recognition in faunal assemblages. In R. H. Meadow and M. A. Zeder(eds.), *Approaches to Faunal Analysis in the Middle East*. Peabody Museum Bulletin, Harvard, pp.53-61

(10) Eagels, F. 1884 *L'origine de la famille, de la propriete privee et de l'Etat.*

Paris, Dition Sociales.
(11) 藤井純夫 1997 『家畜化過程の先史考古學的檢證-レヴァント南部におけるヤギの家畜化とヒツジの導入について』(東京大學文學博士請求論文)
(12) Gilied, I. 1992 Farmers and herders in southern Israel during the chalcolithic period. In O. Bar-Yosef and A. Khazanov (eds.), *pastoralism in Levant. Monographs in World Archeology*, 10. Madison, prehistory press, p.36
(13) 今西錦司 1948 『遊牧論そのほか』秋田屋
(14) 稲村哲也 1995 『リヤマとアルパカーアンゲスの先主民社會と牧畜文化』
(15) 小長谷有紀 1989 「草原に生きる女たち」『季刊民族學』五十 : 6-25 國立民族學博物館
(16) 小長谷有紀 1990 「牧民と母と子」『アニマ』平凡社
(17) Meadow. R. H. 1984 Animal domestication in the Middle East: A view from the eastern margin. In J. Clutton-Brock and C. Grigson(eds.), *Early Herder and their Flock*. BAR International Series, 202, Oxford, pp. 309-331
(18) Meadow, R. H. 1989 Oesteological evidence for the process of animal domestication. In J. Clutton-Brock (ED.), *The Walking Larder. London*, Unwin Hyman, pp. 80-90
(19) Morgan, L. 1877 *La Societe Archaique*. Paris, Anthropos.
(20) Scrimshaw, N. S. and E. D. Murray 1990 *The Acceptability of Milk and Products in Populations with a high prevalence of Lactose Intolerance*. The American Society of Clinical Nutrition, Rockville Pike, USA.
(21) 谷泰 1997 『神・人・家畜ー牧畜文化と聖書世界』第一章, 第二章, 平凡社
(22) 梅棹忠夫 1965 「狩獵と遊牧の世界 (上・下)」『思想』二月号 : 10-29 四月号 : 66-88 岩波書店

제5장 지구의 사람의 정원(定員)

키라 타츠오(吉良龍夫)

I. 들어가며

지구의 식량 생산면에서 본 인구 수용력의 한계에 대해서 생태학, 환경학 입장에서 생각해 보겠다.

세계의 인구는 1997년 7월에 58억 5000만 명이 되었다. 세기 말에는 확실히 60억을 넘을 것이다. 세계 인구가 25억 명이었던 것은 1950년경이고 50억에 이른 것이 1986년의 일이니까 두배로 증가하는데 36년 밖에 걸리지 않았다. 그 전의 두배 증가기간은 80년 전후, 또 그 전의 두배 증가에는 300년 정도 걸렸었다. 두배로 증가하는데 요하는 기간이 점점 짧아지게 되었다는 점을 알 수 있다. 이른바 인구 폭발인 것이다.

1970년대의 연 인구증가률은 21.1%였다. 33년만에 배로 증가하는 속도이다. 그러나 개발도상국의 가족계획 보급과 일부 국가의 에이즈에 따른 사망률 상승 등에 의해서 증가는 둔해져서 1980~85년에는 1.7%, 1990~95년에는 1.6%로 내려갔다. 하지만 설령 1.5%가 된다 하더라도 46년만에 두배로 증가해버린다. 21세기 중반에 세계 인구가 100억 명이 되는 것은 각오해야 한다.

그렇게 되었을 때 지구의 식량 생산력은 그 인구를 지탱해 나갈 수 있을 것인가? 그런 짧은 기간 중에 그만큼의 인구 증가에 걸맞는 식량 증산이 가능한 것일까? 가까운 장래에 식량 부족이 직접 인구 증가를 억제하는 사태가 일어나지는 않을까? 지구의 식량 공급능력에서 본 인구 수용력에 한계가 있다고 한다면 어느 정도 수가 되는 것일까? 이런 문제가 본 소문(小文)의 테마이다.

Ⅱ. 식량 생산의 에너지 효율

1. 태양에너지의 변환 효율

사람에게 있어서 지구의 정원을 구하는 시도는 적지 않다. 여러 사람이 다른 각도에서 이 문제를 다루고 있다. 그러나 결론은 가지각색이다. 지구의 인구 수용력에 한계가 있다는 점을 인정하려고 하지 않는 사람도 있고 또 다른 사람은 현 상태에서도 이미 인구 과잉이라고 하기도 한다. 여기에서는 클라이버[30]의 아이디어에 따라서 식량 생산 과잉으로 태양에너지가 식물 에너지로 변환될 때의 효율을 단서로 하여 생태학적으로 추측한 본인의 시도를 소개하겠다.

우메사오 타다오(梅棹忠夫)의 표현을 빌자면, 일찍이 사람은 자연생태계의 일부로서「인간·생태계」라는 시스템 속에서 살고 있었지만 오늘날에는「인간·장치계(裝置系)」라고도 불릴 수 있는 문명시스템 속에서 생활하고 있으며 거의 모든 자연으로부터 독립하여 생활하게 되었다. 그러나 생명 유지를 위한 에너지 획득 방식만은 다른 생물과 다를 바가 없다. 사람은 생물의 몸을 음식물로 취하고 그 소재인 유기물이 갖는 화학에너지를 에너지원으로 하지 않으면 살아갈 수 없다. 그 이외 형태의 에너지는 일체 도움이 되지 않는다.

무기물에서 유기물을 합성할 수 있는 것은 식물뿐이다. 사람을 포함한 전체 생물이 직접, 간접적으로 그 기능에 의존하여 살아가고 있다는 것은 말할 나위도 없다. 식물은 광합성 과정에서 태양에너지를 유기물 화학에너지로 바꾸는 일종의 에너지 변환기이다. 에너지가 변환될 때에는 반드시 에너지의 손실을 가져온다. 예컨대 전등은 전기에너지를 빛에너지로 바꾸는 변환기이지만 그때 상당량이 열이 되어 손실되기 때문에 전등을 키면 전구가 뜨거워진다. 따라서 전등으로 들어가는 전기에너지의 공급량과 출력인 광에너지량을 비교하면 항상 입력보다 출력 쪽이 작다. 입력에 대한 출력 비율을「에너지 효율」이라고 하는데 그것은 항상 1보다 작게 된다. 마찬가지로 식물의 광합성에도 큰 에너지 효율이 있다. 또 동물이 식물 또는 다른 동물을 먹이로 하여 몸을 만들 때는 먹이의 전부가 소화, 흡수되지는 않기 때문에 거기에서 손실이 생기고 먹이의 유기물을 동물체의 유기물로 바꿀 때에도 손실을 수반한다. 또한 일단 획득된 화학에너지의 큰 부분이 동물의 운동

---

[30] 막스 클라이버 : 미국 동물생리학자

그 외의 생활활동 때문에 소비된다. 그것들의 손실을 고려하여 먹이에서 동물체로 가는 변환 효율을 구할 수 있다.

2. 일본의 벼농사 에너지 효율

표1은 일본의 벼농사를 예로, 에너지 효율을 계산한 것이다. 표1에서는 현미 평균수확량을 10a당 500kg으로 하였다. 옛날 방식으로 말하자면, 1단보(段步) 당 3.3석에 상당한다. 그만큼의 쌀이 가진 화학에너지양은 1이다. 현미를 정백할 때의 눈금이 즐어 드는 것과 백미의 소화율을 고려하면 식물로서 유효한 에너지양은 10a당 17.2억 cal가 된다(Ⅰ″)

이 정도의 쌀이 맺어지기까지는 대량의 짚(줄기, 잎), 뿌리, 쌀겨 등이 필요하므로 그것들을 다 합친 식물체의 총량은 Ⅱ, 그 에너지 환산량은 Ⅱ'과 같아진다. 전체 식물체 수확량에 대한 현미 수확량의 비율은 중량 계산으로도 칼로리 계산으로도 거의 0.4가 된다(Ⅲ). Ⅳ는 도쿄의 서쪽 지역인 남서일본의 평균일사량으로 10a의 토지 위에 내리는 태양에너지 총량을 나타낸다.

<표 1> 일사(日射) 에너지에 대한 일본 벼농사(평균수확량)의 생산효율

Ⅰ 현미의 평균수확량(바람건조 중량)		500Kg/10a
Ⅰ′ Ⅰ의 에너지 환산		17.8×10⁸cal/10a
Ⅰ″ 이용율을 고려한 식물에너지양		17.2×10⁸cal/10a
Ⅱ Ⅰ에 대응하는 전체 식물체 수확량(건조 중량)		1.112Kg/10a
Ⅱ′ Ⅱ의 에너지 환산		45.4×10⁸cal/10a
Ⅲ 전체 식물체 중의 현미 비율(β)	중량비	0.38
	칼로리비	0.39
Ⅳ 남서일본의 평균 일사량	1년 전체	120×10¹⁰cal/10a
	벼농사 기간(5~10월)	71×10¹⁰cal/10a
Ⅴ 전체 식물체 생산 에너지 효율(α)	1년 전체	45.4/12,000=0.0038(0.38%)
	벼농사 기간	45.4/7,100=0.0064(0.64%)
Ⅵ 식물생산의 에너지 효율	1년 전체	17.2/12,000=0.0014(0.14%)
	벼농사 기간	17.2/7,100=0.0024(0.24%)

상단은 일년간(12개월)의 값이며 하단은 모종이 논에서 자라는 기간(5월부터 10월까지 6개월)의 값이다. 이것이 논벼군락으로 입력된 에너지이고 출력은 수확량이므로 에너지 효율은 나눗셈으로 구할 수 있다.

우선 전체 식물체의 생산(이것을 생물학적 생산이라고 한다)의 효율로 보면 (V), 벼농사 기간에 받는 태양에너지의 경우 유기물 화학에너지로 0.4% 밖에 변환되지 않는다. 1년 전체 태양방사량은 0.38%에 지나지 않는다. 이와같이 식물에 의한 유기물생산의 에너지 효율은 아주 낮다. 쌀알에 들어가는 에너지 변환 효율은 당연히 너무 낮다. 벼농사 기간에 대해서는 0.24%, 1년 전체의 태양방사 양을 계산하면 0.14%에 지나지 않는다(Ⅵ).

3. 식물성 식품의 생산 효율

이 계산의 예를 보면 알 수 있듯이 일사에너지는 효율 α로 식물체의 화학에너지로 변환되어 거기에 그 일부분(비율β)이 식용부분이 된다. 따라서 $\alpha \times \beta$가 식물성 식품생산의 에너지 효율이 된다.

<표 2> 여러 가지 식물군락의 생물학적 생산 에너지 효율

군락종류	지역	효율α(%)
열대우림	말레이시아	0.97
조엽(照葉) 수림	규슈 미나마타(九州水保)	1.0
너도밤나무림	니가타(新潟)	0.62~0.68
졸참나무, 소나무림	뉴욕주	0.75
백노송나무림	후지산(富士山)	0.75~0.95
키가 큰 미역취(背高泡立草)군락	이바라키(茨城)	0.71
수나무군락	이바라키(茨城)	0.79
갈대군락	오사카(大阪)	0.95
참억새군락	미야키(宮城)	0.52
대두밭	도쿄(東京)	0.97
목초윤작밭	도쿄(東京)	1.0
논벼	도쿄(東京)	1.3
보리밭	잉글랜드	1.4

생육기간의 일사에너지에 대한 차를 보인다[문헌(6)에 의함]

표 2는 여러 가지 식물군락의 생육기간의 일사량에 대한 생물학적 생산 효율 α의 계산값을 비교한 것이다. 표 앞쪽의 야생 식물군락에서 α는 1% 이하이지만 아래 3분의 1의 작물군락에서는 1~1.5%라는 높은 값을 보이고 있다. 표1의 값에 비해서 큰데 그것은 특히 수확량이 높은 밭에서 측정한 것이며 또한 수확까지 시들어서 떨어진 잎이나 줄기의 양도 계산에 넣었기 때문이다.

어쨌든 생육기간에 받는 일사량의 1% 전후-대부분은 1% 이하-밖에 화학에너지로 변환될 수 없다는 것은 지구에 있는 식물의 숙명과 같은 것이며 그것을 비약적으로 높이는 것은 불가능 할 것이다. 그러나 남은 99%의 일사에너지가 식물에게 있어서 불필요한 것은 아니다. 밀생(密生)하고 있는 식물군락에서는 그 위에 내리쬐는 태양에너지의 거의 반이 잎에서 끊임없이 증산되고 있는 물의 증발열로 사용된다. 그것이 없으면 식물은 생존할 수 없다.

β값은 곡물의 경우 0.3~0.4 정도가 된다. 보통 야생식물에서는 이렇게 높은 비율은 생각할 수 없다. 식물체의 30% 이상, 곡물의 품종에 따라서는 반 가까이가 식용 종자가 되는 것은 긴 품종 개량의 역사를 통해서 쟁취한 성과이다. 최근에 나온 벼와 보리의 우수한 품종은 키가 낮아서 잘 쓰러지지 않고 게다가 식물체에 비해 큰 이삭을 달게 되었다. 그럼에도 불구하고 α와 β의 크기인 곡물 생산 에너지 효율은 보통 0.2~0.3%정도 최고 0.5% 정도밖에 되지 않는다. 겨울 사이에 지면에 내리쬐어서 이용되지 않는 빛을 포함한 1년 전체 일사량에 대해서 효율은 더욱 낮아져서 대부분은 0.1%대에 지나지 않는다. 수확량 면에서나 기술 면에서도 세계 농업 선진지역 중 하나인 일본에서조차 1년 전체 일사량의 겨우 1000분의 1정도 밖에 곡물에너지로 바꿀 수 없는 것이다.

2기작(같은 작물을 1년에 2회 재배)내지 2모작(겨울에 다른 작물의 뒷갈이)을 하면 꽤 효율이 높아진다. 그러나 세계에는 그것이 가능한 기후를 가진 나라만 있는 것이 아니라 추위나 물 부족 때문에 1년 중 수개월 밖에 농산물을 심을 수 없는 지역도 많다. 따라서 설령 전 세계의 농업기술 레벨이 지금 일본 정도까지 향상했다 하더라도 세계 전체의 곡물 생산 평균에너지 효율이 0.1%를 크게 넘는 것은 매우 곤란할 것이라고 생각된다.

4. 동물성 식품의 생산 효율

동물성 식품의 생산 효율도 역시 2단으로 나누어 생각하겠다. 우선 동물이 먹이를 먹어서 몸을 만들 때의 효율을 γ, 다음으로 동물체 속에서 사람이 식품으로 만드는 부분의 비율이 δ라고 한다면 $\gamma \times \delta$가 동물성 식품의 생산 효율이다.

ɣ쪽, 다시말하면 먹이가 동물체로 변환될 때의 에너지 효율은 야생동물에서는 10% 정도인 것이 많다. 예컨대, 가스미가우라에서는 잉어 양식이 활발하며 활어조에 대량의 먹이를 부어서 주고 있는데 잉어가 먹은 먹이 중 잉어의 몸으로 되는 것은 10% 정도이며 나머지 에너지는 잉어의 생활 활동을 위해서 소비되거나 소화되지 않고 변으로 나와서 호수 속에 방출된다.

δ쪽은 식품 종류에 따라서 큰 차이가 있는데 보통 축산물에서는 일반적으로 식물의 경우보다 큰 값이 된다. 기축이 먹은 먹이의 에너지 중 축산식품 에너지가 되는 비율, 즉 효율 ɣ x δ는 1960년대 교과서에서는 밀크 15%, 돼지고기. 닭고기 8~10%, 소고기 2%라고 되어있다. 그러나 최근에는 사육 기술이 현격히 진보하여 영계와 돼지고기에서는 20%까지 올라가고 있다. 소고기의 2%라고 하는 값도 목장에서 풀을 먹고 있는 경우 효율을 말하지만 지금은 곡물주체의 배합사료를 주고 별로 운동시키지 않고 키우기 때문에 효율은 꽤 높아졌다. 이와같이 동물성식품 생산 에너지 효율은 식물성 식품에 비해서 높지만 그래도 고기를 생산하기 위해서는 생산량의 5~10배의 식물-주로 곡물-을 필요로 한다. 각국의 생활 수준의 향상과 함께 고기 소비가 늘어남에 따라 곡물의 수요가 급증하여 세계 곡물시장에 크게 영향을 주고 있는 것은 주지할 만한 사실이다. 만일 태양에너지까지 거슬러 올라가서 효율을 생각한다면 그것은 α x β x ɣ x δ라는 계산이 되기 때문에 아주 작은 값, 1%의 10분의 1부터 100분의 1자리가 된다. 고기와 계란을 먹는다는 것은 간접적으로 막대한 양의 태양에너지를 먹고 있는 셈이다 (164페이지 표4 참조).

III. 지구의 정원(定員) 계산

이상의 지식을 바탕으로 사람이 다른 생물을 음식물로 하여 살아갈 때 이 지구에 몇 명까지 살 수 있을까를 계산해 보았다. 해마다 태양에서 지구로 흘러들어오는 방사에너지 양은 유한하고 지구의 표면적도 유한하다. 따라서 지구에서 매년 생산되는 생물 총량도 유한하기 때문에 그것에 의존해서 살아가는 사람 수도 당연 한계가 있다. 무한한 인원수가 살 수는 없다.

지구의 인구수용력의 한계 - 임시로 「정원」이라고 부른다 - 라고 해도 당연히 엄밀한 수치를 구할 수 없으므로 몇몇의 가정을 세워서 대충 계산해 보겠다. 목적은 어떤 조건을 부여받게 되면 정원은 어느 정도가 될까, 그것은 현재 인구의 2배인가 5배인가 10배인가 아니면 100배인가 하는 그 정도를 짐작해 보는 것이다.

그래서 다음 다섯가지 가정을 세워둔다.
(1) 사람은 곡물만을 먹고 생존에 필요한 에너지를 그것만으로부터 획득하는 것으로 한다.
(2) 사람(어른)이 필요로 하는 음식물 에너지량은 1일 평균 2700Kcal(연간 10억 cal/사람.년)로 한다.
(3) 곡물생산에 의해서 고정되는 화학에너지 양은 경작지에 내려쬐는 연간 태양방사 에너지의 0.1%로 한다.
(4) 세계 경작 가능지 면적을 전체 육지 면적의 25%(37억ha)로 한다.
(5) 위도와 기후대에 따른 일사량의 불균일 분포는 고려하지 않고 전체 지구의 평균 일사량이 모든 경작지에 똑같이 내리쬐는 것으로 한다.

<표 3> 곡물만을 먹는다고 가정했을 때의 지구 인구수용력 계산

① 지구 표면이 받는 전체 일사량	5×10^{23} cal/년
② 육지면이 받는 전체 일사량(①)×0.3	1.5×10^{23} cal/년
③ 경작가능지의 총면적(육지의 25%)	37×10^8 ha
④ 경작가능지 1 ha가 받는 일사량(②)×0.25/(③)	10^{13} cal/ha·년
⑤ 곡물생산 에너지 효율을 0.1%로 했을 때 경작지 1ha당 곡물 생산량은	10^{10} cal/ha·년
⑥ 어른 1명의 1년간 필요 칼로리량	10^9 cal/명·년
⑦ 어른 1명이 필요로 하는 경작지 면적(⑥/⑤)	10^{-1} ha
⑧ 전체 경작지의 인구수용력(③/⑦)	370×10^8 명

* 현재는 육지의 9.7%(14.5×10^8 ha)

계산 결과는 표3과 같이 된다. 지구 표면이 받는 일사총량은 알고 있으므로 (표에서 ①), 그것에 육지면적 비율 (0.3)을 곱하면 육지면이 받는 일사량(②)이 된다. 거기에다가 전체 육지에 대한 경작가능지 비율을 0.25로 하면(③), 경작가능지 1ha가 1년간 받는 태양방사에너지 양을 구할 수 있다(④). 거기에다 곡물생산 에너지 효율 0.1%를 곱하면 경작지 1ha당 연간 곡물생산량 에너지 환산값은 100억cal가 된다(⑤). 어른 한 명이 연간 필요로 하는 칼로리량은 10억cal(⑥)이므로, 그만큼의 곡물에너지를 공급하기 위해서는 0.1ha의 경작지가 있으면 된다(⑦). 따라서 이 가정하에서는 세계 경작가능지 37억ha가 부양할 수 있는 인구는 370억명이 된다(⑧).

구체적으로 말하자면 우리들은 하루에 800g 정도의 현미만을 먹고 그 이외에는 무엇도 먹지 않는다. 그런 생각할 수도 없는 가혹한 식생활을 강요해도 지구 정원은 지금의 6배 정도밖에 될 수 없는 점에 주목하기를 바란다. 표4는 다른 2～3의 식품에 대해서 같은 계산을 한 것으로, 숫자 놀음 이상의 의미는 없다. 예컨대 얻어진 곡물을 모두 소에게 먹이고 그 밀크의 칼로리만으로 살아간다면 지구에는 148억 명 밖에 살 수 없다는 계산이 된다는 점을 나타내고 있다.

<표 4> 필요 칼로리양만을 주목하여 계산한 각종 식품에 의한 지구 인구수용력

식품의 종류	식품생산의 에너지 효율(%)	어른 1명의 필요 칼로리를 조달하는 경작지 면적(ha)	전체 경작가능지의 인구 수용력(10^8명)
클로레라	3.5	0.0029	12,950
곡물	0.1	0.1	370
밀크	0.04	0.25	148
돼지고기	0.015	0.67	55.5
계란	0.002	5.0	7.4

[문헌(11)에 의함 일부보충]

클로레라는 육안으로는 보이지 않는 단세포 조류(藻類)이며 전쟁 후 일시적으로 미래의 식량으로 기대되었던 적도 있다. 물 깊이 수십 센티 정도로 얕은 인공연못에 충분한 비료를 주어 회전시키는 암(arm)으로 끊임없이 공기를 보내면서 휘저어 수온을 적절하게 유지시키면 곡물밭의 35배나 되는 효율로 식용유기물을 생산 할 수 있다. 그러나 클로레라 세포는 단백질이 풍부하고 영양적으로 뛰어난 식품이지만 소화가 잘 안되어서 그대로는 사람이 흡수할 수 없으며 생산비가 비싸게 들기 때문에 실용화되지 않고 일본에서는 오로지 건강식품으로서 상품화되어 있는데 지나지 않는다. 또한 배양조건을 유지시키기 위해서 태양방사 이외의 보조에너지를 대량으로 필요로 하기 때문에, 그것을 더해서 에너지 효율을 계산한다면, 그래도 그렇게 높은 효율이 되지 않는다. 이것은 현대 고도화된 농업 생산에도 적합한 것으로 다음에 다시 한번 언급하겠다.

IV. 가정(仮定)의 음미와 정원의 하향 조정

한편 370억 명이란 숫자는 매우 비현실적인 가정에 기인한 극단적인 계산값이며 실제로는 보다 현실적인 조건이 더해질 때마다 지구 인구수용력 추정치는 점점 줄어들게 된다. 그 예를 몇 개 들어보도록 하겠다.

1. 경작 면적의 제약

표 3(164페이지 참조)에서는 경작가능지 면적을 육지 면적의 25%로 가정했다. 이것은 여러가지 문헌에서 최대한의 추정치를 취한 것이지만, 아마도 매우 과대 추정일 것이다. 1993년 세계 경작 면적은 약 14.5억 ha이며 전체 육지 면적의 9.7%에 지나지 않는다. 게다가 1980년 값에 대해서 겨우 1%밖에 늘지 않았다. 월드워치연구소[31]는 1990년부터 2110년까지 증가하는 경작지 면적을 5%로 예측하고 있다. 25%라는 것은 꿈같은 이야기에 지나지 않는다.

새로운 농경지는 매년 개척되고 있지만 한편으로 도시화에 수반한 감소에 따라서 상쇄된다. 또한 지형적으로는 경작이 가능해도 지력(地力) 유지가 곤란한 척박한 땅이거나 관개수가 부족하거나 하여 경작지화를 방해한다. 아마 경작가능지의 한계는 적어도 25%중반까지는 절하되어야 할 것이다. 그러면 지구의 정원은 한꺼번에 200억 명이하가 된다. 21세기의 식량 문제에 대해서 잘 정리하여 책으로 낸 클라츠만[32]도 농경지 개발과 유지에 필요한 경비, 삼림파괴에 따른 환경에 미치는 악영향, 도시화에 따른 농경지의 감소 등의 요인을 생각하면 금후의 농경지 확대 가능성은 겨우 수억ha에 그칠 것이라고 했다.

심지어 사람의 거주지와 농경지는 필요조건이 비슷해서 양자는 매우 경합관계에 있다. 그래서 거주지 면적을 확보하면 경작지 면적은 감소할 것이다. 과밀 상태인 대도시에서는 1인당 거주지 면적이 매우 작다. 도쿄도(東京都)는 0.02ha, 오사카시(大阪市)는 0.01ha밖에 되질 않는다. 이런 상황이 전세계에 퍼져서는 안될 일이다. 미국 동부의 대조시군에서는 0.075ha/명이니까 최소한의 0.05ha는 필요하며 1인당 식량생산용지 0.1ha에 그것을 더하면 필요면적은 50% 증가가 되어 정원수는 거기에 3분의 2로 줄어든다.

---

[31] 레스터 브라운이 주재하는 미국의 대표적 민간 싱크탑, 환경. 농업. 경제 등의 문제를 다룬 「지구백서」를 계속적으로 출판하고 있다.

[32] 죠셉 클라츠만(Joshep Klatzmann) 파리 그리뇽 국립농학원 교수, 사회과학고등연구학원 연구주임. 농업경제학자. 주요 저서로는 『농업정책-이념과 환상』(1972).

2. 부식물의 문제

사람은 1일 1인당 60~70g의 단백질을 섭취하지 않으면 좋은 영양상태를 유지할 수 없다. 곡물도 단백질을 포함하고 있기 때문에 곡물 외에 40g의 돼지고기를 매일 먹는다면 그 먹이가 되는 곡물을 생산하기 위해서 0.024ha의 토지가 필요하게 된다. 따라서 한 사람의 식량 생산에 필요한 토지 면적은(0.12+0.024)=0.124ha가 되며 지구정원은 370억 명에서 약 300억 명으로 감소한다. 만일 경작가능지 면적이 표3의 숫자의 반밖에 되지 않는다면 정원은 150억 명이라는 매우 현실성을 띤 숫자가 된다.

이 계산은 장래 세계의 식량 사정에 있어서 고기 소비량이 매우 큰 의미를 가진다는 점을 나타낸다. 고기 소비에 수반하는 곡물 수요 증대가 세계 곡물 수요에 크게 영향을 지고 있는 점은 이미 기술했다. 미국 주민 평균 곡물 소비량(간접소비를 포함)은 860kg/인/년, 세계 평균은 323kg인데 「만일 온 세계 모든 사람이 미국인이고 같은 내용의 식사를 한다면 세계의 곡물 생산량을 현재의 2.6배로 증가시키지 않으면 안 된다. 이것은 매우 비현실적인 시나리오이다.」

단백질원으로써 수산물을 무시하고 있는 점에 대해서는 이론이 있을지도 모르겠다, 그러나 일본과 같이 고기보다도 생선 쪽을 많이 먹는 지역도 있지만 세계 전체로 보면 수산단백질의 평균섭취량은 3~4g/명/일에 지나지 않기 때문에 그다지 큰 기대를 할 수는 없다. 수산자원이 바닥을 향해 가고 있는 점도 우려되고 있다. 단 이것은 대국론이며 수산자원 개발, 합리적 이용에 노력을 쏟아야 하는 점은 말할 나위도 없다.

과일과 채소도 사람의 식생활에 있어서 빠질 수 없다. 이 종류의 식품은 칼로리로는 작지만 생산으로는 매우 넓은 토지가 필요하기 때문에 그것도 고려하면 1인당 필요 경작지 면적은 한층 커지게 될 것이다.

<표 5> 미국 남부의 표준적 생활수준의 유지에 필요한 토지 면적(조지아 모델)

	에이커(ha)
식량생산용 용지	1.5(0.61)
섬유생산용 용지	1.0(0.40)
자연계 지역(집수 지역, 대기정화 지역, 녹지대, 레크레이션 지역, 폐기물 처리용지 등)	2.0(0.81)
인공계 지역(도시, 공장용지, 도로, 폐기물 처리시설 등)	0.5(0.20)
합계	5.0(2.02)

[문헌(13)에 따름]

3. 미국적 생활에 필요한 토지 면적

표3을 출발점으로 한 이상의 모델은 과밀국 일본다운 각박한 발상이지만 그것과 대조적인 생각을 하나 소개하겠다. 표5는 조지아대학에 있던 생태학자 유진 오담[33]의 연구실에서 미국 남부의 표준적 생활수준의 주민 한 명이 필요로 하는 토지 면적을 계산한 결과이며 조지아 모델이라고 불리고 있다. 간단한 보고밖에는 없기 때문에 자세한 계산 기초는 알 수 없지만 인공시설과 녹지, 섬유와 곡물, 가축사료 이외의 작물 등의 생산용지의 필요 면적도 산정하고 있는 점이 특징적이라고 할 수 있다. 한 명당 필요면적 합계는 거의 2ha로 되어 있으며, 식량 생산을 위한 농지만으로도 1ha로 나의 모델의 8~10배가 되는 이 표준으로는 지구는 이미 만원을 넘어섰다.

이 두 가지 모델을 대비하면, 100억 인의 인구에 대하여 미국적 생활수준은 커녕 어느 정도 풍요로운 식생활을 보장하는 것 만으로도 상당히 어려운 사업이라는 점을 알 수 있을 것이다.

V. 환경의 제약

식량 생산을 늘리기 위하여는 농지 면적의 확대나 기존 농지의 생산력을 높이는 두 가지 방법밖에 없다. 대규모의 농지 개발을 할 수 있는 곳은 열대 삼림지대나 건조지대밖에 없을 것이다.

인구 폭발에 의한 식량 위기 도래를 걱정하고 있음에도 불구하고 제2차 세계 대전 이후의 세계의 식량 생산량은 현저하게 증가하여, 적어도 현재까지는 세계 식량의 절대량에 크게 부족함은 발생하지 않았다. 아프리카의 가뭄 및 정치 문제에 의한 다수의 기아에 의한 사망자가 나오거나 충분한 영양을 섭취하지 못하는 사람들이 수억이나 있는 것은 식량의 절대량이라기 보다는 오히려 정치적·사회적인 분배의 문제인 것 같다.

이렇듯 2차 대전 이후의 식량 증산을 가능하게 한 요인은 농업 선진국에서의 기술적 진보에 의한 수확량의 향상이 최대의 원인이지만, 또 한 가지 건조지대에서의 관개농지의 개발에 힘입은 부분이 크다고 할 수 있다.

---

[33] 유진 오담 : 죠지아대학에서 활동하였던 미국 동물생태학자. 고인(故人). 전후 생태학 혁신 리더 중 한사람이었다. 대표저작은 『생태학 기초』(1953, 1971).

1. 물 순환에의 영향과 담수 자원의 부족

이는 댐의 건설과 지하수의 이용에 의하여 각지에서 실현하였다. 예를 들면, 미국 중서부에서는 70년대의 곡물 가격 폭등을 계기로 지하수 이용에 의한 관개농업이 크게 발달하였다. 지하수를 퍼 올리는 용도의 우물을 중심으로 커다란 긴 팔을 가진 스프링 클러를 회전시키기 위한 원형의 밭을 만드는 설비(이른바 pivot irrigation)는 전형적인 예로써, 황색 대지에 펼쳐진 녹색 원을 상공에서 본 경치는 인상적이다(사진 1).

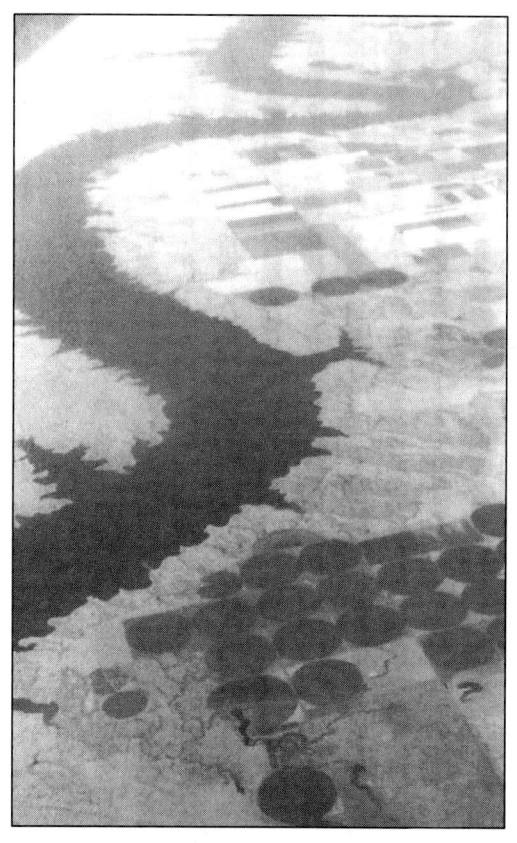

<사진 1> 상공에서 본 원형 개간농지군 미국 사우스다코타주 미주리하천군(필자 촬영)

그러나, 건조지대의 지하수는 대부분 상당히 깊게 자리잡고 있고 또한, 기나긴 지질(地質)시대를 거쳐서 축적된 것이므로 계속 퍼내면 고갈하는 비갱신성 수자원이다. 이러한 수자원을 쉽사리 낭비해도 좋을지에 대해서는 강한 의구심이 남는다. 이미 수원이 고갈하여 방치된 원형 농지도 적지 않다. 대부분의 지하수 개간 농지는 언젠가는 같

은 운명을 밟게 될 것이다.

　과거에도 미국 중서부의 건조기후대는 과도한 농업 개발의 결과 환경이 황폐화되는 지경에 이르렀다. 비 부족이 계속된 1930년대의 비극은, 1934년 4월의 일요일, 이른바 블랙 선데이의 거대 모래 폭풍으로 시작되었다. 지표를 안정시키고 있었던 자연의 초원 피복을 벗겨서 조성한 경지는 풍식에 의하여 파묻혀 사막화되어, 서쪽으로 진행하던 농업 개척 전선을 동쪽으로 되돌려 놓았다. 기후의 회복과 방풍림대의 조성, 적당한 간격으로 휴식년을 두고 건조지 농법의 도입 등의 대책을 세운 덕에 위기는 일단 모면하였으나, 최근 몇 년은 고온·건조한 해가 많아지고, 북미 내륙부에서 사막화가 재발하고 있다고 한다(3). 건조지대에서는 습윤 기후지와 비교하여 강수량의 변동이 크기 때문에 우기에 토지를 과도하게 이용하면 건조기가 왔을 때에는 대부분 돌이킬 수 없는 환경의 황폐화를 초래한다. 이것이 이른바 사막화인 것이다.

　카자흐스탄과 우즈베키스탄에 걸쳐서 세계 제4위의 면적을 가진 염수호 아랄해의 주변 현황은 건조지 농업개발의 또 다른 실패 사례이다(16). 호수는 사막의 한가운데 있어서 유출구가 없으며, 천산(天山)·파미르의 고지에서 흘러나오는 두 곳의 하천에서의 공급과 호수 수면에서 증발 등이 균형을 이루어 수량을 유지하고 있었다. 구 소련 시대의 1950년대부터 하천수를 이용한 대규모 관개농지 개발이 시작되어 일본 전 국토 넓이에 필적하는 면적이 개척되어 후루시쵸프 시대의 큰 성과라고 불렸다. 지금은 면화의 일대 생산지이다. 그러나, 마침내 물의 공급이 중단된 아랄해가 축소하기 시작하여 현재까지 호수면은 16m나 낮아지고, 호수의 면적은 절반으로, 수량은 3분의 1로 감소하였다(그림1).

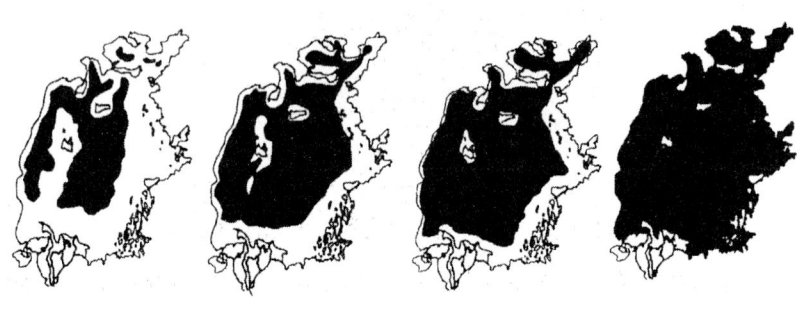

<그림 1> 아랄해의 축소 경과[문헌(16)인용에 의함]
일본 카자흐문화교류협회 제공

호안선(湖岸線)은 수십 미터~100km나 후퇴하여, 염분을 포함한 모래 폭풍이 주민의 생활과 농업을 위협하고 있다. 호수의 염분 농도는 3배가 되었으며, 물고기는 물론 그 밖의 생물도 멸종시켰다. 호안 주민의 생업이었던 어업은 망하고, 식수의 염성화와 면화밭에서 사용되는 농약의 영향으로 주민에게 심각한 건강 피해가 발생하고 있다.

지구는 물로 이루어진 혹성이지만, 대부분의 물은 해수이며, 담수의 양은 지극히 적으며(지구상 물의 총량의 3% 남짓), 더구나 그 9할 가까이는 극지의 빙설 및 이용이 곤란한 심층 지하수로서 존재하므로 우리가 용이하게 사용할 수 있는 담수 자원의 양은 극히 한정되어 있다. 세계의 담수 수요는 상당한 기세로 늘고 있기 때문에, 다음 세기 초에는 식량 부족 이전에 물 부족이 심각해질 것이라고들 한다.

물 부족이라 하면, 우리는 생활용수나 공업용수의 부족을 떠올리지만 실은 세계의 전체 담수 취수량의 69%가 농업용이다. 미국조차도 약 40%, 남미 및 아프리카에서는 대부분 90%를 차지하고 있다(15). 따라서 담수원이 부족한 국가에서는 생활·공업용수와 농업용수는 심각한 경합 관계에 있다. 이는 식량 생산에 있어서 커다란 제약 조건이 된다.

2. 농업에 의한 환경 오염

세계의 국가별 평균 곡물 수확량과 평균 시비량과의 관계를 나타낸 그림2를 보면 나라에 따라서 산정방법이 다르기 때문에 산포가 크지만 양자 간에는 확실히 강한 상관관계가 있다. 더구나, 「수확량 감소의 법칙」에 따라서 시비량이 늘어날수록 시비의 효과는 줄어든다. 헥타르당 시비량 100kg 이하에서는 비료를 두 배를 뿌리면 거의 5할은 늘지만, 300kg/ha 이상이 되면, 수확량을 5할 늘리려면 4~5배의 시비를 필요로 하는 관계로 되어있다. 선진국 농업의 높은 수확량은 막대한 비료의 투입에 의하여 이루어진 것이다. 농약의 사용량과 수량 사이에도 거의 같은 관계가 보여진다.

작물이 흡수하는 것은 수확량에 비례하는 정도의 양이기 때문에, 시비량을 높일수록 비료의 낭비가 커져서 흡수되지 않은 비료는 하천이나 호수·연안 해역에 흘러 들어 부영양화에 의한 수질 악화의 원인이 되고 있다. 현재 세계적으로 부영양화는, 그렇지 않아도 부족한 담수 자원의 질저하를 초래하는 최대의 원인이 되고 있다. 마찬가지로 부영양화의 원인인 공업폐수 및 생활폐수의 영향은 하수 처리에 의하여 경감할 수 있으나, 광대한 농지 면적에서 발생하는 농업폐수는 하수도에 유입되지 않아, 수질보전대책이 발달된 각국에서도 풀기 어려운 마지막 과제가 되고 있다.

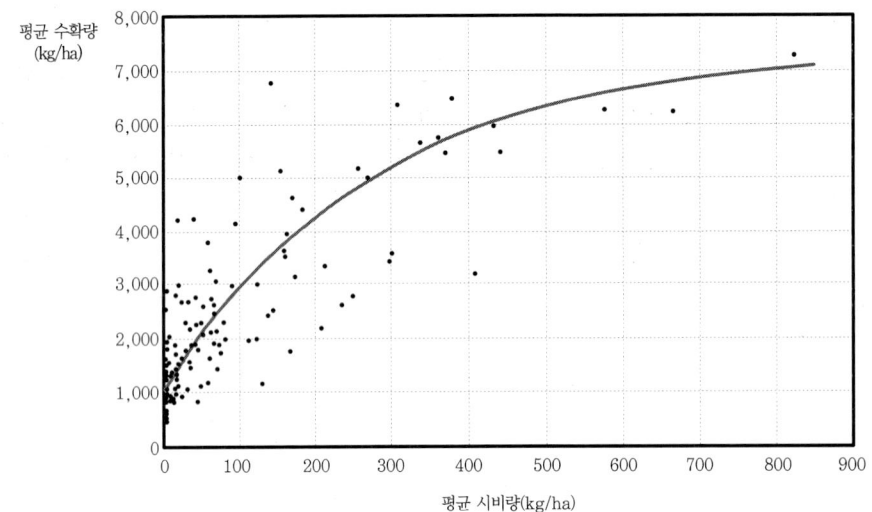

<그림 2> 세계 각국의 평균 곡물수량(1982~84년)과 평균 시비량(1983년)과의 관계
[데이터는 문헌(15)에 의함]

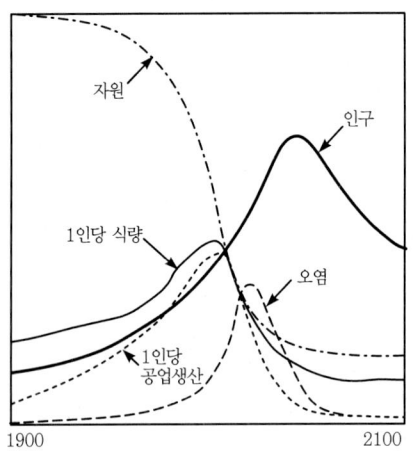

<그림 3> 로마클럽의 세계모델에 의한 21세기 말까지의 예측. 자원·인구·1인당 식량생산량·1인당 공업생산량·환경오염의 5가지 변수에 관하여 1970년대까지의 실현치 사이의 상관관계를 표현하는 모델을 만들어 이를 장래에 외삽(外揷)한 것. 인구는 2050년경 최대치(100억 인)에 달하며, 그 후 격감한다. [데이터는 문헌(12)인용]

농업에 의한 물·흙의 오염도 수많은 환경문제를 일으킨다. 스웨덴에서는 수은 농약에 의한 물 오염이 미나마타병을 일으키기 직전까지 갔었으며, 북미의 오대호에서는 이미 사용이 금지된 유기염소계 농약 및 공업용 PCB의 잔류·축적이 물고기의 식용 행위

를 금지 내지는 제한하는 지경까지 진행되고 있다. 아마도 개발도상 지역에서는 미 조사 내지는 무시되고 있을 뿐, 같은 정도의 오염이 여기저기 남아있을 가능성은 높다.

1972년에 로마클럽34)이 보고서 『성장의 한계(12)』에 발표한 세계모델은 이러한 종류의 시뮬레이션의 선구로서 충격적인 예측(그림3)으로 세계를 놀라게 하였다. 이 모델의 전반적인 평가가 어쨌든 간에, 농업 생산의 증가가 공업에너지의 소비를 매개로 환경 오염을 증대시킨다는 회로를 처음으로 구성하였다는 점에서 주목 받았다. 이러한 현상은 실제로 일어나고 있다.

Ⅵ. 농업과 농업기술의 장래

1. 기술적 낙관론

표3의 모델에서 곡물 생산의 에너지 효율을 일본과 비슷한 0.15%까지 올리면 당연히 지구의 정원은 1.5배로 늘어난다. 그 가능성을 중시한다면, 식량의 장래에 걱정 없다는 낙관론도 성립된다(14).

증산으로 가는 첫걸음은, 품종 개량, 특히 다수확 품종의 육성이다. 밀이나 벼의 다수확 품종을 만들어 보급시키려는 이른바 「녹색혁명」은 개발도상국의 식량 사정을 크게 완화시켜서 2, 3의 곡물 수입국을 수출국으로 바꾸었다(14).

나아가 최근의 바이오테크놀로지의 진보는 질소고정성 미생물을 공생시켜서 질소비료가 필요 없게 한 작물이나 유전자 조작에 의한 다수성 및 병충해 저항성을 갖춘 작물의 창조 등 미래에 다양한 꿈을 실현하려는 노력이 이루어지고 있다.

그러나, 작물의 군락은 식물 집단만의 고유의 구조와 특성을 지니고 있으며 또한, 자연생태계와 비하여 단순화되어 있다. 그러나, 설령 신품종이 개체로서 우수한 성질을 가지고 있다 하더라도 다수의 동식물이 공존하는 복잡한 시스템이기 때문에 실제 토양에서 그와 같은 우수성이 발휘되기 위해서는 많은 제약이 따른다. 시험적으로 화분에서 길렀을 때와 집단으로서 밭 전체 면적에 재배하는 경우와는 식물의 수확 능력은 많이 달라지는 것이 통례이기 때문에 신품종이 반드시 실용재배에서 획기적인 성과를 올

---

34) 1970년에 스위스의 법인으로서 설립된 민간조직. 학자·교육자·경제인 등이 구성원. 이 책은 인류의 위기를 주제로 한 연구 프로젝트의 성과로 미국의 메사추세츠 공과대학의 그룹에서 위탁을 받아 구성되었다.

린다고 단정할 수는 없다. 수확량이 단번에 두 배가 된다는 이야기는 대부분 미심쩍은 이야기이다.

현실에서 농업기술의 개량은 한걸음씩 작은 진보를 거듭하는 것이다. 바이오테크놀로지의 비약적인 진보가 있어도 이러한 사정은 그다지 변하지 않을 것이다.

<표 6> 일본의 수도(水稻)재배에 소비되는 보조 에너지(태양에너지 이외의 에너지)양과 생산된 쌀의 화학에너지 양의 추이[문헌(17)에 의함]

(단위 10°cal/ha)

	1950	1955	1960	1965	1970	1974
인력·축력(畜力)	1,390	1,390	1,030	740	590	440
기계	1,370	2,380	3,830	8,100	13,830	15,950
비료	2,400	3,750	6,070	7,380	9,820	9,820
농약	60	490	960	1,560	1,320	1,860
연료·전력	360	520	810	1,590	2,500	2,430
자재·건물	1,820	2,030	2,390	2,560	3,120	5,000
수리(水利)	1,550	1,870	2,850	3,460	2,400	2,720
기타	190	1,130	1,480	2,260	3,380	8,790
계[A]	9,140	13,350	19,420	27,650	36,960	47,010
생산 에너지 양[B]	11,600	14,800	15,900	15,900	17,300	17,700
B/A	1.27	1.11	1.27	0.58	0.47	0.38

2. 농업 공업화의 한계

20세기 후반의 식량의 비약적인 증산은 다수확 품종의 육성과 비료·농약·기계의 힘을 대량 사용함으로써 달성되었다. 열대의 각국에 녹색혁명을 가져다 준 다수확 품종도 비료나 물·농약이 충분하지 않으면 기대한 만큼의 수확량은 올릴 수 없기 때문에 관개시설의 정비나 비료·농약의 수입이 생각만큼 원활하지 않은 지역은 그러한 혜택을 받을 기회는 많지 않았다. 현대의 농업은 태양에너지와 인력·축력뿐만이 아니라 대량의 공업에너지를 투입하지 않으면 이루어지기 어렵게 되어 있다.

<사진 2> 경사면에 환금작물(담배)을 심은 탓에 발생한 심각한 토양침식
중국 원난성(雲南省), 대리백족(大理白族)자치주(필자 촬영)

표6은 1950~74년 사이에 쌀의 에너지 양과 추이를 우다가와 다케토시(宇田川武俊)[35](17)가 계산한 것이다. 이 기간에 쌀의 수확량은 1.5배가 되었다. 그러나, 전쟁 직후인 1950년에는 여전히 생산에너지 양이 보조에너지를 상회하였으나, 고도 경제성장이 시작되는 1960년경부터 이것이 역전되어 1974년에는 사실상 생산에너지의 3배 가까이 보조에너지가 투입되었다. 특히 많은 것은 농업기계와 비료 제조에 필요한 에너지로 25년간에 농업기계는 12배, 비료 제조는 4배가 되었다. 이와 같은 현상은 농업 선진지역의 공통된 부분이지만 일본에서 특히 현저하다.

인간이 현대와 같은 에너지 다소비형 생활을 언제까지 계속할 수 있을지 장래의 에너지 안정 공급 전망은 아직 세워져 있지 않지만, 한정된 에너지를 공업과 농업 중에서 어디에 투입해야 할지 선택의 기로에 서게 될 가능성은 높다. 로마클럽의 세계모델에도 이러한 '트레이드 오프(trade off)'가 내재되어 있다.

농업에서 사용하는 공업 생산물이 직접 환경 오염을 일으키고 있다고 이미 언급하였다. 나아가 농업기재(機材)의 제조 과정에서 발생하는 폐기물이나 이산화탄소, 폐열은 간접적으로도 환경 악화의 원인이 되고 있다. 환경적인 면에서만 보더라도 현재의 선진 지역형 농업은 보다 지속가능한 형태로 전환되어야 한다. 각지에서 행하여지고 있는 유기농업은 그 한가지 대책이지만, 이것만으로는 인구가 필요로 하는 양의 식량을 조달할 수는 없을 것이다. 다양한 형태의 지속적 농업의 가능성이 모색되고 있으나(4), 그 성패 여부는 조금 더 지켜보아야 할 것이다.

---

[35] 우다가와 다케토시(宇田川武俊) : 농업경제학자. 집필 당시는 농수성(農水省) 농업기술 연구소 소속

한편, 지금 세계의 농업은 두 갈래의 서로 다른 방향으로 나뉘려고 하고 있다. 비교적 지리조건이 좋아 교통이 편리한 지역에서는 재래 농업이 공업의존형 농업으로 점차 전환되고 있다. 이에 반해, 벽지에서는 인구 과밀과 현금 수입을 늘려서 생활 수준을 높이려는 높은 욕구가 종래의 지속적 농업을 포기하게 만들고, 경지·방목지·신탄림(장작, 숯) 등으로 혹사되어서 황폐하여, 토지의 생산력이 반영구적으로 상실되어 버리는 사태가 진행되고 있다(9)(사진2,3). 어느 경우도 그대로 무제한적으로 진행시키지는 못한다.

<사진 3> 과다 방목 때문에 식생 피복이 제거되어 전면 붕괴되어버린 산 중턱의 방목지 중국 윈난성(雲南省), 대리백족(大理白族) 자치주 (필자 촬영)

VII. 맺음말

정원이 5명인 중형차라도 많이 타기 게임을 하면 몇십 명이 탈 수 있다. 지구의 정원이 2~300억 명 이라고 하는 것은 이와 유사한 숫자로 실제 의미의 정원은 아니지만, 그렇다 하더라도 현재의 세계 인구의 몇 배에 지나지 않는다. 정원을 얼마로 하느냐는 인간이 장래의 식생활에 어떤 메뉴를 선택하느냐로 결정된다.

필자의 세대는, 전쟁 중에 점점 식사의 수준을 낮추어 갔던 경험을 가지고 있다. 인간은, 사태에 직면하기 전까지는 좀처럼 기존의 생활을 바꾸지 않지만, 식량의 절대량이 부족해지면, 온갖 수단과 방법을 찾을 것이다. 그러나, 메뉴가 쉽사리 정해지는 일은 없을 것이다.

크라츠만(10)은 세계의 각 지역별로 면밀히 가능성을 검토하여 현존하는 기술을 활용하는 것만으로 지금의 2·5배의 식량 생산이 가능하며, 이는 100억 인에게 만족스러운 식사를 제공할 수 있는 양이라고 한다. 이 학설은 상식적으로 온당한 결론이지만, 설령 그것이 실현된다고 할지라도 그렇게 되기까지는 기술의 보급과 더불어 인구 억제, 산업구조의 변혁, 의식 혁명, 국제 정치의 변화 등이 병행된 복잡한 과정을 겪어야만 할 것이다. 기아에 의한 인구의 격감이라는 비극적 결말은 회피할 수 있더라도 각 지역에서의 비극적인 사건이 일어날 가능성은 적지 않다. 또한, 100억 인이 먹고 살 수 있는 날이 왔을 때, 이 지구의 환경은 어떤 상태로 변하여 있을지도 필자는 걱정스럽다.

〔문헌〕

(1) Bickel, L. 1975 『飢餓 への挑戰 ―ノ-マン・ボロ-グと緣の革命』 仙名記(驛)TBS出版會

(2) Brown, Lester R. (編者)『ワ-ルドウォッチ地球白書1994~95―追りくる地球の限界』澤村宏(監驛)ダイヤモンド社

(3) 石弘之 1988「失われゆく大地―危機追る世界の『パン龍』『グリ-ンパワ-』110号: 38-41 朝日森林文化協會」

(4) 嘉田良平 1990『環境保全と持續的農業』家の光協會

(5) 加藤辿 1969『地球管理計劃―二一世紀の資源と人類の危機』日本生産性本部 pp.131-143

(6) 吉良龍夫 1976『生態學講座2 陸上生態系・概論』共立出版

(7) 吉良龍夫 1982「食の生態學的基礎―地球に定員はあるか」石毛直道(編)『食の文化シンポジウム '82 地球時代の食の文化』平凡社 pp.129-151

(8) 吉良龍夫 1988「地球生態系のなかでの食糧生産」『日本榮養・食糧學會誌』四一卷四号: 255-262

(9) Kira, T. 1993 Destruction of ecosystems as global environmental problems —with swpecial reference to the devastation of agricultural and lake ecosystems, *Proceedings, International Symposium of Osaka Prefecture on Global Amenity*(ed. Anpo,M. et al), pp. 260-267, University of Osaka Prefecture, Sakai.

(10) Klatzmann,J. 1986『百億人を養えるか ― 二十一世紀の食料問題』(人間選書91) 小倉武一 (驛) 農山漁村文化協會

(11) Kleiber, M, 1961 *The fire of Life*, John Wiey, New York.

(12) Meadows, Donella H, Dennis L. Meadows, J. Randers and W, W, Behrens Ⅲ 1972』成長の限界・ローマクラブ「人類の危機」レポート』大來佐武郎 (監譯) ダイヤモンド社

(13) Odum, Eugene P. 1970 Optium population and environment: A Georgian microcosm. Current History, 58, 355-359, 365

(14) Scrimshaw, N. S. 1982「雜食の 人類 — 過去・現在・未來」石毛直道編『食の文化シンポジウム'82地球時代の食の文化』平凡社 pp.152-174

(15) 世界資源研究所・國連環境計劃・世界銀行(共編) 石弘之(日本語版監修) 1996『世界の資源と環境 1996~97』中央法規出版

(16) 前田廣人 1993「アラル海—消えゆく中央アジアの大湖」滋賀縣琵琶湖研究所編『世界の湖』人文書院 pp. 74-79

(17) 宇田川武俊 1977「農業生産とエネルギ-」『世界』三七七号：354-360 岩波書店

(18) 梅棹忠夫 1981「生態系から文明系へ」梅棹忠夫編『文明學の構築のために』中央公論社 pp. 4-15

식탁의 풍성함
- 밥과 빵과 고기

요시다 슈지(吉田集而)

쌀밥과 밀가루빵

주식이 된 것은 식물 기원의 쌀밥과 밀빵이 대표적이다. 물론 고구마류나 잡곡도 중요하지만, 이것을 먹던 지역에 쌀밥과 빵이 유입되면서 그것들로 기울어져 간다. 예컨대, 고구마류를 주식으로 했던 태평양지역에서는 쌀밥의 세력이 매우 강하게 보급해 간다. 아프리카와 인도의 잡곡지대에서도 쌀밥은 계속 퍼져간다.

밀빵과 쌀밥 사이에는 경합 관계가 있다. 빵 지역에서도 쌀밥을 먹을 수 있고 쌀밥지대에서도 빵이 계속 보급되고 있다. 후자의 전형적인 예는 일본이다.

빵의 보급에는 유럽 문명의 후원이 있다. 유럽적 생활스타일이 좋은 것이라는 가치관이 빵의 보급에 배경이 되었다. 라오스에서는 프랑스 식민지화에 의해서 프랑스 빵 기술이 들어오고 그 빵을 먹는 것이 보급되었다. 일본에서는 전후 학교급식이라는 형태를 통해서 빵이 보급되었다. 그래서 풍부함을 배경으로 유럽의 기술이 직수입 되고, 그 맛의 인식이 널리 퍼져 쌀밥권역 속에서는 특이하게 빵 식(食)이 보급되게 되었다.

이 빵은 보리 가공의 하나로 등장했다. 현재 볼 수 있는 빵은 빵 굽는 가마의 발명, 효모에 의한 발효 발견, 그리고 밀의 개발에 의한 것이다. 빵 굽는 가마가 출현하기 이전에는 여러 가지 방법이 있었다. 그 중에서 잘 알려진 방법은 가루를 빻아서 곱게 만들어 한쪽 면을 굽는 방법이다. 세계 여기저기에 이 한쪽 면 굽기가 보이는 것은 그 흔적이다. 그런데 서아시아에서는 빵 가마를 이용하게 되었다. 이것은 대단한 발명이며 이에 의해서 여러 면으로 열을 가할 수 있게 되었다. 실은 빵 가마에는 두 가지 타입이 있다. 하나는 흙속에 원통형의 가마를 만들어 그 벽에 붙여서 굽는 가마이고 그것을 타누르(탄두르)라고 부른다. 이 경우에는 가마 벽에 붙이기 때문에 그다지 두꺼운 것은 구울 수가 없다. 또 하나는 유럽에서 발달한 가마로 둥그런 천정을 가진 횡형가마인데 이것이라면 생지를 그대로 둘 수 있고 덩어리 상태로 구울 수 있다.(1)

효모에 의한 발효는 탄산가스를 발생시켜 빵 생지를 부풀려 구멍투성이로 만든다. 한편 알코올이 생성되어 좋은 향을 낸다. 그리고 다 구워진 것을 가볍게 하여 보다 먹기 쉬운 형태로 만든다. 그리고 그것이 구멍투성이가 되어도 모양이 무너지지 않는 강함은 빵밀의 등장에 의해서 달성되었다.

발효시키지 않고 얇게 펴서 한쪽 면을 구운 것이 차파티(chapati)이다. 발효시켜서 얇게 펴서 가마에서 구운 것이 난(nahn)이다. 횡형가마에서 덩어리 상태로 구워진 것이 유럽 빵이다.

이런 발달을 거둔 빵권역에도 쌀밥이 침식하고 있다. 아랍권에서 볼 수 있는 필라프나 스페인에서 볼 수 있는 파에야가 그것이다. 이탈리아의 리조토(죽)도 이것에 포함시켜도 좋을 것이다. 이들은 문명의 후원이 아닌 쌀밥권에서 조금씩 침투해간 것이다. 그것은 영양 문제라기보다는 식사 조리의 간단함, 그 맛과 뱃속의 든든함이라는 실제적인 요인에 의한 것이다. 그 때문에 금후에도 쌀밥은 더욱 빵권역에 진출을 계속 할 것이라고 생각된다.

고기에 대한 구애(拘礙)

사람이라는 종은 확실히 잡식성이다. 뭐든지 먹는다. 그러나 고기에 대한 희구는 아주 강하다. 단 그것은 그리 오래 전의 일은 아니다. 수렵민에게서 볼 수 있듯이 동물을 먹는 방법으로는 내장 먹기가 기본이다. 특히 간의 가치는 높다. 간은 어느 동물에서도 같은 맛이 난다. 그러나 고기는 종류별로 다르고 맛없는 것이 많다. 고기는 두 번째로 먹는 것이었다.

동물을 가축화하는 동안에 고기의 가치가 상승했다. 맛있는 고기를 만들어냈다고 말해도 좋다. 보다 정확하게 말하면 기름기가 도는 고기를 만들어 낸 것이다. 수렵민에 있어서 간과 더불어 중요한 것은 지방이었다. 이 때문에 고기용 가축은 대형화할 뿐 아니라 기름이 도는 방향으로 가축화되었다. 그리고 작은 것은 닭과 꾸이(모르모트), 큰 것은 소와 순록에 이르는 다양한 고기용 가축이 출현하게 되었다. 그 결과 고기에 대한 사치는 보다 한층 강화되었다. 거의 대부분의 민족에서 할레의 식사 혹은 맛있는 음식에는 고기가 나온다. 고기 없는 맛있는 식사는 있을 수 없는 것이다.

육식에는 항상 금기 혹은 타부가 따라다닌다. 각각에 이유는 있지만 그 이유들 속에는 육식에 대한 욕구가 있으며 그 때문에 타부를 만든 것이다. 수렵민에 있어서는 자신의 토템으로써의 동물은 사냥 대상에서 제외된다. 평등주의가 강한 수렵민에는 고기가 균등하게 분배되는 정교하고 치밀한 시스템이 짜여져 있다. 예컨대 사냥에서 동물을 획득한 사람은 그 동물을 먹을 수 없다는 타부를 흔히 볼 수 있다. 사냥 능력에는 개인차가 있고 사냥의 명수가 항상 출현한다. 그 때문에 그에게만 명성이 집중되지 않도록 하기 위한 타부이다. 그 이외 다른 누군가가 획득한 동물을 잡아오지 않는 한 그는 고기를 먹을 수 없다. 고기를 나누어 받은 남자들은 어떻게 해서든 그 보답으로 사냥에 열심히 노력하지 않을 수 없게 된다. 혹은 그 명수에게 다른 사람의 창을 맡긴다. 그가 그 창으로 잡으면 그 획득한 동물은 그의 것이 아니라 그 도구 소유자인 것이 된다. 결과적으로 고기는 명수 이외의 사람에게 건네게 된다. 야생동물 뿐만 아니라 가축에도 다양한 타부가 존재한다. 목축민에게 있어서는 가축은 은행에 맡긴 원금과 같은 것이며 이것을 소비하는 것이 아니다. 그 이자에 상당하는 유즙, 경우에 따라서는 피가 소비의 대상이 된다. 또는 종교에 의해서 육식의 제한이 가해진다. 이슬람교에 있어서 돼지고기, 힌두교의 소고기, 유대교에 있는 돼지고기와 낙타 등에 대한 금기, 불교에 이르러서는 모든 육식을 금한다. 일본은 이 불교의 영향에 따라서 오랫동안 네다리 짐승의 육식을 피해왔다.

그리하여 세계에서도 보기드문 생선을 주체로 하는 식사 패턴을 만들었다. 앞의 2가지에 대해서는 마빈 하리스가 이른바 문화 유물론 입장에서 돼지와 소를 먹지 않는 것이 결국에는 사람에게 유리하기 때문에 이들 육식을 타부로 했다고 논하고 있다(2). 또 유대교에서는 이 타입에 따라서 돼지와 낙타를 먹는 주변 사람들과의 차별화에 기여하고 있다고 Tani(谷)는 말한다(3). 어쨌든 이 타부는 식물성 식물(食物)에서는 볼 수 없는 육식이 보이는 특이한 현상이다.

식탁의 풍성함의 행방

인류는 맛있는 육식을 즐겨왔지만 육식은 바야흐로 인류에게 있어서 무거운 부담이 되고 있다. 고기를 먹기 위해서는 고기의 원재료인 동물에게 사료를 주지 않으면 안 된다. 가축사료의 대부분은 곡류이다. 곡류를 동물에게 먹여 고기로 바꾼다. 거기에는 당연히 큰 손실이 생겨 식료 확보가 금후의 중요한 문제로 되어 있는 지금, 이 손실의 문제는 간과할 수 없게 되었다. 고기를 대량으로 먹는 나라와 먹지 않는 나라, 고기를 별로 먹지 않는 나라 가운데에는 대개 먹는 상층계급과 먹지 않는 하층계급이라는 불평등이 진행되고 있다. 심지어는 보다 엄격한 대립이라고 할 수 있는 굶주리는 사람들과 고기를 포식하는 사람들과의 세트가 생겨나고 있다. 우리들은 경제적으로 윤택한 나라에 있으며 90%가 중류계급이라고 생각하고 있는 사회에서 살고 있다. 즉 포식하는 쪽이다. 「양심의 가책」을 느끼면서 식사를 즐기고 있다. 그러나 한편으로는 식료를 대량으로 수입하고 있는 나라이기도 하다. 이 나라의 식탁의 풍성함은 지금 잠깐의 환영일지도 모른다. 인구 증가와 식료 문제, 인류는 이것을 피할 수 없는 길 위에 있다. 이미 단순한 「양심의 가책」으로는 끝나지 않게 된다. 우리들 인류는 어떻게 이 문제를 해결할 것인가. 지금까지 써 왔던 방법을 계속 써서는 대처할 수 없다는 것은 확실하다. 그러나 우리들은 아직 새로운 패러다임은 찾지 못하고 있다.

한편 「식탁의 풍성함」의 컬러 페이지는 농경의 기원지인 서아시아에서 시작되어 동쪽으로 각각의 지역에 특징적인 맛있게 보이는 식탁을 볼 수 있게 된다. 눈으로 보는 것이지만 풍겨나는 그 냄새도 느꼈으면 좋겠다.

〔문헌〕

(1) 舟田詠子 1998 『パンの文化史』 朝日新聞社
(2) マーヴィン・ハリス 1998 『食と文化の謎』 板橋作美(譯) 岩波書店, 同 1990 『ヒトはなぜヒトを食べたか』 鈴木洋一(譯) 早川書房
(3) 谷泰 1984 『「聖書」世界의의 構成論理』岩波書店, 同 1997 『神・人・家畜』平凡社

식탁의 풍성함

식탁의 풍성함. 그것을 둘러싸고 앉는다. 이슬람의 식사 예법에서는 배의 띠를 졸라매어 많이 먹지 않도록 하고 손 안에 있는 것부터 먹지 않으면 안된다. (野町和嘉 촬영)

인도요리의 하나로 항아리형의 가마로 굽는 탄도르 요리가 있다 탄도르는 nan을 굽는 가마였으나 그 외의 것도 굽게 되었다. 탄도르 치킨이 유명하나 그것 뿐만이 아니고 여러 가지를 굽는다. 여기서는 콜리 플라우어를 굽고 있다(石毛直道 촬영).

라자스탄 근처의 도로변의 식당 식기는 스테인레스제 cottage cheese의 카레나 green peas의 카레요리 등이 나오고 있다. 인도에서는 채식은 간단하다. 여러 가지 종류의 채소요리가 있다(石毛直道 촬영).

식품재료를 파는 배뿐만 아니고 그 가운데에는 국수류가거나 걷거기(야로가스 국수를 밥에 끼얹어 한그릇 음식을 파는 가게)등의 음식을 파는 배도 있다(佐勝 촬영).

손으로 음식해서 입에 넣는다(森枝卓士 촬영).

大興安嶺(대흥안령)에 사는 에뱅크 족의 마른고기 그들은 순록을 기르고 있지만 사냥도 한다. 사냥에서 얻은 시베리아 엘크의 고기를 찢어 연기 아래 두고 훈제 비슷한 육포를 만든다.

뉴기니의 고산족은 군고구마 그리고 돼지는 즐겨 먹는다. 돼지를 통째로 돌판 위에서 요리를 해서 먹는다. 돼지기름이 군고구마에 스며들면 그 고구마의 맛은 특별하다.

페루 안데스의 향연 항아리에는 치차(옥수수술) 앞에는 구운감자와 쿠이(기니피그)가 보인다. 쿠이는 구대륙의 닭에 해당한다. 식용고기용의 작은 가축이고 집안에서 사육했다.

스페인의 카탈루니아의 파에리아 빵문화권안의 쌀요리 쌀을 익혀서 해산물을 더해 스프로 만든다. 프랑스어는 7바운스(스)라고 하면 바느틔어 하나 스(서즈)를 끼(ㅇ)ㄴ( ) 산드위(ㅊ) 가 가장 일반적인 것이다. 프랑스빵의 맛있음은 식욕을 돋군다. 빵을 먹을 때 에는 반드시 접시, 수저와 포크를 필요로 하지 않는다.

서아프리카 마소다라산 출신의 모호족의 남자들이 소고기를 굽는다. 단순하게 소금이나 고추를 찍어먹을 뿐이지만, 고기 요리는 역시 맛있다. 세계 어느 곳에서도 고기에 대한 취향은 변하지 않는다. [에구치 카즈히사 촬영]

제 3 부

지역의 식문화

제1장 중부 유럽의 식(食)의 문화

크라이나-요셉(Josef kreiner)

I. 촌락 수준의 식사에 한정함

주어진 과제는 「축제일과 일상의 식사에 있어서의 일본과 유럽과의 비교에 대하여」[1] 이지만 테마를 두 개로 한정한다. 그 중 하나는 일본과 유럽의 식사 문화를 촌락 level의 영역으로 묶는 것이다. 다시 말하면, 민속 문화, 혹은 기초문화 수준의 식사에 대한 말이다. 마을(시골)사람들의 식사 혹은 상류사회의 식사에 대하여 때때로 치우치는 것도 있으나 기본적으로는 유럽의 식사 이미지를 준다. 파리풍 요리 혹은 빈풍(비엔나) 요리의 것은 잊고 싶은 것도 있다. 또 촌락 수준의 민속 문화의 식사는 이미 문화 인류학의 관심사가 되고 있다. 특히 오랜 역사의 문화상(相)을 복원하기 위한 하나의 수단으로서 축제시의 식사, 하례의 식사, 혹은 환자의 식사, 아이들의 식사가 조사의 주목을 모았으나, 장래의 소위 글로벌 시대의 식사를 생각할 때 오히려 일반 서민의 식생활이 가장 문제로 되는 것이 아닐까 라고 생각하고 있다.

또 하나의 한정은 유럽 가운데 중부를 선택한 것이다. 유럽에도 다수의 민족·문화가 있으나 그 가운데서 자신의 생활 체험이 있는 지역을 선택했다. 중부 유럽은 다수의 민족·문화가 있으나 독일어의 지역에 해당한다. 다시 말하면 독일, 스위스, 오스트리아 그리고 지금 이태리령의 남티롤 등의 나라들이 범주에 있지만 자료의 사정으로 우선 제2차 대전 전의 민족 분포도를 기본으로 하고 있다. 또 폴란드, 체코 등도 식사 문화의 면에서 보면 하나의 문화권을 형성하는 것으로 공통되는 점이 특히 많다고 생각된다.

---

[1] 식의 문화 심포지움 '80 〈지구시대의 식의 문화〉에서 「축제의 식사·일상의 식사-유럽과 일본」이라 제목을 붙인 강연

중부 유럽을 테마로 선택한 이유는 또 하나 더 있다. 그것은 지금까지의 조사 연구의 현상이다. 식사를 문화 인류학, 민속학의 입장으로부터 연구하는 역사는 그리 오래된 것은 아니다. 특히 유럽에서는 이미 18세기부터 식사의 연구, 조사가 행해져 왔으나 그것들은 주로 의학의 입장, 물리주의(physicalism)[2])의 입장에서 행해진 조사뿐이다. 최근 점차 민속학적인 조사 연구가 드문드문 시작되고 있다. 또 문화 인류학, 민속학적인 식사 문화의 연구는 대개 중부, 북부 유럽에 한정되고 있는 실정이다. 흥미있는 것은 식사가 맛있는 프랑스, 이태리에서는 식사의 연구는 그다지 진행되어 있지 않다. 1971년에 행해진 제1회 유럽 식사 문화 심포지엄에서 어느 학자는 식사를 즐기는 곳에서는 그것을 연구대상으로 하지 않는다고까지 발언하였다. 그런데 중세 이후 근세, 현대에 이르는 유럽의 촌락 수준의 식사 문화의 변용에 들어가기 전에 유럽 민속 수준의 식사 문화를 둘러싼 기초적 조건을 얼마간 설명해둔다.

II. 식사는 부득이한 일의 중단

식사가 유럽 가치 관념 체계 가운데 어떠한 위치를 차지하고 있는가가 매우 큰 문제가 된다. 여러 조사로 그러하듯이 문헌을 보면 농촌 사람의 식사에 대하여 생각하는 방법은 대개 다음과 같은 말로 요약된다. 어느 농민은 「식사는 즐거운 것만은 아니다」라든가 「거기에 대하여 생각한 것이 없다」라든가. 그래서 가장 잘 돌아온 것은 「식사에 대하여는 타인에게 말하는 것은 아니다」라는 답이다. 그러한 것을 생각하여 종합하면 중부 유럽의 식사에 대한 생각하는 법은 적어도 식사는 「선(善)」은 아니고 오히려 「죄(罪)」에 가까운 것으로 보아도 좋다고 생각한다. 거기에 대한 설명의 하나는 그리스도교의 가치 관념에 의한 것으로 되어있다. 〈구약성서〉에 인간은 땀을 흘려가면서 자신의 식사를 취해야 한다고 하나 그것만으로는 설명이 부족하다라고 하는 것은 같은 그리스도교화 된 남유럽 특히 지중해 연안의 문화권에서는 반대로 된다. 그리스 혹은 이

---

2) 영어에서는 물질적, 또눈 물리적, 신체적이라는 뜻의 physical이라는 말로 나타내고 있다. 그 의미는 식물(食物), 식사의 문제를, 물질적, 육체적인 문제라고 파악하는 사고 방식을, 일시적으로 physicalism이라는 단어로 부를 수 있기 때문은 아니라고 생각한다. 전통적인 physicalism의 식물관에 대하여, 근대에 있어서 더 할 수 없는 강력한 뒷받침이 되었기 때문이지만, 보편적 과학으로서의 생리학이 되며, 또한 그 상위에 있는 영양학이다. 영양학은 개인으로도 사회적으로도 유용한 결과를 낳을 수 있다는 것은 말할 것도 없다. 식사문제를 이 정도까지 단지 physicalism이라고 하는 현대 풍조에 대하여 특히 흥미를 자아내고 있다.
[梅棹忠夫 1982 「食と文明」 石毛直道(編) 『食の文化シンポジウム '82 地王求時代の食の文化』 pp. 15-16 より抜粋]

태리, 프랑스 등 라틴계 문화권에서는 식사는 매우 즐거운 것, 시간이 걸리는 것, 또 사람들 앞에서 식사를 하는 외식도 많이 변한다. 장소가 중부 유럽, 특히 북독일 쪽으로 가면 식사 때에 타인의 집에 가는 것은 가장 실례되는 것으로 취급하고, 밖으로 식사를 하러 가는 것은 분에 넘치는 것으로 하여 외식의 습관은 별로 없다. 지금까지도 독일 특히 마인강에서 북쪽 지방으로 가면 레스토랑은 주로 프랑스인이나 이태리인이 그래서 최근은 터키인도 경영하고 있다. 중국인 상점도 많다.

식의 가치관3)

이시게(石毛) : 문화라는 것은 사람 홀로 인간의 머릿속에 있는 가치관의 의미입니다. 예를 들면, 여러 일본인 사회는 여성에 의한 음식물 선택권이 매우 강한 사회입니다. 그렇게 되면 부엌에 도마나 칼이 없는 생활이 인간에게 있어 진보냐 퇴보냐 하는 점을 우리들에게 묻기보다는 오히려 그런 가치관을 가진 여성 한사람이 어떻게 생각하느냐 하는 문제라고 생각합니다.

클라이너 : 말씀하신대로 식사에 대한 생각은 각각 문화의 가치 관념 속에서 형성되는 것이고 또 그 문화 속에서 지방색에 따라 상당히 달라집니다. 예를 들면 같은 긴키권(일본 중서부지역)에 있는 오사카와 교토는 식도락과 의복도락이라는 식으로 전혀 대조적입니다. 유럽의 경우를 보면 오스트리아 사람들은 자신의 소득 대부분을 식사를 위해 쓰고 있지만 독일 사람들은 그에 비하면 3분의 1 밖에 쓰지 않습니다. 오히려 집과 가구를 위해 쓰고 있습니다. 하지만 그것은 각자 개인의 생각에 맡길 수밖에 없다고 생각합니다. 결국 인간은 식사에서 평생의 행복을 찾느냐, 또는 다른 것에서 찾느냐하는 문제일 겁니다.

III. 식사시간에 남의 집에 들어가지 말지어다

이런 사고방식은 기독교에 교화되기 이전부터 게르만 문화의 세계에 뿌리를 두고 있다고 생각된다. 식사 때에 남의 집에 들어가면 안 된다는 사고방식에는 식사의 사회적인 역할이 무엇인지를 생각하게 한다. 그렇기 때문에 우리들의 조사, 연구에도 커다란

---

3) 石毛直道(편) 1982『식의 문화 심포지움 '82 지구시대의 식의 문화』pp.250에서 발췌.
　石毛直道(국립민족학 박물관 조교수)

장애가 생긴다. 조사자에게 자기 가정의 식사 내용을 밝힌다는 것은 심리적인 벽이 있기 때문에 좀처럼 쉽지가 않다. 예를 들면, 그것이 자기 가정의 자랑이 되어버릴 우려도 있고, 또 너무 초라한 상황도 말하고 싶지 않은 심리에서 그저 그렇다고 하는 말로 얼버무리는 경우가 많아 확실한 대답을 얻어내기가 어렵다.

사회의 기본은 가정이며, 가정의 기본은 식사다. 독일어에는 가정을 식탁 공동체라고 표현하는데 이는 식탁을 둘러싼 인간 공동체라는 뜻이다. 식탁 공동체의 범위에 들어가는 것은 북부 독일에서는 핵가족으로 구성되어 있기 때문에 예부터 부모와 아이들로 제한되어 있다. 예를 들면, 동엘버의 대농장에서 일하는 사람들도 식사 때에는 자기 오두막으로 돌아가 가족과 함께 식사를 하고, 농장 대지주도 자기 집으로 돌아가 가족과 함께 식사를 한다.

구 서독, 마인강에서 남쪽 슈바벤, 바이에른지방, 또는 스위스, 오스트리아, 남티롤을 포함한 남부 독일지역에서는 식탁 공동체는 좀 더 범위가 커진다. 즉, 가족 이외에도 고용인도 모두 같은 식탁에 앉아서 식사를 한다. 경우에 따라서는 10명 내지 20명이 함께 식사를 한다. 고용인은 계약 관계로 일시적으로 그 집에 있는 사람들이 대부분이기 때문에 계약이 연장되지 않으면 다음 해에는 다른 집 식탁에서 식사를 하게 되므로 그 집에 관한 이야기가 다른 집에 흘러 들어갈 우려가 있다. 그렇게 때문에 남독일에서는 식사에 공을 들이는 경우가 많다. 남의 이목이 신경 쓰이기 때문에 어쩔 수 없는 것이다. 즉, 그 식사를 하는 공동체가 식사 내용에 영향을 미치게 되는 것이다.

IV. 식사를 배급하는 권리는 주부에게

식탁 공동체로서의 역할을 보게 되면, 여성의 입장이 상당히 높다. 여성이 요리를 만드는 입장에 있기 때문에 식탁에서의 권리도 생겨나게 된다. 유럽 농촌 수준에서는 가족에게 식사를 배분하는 역할은 주부에게 있다. 빵을 자르고 고기를 자르는 것도 여성이 하고 절대로 가장의 역할이 아니다. 하지만 손님만은 자기 식사를 직접 접시에 옮길 수가 있었다.

여성의 역할을 지역적으로 보게 되면 남부 지방에서는 여성도 함께 농사를 짓기 때문에 상당히 부담이 크다. 농사일 외에 식사 준비도 해야 하기 때문이다. 그것은 20명에 달하는 대규모 식탁 공동체를 위한 준비이기 때문에 상당히 바쁜 날들을 보내고 있다. 그래서 식사 내용도 획일적이었으며 익숙한 요리만 만들게 된다. 이와는 대조적으로 북부 지방에서는 일반적으로 주부는 농사일에 관여 안하고 가사일에 전념하고 있기 때문에 식사 내용도 다양하고 화려하다.

　식탁에서의 남성의 권리는 거의 없다고 해도 좋다. 조사 단계에서 남성들은 대부분 「남자는 식사에 대해 할 말이 없다」라든가, 「발언권이 없다」든가, 「뭘 원한다든지 뭘 먹고 싶다든지 집에서는 말할 수 없다」라고 대답한다. 한편, 자세히 조사해보면 일본에는 「어머니의 맛」이란 맛이 있는데 남성들은 대부분 어머니의 맛의 범위에 벗어나지 못해 언제까지나 어린 시절 때부터 익숙한 맛을 요구한다. 예를 들면, 아직까지 집에서 직접 빵을 굽기 원하는 것이 남성들이다. 남성들이 집을 비우면 여성들은 빵집에 가서 빵을 사온다. 즉, 자신의 일을 가능한 적게 하려는 여성의 입장에서 하는 행동이다. 남성은 원래 해오던 대로의 것을 요구하지만 여성은 요리를 하는 당사자로서 늘 진보적인 사고를 가지고 있다. 그런 의미에서 앞으로의 글로벌 시대의 식사는 여성들에게 어떻게 호소하느냐에 달려 있다고 할 수 있지 않을까.

만드는 사람, 먹는 사람[4]

카프카 : 여성이 고기를 자른다고 했는데 영국에서는 고기를 자르는 것은 남성입니다. 교양있는 사람임을 과시하기 위해서도 남성은 고기 자르는 법을 몰라서는 안 됩니다. 그렇게 때문에 남성과 여성의 역할은 그 나름대로 다르다고 생각합니다.

클라이너 : 물론 지적하신 대로입니다만 제 이야기의 핵심이 되고 있는 농촌 문화에서는 교양 같은 건 아직 문제시되지 않고 있습니다. 그리고 지금의 문제를 좀 더 일반화시켜 나가면 오히려 성의 역할보다도 만드는 쪽과 먹는 쪽으로 구분 짓는 것이 좋을 것 같습니다. 만드는 쪽에는 호기심이 많습니다. 하지만 먹는 쪽에는 이것저것 새로운 것을 도입하고자 하는 노력이 엿보입니다. 그것은 요리 분야에서만 국한한다는 것이 아니라 모든 문화적인 면에서 그런 현상이 엿보입니다.

문화는 크게 정신 문화와 물질 문화로 나눌 수 있습니다. 그리고 요리 자체는 거의 그 경계부문에 있는 게 아닐까요? 물질 문화에 가깝지만 물질 문화로서는 단기간 밖에 존재하지 못합니다. 만들면 바로 먹어서 없어져 버립니다. 그리고 만드는 과정은 몇 번씩이나 반복되어서 식사는 몇 번이나 다시 만들어집니다. 그런 의미에서는 정신 문화에 가까운 요소가 나타난다고 생각됩니다.

---

4) 石毛直道(편) 1982 『식의 문화 심포지움 '80 지구시대의 식의 문화』 pp. 219-220에서 발췌.
　B. 카프카(요리평론가, 외식산업 컨설팅회사 사장)

V. 요일과 식사

앞에서 남 독일에서는 식사내용이 획일적인 것이 많다고 언급하는데 그것은 유럽에서 보여지는 시간 구분제에 의한 것이라고 생각된다. 시간 구분제란 예를 들면, 일주일이란 단위(원래 일본의 전통적인 농촌사회에서는 없었던 구분제), 그 한 주 안에 특히 일요일과 금요일이 있으면 일요일에는 일을 하지 않는다. 하지만 일요일은 축일이 아니기 때문에 어떤 종류에 특별한 식사는 하지만 성찬은 아니다. 또, 금요일은 기독교 영향으로 금욕의 날이기 때문에 화려한 식사는 결코 할 수 없는 단식의 날이다. 수요일도 비슷하다. 그런 의미에서 금요일 이외의 요일도 점점 획일적인 식사를 하는 관습이 생겨나게 되었다. 월요일에는 이것 화요일에는 저것이라는 식으로 정해 놓음으로써 일의 수순이 상당히 빨라져서 주부는 분주함을 조금이라도 완화시킬 수 있다. 이렇게 일주일 식사를 정하는 제도는 남독일, 스위스, 오스트리아에서 상당히 자주 보여 지는데 북쪽으로 가면 그다지 그런 현상은 안 보인다.

<표 1-A> 일상의 식사 20세기 오스트리아 산촌의 메뉴 예
(Nieder österrich루 Nestelber 촌)

요일	식사	1900년경		1970년경	
		요리명	개요	요리명	개요
월	아침 (이하 동일)	stoβsupe	산미가 있는 밀크(또는 산미가 있는 생크림)에 meringue (머랭) 가루를 녹여 넣어 가열한 농도가 있는 스프	kaffe	커피
		Brot	검은빵	Butter, Brot	버터와 빵
		Milch	우유		
	점심	Kraut(Salat)	양배추초절임을 푹삶은 것 (여름에는 레터스샐러드)<a>	Suppe	소고기뼈로 만든 건더기가 들어있는 스프
		Sterz[2)	맥류로 만든 죽	Mehlspeise mit Gemüse	머랭 가루도 만든 단자류에 푹삶은 채소(카브, 시금치, 그린피스)를 넣은 것<C>
		Spatzen	머랭 가루를 반죽하여 단자로 하여 기름에 볶은 것		
		Dörrobst-Mus	<a>와 동일		
		Suppe	물(또는 우유)로 만든 스프	Brot	흑빵
				Wurst	소시지류
화	점심	Kraut/Rüben	<a>와 동일		

		Koch	머랭 가루(또는 이스트를 옥수수가루)를 우유(또는 물)를 넣어 끓인 요리<b>	Fleisch	돼지고기를 구운 것(또는 우엉 등 뿌리류와 함께 푹삶은 것)<d>
수	점심	Kraut/Rüben	<a>와 동일	Mehlspeise mit Gemüse	<c>와 동일
		Koch	<b>와 동일		
목	점심	Kraut/Rüben	<a>와 동일	Fleisch	<d>와 동일
		Koch	<b>와 동일		
금		Kraut/Rüben	<a>와 동일	Knödel (Geselchtes Fleisch)	작은 네모로 자른 빵과 머랭 가루로 만들어 삶은 단자(또는 훈제고기를 삶은 것으로 대체)
		Schiftl	머랭 가루에 이스트를 섞어 능형으로 만든 단자(Raunken)를 라드에 올린 것	Sterz	보리와 밀로 만든 죽(오스트리아 동남부에서는 옥수수가루를 사용·)
토	점심	Kraut/Rüben	<a>와 동일	Knödel (Geselchtes Fleisch)	작은 네모로 자른 작은 빵과 머랭 가루로 만들어 삶은 단자(또는 훈제고기를 삶은 것으로 대체)
		knödel	머랭가루로 만든 단자를 삶은 것		
일	아침	Feigenkaffee	치커리 뿌리를 말려서 가루로 낸 대용커피	Bohnenkaffee	커피두로 만든 커피
	점심	Kraut/Rüben	<a>와 동일	Rindsuppe	쇠고기 뼈로 만든 아무것도 넣지 않은 스프
		Geselchtes Fleisch	훈제고기를 삶은 것	Schnitzel (Brathuhn)	비엔나 풍의 돈까스(또는 닭고기 구이)
		Dörrobst	말린 과일	strudel, Kuchen	겨자열매, 사과 등을 알맹이로 넣은 과자
				Kuchen	크림류를 사용하지 않고 만든 케익(또는 구젤훗푸후)

1) 요리나 그 명칭은 시대, 지역에 따라서 여러 가지가 있지만, 대강 같은 요리를 제시했다.
2) Sterz : 주로 오스트리아의 알프스지방에서 사용되는 명칭. 이 요리에서는 곡물로 지역에 따라서 옥수수도 사용되는 것이 특징
3) Mus : 과일을 삶아서 흐믈흐믈한 상태의 것
4) Koch : 푹 끓인 요리의 일종, 이 경우에는 항상 곡물이 사용된다.

Ⅵ. 연중 행사와 식사

일본과 비교하면 중부 유럽에서는 생 채소, 날 것을 먹는 관습은 별로 없고 물론 사계절은 있지만 계절감이 식사 문화에 나타나지는 않는다. 그 대신 연중 행사가 유럽의

민속 문화에 계절감을 나타내고 있다. 표2에서 보여지듯이 그 특징의 첫 번째는 크리스마스, 부활제 등 큰 축제 전 몇 주 동안은 식사량을 줄이고 축제날에는 성대하게 만찬을 즐긴다.

두 번째는 연중 행사 중에서 이틀 동안 계속되는 중요한 축일 즉 만성절과 만령절, 12월의 크리스마스, 현현일, 1월 6일, 그리고 사육제, 봄의 부활제, 초여름의 성령강림제 등의 전에는 반드시 돼지를 죽이고 고기를 준비한다. 여기서 말하는 고기란 신선한 고기로 독일어로 묘한 표현을 해서 그린 고기(grünes Fleisch)라고 일컬어진다. 그린 고기를 먹는 것은 상당히 사치이며 그것을 기대하며 기다린다. 그리고 돼지를 죽이며 신선한 고기를 먹을 뿐만 아니라 소시지를 만든다. 소시지는 보존식이기는 하지만 피를 응고시킨 소시지도 있어 이것은 보존할 수 없는 내장, 간, 뇌 등이 축제 전야 식탁을 장식한다. 이렇듯이 유럽의 계절감은 채소라든가, 과일에서 얻어지는 것이 아니라 고기로 인해서 얻어지는 것이다.

<표 1-B> 축일, 장례시 식사
20세기 오스트리아 산촌의 식단 (Niederosterreich주 Nestelberg촌)

요리명	개요
Kraut/Ruben	초양배추(또는 우엉) 삶은 것
Suppe/Rindfleisch	소뼈로 만든 스프(또는 소고기 삶은 것)
Schweinsbraten	돼지고기를 덩어리째 구운 것
Koch	죽
Krapfen	튀긴 빵

1) 축일로는 크리스마스, 사육제, 일요일, 부활제, 성령강림제, 만성절, 결혼식 등

<표 2> 중부 유럽의 중요한 연중 행사

시기	행사(명)	적요
11월 1일	만성절	케른 등의 라인지방에서는 이날 [사육]이 생긴다.
2일	만령절	
11일	성마르틴제/성루치아	
11월 하순-크리스마스전 4주간	대강제(애드벤트)	금욕기간
12월 24일	크리스마스이브	
25일	크리스마스	
26일	성스테판(키르시마스)	
31일	그믐날	
1월 1일	새해	
6일	현현일(顯現日, 정교 크리스마스)	[동방박사 3명이 각 집을 방문 축복한다.
1월 6일-	사육제(카니발=파싱)	최종 일요일=사육의 일요일

재의 수요일		최종 월요일=장미의 월요일 최종 화요일=제비꽃 화요일
재의 수요일- 부활제(46일간)	사순절	금욕, 부활제 전 1주일은 특히 엄하다. 금욕을 한다.
3월 24일-4월 28일 사이	부활절	춘분 후 최초의 보름달 다음 날, 월요일
5월 1일 또는 5월 중 일요일	5월 축제	
부활제부터 40일째날, 목요일	승천제	
부활제부터 7번째날, 월요일	성령강림제	
성령강림제부터 10일째 목요일	성체절	
7월26일	성요하네	하지(화분신사, 火焚神事)
가을 9/10	수확제	

1) 축일이 2일 이어지는 주요 행사. 그전에 농가에서는 돼지를 도살한다.
2) 금욕기간 중에는 육식을 피한다.
3) 부활절 전 46일째 수요일, 신자가 얼굴에 재의 표식을 받고 통회의 표식으로 삼은 것에서 유래된 명칭

VII. 보존식을 만들다

일상 식사를 위한 식료품은 대부분 보존식으로 해서 저장한다. 예를 들면, 고기는 훈제나 소시지로 지방은 라드로 만들어 보존할 수 있다. 농촌 수준에서는 채소라고 하면 양배추와 무 등 한정되어 있으며 이것들은 식초 절임으로 만든다. 우유 제품은 사와밀크(농축시켜 발효시킨 우유), 또는 치즈, 버터로 가공한다. 버터는 좀 더 오래 보존시키기 위해 한번 녹여 거친 밀가루를 섞어 버터와 섞인 밀가루가 밑으로 가라 앉는 것을 기다려서 그 위에 맑은 부분을 응고시킨다.

이것을 독일에서 버터의 라드라고 한다. 그리고 조금이라도 수분을 제거해두면 일 년 정도 보존이 가능하다. 과일을 말리든지 과즙을 짜서 쥬스를 만들고 또 그것을 발효시켜 머스트(과실주)를 만든다. 또는 식초를 만들거나 증류주를 만든다. 그래서 각 가정에서 이런 보존식을 만들기 위한 작업장이 필요하게 된다. 또 그 보존식을 보존하기 위한 장소도 종류에 따라 복잡한 설비가 필요하다. 일본에서는 쌀, 또는 된장, 간장을 위한 창고가 있는데 독일에서는 창고 뿐만이 아니다. 콩류, 곡물, 건과류, 훈제육 등을 두는 다락

방 또는 감자, 사과, 양파, 마늘, 양배추, 와인 등을 저장하는 지하실 또 와인, 머스트를 두기 위한 옥외의 지하실 등이 있다. 또 부엌 바로 옆에는 매일 사용하는 밀가루, 달걀, 라드, 우유, 버터, 빵, 소시지, 과일 등을 보존하기 위한 특별한 방을 만들어야만 했다.

Ⅷ. 유럽의 부엌-아궁이의 변천

19세기 초의 부엌은 '연기가 가득한 부엌(Rauchkuche)라고 하여 아궁이는 사진1과 같이 장작을 쌓아 놓고 불을 붙이는 형식이었다. 쇠고랑(자재구, 自在鉤)에 냄비를 걸어서 삶거나 조리거나 또는 오덕(五德 : 불 위에 올리는 삼발이 비슷한 받침) 위에 프라이팬을 얹고 볶거나 굽거나, 지지는 작업을 하였다. 이 형태는 유럽 어느 곳에서나 볼 수 있고 지역에 따라서는 1850년대~80년대까지 있었다. 이것은 일본의 전통적인 농가의 부엌과 거의 다름이 없고 요리법도 크게 다르지 않다. 부엌에는 연기가 가득차고 겨울에는 천정에서 타르가 떨어지는 상태까지 되므로 다 된 요리는 옆방으로 옮겼다. 거기서 가족들이 기다리고 있어 모두가 커다란 그릇에 둘러 앉아 스푼으로 식사를 덜었다. 고기와 빵은 나이프로 썰고 나머지는 스푼으로 해결되었다. 그러한 식사 더는 방법은 1930년대까지 오스트리아와 남독일, 스위스 농촌과 산촌에 남아있었다.

<사진 1> 연기가 가득한 부엌(독일 벨스타바르트 지방, 1744년 지은 농가)
왼쪽은 아궁이 (필자 촬영)

일본에서는 밥그릇, 국그릇 등은 작은 개인 그릇에 담아내므로 전혀 다르며 또한 그릇을 상에 담아내는 것도 다르다. 17세기 초에 중부 유럽에서 일본을 방문한 사람들의 여행기5)를 보면 칠기나 자기를 각각 지니고 있는 것에 대하여 놀라고 일본 서민은 유럽 귀족층의 식사를 하고 있다고 기록하였다.

18세기 말, 19세기에 들어서면 지방에 따라 시대는 다르지만 새로운 렌지, 즉 'sparherd'가 발명되어 보급되었다. 이것은 아궁이에 장작 또는 석탄을 연소시켜서 열을 내므로 그때까지 옆에서 횡으로 받는 화력이 아니고 밑에서 올라오는 열을 이용하게 되었다(사진2). 그래서 처음으로 삶거나 조리는 것이 편하게 되었으므로 냄비요리가 갑자기 많아졌다. 그리고 냄비의 형태가 그때까지의 높이가 깊은 것에서 낮고 평평한 것으로 바뀌었다. 또한 새로운 렌지는 오븐도 붙어있어 고기나 과자를 회전불로 구울 수 있게 되었다. 그것은 육식의 보급에도 큰 영향을 주었다고 한다.

새로운 모양의 렌지는 연기가 없으므로 방안을 데우기 위하여 렌지가 있는 부엌이 거실과 겸용이 되고 말하자면 리빙키친이 되었다. 단 남독일에서는 변함없이 요리를 냄비 채 식탁에 냈다. 육류는 먼저 썰어서 식탁에서 주부가 각자의 접시에 나누어 주었다. 개인접시가 남독일에 들어간 것은 16세기 무렵 네덜란드로부터 전해졌다. 포크는 17세기 이탈리아로부터 독일 귀족사회에 전해진 것이지만 18세기에는 서민사회에 현대의 식사 예법 원형이 대강 정해지게 되었다. 그러나 이런 부엌의 변화에 따라 여성의 역할도 바뀌고 남성 앞에서 요리를 하게 되므로 남성도 요리를 돕는 가능성이 생겼다.

<사진 2> 19세기 렌지(오스트리아 슈타이야-마르크주) (필자 촬영)

앞에서는 식사는 집안의 것이라고 썼지만 역시 손님을 맞는 날도 있다. 일요일 오후 손님께 커피를 초대하는 것이 있다. 이는 주부의 솜씨를 자랑할 수 있는 유일한 기회가 되어 토요일부터 준비하여 아주 맛있는 과자를 내놓곤 하였다. 또한 거꾸로 다른 집에 초대 받아 간 곳에서 새로운 과자를 배워서 돌아와서 자기 집에서 만들어보게 되었다. 그리하여 과자 종류가 만드는 법이 점차 발전하여 보급되었다.

---

5) 1625년 히라도(平戶)에 온 오스트리아 귀족 (Ch. F. Fernberger의 항해기록(미발표))

IX. 결혼식의 식사

농촌수준에서 가장 성대한 식사를 먹을 수 있는 기회는 말할 필요 없이 결혼식이다. 결혼식은 옆집 사람들도 준비를 도와주고 다른 곳에서 오시는 손님도 많으므로 진수성찬을 차려야하는 압박감도 있다. 중세부터 결혼식의 음식이 점차 성대하게 되고 근세에 들어서 지배자 또는 교회로부터 가끔 금지되기도 하고 마을에 따라서는 5코스로 한정하는 등의 규칙이나 제약이 있었다.

이러한 경향은 일본은 마츠리(축제)에서도 비슷하다. 예를 들어 일본에서 궁좌(宮座)제도 두옥(頭屋)제도가 있어 당번째가 돌아오면 1세 1대의 대역을 하여 좌(座)의 식사 음복잔치를 성대하게 하고 싶은 강한 희망에 대하여 지배자인 고관(원로대신)이나 촌락의 장으로부터 또는 마을 사람들로부터 절약하자는 문서가 많이 나온다.

<사진 3> 네덜란드 요우르 결혼식(커피에 스넥과 과자)(芳賀日出男 제공)

그런데 유럽에서는 이같이 성대한 식사를 먹는 것은 가정 안에서 밖으로 즉, 여인숙(Wirstshaus)으로 옮겨지게 되었다. 여인숙은 어느 마을에서나 있고 그곳에서는 여행객이 머물거나 저녁이 되면 마을 사람들도 모여서 마시거나 또는 일요일 오전에는 미사를 끝낸 후 남자만이 모여서 단락(團樂)을 하거나 그곳에서 가벼운 식사를 할 때도 있다. 여성은 여인숙에 가는 일이 거의 없지만 결혼식에는 참석한다. 이 여인숙의 여주인은 거의 젊을 때 도회지로 떠나 외지에서 돈벌이를 하고 조리나 접객의 경험을 쌓았다. 이같이 도회지에서 배운 요리를 마을에 가지고 돌아옴으로써 상류사회 식사가 마을에 퍼지게 되었다.

X. 근세 초기는 고기의 섭취량이 많다

식사의 변천에 대하여 어떠한 원리가 바탕에 있는가하는 문제에 대하여 구체적으로 사례를 들어 생각해 보려고 한다.

1500년대 중부 유럽의 농촌에서 식사 상태를 간단히 설명하면 주식(主食)은 수수, 마침 당시 러시아에서 들어온 메밀, 그리고 연맥, 그 밖에 맥류나 두류이다. 그것들은 죽 상태로 끓인다. 그것만 들으면 상당히 빈곤한 식사로 생각되지만 실은 이것에 고기를 넣어 죽 상태가 될 때까지 끓인 곰국[6]이다. 한 해에 1인 약 100kg 고기를 먹었으므로 상당히 많은 고기를 섭취한 것이다. 바꾸어 말하면 3인 가족이 하루에 1kg 정도 하였다고 한다. 주로 돼지고기이고 조류와 현재 먹지 않는 족제비와 같은 작은 동물이나 소고기도 많이 쓰여 졌다. 소고기는 폴란드와 헝가리로부터 사왔다.

소고기는 기본적으로 삶거나 오래 끓였다. 전형적인 빈에서의 성찬은 타펠슈필츠(Tafelspitz)라는 것으로 소의 우둔살은 삶은 요리로 현재에도 남아있다. 또는 농촌에서는 일요일 성찬인 부르첼풀라이슈(Wurzelfleisch)는 소고기를 우엉과 같은 뿌리 채소와 함께 조린 요리이다. 이것은 중세 때 만드는 법이 지금도 남아있다.

빵은 그 시대에는 거의 전해지지 않은 사치품이어서 겨우 북부 독일, 네덜란드 국경 주변에서 빵에 버터를 조금씩 발라서 먹는 식사 형태가 시작되었던 것이다.

그 시대 중부 유럽의 식사에 영향을 미친 것은 주로 동유럽이다. 그곳에는 메밀, 오이, 소고기가 들어왔다. 또한 이탈리아로부터 들어온 것은 이태리어 그대로 '샐러드'로 날 양상추에 식초를 끼얹어 먹는 것은 이탈리아의 습관이었다. 이밖에 날 채소를 먹는 습관도 지중해 연안에서 북독일로 들어간 것이다. 지금까지도 빈에서부터 남독일에 걸쳐서 생채소 샐러드를 먹는 습관이 있다. 북쪽으로 가면 날채소를 거의 먹지 않는다. 더구나 아메리카 신대륙으로부터 온 새로운 식품인 토마토, 옥수수, 사자 등도 이탈리아를 경유하여 중부 유럽에 전해졌지만 초기에는 귀족 사회에 한정되었고 농촌에 파급되지 않았다.

그림1은 1900년경 상태로 정리한 독일 민속분포도의 하나로 근세 초기에 상황을 확실하게 알 수 있다. 즉, 채소를 곤죽으로 끓인 주식(Eintpof)은 거의 북부지방에만 분포되어 있다. 날 채소를 샐러드로 먹거나 무나 양배추를 날로 먹거나 초절임 양배추를 먹는 습관은

---

[6] 북독일에의 아인토푸(Eintopf)라는 곰국이다. 이것에 관한 매우 재미있는 이야기가 있다. 오스트리아 병합(1538)때 오스트리아가 거의 굶주리고 있을 때 독일의 원조를 기다렸는데, 곤죽이 들어있는 냄비를 잔뜩 실은 열차가 빈에 들어왔다. 빈에서는 이것을 끓였지만 빈 사람들은 곤죽을 먹지 않았다. 그래서 전부 이것을 돼지에게 먹이고 이 곤죽 먹인 돼지를 돈가스(Pork Cutlet)로 먹었다는 이야기가 있다.

중부, 남독일, 오스트리아에 압도적으로 많이 있다. 이 지도는 체코에도 군데군데 적혀 있다. 독일어계 주민을 가리키고 있지만 체코 전체를 같은 식사문화권에 속하고 있다.

XI. 분식이 들어가게 된다

근세에 들어서서 인구가 급격하게 증가되어 소 등을 키우는 장소가 없어졌다. 오히려 작물을 만드는 편이 많아지게 되었으므로 이 시대에는 육식이 급감하였다. 이 변화는 도시부 보다는 농촌 수준에서 강하게 나타난다. 예를 들어 부모 세대에서는 고기가 넘쳐흐르도록 있었으나 자식 세대에는 지주가 되어도 옛날 고용인들이 먹지 않던 질이 나쁜 것을 먹게 되었다는 매우 인상 깊게 쓰인 기록이 있다.

<표 3-1> 남독일, 바이에른 지방의 메뉴 예   Shift Indersdorf 1493년 (수도원 농장)

계절	식사	요리명	개요
여름*	아침	Wassersuppe mit Schmalz	밀가루를 물로 풀어 넣어 가열하여 만든 매우 묽은 스프로 라드를 섞으면서 먹는다.<e>
	점심	Gerste, Kraut	삶은 보리에 초절임 양배추를 넣어 푹 끓인 것을 곁들인다.
		Milsch	우유
	저녁	Milschsuppe	우유에 밀가루를 섞은 스프
		Kraut	초절임 양배추
		Milch	우유
	아침	Wassersuppe mit Schmalz	<e>와 동일
		Mus	보리죽
	점심	Gerste	삶은 보리
		Kraut	
		Buttermilch	우유를 농축한 것
	저녁	Milschsuppe	우유에 밀가루를 섞은 스프

* 고기는 부활절과 성령강림제 기간은 월, 수, 목 마다 돼지고기 1Kg(약 20인분), 크리스마스에서 사육제 기간은 1인 1주일에 돼지고기 6kg 정도를 초절임 양배추를 곁들였다. (자료 J Schildle Mitteclaterliche Dienstbotenkost und "Verhrungen"aus dem Indersdorfer Ehaltenenbuch von 1493, In ; *Heimat und Volkstum* 17, Jg. 1939, pp. 209-210)   * 4월 29일부터 9월 29일

1550년대 부터는 고기 없는 식사가 급격히 많아지고 특히 남부에서는 이 변화가 심하였다. 그리고 대가 바뀌면서 이들 지방에서는 이른바 멜슈파이젠(Mehlspeisen)류, 밀이나 또는 다른 작물의 가루로 만든 식사가 주식이 되었다(표3-1). 예를 들어 모든 크뇌델(Knodel, Klosse) 즉 단자, 슈퍼첼(Spattzel) 즉 우동과 같은 것이 있다. 여러 가지 죽(Sterz), 남쪽에서는 폴렌타(Polenta)라고 한다. 한편 죽 다음에 나오는 것은 기름에 구운(Schmarren) 요리로 그것들이 중심이 되었다. 예를 들어 프랑스의 크레프, 독일에서는 그것을 두껍게 구운 프판쿠헨(Pfannkuchen), 빈에서는 체코로부터 들어온 파라쉬켄(Palatschinken)과 같은 것, 전부 이 전통에 속한다. 이것들의 많은 경우 과자로서 현존하고 있다. 알프스로부터 빈까지 분포하고 있는 구겔호프(Guglhupff 과자빵) 또는 스트루델(Strudel 사과 등의 과일을 넣은 과자) 등은 이 예로 들 수 있다.

고기를 먹을 수 없게 된 상태를 나타내는 또 한가지 예로 들자면, 남스위스의 키나 지방에서 1910년경 일요일에 소시지 1개를 먹을 수 있는 것은 아버지로 한정되었고, 다른 가족은 모두 죽(포렌타)이 주식이고 빵조차 사치품이었다. 1910년까지 밀빵은 병인식이었고 도시화가 진전됨에 따라 암스테르담 등 근린 도시의 교역 덕분에 고기 식사가 가능하였고 농민들도 채소 고음국에 고기를 넣어서 먹게 되었다.

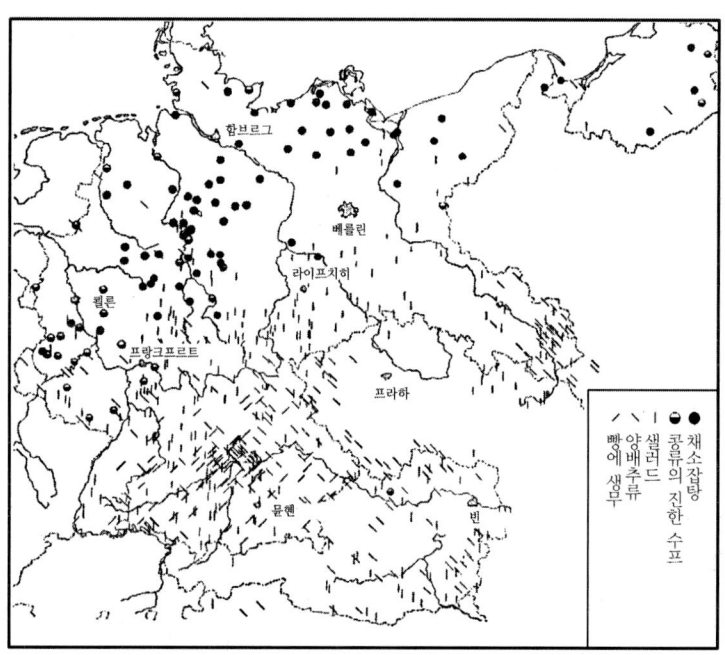

<그림 1> 일상의 식사(주식) [문헌(13) · 그림 25에 의함]

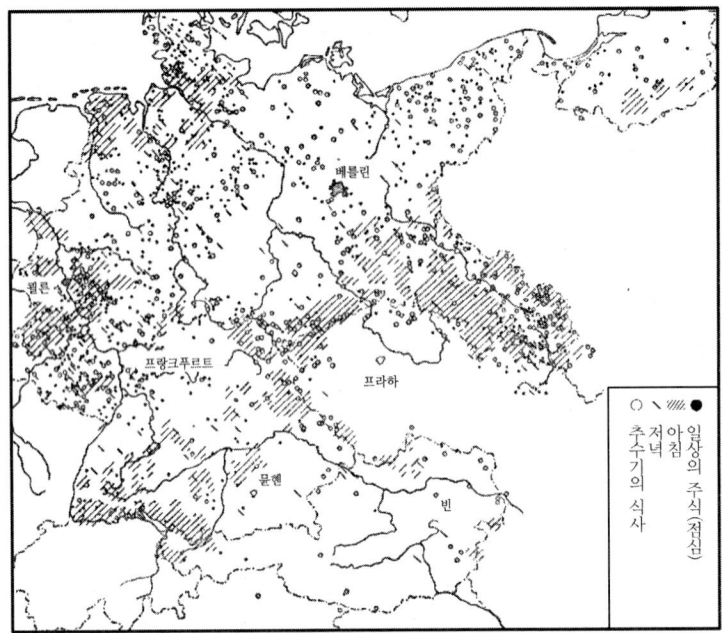

<그림 2> 일상 식사로서의 감자 [문헌(13)·그림 2에 의함]

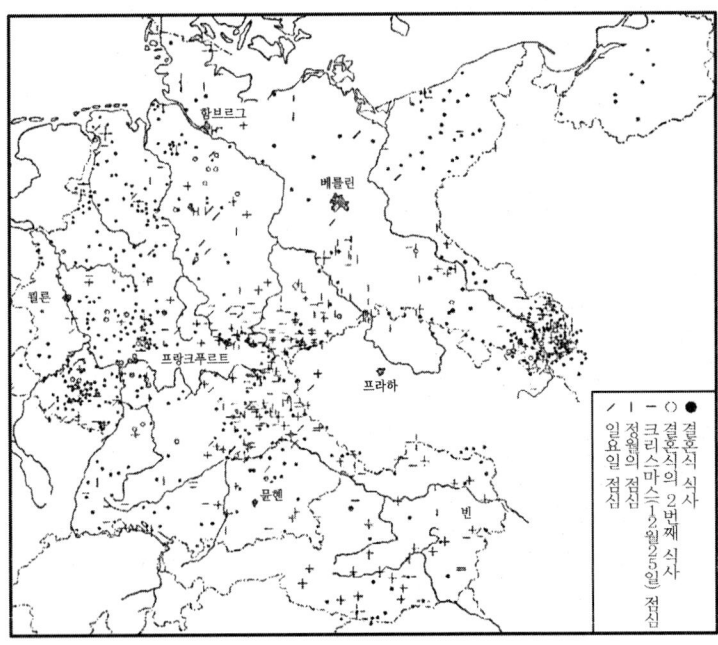

<그림 3> 하례의 식사로서 감자 [문헌(13)·그림 3에 의함]

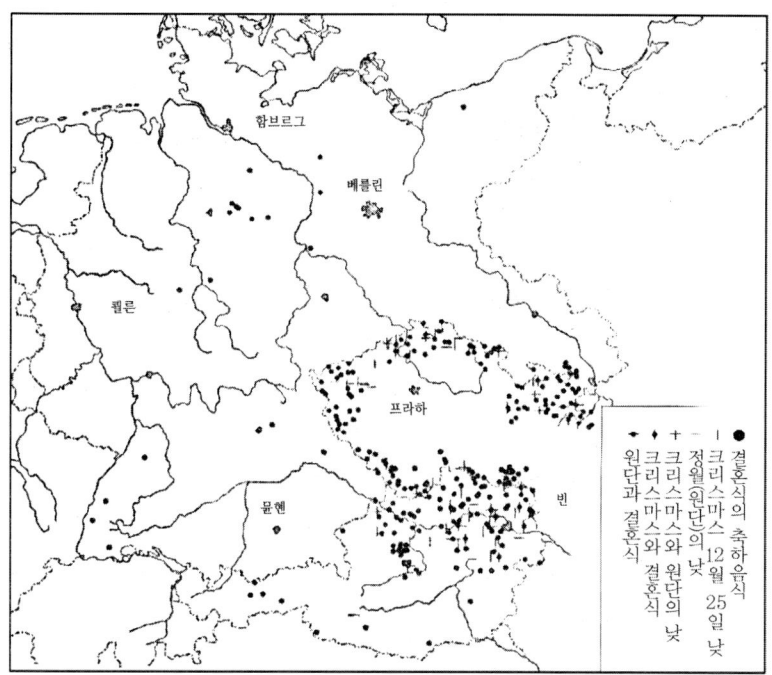

<그림 4> 하례의 식사로서 빈풍 돈가스 [문헌(13)·그림 19에 의함]

<표 3-2> 남독일, 바이에른 지방의 메뉴 예
Reichsgraf Joachim von Oettingen 1500-1520년경 (지방 영주의 농장)

식사	요리명	개요
아침	Suppe	물(또는 우유)에 밀가루를 섞은 스프
	Brei[7]	보리죽
	Milsch	우유
점심	Suppe mit Fleisch	소뼈 스프와 고기를 삶은 것
	Kraut	초절임 양배추 조림
	Preffer-order Wurzelfleisch	후추 또는 우어오가 함께 끓인 고기
	Gemüsse order Milch	오래 끓인 채소(또는 우유)
저녁	Suppe mit Fleisch	소뼈 스프와 고기를 끓인 것
	Rüben und Fleische	순무와 고기를 오래 끓인 것
	Gemüse order Miche	오래 끓인 채소(또는 우유)

7) Brei : 기본적으로는 아주 물러질 때까지 오래 끓인 요리의 총칭으로 쓰여 진다. 수분을 많이 남으면 스프가 된다. (자료 W.von Löffelholz : Graue Joachim salige Haushaltung, In Snzeiger für Kunde der deutschen Vorzeit 1857)

XII. 커피의 보급

    1680년대부터 약 100년간은 여러 가지 새로운 식료품이 중부 유럽에 들어왔지만 이번에는 남이나 동유럽에서가 아니고 영국과 암스테르담을 중심으로 한 네덜란드, 파리를 중심으로 한 프랑스와 독일에 영향을 미쳤다. 그 방면으로부터 들어온 커피, 담배 및 홍차는 아주 빠른 속도로 보급되어서 약 50년 동안에 북독일의 촌락에까지도 커피를 마시게 되었다. 타지에서 비싼 커피를 수입하여 외화를 쓰게 되니 정부로부터 몇 번이나 금지령이 내려졌다. 북독일에서는 커피가 거의 주식(스프)을 대신하는 정도가 되어 많이 마시게 되었다. 마시는 양이 많아지므로 옅은 커피가 되고 한편 치커리 뿌리 등으로 만든 대용 커피를 마셨다. 지금의 미국 아메리칸 커피는 그 전통을 이어 받았다. 1800년경 북독일에서는 아침, 점심의 주식으로서 옅은 커피에 빵을 적셔서 스푼으로 마시는 것이 일반화 되었다. 정부의 압력을 받을 정도로 이는 많은 관심을 보이는 일이었다. 당시 관리가 투덜대는 말로 "가장 선전이 되는 것은 정부의 금지 사항이므로 그것을 그만 두는 것이 좋다."라고 할 정도이었다.

    그런데 남쪽에서 그 정도로 정착이 안 되었기 때문에 아침 식사는 종래대로 채소나 고기 스프가 현재까지도 남아있다. 그러나 그 지방에서는 커피는 '기쁜 날'의 식사의 일품으로서 들어왔다. 예를 들어, 비엔나커피 등은 결혼식에 성찬의 가장 마지막에 나온다. 이전부터 남독일에서 결혼식에서는 과자를 가장 마지막에 내놓기 때문에 이때 커피가 순조롭게 들어갈 수 있게 되었다. 한편 일요일 오후에 손님을 초대할 때도 커피를 대접하였다. 이에 비하여 북독일에서는 커피는 매일 마시는 것으로 손님에게는 내놓지 않았다.

XIII. 감자도 잔칫날의 성찬

    커피, 담배처럼 감자도 네덜란드를 경유하여 중부 유럽에 들어갔지만 당초 정부는 별로 적극적이지 않아서 좀처럼 보급되지 않았다. 1770년은 기근이 심한 해이어서 그 무렵 감자 재배는 다소 증가했지만 본격적으로 들어온 것은 중부 독일의 30년 전쟁으로 가장 피해를 많이 입은 지방으로 수확이 불안정한 메밀 대신에 감자를 만들기 시작한 무렵이다. 그리하여 독일의 가장 빈곤한 지대, 중부 독일 산간부, 아이쉘과 베스타바르트에서 감자를 주식으로 하게 되었다. 이 지방은 고기도 라드도 없이 매일 주식으로 감자로 하고 감자를 원료로 한 증류주와 커피가 식사에 변화를 주는 유일한 것이었다.

18~19세기 초의 북독일은 주식은 예전 그대로 고기와 채소를 고은 국이었다. 이 곰국에 감자가 보태어지고 채소의 종류가 하나만 늘어나는 것이므로 문제없이 이루어졌다. 그것은 북독일에도 감자가 들어왔지만 평상시에는 끓이는 국에 넣기도 하고 또한 고기와 마찬가지로 구워서 먹었다. 한턱내야 할 때는 평상시와는 다른 만드는 법을 택하고 삶은 감자만이 나온다.

그 무렵 남독일에서는 다름없이 밀가루, 곡물 가루를 반죽한 것이 식사의 중심이 되었다. 마을 사람들 사회에서는 고기요리가 증가하기 시작하였지만 농촌에서는 아직도 인연이 먼 귀한 것이었다. 알프스의 산촌에서는 소가 조난하였을 때만 그 주인을 돕는다는 의미로 마을 사람들이 모두 그 고기를 사서 먹었다. 그리고 그 지방의 주식에는 감자를 섞을 수 없으므로 감자가 좀처럼 보급되지 않았다.

독일 민속 분포도(그림2)를 보면 일상의 식사에 있어서 감자의 역할을 알 수 있다. 중부 독일에서는 아침과 점심에 감자를 이용할 때가 압도적으로 많고 남쪽에 갈수록 감자를 적게 먹고 있어서 오스트리아에 들어서서는 거의 먹지 않는다. 다음으로 그림3을 보면 축제일 등의 진수성찬에 감자를 먹는 것은 겨우 3개의 경우만 그림에 나온다. 역시 중부 독일에서는 가장 많다. 남독일이나 오스트리아에서는 몇 가지 경우 인정되지만 그 내용을 보면 거의 감자 샐러드이다. 그것은 옛날 이 지방에 익숙한 먹거리였던 샐러드의 전통에서 영향을 받은 것이다. 19세기에 들어서서 도시 사람들의 생활 문화로부터 시골 수준의 잔치 요리에 도입되었다고 생각되어진다.

일요일이나 축일에 성찬은 일상의 식사와는 다른 재료와 만드는 사람의 기호에 따라 쓰인다고 하는 경향을 이제까지 몇 가지 사례가 증명한다고 생각되어지지만 19세기에 들어서서 빈으로부터 전해진 고기 요리의 경우에서도 볼 수 있다. 빈 요리로서 보급된 가장 유명한 것은 돈가스와 같은 슈니첼(Wiener Schinizel)이다. 이것은 1800년대 무렵 빈에서부터 퍼져서 1900년경 전 독일의 여러 지역의 어느 레스토랑에서도 특찬으로 내놓고 농촌에서도 잔칫날에 성찬으로 알려지게 되었다(그림4).

슈니첼은 시대가 조금 뒤로 가나, 프랑스로부터 카트렛이 들어와 중부 유럽에 널리 퍼진다. 그래서 헝가리로부터 빈을 경유하여 gulasch(헝가리풍의 스튜)가 들어오게 된다. 모두 다 널리 보급되었다.

한편 영국으로부터 중부 유럽에 소개된 로스트비프(roast beef, 18세기 말), 비프스테이크(beef steak, 19세기초) 및 램스테이크(lamb steak, 19세기 중엽) 등이 겨우 보급하는 것에 머물렀다라고 하는 것은 그것들은 전부 쇠고기 요리였다는 것에 의한 것이다. 중부유럽에서는 쇠고기를 끓이는 습관이 있어 굽는 것은 생각할 수 없다는 것으로, 요리법이 합쳐지지 않으므로 보급의 물결에 편승할 수 없었다는 것이다. 또 하나의 원인은 영국의 쇠고기요리가 전부 문화의 중심지가 아닌 북독일, 함부르크를 경유해서 들어왔기 때문이다. 더욱이 또 하나는 북독일에서는 결혼식은 오후에 행하고 옛날에는 수프만으로, 후에는 coffee를 중심으로 일상에서는 먹지 않을 것 같은 과자류가 나오는 것이 일반적으로, 그다지 성대한 성찬은 나오지 않았으므로 성찬인 고기요리가 들어갈 곳이 없는 것이다. 그런데 남독일에서는 돼지고기는 먹지 않아서 성대한 식사때야말로, 고기요리를 마음대로 먹고 싶은 것이 인정이다. 예를 들면, 결혼식에서는 보통 고기요리 코스는 3~5개이다. 여기서는 새로운 요리를 더하는 것은 매우 간단한 것으로 빈으로 부터 들어오는 고기가 점점 보급된 것을 알 수 있다.

XIV. 맺음말

이상을 마무리 하면 대개 3개의 결론으로 요약할 수 있다. 하나는 유럽에서는 과자형 빵을 예외로 하고 축제일에 특별히 정한 식사를 하는 습관이 없다는 점이다. 크게는 중요한 연중 행사와 그렇지 않은 제일(祭日), 또는 일요일 등을 마무리로 「축제 때」라는 말로 표현하면 그저 보통의 「보통 때」와는 식사와 내용(재료)이나 만드는 방법을 반드시 다르다 라고 말하는 것이 매우 일반적인 원리로서 인정된다. 그 원리는 어떠한 경우에도 통용된다.

유럽의 경축 행사의 정해진 식사로서, 여러 문헌에 열거하고 있는 기장죽(수수)도 그 예는 아니다. 중세까지 기장을 주식으로 하고 있던 지방은 제(祭)에는 기장을 먹지 않고 기장을 하례의 식사로 하는 것은 원래 그것이 수확되지 않았던 지역만의 일인 것이다. 혹은 근세 중기경으로 부터 기장 대신 쌀을 사용하기 시작했다. 그러나 이 하례의 식사로서 쌀도 1900년경부터 해외로부터의 쌀 수입이 증가하면서 급속히 감소한다(그림5).

두 번째의 일반적으로 인정되는 원리는 새로운 요리는 거의 예외 없이 상류사회(귀족)로부터 시골로 들어가는 것이다. 최초의 시골의 가장 성대한 경축인 결혼식의 성찬으로 들어가, 그것이 점차 널리 퍼져 제일(祭日), 일요일의 식사단계를 경유하여, 일상의 식사로서 인정되어 온다. 곧 그 과정은 재료, 만드는 법, 메뉴의 구조 등 받아들이는 상태의 다양한 조건으로 좌우된다. 이때 말하는 「위(上)」로부터 들어온 것이 대강 50~100년간이라는 매우 빠르게 보급된 것에 대하여 「아래(下)」로부터 들어온 감자 등은 도리어 일반화하기 어려운 것이다.

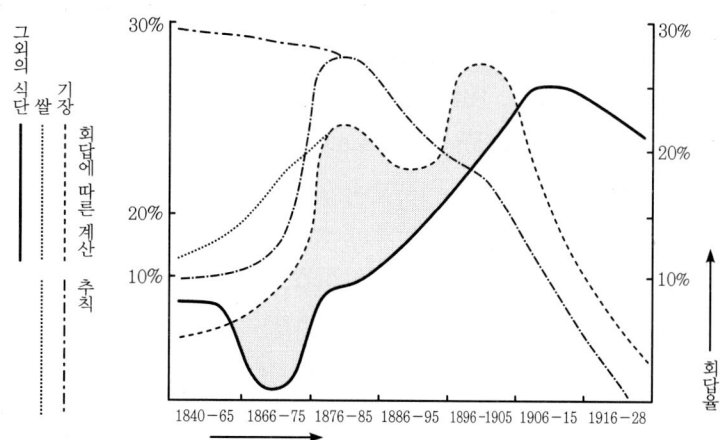

<그림 5> 결혼식 식단에서의 기장과 쌀의 역활

혹은 이 받아들이는 과정에는 여성의 역할이 매우 큰 것을 한 번 더 강조하지 않으면 안된다.

마지막으로 주목할 점은 중부 유럽에서는 중세에서부터 현대에 걸쳐서 천재(天災), 인구 증가 등에 의해서, 2, 3회 주식이 크게 변화한 것이다. 이와 같은 경우에는 「아래(下)」로부터, 직접 촌락 수준으로 들어간 메밀, 감자 등의 역할이 큰 것이나 이러한 것은 반대로 하례의 경우 메뉴에는 오히려 들어가지 않는다. 혹은 이렇게 말한 것이 받아들여지는 경우에 정부로부터의 영향은 전혀 없다.

이 3가지의 기본적인 점은, 예를 들면 금후 지구시대의 문제를 논할 때에도 매우 큰 의미를 가지고 있다고 생각한다.

〔문헌〕

(1) Bockhorn, Olaf 1980 *Nestelberg, eine ortsmonographische Forschung.* Istitut für Volkskunde der Universität Wien, Wien(Veröffentlichungen des Instituts für Volkskunde der Universität Wien, Vol. 8)

(2) Bringeus, Nils-Arvid und Gunter Wiegelmann 1971 *Ethnologcal Food Research in Europe and U.S.A.* Göttingen(Ethnologia Europea, Vol. V)

(3) Dollinger Woidich, Angelika 1989 *Frtignahrung in Osterreich: Ernährung und Gesellschaft im Wandel.* Akademische Drunk- und Verlagsnstalt Graz, Graz(Grazer Beitraqe zur Europaischen Ethnologie, Vol. 2).

(4) *Kultur im Landlichen Raum 1989 Eine Konzeption, verfaβt im Aufrag des Ministeriums fur ländlichen Raum, Ernahrung, Ländwirtschaft und Forsten in Baden-Württemberg.* Tubingen: Tubinger Vereinigung fur Volkskunde e v.(Studien und Materialien des Ludwig-Uhland-Instituts der Universitat tubingen, Vol. 1).

(5) Montanari, Massimo 1993 *Der Hunger und der überfluβ: Kulturgechichte der Ernahrung in Europa.* Beck, Muchen.

(6) Stuckler, Hedwig 1982 *Die Speisebucher des Benediktinerstifts St. Paul im Lavanttal(1888-1905). Eine statistische Analyse Klosterlicher Nahrungskultur.* Institut fur Volkskunder der Universitat Wien, Wien (Veroffentlichungen des Instituts fur Volkskunde der Universitat Wien, Vol.10).

(7) Teuteberg, Hans-Jurgen 1980 Kaffeetrinken sozialgeschichtlich betrachtet. *In Scripta Mercaturae*, Jahrgang 14, Heft 1, p.27-54

(8) Teuteberg, Hans-Jurgen 1993 Essen und Ttrinken als Gegenstand der Geschichtswissenschaft. In Thomas Kutscg(ed.) *Ernährungsforschung interdisziplinar. Wissenschaftliche Buchgesellschaft*, Darmstadt, p. 178206

(9) Teuteberg, Hans-Jürgen(ed.) 1993 *Kulturthema Essen : Ansichten und Problemfelder.* Akademie Verlag GmbH, Berlin

(10) Teuteberg, Hans-Jurgen(ed.) 1997 *Essen und Kulturelle Identitat: europaische Perspektiven.* Akademie Verlag GmbH, Berlin(Kulturthema Essen, Vol. 2).

(11) Teuteberg, Hans-Jürgen und Gunter Wiegelmann 1972 *Der Wandel der Nahrungsgewohnheiten unter dem Einflub der Industrialisierung.* Vandenhoeck & Ruprecht, Göttingen(Studien zum Wandel von Gesellschaft und Bildung im Neunzehnten Jahrhundert, Vol.3). [Teil I : Hans-Jurgen Teuteberg: Studien zur Volksernährung unter sozial- und wirtschaftsgeschichlichen Aspekten. Teil Ⅱ : Günter Wiegelmann: Volkskundliche Studien zum Wandel der Speisen und Mahlzeiten.].

(12) Teuteberg, Hans-Jürgen und Günter Wiegelmann 1986 *Unsere tägliche Kost. Geschichte und regionale Prägung.* F. Coppenrath Verlag, Munster(Studien zur Geschichte des Alltags, Vol. 6).

(13) Wiegelmann, Gunter 1967 *Alltags-und Festspeisen, Wandel und gegenwärtige Stellung*. N.G. Elwert Verlag, Marburg.

(14) Zuker, Hermann 1978 *Änderungen in Ernährungs und Wirtschaftsform in Furth bei Böheimkirchen(NÖ) ab 1900*. Institut für Volkskunde der Universität Wein, Wien(Veroffentlichungen des Instituts für Volkskunde der Universität Wien, Vol.6)

제2장 이슬람교와 식사

호리우치 마사루(堀內 勝)

 본 고에서는「이슬람교와 식사 문화」에 대해서 이야기 하려고 하는데 그 전에 몇몇의 전제를 해 두겠다. 우선 이슬람 세계는 동서로 아프리카 서단(모로코, 세네갈)에서 아시아 동단(인도네시아, 필리핀의 모로)까지, 남북으로 적도 부근(탄자니아, 인도네시아)에서 중앙아시아(카자흐스탄, 위구루)까지 널리 분포되어 있으며 지리, 기후 조건, 풍속 습관을 달리한다. 따라서 식습관도 설령 종교적 규정이 있다하더라도 현실에는 나름대로 현지에 맞는 것으로 절충시키고 있다. 한꺼번에 모든 것을 다룰 수 없으므로 본 고에서는 이슬람교가 생기고 나서 현재까지 그 중심 지역이 되어 있는 아랍 세계의 이슬람과 거기에 바탕으로 한 전통적 식문화를 중심으로 검토해 가겠다.
 두 번째로 이슬람교의 교양 전반과 식에 관한 영역 속에서 식재(주로 육류)가 청정한지 부정하지, 적법한지 위법한지 등 개념에 대해서, 다음으로『코란』제5장 제3절에 기록되어 있는「금지된 음식물」에 대해서 그리고 돼지고기, 피, 술과 불법성에 대해서 등은『식의 사상』속의 졸고(拙稿)「이슬람과 식」에서 논하였다.[8]
 본 고에서는 시점을 달리해서 무슬림(이슬람교도)의 행위 양식, 일상생활 양식의 하나로써 식사를 할 때의 식의 윤리, 식의 작법「에티켓」이라는 점에서 논하겠다. 이슬람교도의 식윤리, 식작법은 Ⅰ 식습관 전반에 관한 것, Ⅱ 식전에 관한 것, Ⅲ 식사 중에 관한 것, Ⅳ 식후에 관한 것으로 크게 나누었다. 이하 이 순서로 기술해 가기로 한다.

---

[8] 문헌(15)

<그림 1> 식사 전후에 제공되는 이블릭(물 따르개)과 티슈트(물받이). 중앙에 있는 것에는 가운데에 비누받침이 달려있고 또 좌단의 물 빼는 부분에 기하문양으로 구멍이 뚫려 있다.

I. 식습관 전반에 관한 것

(1) 한 사람이 아닌, 함께 먹는다 - 아랍, 이슬람 사회는 공식(共食)이 아주 일반적이며 그 전제에 서서 식의 모델이 성립되어 있는 것을 우선 기술하지 않으면 안 된다. 확실히『코란』에는 고식(孤食), 즉 혼자서 먹어도 된다고 기술[9]되어 있지만『하디스(예언자 언행록)』에서는 대부분 공식, 즉 식사 때 모두 함께 먹는 습관이 기술되어 있다[10].『코란』에서도 상기의 고식의 전후의 기술은 공식인 것이고 게다가『하디스』에서는「혼자서 먹는 자는 만족하지 않는다」[11]라고 완전히 상기의 것과 대립하는 내용의 것도 있어,「고식(孤食)」에 관한『하디스』는 이 의미에서는 예외로 해도 좋을 것이다. 이후의 식윤리, 작법도 공식의 개념이 상정(想定)되어 있다[12]. 한편 아랍, 이슬람 사회에는 여행이나 모임 장소에서 각각 자기 자신의 먹을거리를 내 놓아 함께 먹는 습관이 있으며 이것을 나후드(nahd=쟁반의 한가운데가 둥글게 튀어 나온 것)라고 부른다.「nahd」는 영어로는「club」이라고 번역된다. 서구의「클럽」의 최초 형태도 아랍의 이와 같은 습관과 비슷할 것이다.

---

9) 『코란』제 24장 제61절「모두 같이 먹어도 따로따로 먹어도 상관없다」
10) 이슬람 식육법 작법에 대해서는 예언자 및 교우들의 행위를 기술한『하디스(예언자 언행록)』가 기본 자료가 되며, 또한 예자자시대 이후의 아랍, 이슬람 사회에 대해서는 역사서 및 아다부(교양)서의 일부에 기술된 것을 볼 수 있다.『하디스』의 기본2서는 일본역도 있어서 [문헌(1)(2)]쉽게 참고할 수 있다.
11) 「아부 다우드의 하디스」[문헌(11) p.151] 참조
12) 아랍, 이슬람세계의 공식개념에 대해서는 문헌(15) p117f, p148f

(2) 초대되면 응한다 – 식사에 초대되면 지장이 되지 않는 한 이것에 응하도록 가르치고 있다. 단 단식을 하고 있는 자(개인적인 이유로)는 그것을 이유로 정중히 거절하도록 가르치고 있다.13) 또한 초대된 자가 초대자의 예기(豫期)에 반하여 그 외에 다른 자를 데리고 간 경우, 그 취지를 호스트에게 말하고 허가를 구하게 되어 있다. 이러한 경우, 곤란한 경우가 아닌 이상 허락받게 되며 동석자의 한 사람이 된다.14) 이 풍조는 이슬람의 전통 사회에 식객 문화를 다양하게 발전시키게 된다.15)

(3) 소식(少食)으로 만족한다 – 예정 외의 수반자가 허가된 배경에는 무슬림에게 한해서 「소식으로 만족한다」라고 하는 신념이 있기 때문이다. 약간 정원이 초과된 것은 수용할 수 있으며 다인수의 회식 정도 일수록 그 인원수도 많게 할 수 있다. 『하디스』에는 「2인분의 음식은 세 사람에게 충분하고 3인분의 음식은 네 사람에게 충분하다」.16) 혹은 1인분의 음식은 두 사람을 만족시키고, 2인분은 네 사람을, 4인분은 여덟 사람을 만족시킬 수 있다17)고 가르치기 때문이다.

(4) 무슬림은 하나의 장(腸), 비 무슬림은 일곱 개의 장(腸) – 무슬림에게 한해서 소식으로 만족한다는 신념은 게다가 기발하고 기특한 생각에 의해서 뒷받침되고 있다. 무슬림은 독특한 장(腸) 구조에 의해서 소식으로도 살 수 있다는 것이다. 즉, 무슬림 이외의 인간은 일곱 개의 장을 사용하는데 반해 무슬림은 장을 하나로 사용하는 것만으로 속한다고 한다. 때문에 비 무슬림은 일곱 개의 장을 만족시키기 위하여 많이 먹지 않으면 안 된다고 하는데 반해서 무슬림은 하나의 장만을 만족시키기 때문에 소식으로도 된다는 것이다.18)

II. 식전(食前)에 관한 것

---

13) 문헌 (4) p.150
14) 문헌 (1) p. 106-107(일본어역 p.818) 문헌 (2)0.1120(일번어역 p.147)
15) 식객에 대해서는 문헌(15) p.118, pp,150-151 참조
16) 문헌(1) p.92(일본어역 p.803 문헌(2) p. 1131(일본어역 p.168
17) 문헌 (2) p.1131(일본어역 p.168-169)
18) 문헌(1) pp. 92-93(일본어역 p.803-804) 문헌(2) p.1134(일본어역 p,169)

(1) **앉는 방법** - 현대의 서양식 테이블식은 별도로 생각하고 전통적 아랍, 이슬람 사회의 식탁은 동제(銅製)로 된 1미터 폭의 큰 쟁반인 경우가 많다. 그리고 그것이 원형으로 된 돗자리 위에 직접 놓여져 있는 경우와 쿠르시(kursi)라고 불리는 받침대 위에 놓여져 있는 경우가 있다(그림2). 전자의 경우 음식이 지면에 올려져 있어서 웅크리고 먹어야 하며, 또한 입과의 거리가 멀기 때문에 도중에 흘리는 경우도 많다. 후자의 경우 높이가 있기 때문에 음식을 잡기 쉽고, 입과의 거리도 짧기 때문에 실수도 적다. 이전의 식탁은 가죽으로 만들거나 밀짚으로 짠 돗자리풍인 것이었다.

앉는 방법은 어디에 기대어서는 안 되며, 회식자가 적은 경우나 좌석의 여유가 많은 경구는 양 무릎을 벌린 책상다리(루부 rubu=직접적인 뜻은「네 개로 접는다」의 의미)도 허락되지만 회식자가 많기 때문에 가능한 한 한쪽 무릎을 세워서 앉는 방법을 권하고 있다. 보통은 오른쪽 무릎을 세워서 앉는다. 이렇게 앉는 방법은 식탁을 향해서 날카로운 각을 만들게 되며 몸의 중심은 식탁으로부터 떨어지게 되므로 앉을 수 있는 좌석의 스페이스가 보다 많아지게 된다. 또한 세운 무릎이 복부를 압박하고 있기 때문에 만복, 포식에 이르는 부절제로 가는 것을 예방할 수 있다고 권하고 있기 때문이다.[19]

<그림 2> 식사 때에 이용되는 시니야(큰 쟁반)와 구르시(받침), 쟁반도 큰 것은 직경 2m를 넘는 것도 있다.

---

19) 문헌(1) p93(일본어역 p.804) 문헌(2) p.1134(일본어역 p.169). 또한 아랍의 다양한 앉는 방법에 대해서는 문헌(12) pp.68-73 참조

(2) **청결한 몸가짐으로** – 누구라도 식탁에 앉는 경우, 또한 식사에 초대되어 나가는 경우, 사치스러운 의상으로 꾸밀 필요는 없지만 청결한 몸가짐일 필요는 있다. 식사에 청결함과 쾌적함이 요구되는 것은 언제나 어디든 마찬가지일 것이다. 초대하는 쪽은 식사 장소, 용기, 요리 모두 가능한 한 청결하게 제공해야 하고, 또 초대받은 쪽은 신체에 향 냄새를 스며들게 하고, 또한 의류는 타인에게 불결한 인상을 주지 않도록 말끔한 것을 입으며, 손은 외출하기 전에 청결하게 하여 나가도록 유의한다[20].

(3) **신발은 벗는다** – 현대에는 의자에 앉아서 먹는 방법이 많아졌다. 그 경우에는 필요가 없지만 지면에 돗자리를 깔고 앉아서 먹는 경우는 신발을 벗는 것이 예의이다. 음식이 놓인 자리를 대한다면 고위층에 있는 그 어떤 자라도 신발을 벗어서 착석한다.

식탁 부분에는 융단과 같은 깔개 위에 다른 한 장의 돗자리 모양의 깔개가 깔려져 있으며 거기에서는 신발은 벗지 않으면 안 된다. 이 원형 깔개는 식탁의 일부라고 생각하기 때문이다. 그것은 거기에 흘린 음식은 주워서 깨끗이 한 다음 먹는 것이 먹는 자의 매너라고 여겨지기 때문이다[21]. 또한 미리 복대·벨트는 배에 꽉 조이게 두르도록 한다[22]. 이 조치는 과식에 대한 대책과 마찬가지로 음식이 입에 들어가기까지의 사이에 공복감에 괴로워하지 않게 한다.

(4) **식사 때의 외치는 말** – 식사에 손을 대기 전에는 반드시 외우지 않으면 안 될 것이 있다. 일동을 쭉 훑어보고 자리의 모든 사람이 먹을 준비가 되어있는지를 가늠하여 호스트인 사람이 우선 「바스말라(basmalah)」라고 외치고 나서 요리에 손을 댄다. 그것을 기다리고 다른 회식자도 바스말라를 외치고 먹기 시작하는 것이 관례이다. 바스말라는 「잘 먹겠습니다」에 해당하는 것이다. 이 말은 일본에서는 호스트 쪽에 대한 감사의 말인데 이슬람 세계에서는 신에 대해서 외치는 감사의 말로써 큰 차이가 있다. 호스트는 손님에 대해서 대접을 가능하게 해 준 신에게 또한 손님들은 호스트에게 그 여유를 주어서 이 자리에 동석시켜 주신 신에 대해서 각각 외치는 것이다.

「바스말라」란 『비스밀라(bi-smi-llah=신의 이름을 걸고!』라고 외치는 것이다.[23] 이렇게 외치는 말은 다르게는 타스미야(tasmiyyah)라고도 일컫는다. 「(신의)이름을 외치는 것」이라는 의미이다. 만일 이 바스말라를 외치는 것을 잊어버리고 식사를 시작해 버

---

20) 문헌(5) p.44
21) 문헌(4) p165 문헌(5) p.45 참조. 신발을 벗는『하디스』는 문헌(3) p.897등 참조
22) 또는, 돌을 대의 사이에 끼운다는 예언자의 전승(傳承)이 있다.
23) 문헌(1) p. 88(일본어역 p.799) 문헌(2) p.114 (일본어역 p.138). 정식으로는「bi-smi-llahi r-rahim(자비<慈悲> 깊게 자애<慈愛> 널리 알라의 이름으로」라고 외친다.

린 경우, 그것이 생각난 시점에 바로 「그 시작도 그 끝도 신의 이름으로」의 의미인 『비스밀라 아와리히 와아히리히(bi-smi-llahi awwali-hi waaxiri-hi)』라고 외쳐야 한다. 만일 바스말라를 외치지 않으면 신에 의해서 그 장소의 음식은 그에게 있어서 「성화(聖化)」 또는 「정화(淨化)」되어 있는 것이라고 간주되지 않고 사탄 본인에게 허락된 음식으로 간주된다고 생각하고 있다24).

(5) 사탄의 개재(介在) - 이러한 사탄의 개재는 여러 가지 부담을 짊어진 식습관 속에서 볼 수 있다. 예컨대 음식이나 음료를 운반하기 위해서는 뚜껑이나 덮개를 하도록 그렇지 않으면 그 음식, 음료는 사탄이 들어갈 여지를 만들게 된다고 생각하고 있다.25) 현재에도 종종 평평하고 큰 빵이 요리를 덮듯이 위에 얹어져 운반되어 오는 것도 이러한 생각이 반영된 것이다. 게다가 물이나 우유와 같은 용기에 대해서는 그 위에 나무 토막을 걸치는 것만으로 괜찮다고 한다. 특히 야간에는 물이 들어간 가죽 주머니 등도 입구는 열려 있지 않도록 해야 한다. 덮고, 막는 것에 대해서는 사탄이라도 그것은 제거할 수 없다고 생각하고 있기 때문이다. 나쁘고 더러운 이미지를 짊어진 사탄은 식문화의 윤리와 작법에도 같은 반영을 볼 수 있다.

III. 식사 중에 관한 윤리·작법

(1) 오른손으로 먹는다 - 「누구라도 먹을 때에는 오른손으로, 또는 마실 때에도 오른손으로 행해야 한다26)」라는 전승(伝丞)이 있듯이 이슬람교도는 음식에 있어서는 오른쪽을 중심으로 식 행위를 행해야 한다. 스푼, 나이프, 포크를 사용하지 않을 때 손, 손바닥, 손가락이 입으로 운반하는 도구가 된다. 오른손 하나로는 한 입분을 운반할 수 없을 경우, 왼손이 보조하거나 추가하거나 하는 것은 허가된다. 「왼손잡이」는 사탄의 습성이라고 생각하고 있다. 또한 우편중(타얌문 tayammun)은 이러한 식행위에만 해당되는 것이 아니라 모든 일상 행위에도 그 사고방식이 반영되어 있는 것을 관찰할 수 있다. 행위의 첫발은 오른발부터, 돌리는 것도 오른쪽으로, 나열방법에도 오른쪽 위치가 높은 자에게 배치되도록 한다27).

---

24) 문헌 (3) p.886. pp891-892 문헌(4) p.149
25) 문헌 (2) p.1112(일본어역 p.135)
26) 문헌 (2) p.1115(일본어역 p.139) [관련하여 문헌(1) pp.799-800 참조]
27) 「오른쪽 우선」과 「식」에 대해서는 문헌(15) p.108, pp.133-135 참조

(2) 세 손가락으로 먹는다 - 다섯 손가락과 세 손가락은 예의범절부터 다르게 된다. 「다섯 손가락으로 먹는 자 열 손가락의 손바닥으로 맞는다」[28]는 이 속담의 의미를 알겠는가, 손가락으로 먹는 것은 아랍, 이슬람교도가 전통적으로 먹는 방법이었다. 식기는 현대에는 나이프나 포크, 스푼 등의 일상적 사용이 아주 당연시되고 있지만 이전에는 이 식기류도 기본적으로는 사용하지 않았고 오로지 오른손의 손바닥과 손가락으로 한 입분을 만들어 입으로 넣었다. 한 입분으로 만들 때 필요에 따라 왼손을 보조로 사용하는 것은 허용되었다. 또한 고기 조각을 자를 필요가 있는 경우 등에는 그 용도에 맞는 나이프가 몇 사람에 하나씩 배분되기도 했다.

오른손을 쓰는 방법은 도자(dujah=한 입분)라고 하여 엄지 손가락, 검지 손가락, 가운데 손가락의 세 손가락으로 한 입분을 만들어 입으로 넣기 쉽게 둥글게 해서 입으로 넣는다. 빵(평평한 「방석 빵」)인 경우 뜯어서 엄지 손가락과 다른 두 손가락으로 나물을 싸던지 스튜와 같은 국물기 있는 것에는 적셔서 입에 넣는다. 또한 쌀이나 잡곡류는 쟁반에 가득 담은 부분의 가장자리부터 세 손가락으로 자기 앞으로 긁어모아 손바닥과 세 손가락으로 주물러서 입쪽으로 옮기도록 한다. 한 입분이 너무 크면 입을 막게 되거나 입에서 흘리게 되어 작법에 어긋나고 적당하고 쾌적한 회화도 즐길 수 없게 된다.[29]

(3) 먹는 방법, 먹는 양은 적당하게 - 현대에 이르기까지 호스트는 초대 손님에 대해서 가능한 한 배부르게 먹도록 권한다. 그러나 주인이 말하는 대로 너무 많이 먹어버리다가는 때로는 양심의 가책을 느낄 때도 있다. 그것은 객층에 따라서는 손님의 객석이 끝나면 그 남은 쟁반에 따로 담은 음식은 가족들이 먹는 제2라운드를 기다리고 있다는 것을 알아두어야 한다. 따라서 이슬람의 아주 초기부터 「적당하게」라는 것이 무슬림의 식윤리가 되었다. 「굶주린 위와 듣는 귀는 기다리지 않아」는 곤란하다.[30] 따라서 먹는 방법, 먹는 양에도 권장되어야 하는 법과 혐오스러운 법이 있었다. 그러한 윤리속에서 아랍, 이슬람사회에 뿌리 깊게 박힌 <적당한 감각>과 그 일탈된 모습을 몇몇 예를 들겠다.

우선 「잘 씹어서 시간을 들여서 먹는다」라는 것, 어느 정도 시간을 들여서 잘 씹어서 먹는 것이 권장된다. 역으로 빨리 삼키는 자는 미르살(mirsal)이라 불리며 비난받는다. 「속(목, 식도)으로 계속 음식을 보내는 자」가 그 의미로 입에 넣으면 동시에 씹지

---

28) 문헌 (9) No.413 참조
29) 「한 입분」의 양을 「루크마(liqmah)」라고 하는데 「한입분의 식습관」에 대해서는 문헌(14)참조
30) 문헌(11) p.65

않고, 서둘러 통째로 삼키는 사람을 말한다.31) 또한 무사위그(musawwigh)란 「음식을 쉽게 잘 삼키는 자」가 원래 의미인데 현실에서 의미하는 것은 전혀 반대로 음식을 빨리 삼킨 나머지 혹은 한 입분 이상의 음식을 입에 넣었기 때문에 「(음식에) 숨이 막히는 자」, 「목에 지장을 초래한 자」로32) 이들도 비난 받는다.

<그림 3> 전통적인 식사 풍경. 뒤에 서 있는 것은 급사와 파리 쫓는 사람, 앉는 방법, 손놀림에 주의, 국물이 있는 경우 목제 스푼도 놓여진다.

다음으로 「적당량을 입으로 나른다」는 것. 이미 기술한 바와 같이 아랍 사회의 공식 문화 중 하나로 「한 입분」이라는 좋은 방법이 다양하고 깊게 인식되어 있으며 크고 작은 「한 입분」이 만들어져 각각의 적량을 세 손가락으로 만들어 입으로 운반한다. 세 손가락으로 입으로 씹을 수 있는 허용량 이상의 한 입분을 만들거나, 한 조각의 빵 가장자리에 육류 등을 너무 많이 넣고 싸서 입에 넣어 필연적으로 입 가장자리에 흘러내려 버리는 자----이러한 부작법자(不作法者)는 무라김(murahghim) 또는 무르김(murghim=모두 「흘리는 자」의 의미)이라고 조소받게 된다. 「물건을 라감(ragham=땅)에 떨어뜨리는 자」라는 의미이다.33)

또한 입속에 한 입분이 소화되지 않고 대부분이 남아 있는데도 계속 입속 가득 넣고 치아와 치아를 부딪쳐서 우걱우걱 먹는 사람, 이런 자는 라캄(lakkam=치아와 치아를

---

31) 「mirsal」은 인도(人道)에 어긋나는 자들 중 한 사람으로서 문헌(6) p.55, p.61에 리스트업 되어 있다. 단 일람으로 이름이 올려져 있을 뿐이며 그 분석은 문헌(14) p.20을 참조하기 바란다.

32) 「musawwigh」에 대해서는 문헌(6) p.55, p.61 문헌(7) p.20참조

33) 「muraghghim」「murghim」에 대해서는 문헌(6) p.55 p.61 문헌(14) p.19 참조

계속 부딪치는 사람)이라고 불린다. 원래는 「주무르는 손바닥으로 치는 자」라는 뜻이었는데 주무르는 손바닥이 상하 치아로 바뀌게 된 것이다. 이와 관련하여 두 개의 요리, 음식과 과일을 동시에 입으로 넣는 것, 이를 키란(qiran)이라고 부르며 이것은 「두 개를 동시에 행하는 것」이 원래 뜻이다34). 이것도 좋지 않다고 여겨진다. 따라서 다른 메뉴 「두 입분」을 동시에 입으로 나르는 것도 부작법으로 간주된다.35) 절제를 취지로 한, 식(食)의 작법의 공통적 이해 속에서 탐욕스러운 식을 보이는 자도 있었다.

이러한 식에 대한 탐욕도 「위 가득 먹는 자, 스스로의 무덤을 치아로 파는 자」36)로 불리며 이 또한 피하도록 가르치고 있다. 이러한 욕심이 많음을 말한 것으로 타미(tami')와 바틴(batin)이 있다. 모두 「많이 먹는 자」의 의미인데 타미 쪽은 「식욕이 많은자」라는 의미를 가지며37) 또한 바틴은 「배가 나온 자, 북처럼 나온 배를 가진 자」가 원래의 상정(想定)이며 「만복자(滿腹者)」가 가장 가까운 의미이다.38)

(4) 맛있는 듯이 먹는다 - 공식자리의 분위기를 부드럽게 하기 위해서는 그것을 태도로 나타내는 것이 바람직하다. 「불평을 말하면서 한편 계속 먹는다」39) 라는 속담은 이러한 자리의 최저 품위를 말한 것, 설령 싫어하는 요리나 먹고 싶지 않은 요리, 혹은 자신에게 있어서는 맛있다고 생각되지 않는 요리가 나온 경우에도 그것에 대해서 호스트에게 불평을 말하거나 욕, 비평은 하지 않고 묵묵히 그 요리는 먹지 않도록 한다. 묵묵히 요리에 손을 대지 않는다는 가르침도 마호메트의 유명한 다음의 전승에 기인한 것이다.

「예언자는 어느 때 신도 집에 초대되었는데 나온 요리는 다브(dabb=큰 도마뱀) 통구이였다. 동석한 교우 중에 『알라의 검』이 된 하리드가 예언자가 손을 대지 않은 것을 의아하게 생각하여 이슬람에서는 할렘(금기)인지를 물었더니 예언자는 할렘은 아니지만, 우리 일족(하시무가)에서는 먹은 적이 없기 때문에 라고 대답하고 하리드 등이 먹는 것을 지켜봤다」라는 일이 있다.40)

---

34) 「lakkm」에 대하여는 문헌(6) p61 문헌 (14) p20참조
35) 「qiran」의 『하디스』에 대해서는 문헌(1) p.104(일본어역 p.815) 문헌(2) p.1128(일본어 역 p.156)을 참조
36) 문헌(11) p.52
37) 「tami'」에 대해서는 문헌(14) p.20 참조. 한편 이슬람 초기사회의 「tami」의 유모어에 대해 서 문헌(7) p.16, p.80에 재미있는 기술이 있다.
38) 「batin」에 대해서는 관련된 속담 「배가 나오면 이성(理性)이 쏙 들어간다」 모두 문헌(14)p.21 참조
39) 문헌(10) p,282
40) 이 도마뱀 고기를 먹는 『하디스』에 대해서는 문헌(1) p.92(일본어역 p.803) 문헌(2) pp. 1012-1016(일본어역 pp. 83-88) 참조

(5) 소리를 내지 않고 먹는다 - 일본에서는 먹는 소리에 대해서는 우동, 소바류의 예가 그렇듯이 작법으로서는 시끄럽지 않는 경우도 있다. 아랍, 이슬람 세계에서는 식사 중 입으로 나는 소리는 될 수 있으면 피하도록 설명하고 있다. 이 소리 속에는 「음식이 제공되면 회화는 멈춰야 한다」41)라는 속담에서도 알 수 있듯이 그 장소를 쾌적한 분위기로 하는 회화 외에는 가능한 한 말을 적게 하여 식사는 빨리(단, 잘 씹을 것) 다 먹는 것이 좋다고 되어있다.42)

대식가 부분에서 서술한 라캄은 이 「소리 내는 것」과도 얽혀져 있으며 「한 입분」이 아직 입속에 있는 데에 계속해서 볼이 미어지도록 먹어서 윗니와 아랫니가 부딪히는 소리가 옆 사람에게까지 들릴 정도로 서둘러 먹는 자이며 「계속 때리는 자」의 직접적 의미가 <소리>로 강조되면서 「윗니와 아랫니와의 저작음이 큰 자」의 나쁜 의미로 사용된다.

치아의 서로 씹는 소리가 들리는 것도 조심성이 없는 것이며 입 끝의 「쩝쩝거리는 소리」도 좋지 않다고 여겨진다. 스튜나 곡물 조각이 남은 것, 뼈의 골수 등도 쪽쪽 소리를 내서 쩝쩝거리는 것은 예의에 어긋나며, 이와 같은 무리는 맛사스(massas=빠는 사람)라고 하여 미움을 받는다. 어근인 <massa>란 「수량이 적은 것을 정성껏 마신다」이며 그 행위자가 (massa)이다.43) 이 맛사스의 하나의 범주 속에는 「우유를 만드는 가축의 유방에 직접 입을 대서 빠는 자」도 있으며 비천한 행위자로 여겨진다.

회화에 관해서도 적당한 것이 좋아서 한입 가득 입속에 넣은 채 말하려는 사람, 마구 말하는 사람에 대해서는 「목이 찢어진 사람」 즉 「목(훌쿰 hulqum)까지 입으로 만든 사람」의 의미인 무할킴(muhalqim)이라는 부작법한 타입의 행위를 하고 있다.44) 한편 오이 등과 같이 씹을 때에 자연스럽게 소리가 나는 음식에 대해서는 소리를 내어도 괜찮다. 이에 대해서도 『하디스』가 있다.45)

(6) 앞에 있는 음식을 중심으로 - 큰 접시에 산처럼 가득 담겨져 있는 요리. 전통적으로 요리는 일시에 모두 테이블에 운반된다. 일품씩 시간을 두어서 내는 것은 서구의 습관이 들어오고 난 다음의 일이다. 그렇게 먹는 방법은 각자 한 사람분을 나눠 담아서

---

41) 문헌(11) p.46
42) 문헌(5) p.45 참조. 한편, 상기의 개소에는 함부로 냄새를 맡지 않을 것, 타인으로부터 내 입속 음식이 보일 만큼 크게 입벌려 먹지 말 것, 치아 사이에 손가락을 계속해서 가지고 가지 않을 것 등이 기술되어 있다.
43) 「massas」에 대해서는 문헌(6) p.55, 61참조
44) 「muhalqim」에 대해서는 문헌(6) p.55, 61참조
45) 한편, 소리내는 부작법과 아랍 세계의 면류의 부재와의 상관관계에 대해서 논한 문헌(13) pp. 10-11도 참조하길 바란다.

작은 접시에 덜어 놓는 것이 아니다. 자신에게 가까운 요리부터 손을 대고 자신 앞으로 가지고 와서 큰 쟁반의 가장자리에서 「한 입분」으로 하여 먹는 것이다. 따라서 어디에 착석하는가는 먹는 내용에 크게 상관이 있게 된다. 고기 덩어리가 많은 곳 앞에 앉은 자는 행운이지만 채소나 곡류가 많은 곳에 앉은 자는 불운인 셈이다. 이 때문에 고깃덩어리가 많은 쪽 앞에 앉은 사람이 역시 적선으로 하기도 한다. 이 매너는 어느 세계에도 공통된 윤리와 같은 것인데 아랍, 이슬람군에서는 마호메트의 언행록을 바탕으로 한 습관으로써 정착되어 있다.46)

어디에 착석하는지에 따라서 앞에 있는 음식의 메가 상당히 다르기 때문에 불리한 조건에 있는 자는 다소 거북한 기분을 느끼면서도 이슬람 식작법을 넘어서 이른바 「위치 바꾸기」를 감행하는 자도 나온다. 자신의 자리는 바꿀 수 없기 때문에 앞의 요리품의 위치를 다른 사람이 눈치채지 않도록 바꾸는 것이다. 이 위치 바꾸기에는 두 종류가 있으며 하나는 대추야자나 치즈 등 따로따로 되어 있는 요리에서 앞의 뼈투성이, 씨투성이인 것, 맛없어 보이는 것이나 마음에 들지 않는 것을 주위의 것과 섞어버리거나 보다 큰 것을 「내 앞의 것」으로 하여 맛있어 보이는 것을 골라서 먹으려고 한다. 이러한 위치 바꾸기를 행하는 사람은 「바꿔서 섞는 자」의 의미로 무하윌(muhawwil)이라고 한다. 「새롭게 바꾸는 자, 새로운 형태로 하는 자, 새롭게 옮기는 자」가 원래 의미이다.47)

<사진 1> 현대 사우디아라비아의 식사풍경. 큰 쟁반에 담겨진 카브사(고기요리)를 먹고 있다.

---

46) 문헌(1) p.102(일본어역p.831)
47) 「muhawwil」에 대해서는 문헌(6) p.55, p.63 문헌(15) p.118 참조

이에 대해서 자신 앞에 귀찮은 요리(뼈 달린 고기 등)나 싫어하는 요리 등이 있으면 그것을 밀어내고 오로지 안쪽에 있는 맛있는 요리, 좋아하는 요리를 앞으로 끌어다가 모르는 척하고 먹으려고 한다. 이런 사람은 다파(daffa)라고 한다, 「밀어내는 자」라는 말이다.[48] 이렇게 위치를 바꾸는 자는 아직 창피하다는 자기 스스로의 조심성에 대한 의식이 있지만 이하의 자는 「영역 침범」이며, 이것보다 한 수 위인 낯짝 두꺼운 얼굴이 아니라면 도저히 가능한 일이 아니다. 내 손가락이 식탁 안을 왔다 갔다 하는 것이다.

맛다드(maddad=손 뻗는 자)란 자신의 앞에 있는 부분을 서둘러 다 먹어치우고 옆자리에 있는 음식에 「손을 뻗는 자」를 말하며[49], 그 외에 미캄(miqamm=청소하는 자)란 「식탁에 남아있는 모든 음식을 탐내서 먹어, 미캄(miqammh=빗자루)와 같이 테이블 위의 남아 있던 요리를 한꺼번에 해치우는 사람」정도까지 있다.[50]

또 하나 이것과 관련된 「향신료」라고 불리는 부작법자도 있다. 향료를 좋아하는 아랍, 이슬람에게 있어서는 향신료는 중요한 식탁의 상비품이지만 웬만해서는 식탁 위에 올리지 않는 귀중한 향미, 향료 등을 앞다투어 자신의 음식에 듬뿍 뿌려 버려서 다른 손님들에게 배려가 없는 자, 이런 자는 무가빌(mugharbil)이라고 부른다.

「아바질(abazir=향신료류)을 넣은 기르발(ghirbal=작은 소쿠리)을 자신의 것으로 하는 자」가 그 의미이다.[51]

(7) **더럽히지 않고 먹는다** - 깨끗한 복장으로 적당한 회화, 쾌적한 분위기, 그런 회식에서 그 자리의 바람직한 상황을 「더럽힘」으로 인해 암전(暗轉)시키는 자가 나온다. 「더럽힘」의 부작법에는 세 종류를 생각할 수 있다. ①신체를 더럽히고, ②의류를 더럽히고, ③요리를 더럽히는 경우로 정리하여 설명하겠다.

① **신체의 더럽힘** …… 우걱우걱 먹거나, 빨리 먹거나, 많이 먹어서 목에 걸리거나, 쏟거나 하는 등, 입 주위에 묻은 음식찌꺼기를 손가락 전체로 마구 입속으로 넣거나, 냅킨을 사용하지 않고 혀를 내밀어서 닦거나 국물이나 기름이 묻은 손으로 문지르거나 하여 입 주위, 입술을 더럽히고 아무렇지도 않은 얼굴을 한다. 혀로 날름거려 입 주위와 입술을 더럽히는 자는 람마즈(lammaz=혀를 계속 움직이는 자)[52] 이라거나 무타마티크

---

48) 「daffa」에 대해서는 문헌(6) p.55, p.62 문헌(25) p.118참조
49) 「maddad」에는 두 종류가 있으며, 「더럽힘」의 항에서 언급한다. 다음 페이지 *8을 참조
50) 「miqamm」에는 어근동사 그자체에 「eat up everything」의 의미가 있으며, 「빗자루」에 관련시키지 않아도 좋을지 모르겠다 문헌(14) p.21참조
51) 「mugharbil」에 대해서는 문헌(6) p.55, p.62 문헌(15) p.118 참조
52) 「lammaz」의 어근 「lamaza」에는 「혀로 입술을 핥다」인데, 이 이해는 「식후에 입에 남아있는 음

(mutammattiq=상하 입술을 핥는 자)53)로 딱지가 붙여지게 된다. 손가락으로 입 주위를 닦아서 보기 싫은 얼굴이 된 자는 무하딜(muxaddir=녹화<綠化>), 즉 입 주위를 손이나 손가락으로 더럽혀 거기가 녹색=검정색으로 변색된 자라고 경멸하여 일컫게 된다.54) 무타마틱에는 혀로 입술을 핥을 때에 입술의 쩝쩝거리는 소리를 내는 것도 포함되어 있기 때문에 「소리내기」의 부작법과도 관련이 있다.

② **의류의 더럽힘** …… 자신의 의류를 더럽히는 것은 물론이고 옆 사람, 마주앉은 사람의 의류도 더럽힌다. 나이프, 포크를 사용하지 않는 사회에서는 자연스럽게 이와 같은 무례한 자도 나온다. 마다드(maddad=흩날리는 자)라고 불리는 자는 고기 조각 등을 자를 때에 무리하게 이빨로 찢은 결과 잘려지는 동시에 그 국물을 주위에 흩뿌리게 되어 다른 사람의 의류에 얼룩을 생기게 한다.55) 또한 음식이 묻어있는 경우나 기름투성이 손가락을 닦지 않고 의류(타인의 경우도 있다)나 냅킨에 문질러서(다라카 dalaka) 한층 더 더럽히는 자는 달라크(dalak=문지르는 자)라고 일컫는다.56) 게다가 식후에 손씻기 위해 돌려서 받는 물 따르개와 물받이 (그림1.4.5를 참조)를 함부로 대하거나 조심성 없게 손을 넣어서 물을 받아서 그 오수를 주위 사람들의 옷에 튀기게 하는 자도 있다. 이런 조심성 없는 자는 나파드(naffad)라고 일컫는다. 사람이 의류에 묻은 먼지를 떨어내는 것처럼 혹은 나무들이 그 무성한 잎을 흔들어 떨어뜨리듯이 「물을 뿌린다/털어내는 사람」이라는 뜻이다.57)

③ **요리의 더럽힘** …… 한편 더럽힘의 세 번째는 요리 그 자체에 대한 것이다. 더 먹고 싶은 요리에 대해서 「침을 바르는」 행위를 하는 류와 먼저 맛있는 부분만 먹어 버리고 다른 부분을 원래 위치에 돌려놓는 「좋은 부분만 골라 먹는」 형의 두 종류를 생각할 수 있다. 우선 침 발라 놓는 타입인데 나샬(nashshal)이라고 불리는 「집어 먹기」하는 사람을 말한다. 나샬이란 「날치기, 좀도둑」이라는 의미로 아직 냄비 안에 있고

식찌꺼기를 혀를 움직여 떼어 낸다」라는 것이 원래 의미이다. 본문과 같이 혀를 빈번히 입 밖으로 내는 사람도 있어 이른바 「뱀혀」의 의미도 겸하고 있다.

53) 「mutammattiq」는 「혀」의 음도 내면서 노인이 잘 입을 오므려서 하는 행위이다. 이에 관해서는 문헌(8) p.186에 흥미깊은 설명이 있다.
54) 「muxaddir」에 대해서는 문헌(6) p55, p62 참조 「녹색」(아후달=axdar)이 「검정」으로 해석된 것은 일본의 「녹색의 흑발」과 공통된 감각이라고 할 수 있다.
55) 「maddad」는 앞에서 나온 위치 바꿈, 영역 침범과 같은 말(앞 페이지 *2). 앞에 것은 <밀어내는> 것이 「손」인 것에 반해서 이것은 「이빨과 고기 조각」「고기 조각과 고기 조각」이 된다. 문헌(6) p.55, p.62 참조
56) 「dallak」에 대해서는 문헌(6) p.55, p.62 참조
57) 「naffad」에 대해서도 문헌(6) p.55, p.62 참조

모두에게 제공되기 전 상태인 고기 요리 등에 자신의 손가락을 찔러 넣어 몰래 먹는 자를 말한다.58) 이런「집어 먹기」는 어느 세계에서도 말하고 있고 예언자 마호메트 자신도「냄비에서 알크('arq=뼈가 붙어있는 고기)를 집어내어 그것을 먹었다. 그 후 우두우(wudu=목욕)하지 않고 예배를 들였다」59)라는「목욕」과도 연관된「하디스(전승)」속에서 진귀한 부작법 모양새를 명확히 밝혔다.

또한 어미의 한 글자가 틀린 나샤흐(nashshaf)란「담그는 사람」이나「빨아내는 사람」이라고 번역할 수 있다.60) 동석자가 보고 있는 앞에서 냄비 안이나 공동접시의 고기 국물 속에 자신이 먹고 있는 빵을 찔러 넣어서 기름기 도는 부분, 맛있는 부분의 육즙에 담가서 빨아들여서 입안으로 넣는 자이다. 빵으로 말던지, 스폰지가 물을 흡수하듯이 육즙을 빨아들인 부분을 먹기 때문에 수분으로 무거워진 빵 조각이 육즙 속에 떨어져 내리기 마련이며, 이것을 눈으로 목격한 자에게 있어서는 폐를 끼치는 것이며 식욕을 떨어뜨리게 할 것이다. 이것보다 한 수 위인 무례한 자는 라타(latta=손가락 빠는 사람)이며 나하스(nahhash=깨물은 자국)이다.

「손가락 핥는 사람」이란 자신의 손가락을 핥거나 혹은 돌려 빨고 나서 공동접시에 있는 요리에 그것을 찔러 넣는 자를 말한다. 이「손가락을 핥다」(원어 lata'a)란 식사가 끝나고 이제 더 이상 먹지 않을 때의 예의로써 누구나 그렇게 하도록 권하고 있는 관행이지만61) 아직 식사 중인데도 이것을 자주 하는 자가 있으며 고의로 이것을 하여 먹고 싶은 요리를 자신의 것으로 만들어 버리는 자, 이것이 라타이다.62) 한편「깨물은 자국」의 대상은 노리고 있는 큰 고깃덩어리인 뼈가 붙어 있는 고기를 벗기는 데에 나이프를 이용하지 않고 이빨로 하는 것이 근세까지는 보통이었지만(이것을 타아루크(ta'arruq)라고 한다). 고기 덩어리를 치아로 찢을 때 일부러 크게 깨물어서 공동접시에 남아있는 분 쪽에도 자신의 치아 모양을 남기게 되어 다른 사람이 그 고기 덩어리에 손을 댈 수 없게 하는 자도 가끔 나온다. 이런 깨문 자국이 나하슈이며 원래 의미는「앞니로 깨무는 자」이다63).

---

58)「nashshal」의 어근동사「nashala」에는「날치기 하다」에서「고기를 가지고 가 마구 먹는다」의 의미로 발전하고 있다. 문헌(6) p.55, p.62 참조
59) 문헌(1) p.95 (일본어역 p.806) 참조
60)「nashshaf」의 어근동사「nashafa」는 [수분을 흡입한다, 빨아들인다]가 원래 의미이다. 문헌(6) p.55, p.62 참조
61) 예언자의 언행으로써「손가락을 헝겊으로 닦기 전에 빨거나 핥거나 하는 것」이 있다. 문헌(6) p.55, p.62 참조
62)「latta」에 대해서는 문헌(6) p.55, p.62 참조「손가락 핥는 사람」의 의미에서「손가락을 입에 물고 있는 아이, 손가락을 자주 핥는 아이」의 의미로 확대되었다.
63)「nahhash」의 어근「nahasha」는 그 동명사가「nahah」로써 문헌(1) p.95 (일본어역 p.806)에 나오는 용어 앞니로 깨물다」인데 깨물어서 찢는 것, 깨물어서 절단하는 것이 아닌 것이며 뱀이나 개가「물다」라는 상징이다.

이러한「침 묻히기」는 남은 부분까지 자신의 것으로 만들려는 의도가 있지만 한편으로는「좋은 부분 얻기」쪽은 나머지 부분은「드세요」라는 것이기 때문에 좀 더 나은 게 아닐까. 자신이 마음에 드는 부분을 먹어버리고 나머지 부분(이쪽 양이 많게 된다)을 원래 위치에 되돌려 놓는 무례한 무리들이다. 요리의 일품의 중심부, 거기에는 빵과 과자 등의 한가운데에 맛있는 부분(qarah=조금 높게 담아 올린 부분, 작은 언덕)으로 되어 있으며 그 카라(qarah)만을 먹고 나머지 부분을 다시 원래 위치로 돌려놓거나 동석자에게 돌리고 모른 척 하는 자, 이런 자는 무카윌(muqawwir=카라를 손실시키는 자)로 칭하고 있다[64]. 또한 큼직한 고기 조각이나 고기 완자 등의 맛있는 부분만 찢어 먹고 남들 모르게 남은 부분을 가운데로 몰아 놓거나 육즙 안에 집어넣고 모르는 척 하는 자----이런 자는 카타(qatta=찢어 먹기)라 하며 비난을 받게 된다.「맛있는 부분만을 이빨로 절단하여 자신의 것으로 만드는 자」라는 의미이다[65].

Ⅳ. 식후에 관한 것

(1) 손가락을 핥고 입을 가신다 -「배를 부르게 해주는 것이야 말로 최고의 양식」[66] 이라고 생각하는 소박함을 갖고 있으며, 음식을 신으로부터 받은 것으로써 귀중하게 여기는 무슬림 사회에서는 접시에 남아 있는 것이나 손가락에 묻어있는 찌꺼기라도 귀중하게 여겨 정중히 손가락으로 닦아내어 입에 넣는다. 그리고 나서 입에 물을 머금고 입을 헹구어 입속에 음식의 찌꺼기 없이 깨끗이 한다. 이때는 보기 싫지 않을 정도로 손가락을 입속으로 넣어도 좋다. 그 후에 비로소 손가락이나 손을 천으로 닦는다. 이것이 다 먹은 자의 예의가 된다[67].

(2) 하무다라를 외친다 -「잘 먹겠습니다」의 바스마라에 대해서「잘 먹었습니다」에 해당하는 인사가「하무다라(hamdalah)」이다. 이것도 호스트 쪽에 대해서가 아닌, 이 장소를 부여해 주신 신에 대한 인사가 된다. 하무다라는「감사는 신에게」라는 의미로「알하무드 릴라(al-hamud li-llah)」라고 외친다. 먹고 나서 상당한 시간이 지나고 어느 정도 만족이 이르고 또 회식자도 거의 자신과 같은 상태에 있다고 판단되면 이「잘

---

64)「muqawwir」에 대해서는 문헌(6) p.55, p.62 참조
65)「qataa」(찢는다, 절단한다)에서 온 직접적인 의미이다. 문헌(6) p.62 문헌(15) p.118 참조
66) 문헌(10) p.72
67) 입을 헹굼, 손가락을 핥는다『하디-스』는 문헌(1) pp.105-106(일본어역 pp.815-816) 문헌(2) p.1118(일본어역 p.145)참조

먹었습니다」에 상당하는 말, 하무다라를 외친 다음 자리에서 일어선다. 한 사람이 자리에서 일어서면 다른 자도 그것보다 많이 늦지 않도록 자리에서 일어서야 하므로 그 하무다라를 외치는 타이밍도 중요하다. 따라서 바스마라 경우와 달리 이것은 호스트 쪽에서 솔선하여 행할 수는 없다. 맨 처음 자리에서 일어서는 자는 주위의 먹는 진행 상황도 잘 감안하여야 한다[68].

(3) 손씻기 - 식탁에서 벗어난 회식자는 서두르는 경우에는 먼저 가는 것이 허락되지만 통상의 경우는 가까운 곳에 마련되어 있는 쉬는 장소에서 커피나 홍차 접대를 받는다. 그리고 그 전에 호스트 쪽의 여유가 있으면 손(이나 입)을 씻는 기회를 얻는다. 식탁에서 벗어나는 것은 무르지판(murjifan) 즉「떨리는 소리를 내는 두개의 물건」의 오고 감에 의해서 격정적이 된다. 물받이 티슈트(tishtr 그림4 참조)의 위에 물 따르개 이브리크(ibriq)를 얹은 형태로 그것을 가지고 온 자의 걸음과 함께 금속이 부딪히는 소리가 난다[69]. 편히 쉰 손님들은 물받이 위에 손을 갖다 대고 호스트 가족 또는 하인이 물 따르개로 물을 따라 준다. 이 방법이 조심성 없이 행해지면 앞에서도 기술한 바와 같이 물이 주위에 튀어서 동석자의 옷을 더럽히는 나파드(naffad)라는 비난을 받게 된다.

이와 같은 손씻기 예의는 아브 이야스(abu iyas=포기의 아버지)라고 일컬어져 더 이상 식탁으로는 돌아갈 수 없고 혹은 식사는 할 수 없으니 포기해 주세요 라는 의미를 담고 있다[70].

(4) 향 돌리기 - 한편 반드시 모든 가정에 관행이 되어 있는 것은 아니지만 향 접대가 있다. 이것을 끝내면 정식 폐회가 된다. 이 관행 즉 향 접대는「여력의 아버지(아브 사루 abu sarw)[71]」라고 불리듯이 호스트 쪽의 자금력과 집의 격식에 의해서 이용되어지는 향 및 향로가 다른 경우가 많다(그림6). 유향이나 침향을 피워서 로컬색 풍부한 향로를 돌린다. 돌려서 받은 손님은 얼굴, 머리카락, 수염 내지 소매, 의류에 향 연기를 스며들게 하고 옆자리로 돌린다. 이렇게 음식 냄새를 없애서 어디에 나가도 귀품 있는 향을 몸에 지니고 돌아가게 된다. 회식이 아니더라도 외출할 때 이렇게 향내를 스며들게 하는 것은 성인남녀의 에티켓으로 되어 있다. 지금은 간편한 향수(남녀용 포함)를 뿌려서 해결하는 일도 많아졌지만 아라비아 반도 안에서는 향의 연기를 스며들게 하는 것은 로컬색 풍부한 향로와 함께 아직 살아있는 습관이다.

---

68)「하무다라」의『하디스』는 문헌(1) p.106(일본어역 p.817) 참조
69)「murjifan」에 대해서는 문헌(16) p.44 이후 참조
70)「abu iyas」에 대해서도 문헌(16) p.44 이후 참조
71)「abu sarw」는 분향(부후르 buxur)의 별칭을 말한다. 문헌(16) p.44 이후 참조

<그림 4> 무리지판, 물 따르개와 물받이는 그림과 같이 함께 옮겨진다. 양쪽 모두 금속제이므로 진동할 때마다 날카로운 금속 소리가 울려 퍼진다.

<그림 5> 아부 이야스의 예법. 식사 후 손 씻기는 식사 완료를 의미한다. 물받이 위에 있는 비누를 이용한 다음 물 따르개로 물을 따라주는 것으로 씻는다.

<그림 6> 아부 사루에 돌려지는 향로. 좌단은 사우디아라비아제(금속), 중앙은 아라비아반도 동부제(도자기). 우단은 아라비아반도 남부제(도자기)

V. 맺음말

이교도와 동석한 경우의 무슬림의 대응을 기술하겠다. 무슬림이 이교도와 동석하여 식사를 한 경우 현재에는 돼지고기와 술만 주의하는 것으로 함께 먹는 데에 어떤 속박도 되지 않지만 이전에는 조금 더 엄격했다.

이교도라고 해도 성전의 백성(유대, 조로아스터, 크리스트교)이 대상이었으며 아주 다른 우상 숭배, 다신교도는 대상 외로 되어있다. 『코란』에도 명기되어 있듯이[72] 이교도와 동석하여 회식하는 것은 상관없다. 단 성전의 백성에 의해서 도살된 식육은 무슬림에게 있어서는 합법화되어 있다. 식기 문제는 조금 더 까다로워서 돼지고기를 담은 접시, 술을 마신 컵 등이 돌려지는 경우가 있으므로 다른 새로운 용기를 사용하는 것이 가장 좋지만, 그것이 무리일 경우에는 그런 여지가 있는 용기는 씻어서 이용하도록 가르치고 있다. 성전의 백성 이외의 이교도와 회식은 이전에는 불가능하였으며, 그런 경우 먹는 장소를 달리 마련하게 된다. 마치 현재의 중국 청기(靑旗)<淸眞料理>점, 적기

---

[72] 「오늘(고별의 순례 최종일), 모든 정갈한 음식이 그대에게 허락되었다. 경정을 가져다 주게 한 사람의 음식, 이것은 그대에게 합법하다. 또 그대들의 음식, 이것은 그들에게 합법하다」 『코란』[제5장 제5절]

(赤旗<비 이슬람교도 요리>)점과 같다.

　현대에는 여자, 아이도 같이 동석하여 테이블에서 나이프와 포크를 이용하여 서양식으로 식사하는 것이 아랍, 이슬람 사회에서도 일반적이 되어가고 있다. 우리들이 식사에 초대받아도 대개 서양식이지만 재미있게도 식사가 시작하여 조금 시간이 지나면 세 손가락 쪽이 편하다고 나이프와 포크를 치우고 손가락을 사용하기 시작하는 것도 자주 볼 수 있는 광경이다. 무엇이라도「진짜」를 맛보는 것은 직접 손으로 그 감각을 확인하면서라는 것은 아랍, 이슬람 사회에서는 식사에 이르기까지 두루두루 미치고 있다-옛날 예언자 시대부터⋯⋯.

〔문헌〕

(1) al-Buxărī n. d. Sahīh al-Buxărī Dăr al-Sha'b Part VII, pp.87-108 牧野信也 (譯) 1994『ハデイース』中卷, 中央公論社 pp.798-819

(2) Imăm Muslim 1976 Sahīh Muslim Lahore Vol.III, pp. 1012-1138 磯崎定基也 (譯) 1989『サヒーフ ムスリム』第三卷, サウデイアラビア協會 pp. 83-170

(3) Robson, James 1981 Mishkăt al- Masăbīn Vol.II, pp.886-898

(4) Khan, M. Zafrulla 1975 Garden of the Righteous, London

(5) Islahi, M. Yusuf 1979 Etiquettes of life in Islam, Lahore, pp.44-46

(6) al-Jăhiz n. d. al-Buxală' Beirut.

(7) Rosenthal, F. 1956 Humour in Early Islam, Leiden.

(8) Qutaybah, Ibn 1967 Adab al-Kătib, Beirut.

(9) Taymur, Ahaamad 1949 al-Amthăl l-'Ămm iyyah, Cairo.

(10) Burckhardt, J. L. 1972 Arabic Proverbs, London.

(11) Lunde, P. and J. Wintle 1984 A Dictionary of Arabic and Islamic Proverbs, London.

(12) 堀内勝 1979『砂漠の文化―アラブ遊牧民の世界』(歷史新書) 敎育社

(13) 堀内勝 1990「謎にみちたアラブのめん」『Foodeum』No. 7：4-11 日淸食品

(14) 堀内勝 1992「『一口分』の食習慣―アラブ世界の食文化」『VESTA』No.11：11-22 (財) 味の素食の文化センタ-

(15) 堀内勝 1992「イスラームと食」熊倉功夫・石毛直道 (編)『食の思想』ドメス出版

(16) 堀内勝 1993「アラブの食言葉」『VESTA』No.16：43-48 (財) 味の素食の文化センタ-

제3장 힌두 - 식(食)의 사상

고니시 마사도시(小西正捷)

I. 힌두교와 인도세계

한마디로 말해서 힌두교는 자연 발생하여 성립한 남아시아·인도세계 특유의 민족종교이다. 거기에는 단독의 역사적 교조(敎祖)도, 한정된 [정통적] 성전과 교단도 없이, 사람은 거의 탄생에 의해서만 힌두교도가 된다. 그 내실은 원시신도(原始神道)에 의해서 [야오요로스 八百万]의 신을 인정하는 애니미즘(animism)적인 것이다. 한편 그 본질은 전부 [하나로 되는 것]으로 돌아가 대개 현실세계의 다양한 하이어러패니(hierophany, 聖體示現)는 선한 것도 악한 것도 전부 그 [하나로 되는 것]을 나타내는 것에 지나지 않는다고 하는 해석도 있다. 그 의미로서 힌두교는 [일신교적 다신교]라고 해야 하는 견해이다.

극단적일 정도로 다양하면서 한편으로는 얼마간은 통일성이 보이는 인도세계가 있는 것은 아마도 이 융통무애(融通無碍)한 힌두교의 성격과 관계가 있는 것일 것이다. 그것은 종교라고 하는 것보다도 인도세계의 사람들에 있어서의 생득적(生得的) 사회, 문화적 틀(枠組)에 있는 것이라고 하는 것이 좋다. 인도세계는 그 기후 풍토, 지형, 언어, 역사, 관습 등이 매우 극단적으로 눈 깜짝할 사이에 다양성이 나타나고, 면적으로 보아도 전 유럽으로 동시에 한결같이 퍼지게 하는 아대륙(亞大陸)에 있으나, 거기에 이 세계를 하나로 하는 무엇인가의 원리가 작용하고 있다고 하면 그것을 광의의 힌두교, 또는 [인디아니즘]이라고 명명하는 것이 가능할지도 모른다. 이 짜임의 형성은 기원전 2000년 전후의 인더스 문명기에서 싹을 볼 수가 있으나, 특히 기원 전후 200년 사이에 성립한 생활규범의 책[마누법전][73)이 후세에 준 영향은 대단해서 그것은 지금 사람들의 규범으로서 중요한 위치를 점하고 있다.

Ⅱ. 인도 식문화의 다양성

물론 [마누법전]이라고 하면 그것이 시대와 지역을 초월하여 항상 일관되게 종교·논리적 법규에 있었던 것은 아니다. 잘 알고 있는 것 같이 힌두교도는 소고기는 먹지 않으나 실제로 [마누법전]을 보면 소고기의 금지에 대하여는 한마디도 쓰여져 있지 않다. 오히려 거기에는 후술하는 바와 같이 요즈음의 풍속으로 보면 모순이거나 기묘하게도 보이는 식 재료가 [가식(可食)] 또는 [불가식(不可食)]이라고 말하기도 하고 있다. 여기에서는 전형적으로 시대에 의한 역사적 변화를 볼 수가 있고 또한 당연히 거기에는 커다란 지역적 다양성도 있다. 예를 들면 [마누법전]에 의하면 생선은 식 재료의 정성(淨性)으로도 불살생의 금기에 저촉하는 것이기 때문에 불가식이 되는 식 재료이나 동부 벵갈 지방에서는 승려계층의 바라몬까지도 옛날부터 일상적으로 그것을 먹고 있다. 주식과 식용유 등의 기본적 식 재료조차도 거대한 지역성의 차이를 나타내고 있는 것은 다른 책에도 쓰여 있다[74].

그러므로 시대에 따라서도 다르고 지역성도 다양한 이 세계를 한마디로 [인도]로 부르는 자체에 꽤 문제가 있고, 같은 모양으로 [힌두교]를 일환의 것으로 받아들이는 것도 유보(留保)가 필요한 것도 사실이다. 그러나 한편 시대와 지역에 따른 이와 같은 실태상의 큰 차이에도 상관없이 광의로 힌두교라고 부르는 이 사회·문화적 틀은 이와 같은 시공(時空)에 걸친 다양성을 전부 감싸는 융통 무애한 성격을 갖으면서 실은 그 이론적 측면에 있어서 매우 강인하다. 힌두교도의 집에서 태어난 사람은 그것이 단순히 종교적 틀뿐만 아니라 민족문화의 틀에 있어서 사회 논리적 측면을 강하게 갖는 것은 이미 기술했으나 의·식·주와 같은 구체적인 여러 양상과 사회상은 소위 [카스트]에도 관계하는 이와 같은 중요한 개념이 힌두교도에 독특한 정·부정관(淨·不淨觀)[75]이 있다.

---

[73] Manu-smrti. 이 책은 승려계층 바라몬이 일상으로 하는 생활의 규범을 중심으로 하여 일반민중의 사회규범과 왕의 직무에 대하여 체계적으로 법전화한 것이나 일관되게 바라몬의 특권적 신분을 강조하여 그 이익의 확립과 유지를 의도한 것이었기 때문에 말하자면 [카스트]제(올바르게는 바루나제)에 있어서 차별 구조의 이론적 틀(짜임새)로서의 역할을 예로부터 담당하였다. 문헌 (16)(19)(20)참조.

[74] 주2. 문헌 (7) (9) (10) 등을 참조.
즉 여기에서는 식을 둘러싼 사상면(思想面)에 한정하여 식 재료와 향신료에 대하여 쓰지 않는다. 향신료에 대하여는 우선 문헌(17)을 참조. 또한 식 재료에 대해서도 인도세계에서는 그들을 [열·냉] 등으로 분류하는 등 혹은 그 섭취의 계절, 시간 등의 가능여부에 대하여 인도 의학의 견지에서 상세한 의논이 예로부터 있으나 지금은 언급하지 않는다. 이 점에 대하여는 문헌(2) (18) 등을 참조

[75] 후술하는바와 같이 이 정·부정관은 서양류의 위생 관념에 기초하는 청결 불결관과는 차원을 달리한다. 일본의 게가레(불결)·기요메(정하게 함)관과 통하는 면도 있으나 거기에는 더욱더 길·

Ⅲ. 공식집단(共食集團)으로서의 「카스트」

인도사회에서 특징적인 소위 [카스트] 제도76)에 대하여는 여기에서 많은 말을 소비할 여유가 없으나 어쨌든 그것은 바루나와 쟈티라고 하는 (이념상은 중요한 부분도 있으나) 실은 다른 레벨의 이차 사회·종교적 제도로서 생각해 볼 필요가 있다. 바루나제도는 소위 바라몬(승려계층)을 정점으로 한 4성(姓)(차도루·바루나)으로 정성(淨性)의 다과(多寡)를 축으로 한 바라몬 자신에 의한 이념적 순위에 따른 범주이다. 그 안에 상위의 3성은 [재생족], 재하층(再下層)의 수드라는 [1생족(一生族)], 즉 이 세상에 다시 인간으로서 태어나지 않는 신분으로 구별이 된다77). 이 차별적 구조는 후에(사후에) 더욱 [불가촉민(不可觸民)]이라고 하는 제5의 범주를 넘어섰기 때문에 지금도 커다란 사회 문제로 영향을 주고 있다.

한편 거기에 대하여 현실 사회에 실제 기능하고 있는 것은 2000~3000이라고 하는 민족출신과 직능의 위관(尉官)에 따라 집단을 이루고 있는 쟈티(출생)라고 부르는 출신 집단이 있다. 잘 알고 있는 바와 같이 그들은 씨족외혼·촌(村)외혼이 일반적이나 기본적으로는 그 쟈티는 내혼의 단위를 이루고 있고 또한 그것은 식사를 같이 할 수 있는 공식집단으로서의 통합도 맡고 있다.

공식집단 - 세계의 일부에는 식사 행동을 민망스러운 것으로서 혼자서 식사하는 일이 보통인 사회도 있으나, 대개는 공식 행위는 식사를 같이하는 사람들 사이에 사회적 유대를 확인하는 행위로서 중요한 의미를 갖고 있다. 인도에서는 그 사회 단위가 전술한 쟈티이나 중세 후기 또는 15세기경 이후에 흥하였던 신분 차이를 고려하지 않는 개혁종교 집단 등이 있었던 것은 축제 때나 신 앞에서의 공식이 신앙을 함께 하는 집단의 사회 종교적 동일성을 확인하기 위한 중요한 행위가 되고 있다.

혼인에 있어서도 그러하나 그 공식이라고 하는 관습에는 당연하지만 정·부정관이

흄과 사회적 상하관계가 포함되어 있는 점이 특징이다.
76) [카스트]라는 단어는 본래 가근[家筋]을 나타내는 포르투갈의 [카즈타]에서 유래된 것이나 인도에서는 그의 본질은 단순히 가근으로서의 그것는 아니다. 인도사회를 문제로 할 때 그것이 바르나와 쟈티의 어떤 레벨일 가를 항상 구별할 필요가 있다.
77) 재생족·일생족의 구별에는 재생 즉 윤회에 있어서 전생(轉生)에 적극적 의의를 인정하는 힌두교의 사고방식이 반영되어 있다. 불교에 있어서는 이 세계를 고(苦)로 보고 이 윤회를 단절하는 해탈의 도(道)를 희구하나, 힌두교에서는 인간으로서 재생한 것은 전세의 선업(善業)이 그렇게 시키는 바이기 때문에 있는 것으로서 지금은 내세를 위해 선업을 쌓고 정성(淨性)을 보존하면서 금세에 살아가는 일에 적극적인 의미를 인정하고 있다.

때로는 강력히 작용한다. 구체적으로는 그것은 타 집단 사람의 타액을 기피한다는 양상이 나타난다. 타액은 부정성을, 타인에게 최고로 직접적으로 전달되는 것이기 때문이다(다만 정성(淨性)이 높은 사람의 타액은 그 정성을 전하는 것은 아니기 때문에 그렇게 한다면 타액이 부정한 것이라고 생각한다). 거기에 힌두교도는 타인이 이미 이용한 식기를 될 수 있는 데로 사용하지 않으려고 하고 자기가 사용한 식기도 질그릇이라면 내동댕이 쳐 부수어 버린다[78]. 또는 결혼식과 같은 정찬이라면 식기로 사용한 바나나의 잎을 말아서 식후에 버리고 만다[79]. 또한 식사에는 자기의 손가락, 그것도 깨끗한 오른손가락을 사용한다. 이들은 모두 이 음식을 함께 묶어서 정·부정관과 관련시키고 있다.

손가락은 자기만의 깨끗한 식기 - 손가락은 정말로 타인의 타액이 조금도 없이 자기만의 깨끗한 식기이다. 다만 남인도 등에서는 손목 근처까지 사용해서 손바닥으로 으깨고, 북인도에서는 대개 손가락 끝을 사용하고 제2관절 보다 위를 더럽힌 것은 상품(上品)이 아니라고 생각하는 등 지역에 따라 다르기도 하다. 또는 정·부정관과는 별도로 실제 손으로 먹는 것은 요리를 맛있게 한다고도 생각할 수 있기 때문에 그 의미로는 일본요리가 [눈으로 먹는다]고 하는 것에 대해 인도요리는 문자 그대로 [손으로 먹는다]는 것이 본질이라고 말할 수 있다. 더욱이 벵갈의 시인 타골은 "나이프와 포크로 하는 식사는 연인들이 통역을 통하여 사랑을 말하는 것과 같다."라고 말하였다고도 한다.

Ⅳ. 정(淨)·부정(不淨)과 청결·불결

여기서 하나 주의하지 않으면 안 될 것은 이 정·부정이라고 하는 개념은 우리들이 생각하는 의미의 청결·불결이라고 하는 관념과 일단 아주 별개의 것이라고 하는 것이 좋다고 한다. 손가락으로 식사를 한다고 하는 것은 또는 배설 후에 씻기를 손가락으로 하는 그것이 우리들에 있어서는 일종의 불결감을 갖게 하는 것이기 때문일지 모르나

---

78) 지금도 철도역과 찻집 등에서 내어 놓는 홍차의 용기는 질그릇(素燒) 토기이고, 사람은 차를 마신 다음에 그것을 상에서 부수어 버린다. 일회용 나무젓가락의 경우도 같으며 자기가 사용한 식기는 일회만의 것으로 하는 정·부정관에 기초하는 것이기 때문에 힌두사회에 있어서는 유약을 발라서 도기를 만들지 않고 질그릇(素燒)의 토기문화가 5000년의 전통을 유지하고 왔다는 것도 이것과 관련한다. 문헌(10)(11)참조.
79) 남인도에서는 그 위에 식사 전에 바나나의 잎에 의례적으로 물을 뿌려서 자기 식사자리를 정결하게 하는 사람도 있다. 이 풍습의 양상은 문헌(1) 참조

그들에게 있어서는 빼놓을 수 없는 자기들의 정화의 행위인 것이다.80)

부정과 불결은 레벨을 다르게 한다 - 식사에는 오른손을 사용하고 왼손은 부정한 것이기 때문에 사용하지 않는다고 하는 것도 잘 알려져 있다. 그러나 그것은 본질적으로 상징적 2원론의 의미에 있어서 관념적인 좌우의 정·부정 관념에 기초하고 있어서 왼손이 부정하다고 하는 것은 용변과 관련된 것으로 이해된다는 것은 꼭 옳지는 않다. 또한 여기에서도 정·부정과 청결·불결은 레벨을 달리하는 것이기 때문에 용변의 뒤처리에 사용하는 손은 오히려 깨끗이 씻기 때문에 불결하다고 해도 오히려 청결할지도 모른다. 또한 오른손은 식전에 아마 깨끗이 씻지 않고 먹기 시작하기 때문에 정한 손이긴 하지만 우리들의 감각으로는 그대로 불결하게 느껴질지도 모르게 된다.

다만 왼손잡이인 경우 인도에서는 필히 일본과 같이 사회적 교정을 하지 않기 때문에 식사의 경우에도 오른손과 왼손의 사용방식이 역으로 되기도 하나 그것이 자기의 식기로 먹는 것처럼 자기에게 관계된 행동 범주에서 허용된다 (따라서 타인에게 무언가 왼손잡이로서 차이를 나타내는 것은 피한다.) 또한 오른손잡이인 사람에게 있어서도 식사 중에 오른손이 더러워져 있다면 왼손으로 바꾸어서 집을 수도 있으나 대개 급사나 주부가 알아차리고 집어오는 경우가 보통이다.

손가락과 식기가 청결한지 아닌지의 문제는 그것이 청정(淸淨)한가 어떤가의 정도와는 문제가 되지 않는다. 그것은 자기의 손가락 또는 자기 자신의 식기일 뿐 그것은 자기로서 가장 청정한가가 조금이라도 타인으로부터 부정이 감염되는 것은 아니기 때문이다. 반대로 금속그릇같이 매회 버릴 수 없는 식기의 경우에는 우분(牛糞)을 태운 재로 닦는 것으로 정화시키는 사례조차 보고 받아들인다. 우리들은 불결하다고도 생각하는 우분이 유(乳,) 유락(乳酪), 유지(乳脂), 소변과 더불어 소의 다섯 가지 사물(5賜物)의 하나로 생각하면 연료로서 유용할 뿐만 아니라 그것이 신과 귀빈을 영접하는 지면에 발라 메꾸어 그 장소를 정화하는 힘을 갖고 있다.

타액뿐만 아니라 물도 또한 부정성(不淨性)을 전달하지 않는 물질이다. 그렇기 때문에 물 긷는 사람과 요리인, 급사가 바라몬 계층이 되는 일이 많다81). 바라몬에게 물과

---

80) 문헌(12) 또는 문헌(16)(20) [마누법전] 4-5장 참조
81) 일반적으로 승려계층이라고 생각하고 있는 바라몬도 고위의 학문승부터 하급의 승려, 절의 잡일을 맡고 있는 남자 승이나 순례자의 안내 승 또한 오로지 장례일을 맡고 있는 승려 등 여러 가지의 직종이 쟈티로 있다. 그 서비스를 받는 계층과 지역에 따라서도 여러 가지의 계층이 있다. 예를 들면 릿사주의 바라몬의 집에는 요리를 뛰어나게 잘하는 사람이 많다. 이것도 아주 특정의 쟈티로 되어 있는 정도이다. 자(지금) 일종의 방편으로 바라몬이 할 수 없는 경우에는 물 긷는 일, 또는 요리인도 본래는 아웃 카스트이나 힌두 사회제도에서 떨어져나가고 있다는 점에서 [중성]이

요리를 공급하는 일을 할 수 있는 사람은 바라몬뿐이기 때문이다. 또한 물은 부정을 정화하는 힘을 갖고 있기 때문에 더러움을 없애기 위해서 목욕이 널리 행하여지나 그렇다고 해서 식사 중에 바라몬이 나누어 주는 물은, 의례적인 일로 받는 성수와는 다르며 특히 정화력이 있지는 않다.

거기에 요리에 있어서도 물에 끓인 음식이나 생식보다도 기름에 지진 것이 정하다고 한다82). 전자를 갓쨔(生), 후자를 빳가(熟)로 구분하고 있는 것은 지극히 시사적이다.

V. 육식과 채식

이것도 정·부정과 관계되나 힌두교도의 식문화에 있어서는 하나 더 중요한 범주화가 이루어져서 육식일까 채식일까 라고 하는 점을 포함하고 있다. 여기에 대해서는 힌두교도의 이상적 사회 종교 이념을 규정하는 경전 [마누법전]에도 다음에 취급하는 가식·불 가식의 문제와 같이 제5장의 4절부터 56절에 걸쳐 길고도 세세하게 쓰여져 있다. 그들은 음식을 하나의 통합된 문화로서 인식하고 있던 증거라고도 말할 수 있다.

채식에도 보통의 채식(vegeterian)에서부터 철저한 채식(ultra super·pure·vegeterian)까지 여러 가지 단계가 있으나83) 육식보다도 채식, 채식에도 철저한 것이 정성(淨性)이 높고 종교이론상으로도 권장하고 있다고 생각할 수 있다. 그 배경에는 불살생(아힘사)의 관념이 강하게 움직여서 [채식]이라고 하여도 식물성 음식재료에 한정되어 있지 않고 실제로 동물성이나 소의 사물(賜物)인 우유, 유락(乳酪), 유지 등의 유제품이 그 안에 커다랗게 자리를 차지하고 있는 정도이다. 그러므로 인도의 채식은 아주 정확히는 [불살생 음식 또는 불살생 요리]라고 불리울 수 있다. 우유를 짰어도 소를 죽이지는 않았기 때문이다. 사람은 이 젖을 소로부터 받아서 양육하는 것이기 때문에 소는 인간에게 있어 어머니와 동등한 존재가 되어 어머니를 상하게 한다든가 죽인다든가 하는 것은 큰 죄라는 관념을 후에 낳게 되었다.

라고 하는 그리스도교도나 무슬림(이슬람교도)도 이 직종에 종사하는 일이 있다.
82) 문헌(7). 아마 거기에는 물질이 부패하기 쉬운 기후 조건도 있기 때문이 아닌가 한다. 한편으로는 향신료의 화학적 효과도 가해지지만 이것들을 아유르베다 의학 등을 포함하는 경전적 지식으로서 집대성하여 있다는 점이 어떻게든 인도적이다. 더욱이 인도 전통의학은 아라비아의학이 인도에 역수입되어 지금도 그것은 아유르베다와 나란히 성행하고 있다.
83) 이점에 있어서는 문헌(15)에 상세히 쓰여져 있음

<사진 1> 마을의 우물에서 물을 깃는 여성들. 우물은 집에 갇혀있는 그들에겐 중요한 휴식의 장소, 정보 교환의 기회이다.(中尾佐助 제공)

다만 불살생이라고 하여도 여기에도 또한 얼마간의 단계가 있다. 계란에도 무정란이면 가(可)라고 하는 입장도 있고 보통의 난(卵)은 물론, 생선도 가(可)라고 하는 에그 베지테리언(egg vegetarian) 내지는 피시 베지테리언(fish vegetarian) 등 이해할 수 없는 것도 있다. 어떻든 인도세계의 독특한 융통무애(融通無碍)한 성격이 느껴지나 여기에서도 실은 [마누법전]에 들어맞는 정당한 행위이기 때문이다. 그 제5장46절에는 [포박 당함(繩目) 또는 죽음의 고통을 주는 것을 바라지--- 않는 것은 영원의 복지를 얻음]라고 있고,[84] 생선을 한번에 [포박당하거나 죽음의 고통]을 느끼지 않게 하는 것으로서, 육식을 하면서 섭취를 허가하는 일종의 [방편]적 논리로 받아들이고 있는 것이 매우 흥미롭다.

Ⅵ. 불가식(不可食)식이라고 하는 식품재료

한편 그것은 역으로 대단히 엄격하고, 철저한 규칙도 보인다. 퓨어 베지테리언(pure·vegeterian)의 레벨이면 어떠한 식물질(植物質)이라도 먹어도 좋으나, 슈퍼 퓨어 베지테리언의 단계가 되면 어떤 종의 식물(植物)도 금지된다. 마늘, 부추, 양파, 버섯이 그것이다(5~5, 5~19). 전자 3종은 조동종(曹洞宗)의 [훈주(薰酒)산문(山門에 들어가는 것을

---

[84] 이하 [마누법전]의 인용은, 주로 문헌(16)에 의함. 또한 문헌(20)을 참조

금함]의 훈(葷), 즉 냄새가 심한 정(精)이 붙은 것, 혹은 노여운 마음을 발산하는 음식물을 금지한다고 생각한다든지 버섯에 관해서는 금지되는 이유가 불명하다. 또한 그것에 계속하여 5-6에는 [적색 수액 내지 자른 상처에서 유출되는 액(液)]을 금하고 있으나 이것은 피의 연상(連想)이기 때문이고 그 후에 들어간 채소로 토마토가 있으나 이를 싫어하는 사람도 있다85).

더욱이 식문화, 특히 그것과 관계되는 정·부정 문제의 고찰에는 섭취된 음식물뿐만 아니라 배설물에 대해서의 고찰도 지극히 중요하다는 것을 붙여 말한다. 문헌(12)

불가식이라고 하는 버섯의 배경 - 버섯에는 독성이 강한 것도 있으며 그것을 피할 수 있을지 알 수 없다. 단지 한편으로는 버섯이 갖고 있는 독성이 마약 효과와 같이 오히려 신에게 이르는 길이라고 생각할 수 있다는 가능성도 있다. 라고 말하는 것은 인도에서는 베다시대부터 소마 [조로아스터교 성전(아베스타)에 의하면 (하오마)]라고 하는 마취·흥분 효과를 갖는 술 혹은 음료가 의례에 잘 이용될 수 있었으나 만약 그것이 아메리카의 버섯 학자인 R·G·왓송이 말하는 바와 같이 그의 성분에 무스카린과 이보텐산 등을 함유하기 때문에 먹으면 중추신경에 작용하여 이상한 흥분 상태나 환각을 일으키는 붉은광대독버섯(Amanita muscaria)이 있었다고 하면 마누법전의 이런 부분은 금지조항으로서 하고 버섯에 관한 깊은 흥미를 언급하게 되어 이슬람 신비주의에 있어서도 대마와 술이 도취 상태에서 신에 접근하는 방법으로서 섭취되는 일이 있으나, 힌두교에도 현재 의례 도중에는 보통은 금지가 기피되고 있는 술과 대마가 바라몬승 공인의 기본으로 한층 섭취되고 있다.

그래도 이러한 정도의 단계라면 곡류나, 무와 같은 뿌리류의 채소에 과실 혹은 유제품도 먹을 수 있지만 더 한층 단계가 높아지고 더욱 규제가 심한 울트라 슈퍼 퓨어 베지테리언(ultra super·pure·vegetarian) 정도가 되면 과일이나 유제품도 먹을 수 없으며 곡식류는 무방하지만 일종의 목식(木食)행위에 가까운 정도가 된다. 특히 자이나교 수행자의 경우 등에서는 불살생계(不殺生戒)를 아주 철저하게 지키기 위해 생명의 근원이 되는 채소나 무, 당근 같은 것은 섭취하지 않고 잎, 그것도 가능하면 야생용 잎, 곡식류도 야생용으로만 한정시킬 정도이다.

---

85) 북인도와는 달리 남인도에서는 피를 단순한 불결이라 보지 않고 정액(精液)과 같이 보다 적극적인 의미를 주고 있다. 힌두교의 정·부정관에 관해서 논할 때 남인도의 "하층" 힌두사회에 있어서 불결(ティーットウ)의 의미는 피하여 통과 할 수 없는 문제이며 이 관점에서부터 근본적으로 재고할 필요가 있다. 그 의미에서 여기까지 대체로 북인도의 바라몬·이디올로기의 측면에서 논의되어온 루이·듀몬의 규정에 의한 정·부정관[예를 들면 문헌 4]은 엄격히 음미되는 것이 된다. 문헌(13).

<사진 2> 남인도의 채식요리의 예
국물 있는 여러가지를 적은 그릇에 넣어 이것을 쟁반에 놓고 있다.
안도라 프라뎃슈 주 넷로르에서

물론 거기에는 정(淨)·부정(不淨)관 혹은 불살생계(不殺生戒)에 상관되는 종교상의 규제나 계층성(階層性)이 오래전부터 의식되어 왔겠지만 보다 현실적으로 이와 같이 구체적으로 가식(可食)·불가식(不可食)의 범주 구분이 언제부터 명확해졌는가를 언급하자면 역시 그것도 기원 전후의 「마누법전」경부터였다고 생각된다. 그러나 그것이 더욱 명확한 지역차를 가지고 규정하는 것은 추측컨대 12~13세기 이후 중세기이후부터이다.

다만, 그렇다고 하더라도 그로부터 1000년 이상의 이전에는 「마누법전」의 기술에 입각해서 보면 거기에는 근년에 와서는 거의 생각할 수 없는 가식·불가식 식품의 리스트가 있으며 시대차가 큰 것을 알 수 있다. 가령 전술한 바와 같이 불가식이라고 한 마늘 또는 양파 등은 오히려 현대의 카레요리에서는 가장 없어서는 안 될 훌륭한 식품이며, 반대로 여기에서 가식이라고 한 식품 중에는 멧돼지, 고슴도치, 도마뱀, 코뿔소, 거북이, 산토끼, 그리고 낙타 이외의 가축(현재는 엄하게 금기 대상이 되고 있는 소고기 섭취도 포함되는가?) 등이 모두 제시되고 있는 것이다(5-18).

Ⅶ. 「마누법전」의 규정

　가식품(可食品)의 리스트보다도 불가식품(不可食品)의 리스트 쪽이 더 상세하게 기술되어 있는 것은 더욱 이해 못 할 것은 아니다. 그러나 불가식품으로 되어 있는 것 중에 맹금수(猛禽獸)는 여하튼, 현재는 식품재료로서 아주 일반화 되었다. 닭을 비롯해서 여러 가지 종류의 새, 돼지, 생선까지 금지되고 있는 것이 주목되고 있다(5-11~14, 19). 오히려 이 내용은 이들을 상식(常食)하고 있는 계층에 대한 일종의 메시지라고 하더라도 오늘날 역시 기능화되어 있다 라는 측면이 있다. 예컨대 생선을 먹는 벵갈지방의 바라몬은 그 습관 때문에 타지방의 바라몬들로부터 정성(淨性)이 낮다고 멸시되고 있으며, 사회적 순위를 올리려는 하류층 사람들의 일부는 요즈음에 와서는 닭 기르는 것조차 그만두고 있다.

　한편 정성(淨性)이 높다고 하는 유즙일지라도 그들 중에는 불가식(不可食)이라고 하는 경우도 있어 매우 복잡하다(15-8~10). 즉 「출산 후 10일 이내의 암소(혹은 기타 암컷 동물)의 젖, 낙타, 단제수(單蹄獸), 양, 교미기의 암소 및 송아지 없는 암소의 유즙, 암컷 물소를 제외한 모든 종류의 야수(野獸)의 유즙, 부인의 유즙[!] 및 모든 산패(酸敗)되는 것[단, 산유(酸乳)는 제외]은 피해야 함」 등이 그 안에 있다.

　단, 이들 중 불가식으로 되어 있는 것이라도 일정한 사정이나 상황 하에서는 섭취가 허용되는 경우가 있다. 특히 제사에 사용된 새나 짐승, 깨끗이 되어 있는 식물(食物)은 섭취할 수 있게 되어 있으며(5-26~36), 「규정에 입각해서 제식(祭式) 시행, 혹은 그 식사에 종사하는 자가 고기 먹는 것을 거부할 때에는 죽은 후 21년 사이에 짐승이 된다」(5-35)라고 기술되어 있음에도 한편에서는 같은 장 7절에 「신에게 제공되는 식물(食物) 및 공양」이 불가식이라고 되어 있는 모순도 보인다.

　불살생(不殺生)을 주장하면서도 육식을 합리화시키는 모순도 있다. 다시 말해서 생물의 창조주인 프라쟈파티는 전 세계를 생명의 음식물로 창조하였고(5-28), 또한 하나님은 자신들의 희생의례를 위해 짐승을 창조하였다고 한다(5-29). 그리하여 그 희생을 위해 짐승이 죽임을 당한다면 이는 통상적인 의미에서의 살생이 아니라고 하여 허용된다(5-39). 또한 이를 말해서 「움직이지 않는 것들은 움직이는 동물들의 식물(食物)이 되며, 이빨이 없는 (짐승)은 이빨이 있는 동물들의 식물(食物)이 된다. 손이 없는 동물은 손이 있는 동물들의 식물(食物)이 되고, 용감하지 못한 것은 용감한 것의 먹이가 되고」「창조주는 (그러하기 때문에) 먹는 자와 먹히는 자의 양쪽을 창조하게 되었으며」(5-29, 30)라고 하였다. 이는 기독교 사회의 먹는 논리에서도 통한다. 일종의 약육강식(弱肉強食) 사상이다.

<사진 3> 우유를 저어서 만든 버터 모양의 유지방. 이를 가열하여 물기를 날려버리고 기름상태로 만든 것이 "기이-"이다. 타밀・나도-주 가바다핫리촌 (大村次鄕 제공)

Ⅷ. 업(業)과 불살생계(不殺生戒)

이러한 관점에서 보는 한, 인도세계는 불살생계를 강조하며 자연계와 공존하는「동양」의 전형적인 경우라고는 말할 수 없다. 그러나 당연한 것은 누가 먹는 쪽의 강자이고 누가 먹히는 쪽의 약자인가는 인도세계의 독특한 시야에서 윤회전생(輪廻轉生)・인과응보(因果應報)의 결과로 인식된다. 그리하여 모든 조류와 짐승들을 먹고 있는 그대들도 언제인가는 먹히는 신세가 되며, 만약 그대가 먹고 있는 것들도 그대의 선조인지도 모를 것이라고 한편으로는 말해 두는 것이다. 고기(肉)를 산스크리트어로 망사-māṃsāḥ라고 하는데 5장 55절에서는 그 말의 뜻을 이와 같이 설명하였다.「이 세상에서 고기(肉)를 먹는 나 māṃ를 다음 세계에서는 그대 sāḥ가 먹힐 것이다. 이 고기(肉) māṃsāḥ의 뜻이 되느냐 하는 판단은 현명한 사람들의 몫이다」고.

또한 약육강식 사상에 입각해서「그 (동물의) 고기(肉)를 먹는 것은 그 (동물)을 먹는다고 말할 수 있다」(5-15)의 결과가 된다. 다나베(田辺繁子)의 번역[86]에도 제시한 바와 같이 고양이(músikăda)는 쥐(músikă)를 먹기(ada) 때문에 그렇게 호칭을 하게 되었다. 그러기 때문에 작은 물고기나 작은 동물뿐만 아니라 화장한 뼈나 오물을 먹는 물고기는 부정(不淨)하며「물고기를 먹는 사람은 (모든 종류의) 고기(肉)를 먹는 결과가 된다. 그러기 때

---

[86] 문헌 (16) p.146. 이와 같이 말뜻으로부터 그 원래의 뜻 혹은 관념의 배경에 있는 것을 이해하는 것은 매우 흥미롭다.

문에 물고기는 피해야 함」(같다고) 말할 수 있다. 이슬람의 경우에도 똑같이 오물을 먹는 돼지를 기피하는 것도 이와 같은 것을 관련시키기 때문인지도 모른다.

고양이・돼지・생선이 지니고 있는 더러운 부분도 윤회전생(輪廻轉生)의 인과관계가 있다. 불살생계(不殺生戒)는 이와 같은 나쁜 것을 피하기 위해서라도 지키지 않으면 안 된다. 「적법한 이유 없이 짐승을 죽이는 자는 다음 세상에서 짐승이 가지고 있는 털 수만큼 혹독한 죽음을 경험하게 된다」(5-38). 단, 살생도 「적법한 이유」가 있으면 무방하지만, 그렇더라도 그렇게 말하고 있는 것 같이라도 보여, 그렇다면 살생을 생업으로 하는 사람도 또한 이와 같은 적법성을 가지고 있는 것과 같이 읽혀지지만 역시 「고기(肉)는 생물을 해치는 일 없이 절대로 얻어지지 않는다. 따라서 생명체를 해꼬지하는 것은 하늘(天界)의 복지에 장애가 되기에 고기(肉)를 안 먹는 것임」(5-48)이라고 하는 것이 원래의 뜻이다.

한편 같은 문맥으로 「만약 (고기에 대해) 강열한 욕망이 생길 때에는 버터(牛酪) 또는 곡식 분말로 짐승의 형태를 만들어 (그것을 먹는다)」(5-37)에 상세히 기록되어 있다. 역시 고기(肉)는 맛이 좋은 것(美食)으로 원래의 뜻을 지니고 있는 어떤 음으로 발음을 하고 싶지만 여기에서도 교의(敎義)는 금욕적(禁慾的)이다. 「자신의 쾌락을 충족시키기 위해 피해를 주지 않은 생물을 해치는 사람은 생사의 어느 경우에서든 절대로 행복할 수가 없음」(5-46). 미식(美食)이나 포식(飽食)을 기피하는 것과는 아무 상관없는 일종의 금욕주의(禁慾主義)[87]는 「생존하는데 필요한 최소한의 양 이상을 먹는 자체가 절도 행위(竊盜行爲)임」이라고 하는 마하트마 간디의 스토이시즘(stoicism)에도 연관되는 힌두문화의 일면을 나타내고 있다.

IX. 식(食)의 사회성

그러나 이와 같은 힌두문화의 일면에는 특히 불살생계(不殺生戒)나 육식 기피에 반대하는 일부 사회집단, 특히 수렵인이나 도살자, 푸줏간, 가죽 벗기는 사람들 등의 차별

---

[87] 미식이나 포식은 힌두교의 사상 전통에 있어서는 오히려 삼가야 할 행위로 생각되는 것이 보통이다. 조식(粗食) 혹은 단식(斷食)은 미덕으로도 연관되는 종교 윤리적 행위로서 그는 이 세상의 속성에서 이탈할 수 있는 절호의 기회이다. 하나님에게도 보여 줄 수 있는 수단이라고도 한다. 역으로 자칫하면 쾌락을 추구하고, 먹는 것을 즐기려는 「근대 사회」에서 이와 같은 인도의 세계 특유한 「종교성」까지도 부정적이 되지 않을까 생각되지만 실제로는 아유르베다나 유나니 의학서적 등에도 있지만 조식(粗食)・절식(節食)은 의학적으로도 아주 훌륭한 건강법이며 현대 사회에서도 그들 방법을 받아드리는 건강법이 서구 사회 등에서 시도되고 있다. 단, 이와 같은 비 서구지역의 여러 풍습을 근대 서구 과학이나 의학의 척도로 생각하여 「재평가」하려는 태도에도 문제가 없는 것은 아니다.

이 성무(聖務)로 되어 있었던 것은 현재 커다란 사회문제로 되고 있다.

五一절에는 「(짐승의 도살을) 허용하는 자, 짐승을 죽이는 자, (그 고기)를 매매하는 자, 그 고기를 요리하는 자와 시중드는 자 및 먹는 자는 (모두 짐승을) 죽인 자(로 본다)」이다. 단순한 육식자도 같은 죄이지만 나중에는 전술한 바와 같이 일정한 집단만이 차별을 받는 대상이 되었다. 그러나 고대의 「마누법전」의 단계에서는 지금처럼 그다지 강한 의미를 지니지 못했으며 三四절에서는 다음과 같이 언급되어 있다. 「이득 때문에 사슴을 죽인 자의 죄는 죽은 후에 (신성한) 목적 없이 고기(肉)를 먹은 자의 죄만큼 크지 않다.」

즉 직업적인 도살자란 살생을 생업으로 하고 있기 때문에 좋지 않다고 말하는 것은 모두가 일반적으로 이해할 수 있지만 하나님을 의식하지 않고 자신의 쾌락 때문에 육식을 하는 일반인 쪽이 실제로는 죄가 크다고 말하는 것을 오히려 「마누법전」이 설명하고 있다. 그러나 현재는 후자 쪽이 거의 완전히 불문에 붙여져 있으며 지금에 와서는 전자가 아직 차별의식으로 남겨져 있게 되어버렸다. 단, 이 교의(敎義)로도 가능하면 일반인도 그 죄를 저지르지 않기 위해서는 「깨끗한 과실과 무와 같은 뿌리, 그리고 삼림(森林)에 은신하고 있는 자의 식물(食物)(야생 쌀, 그 외의 삼림에서 얻어지는 것)」(五一五四)을 먹으라고 하는 것도 사실[88]이다. 바로 이 목식행(木食行)을 연상케 하는 식습관에 해당하는 것이 오늘날의 울트라 슈퍼 퓨어 베지테리언(ultra super pure vegetarian)식(食)이다.

X. 문화로서의 힌두식(食)

이상, 지금까지 주로 식(食)을 둘러싼 정(淨)·부정(不淨)관 및 그와 관련된 가식(可食)·불가식품의 본연에 대해 「마누법전」의 기술을 중심으로 개관하였다. 종래 인도의 식문화라고 하면 소위 「카레요리」그 자체나 조리법 또는 그 독특한 식품재료와 향신료 같은 즉물적(卽物的)인 부분의 해설이나 그와 관련된 의논이 많았으나, 문화로서의 식(食)이라는 문맥에서 생각할 때, 인도나 힌두의 식을 둘러싼 문제는 비(非)즉물적 관념세계가 크게 작용하지 않을 수 없다. 분명 식품재료와 향신료의 문제를 들어도 현대적으로 말하면 힌두식과 건강의 문제, 즉 인도 전통의학인 아유르베다와 관련된 문제도 크지만, 여기서는 한층 추상적이기는 하지만 힌두문화와 사회의 총체 또는 구조에 크게 관련된 문제로서 식(食)과 그 배후에 있는 관념세계에 대해 다루기로 했기 때문

---

[88] 「마누법전」이래의 힌두사회의 이념에 의하면 인생은 학생기(學生期), 가장기(家長期), 임서기(林棲期), 유행기(遊行期)의 사주기(四住期)(차야도울 아슈라마)로 되어 있으며, 목식은 이미 집이나 세속을 떠난 것이며 이 중에 최후의 두 시기를 보내는 자에게 기대되는 깨끗한 식물(食物)이다.

에 아유르베다는 거론하지 않기로 하겠다.

그러나 앞에서 얘기했듯이 식을 둘러싼 관념적 문제 또는 교의적(敎義的) 테두리를 생각할 때, 여기서 그 기본적 사료(史料)로 한 「마누법전」 자체가 거의 2000년에 걸쳐 부가 편찬된 것이기 때문에 이미 일부에 큰 사실상의 모순이 생기는 것에는 유의가 필요하다. 즉, 이미 본 소론에서도 일부 지적하였듯이, 예를 들어 소고기의 기피와 같은 가식·불가식품 리스트의 내용상의 변경이나 살생을 동반할 수 밖에 없는 육식에 있어서의 이념상의 편의적 해석 등이 후세에 많이 이루어져 왔으며, 또한 지역 차에 대해서도 충분히 고려하지 않으면 안된다. 즉, 그것이 중세 후기 이후, 근세·근대를 통해 현대까지 어떻게 변화되어 오고 받아들여졌는가, 그 지역적 차는 어떠했는가 등의 역사적 문제가 크다는 것은 말할 필요도 없다. 힌두의 식문화를 총체적으로 거론하는 데는 우선 이러한 점에 관한 더욱 상세한 검토가 필요할 것이다.

<사진 4> 향신료의 향이 나는 고기를 넣어 만든 포테토와 사모사를 만드는 사람. 시크교의 성지 암리트살에서. (大村次鄕 제공)

XI. 식에 관한 관념의 변화

그러나 적어도 이념상으로는 그 중에서도 가장 기본적인 개념인 정(淨)·부정(不淨)관이나 윤회전생, 또는 그와 관련된 부(不)살생계와 같은 관념은 한 사람의 식문제에 머무르지 않고 지금도 힌두교나 힌두문화, 힌두사회에 뿌리깊게 기능하거나 의식되고 있다는 것도 사실이다. 지금도 주로 바라몬과 같은 계층이나 바라몬이 가진 정성(淨性)을 지향하는 계층을 중심으로 보여지는 움직일 수 없는 사상적 테두리로, 삶 속에 통주저음(通奏低音)과 같이 흘러가고 있다고 할 수 있다.

그러나 백 년이 하루처럼 보이는 인도사회도 실은 시시각각 역사의 물결을 새겨가고 있다. 특히 전(前) 세기 이후, 이번 세기에 들어 가속도적으로 이 같은 이념적 테두리와 운용에 큰 책임을 져야 할 바라몬 계층이 근대화의 흐름 속에서 가장 빨리 자신들을 그 속박으로부터 해방해온 경향을 보이고 있다. 오히려 이 같은 전통에 의해 차별되어 저층에 위치한 사람들이 삶이 다양한 차원에서 스스로의 정성(淨性)을 높여가고자 하는 경향이 보이는 것이다. 수렵을 그만두거나 닭·돼지를 더 이상 키우지 않거나 육식을 하지 않거나 하여 종래 바라몬이 가져 온 정성(淨性)을 굳이 몸에 익혀, 이로 인해 다른 사회집단에서도 보다 높은 사회적 지위를 인정받고자 하는 이러한 현상을 사회학자인 슬러니버스는 「산스크리트(Sanskrit)화」라고 불렀다[14].

<사진 5> 아침 식사나 경식(輕食), 특히 제사나 내객용으로 제공되는 튀김빵 푸리.
기름으로 튀긴 것은 파카(熟)의 식물로, 카챠(生)보다 정성(淨性)이 높다.
UP주 아라하바드 시내. (大村次鄕 제공)

이같은 경향은 1911년차의 국세(國勢)조사에서 시작되어 특히 각 「카스트」나 「부족」사회를 그 사회=의례적 순위에 있어서도 위치 매기려고 한 결과가 된 1931년차 국세조사에서 정점에 달하였다. 이 경향은 힌두사회뿐 아니라 무슬림이나 그리스도 교주, 「부족」사회에까지 이르러, 그들의 대부분은 힌두 성자의 이름이나 힌두교의에 관계가 있는 이름을 사용하여 그 집단의 새로운 이름을 지었다. 그 실질적 내실로 종래의 생업 형태뿐 아니라 식습관 개변(改變)이 관련되어 있다는 것은 매우 흥미로운 사실이다.

XII. 근대화·도시화의 영향

한편, 이에 비해 「산스크리트(Sanskrit)화」의 모델이 된 바라몬 계층 자체는 영령(英領)시대 이래, 일찌기 근대 교육을 받아 급속하게 진전을 이룬 도시생활에 적응하여, 그 서구적 근대화 과정에서 오히려 「탈 산스크리트화」[89]라고 할 만한 경향을 보이기에 이르렀다. 또한 요즈음에는 다른 계층도 마찬가지로 높은 교육을 받아 도시생활에 적응하여 새로운 중산계층을 형성해 갔으며, 그 과정에는 그들 나름의 「탈 산스크리트화」 현상이 나타난다.

그것이 꼭 「탈 산스크리트화」를 도모한 바라몬 계층을 모델로 하는 것은 아니다. 지금까지는 연이 없던 식탁과 의자, 도자기그릇과 금속그릇, 스푼, 포크라는 서양 식기의 사용, 「카스트」나 종교가 다른 친구들의 회식, 여성과 아이들의 가족단위 내의 공식(共食) 등이 교회의 중·상류계층 간에 급속히 일반화되었는데, 그들은 그것을 바라몬으로부터가 아닌 도시에서 배운 것이었다.

실제로 인도 내에 퍼지고 있는 급속한 도시화와 공업화는 식문화 상에서도 부득이하게 큰 변화를 주었다. 예전에는 「카스트」마다 우물이 있어 각 정성(淨性)에 맞는 물의 교환이 엄밀히 규정되어 있었으나, 누구나가 공통으로 사용하는 수돗물은 이 같은 사회적 구별을 걷어치워버렸다. 수도꼭지의 정(淨)·부정(不淨)을 문제삼는 것은 이제 할 수 없기 때문이다.

큰 공장과 회사의 사원식당, 도시의 큰 레스토랑 등도 「카스트」마다 공식(共食)을, 대부분 무의미한 것으로 만들어가고 있다. 그러나 여전히 채식주의(Vegetarian)의 소식당의 수요는 많이 있으며, 엄격히 「불(不)살생식」을 고집하거나 개인적 선호[90]로 그것을 선택하는 사람들의 편의에 제공하는 것은 매우 인도적이다. 그러나 패스트푸드점도 일부 보수적인 사람들의 반발을 받으면서도 대도시에서는 증가되어 왔고, 교육에 의해 서구의 영양학적 지식도 보급되었다. 또한 주로 경제적인 이점에서 소고기를 먹는 사람도 저소득층을 중심으로 증가하고 있다. 이에 따라 차별된 위험성은 있으나, 닭고기나 양고기에 비해 소고기가 매우 저렴하기 때문이다.

---

89) 여전히 공인의 개념은 아니지만, 필자는 이것을 "De-Sanskritization"이라 가칭해 둔다.
90) 같은 가족 내에서도 종교상의 이유나 단순한 기호에 의해 개인적으로 채식 메뉴를 고집하는 사람도 있다. 여기서도 개인주의적 인도사회의 특징을 엿볼 수 있다고 하겠다. 단, 이 경우 육식요리에 이용한 조리기구나 불을 같이 사용하는 것은 불문으로 여기고 있으나, 그것은 동일 가족 내에서의 공식(共食)이라는 점에서 허용되고 있다.

힌두사회・「카스트」 사회도 지금은 크게 흔들리고 있다. 이러한 관념적 배경과 오랫동안 베어있던 맛의 기호 때문에 문화 중 가장 보수적이라고 하는 인도=힌두의 식문화도 그 예외가 아니다3).

〔문헌〕

(1) 淺野哲哉 1986「インドを食べる」立風書房
(2) アタヴアレー, V. B 1987「アーユルヴェダ - 日常と季節の過ごし方」稻村晃江(譯) 平河出版社
(3) Danielou, Alain 1963 Hindu Polytheism. Routledge & Kegan Paul, London.
(4) Dumont, Louis 1966 Homo Hierarchicus. Gallimard, Paris.
(5) Eliade, Mircea 1965 Le Sacré et le Profane. Gallimard, Paris./エリアーデ, M. 1969 [聖と俗 - 宗敎的なるものの本質について] 風間敏夫 (譯) 法政大學出版局
(6) 小西正捷 1981「多樣のインド世界」三省堂
(7) 小西正捷 1981「かりとサリ(sari)の文化圈」小西正捷「多樣のインド世界」三省堂
(8) 小西正捷+K・K・ダシュグプト 1983「かりの文化圈」金子量重 (編)「道具と器」學生社
(9) 小西正捷 1985「生活文化の諸領域 - 衣・食・住の地域性」辛島昇 (編)「インド世界の歷史像」山川出版社
(10) 小西正捷 1986「かり料理の特質」小西正捷「インド民衆の文化誌」法政大學出版局
(11) 小西正捷 1989「南アジアの土器」アジア民族 造形文化硏究所 (編)「アジアの土器世界」雄山閣出版
(12) 小西正捷 1991「淨・不淨の社會行動」小西正捷 (監修)「スカラベの見たもの」TOTO 出版
(13) 關根康正 1995「ケガレの人類學 - 南インド・ハリジャンの生活世界」東京大學出版會
(14) Srinivas, M. N. 1962 Caste in Modern India and Other Essays. Asia Publishing House, Bombay.
(15) 末次 勳 1983「菜食主義」丸ノ內出版
(16) 田辺繁子 (譯) 1953「マヌの法典」(岩波文庫 靑 260-1) 岩波書店
(17) 山田憲太郎 1977「香料の道 - 鼻と舌 西東」(中公新書 483) 中央公論社
(18) 矢野道雄 (編譯) 1988「インド醫學槪論 - チャラカ・サンヒター」朝日出版社
(19) 渡瀨信之 1990「マヌ法典 - ヒンドゥー世界の原型」(中公新書 961) 中央公論社
(20) 渡瀨信之 (譯) 1991「マヌ法典」(中公文庫 わ-12-1) 中央公論社

정(淨)·부정(不淨)91)

요시다(吉田) : 정·부정에 순위가 있습니까?

호리우치(堀內) : 정·부정의 순위 말입니다만, 이슬람에는 큰 정, 작은 정(淨)이라는 의식이 있습니다. 예배하기 전 목욕으로 손과 발을 씻는 것을 소목욕이라 하여 보통의 경우는 그것으로 족하지만, 피를 흘리거나 죄를 범했다는 자의식이 있는 경우나 성행위 후는 대목욕이라 하여 전신 샤워를 하거나 입욕하여 정(淨)하게 합니다.

고니시(小西) : 힌두의 경우에는 상당히 많은 순위가 있습니다. 따라서 정성(淨性)을 되찾기 위한 예의도 매우 복잡합니다. 식사에 관해서는 재료와 조리법 자체에 정·부정의 고저(高低)가 있고, 의복에 있어서도 재봉한 곳보다 재봉하지 않은 것이 정성(淨性)이 높다거나 목면이 비단보다 정성이 높다거나, 금속에까지 이러한 순위가 있어 모든 사물에서 정성의 고저를 확인할 수 있습니다. 단, 일상생활에서 항상 그것을 의식하는 것은 아닙니다.

다무라(田村) : 현재의 위생 관념과는 다르지만, 정·부정이라는 것은 그것에 대응하는 하나의 관념이 아니었을까요? 근대에 와서 세균학에 뒷받침된 위생 관념에 접했을 때, 일본문화는 정·부정을 청결·불결로 바꾸어 읽습니다. 보다 강력한 힌두문화의 경우에는 그것이 불가능하지 않았을까요?

고니시(小西) : 힌두의 경우는 굳이 바꾸어 읽지 않은 것입니다. 따라서 그들은 청결·불결에 대해 결코 무관심한 것은 아니지만 역시 다른 레벨의 정·부정이 큰 포인트입니다. 만일 부정이라면 어떻게 이것을 정으로 만들지가 일관된 문제라고 생각됩니다. 예를 들어 갠지스강 중류의 바라나시(바나라스)라는 성지의 물은 세균의 수로 보면 매우 불결할지도 모르지만 모두가 거기에서 수욕(水浴)할 뿐 아니라 성수로서 마을로 가져가 모두에게 나눠주고 있습니다. 사람들은 이것을 마심으로써 과거의 죄가 씻겨진다고 믿고 있기 때문에 특히 빈사(瀕死)의 병인에게는 말기의 물로서 자주 입에 머금도록 하고 있습니다.

 이와 같은 강인한 정신력과 신앙의 힘을 일본사람은 오히려 지나치게 잃어버리고 있는 것은 아닐까. 성지(聖地)의 물 그 위에 흐르고 있는 냇물은 정(淨)한 것이다 라고 생각하는 것은 본래 일본에도 있었던 것 같다.

다무라(田村) : 좋다 나쁘다 라는 의미가 아니라 힌두문화는 매우 강력하고, 일본문화는 나쁘게 말하면 약하다고 할 수 있고 좋게 말하면 유연성이 높은 문화라고 이해할 수 있을까요?

고니시(小西) : 꼭 그런 것은 아닙니다. 양자가 가진 문화의 방향성이 다른 것이라고 생각합니다. 인도에는 인도 나름의 유연성이 있고, 일본문화에도 매우 완고한 측면이 있다고 생각됩니다. 각각의 문화의 에토스가 다른 것이겠지요.

구마쿠라(熊倉) : 불에 관한 정·부정은 어떻습니까?

고니시(小西) : 인도에서는 조로아스터(Zoroaster)교=배화(拜火)교가 강조하고 있는 데까지의 불의 정화력을 말하는 것입니다만, 베다에서 Homer=호마(護摩)의 불이 갖는 정화력은 확인되어 있습니다. 이것은 기-이라고 하는 버터 형상의 유지(油脂)를 이용하여 불을 지피면 그 장소나 사람이 정화된다고 믿고 있습니다. 정화력이 있는 것이 버터인지, 불인지는 약간 판단이 어려운 부분입니다만. 이같이 의례에 있어서는 불이 가진 정성도 강조되는데, 일반적으로 일상의 부정성(不淨性)을 이탈하기 위해서는 불보다 물이 의식되고 있는 것 같습니다.

구마쿠라(熊倉) : 부정을 지우기 위해 사용되고 난 불은 사용되지 않는다는 의미에서 정·부정관은 어떻습니까? 예를 들어 중국에서는 비린내 나는 것에 사용한 불은 채소요리에 사용하지 않는 경우도 있습니다만, 불 자체에 대한 부정관은 어떻습니까?

고니시(小西) : 그렇게까지 집착하지는 않습니다. 단, 일본에서도 「별화(別火 : 불을 따로 한다)」나 「가마솥을 따로 한다/함께 한다」와 같은 말이 있듯이, 카스트에 따라서 화덕을 따로 하는 경우는 있습니다.

호리우치(堀內) : 이슬람의 경우, 불은 「지옥」을 의미합니다. 지옥의 업화(業火)라는 의미일까요? 종교성에 관해서는 불보다 연기, 향, 냄새 쪽을 문제 삼아야 한다고 생각합니다.

고니시(小西) : 힌두의 경우도 마찬가지로 향이나 향료의 발달이 같은 의미라고 생각됩니다.

하야시(林) : 중국의 오랜 사상인 역(易)에서는 음식 불능의 상황을 위에는 불이 있고 밑에는 물이 있다는 세계를 형성하고 있습니다. 호리우치(堀內)씨와 고니시(小西)씨는 가로문자의 문맥으로 생각하고 있습니다만, 우리들은 세로문자를 쓰는 습관을 가지고 있으므로 대립 관념을 생각할 때, 가로로 나열하는 사고의 세계도 정·부정도 상하관계에서 생각한다는 차이가 있을 것입니다. 상하에 있다고 해서 새로운 발견은 아무것도 없습니다만, 괘(卦)가 매우 반듯하게 보입니다. 업화(業火)를 쬐여 모든 것이 정화된다는 세계관입니다. 종교의 이야기라는 것은 평지의 이야기가 아니라, 위로 위로 올라가 사물을 생각하는 사람들을, 동아시아의 경우에는 고려하지 않으면 안 됩니다.

---

91) 熊倉功夫·石毛直道 (편) 1992 「식의 사상」 ドメス출판 pp.136-139 에서 발췌.
   吉田よし子 (相模여자대학·식생태학) 堀內勝 (中部대학·언어학) 小西正捷 (立敎대학·남아시아문화사)
   田村眞八郎 ((財) すかいらーくフードサイエンス연구소·식품학) 熊倉功夫 (筑波대학·일본문화사)
   林左馬衛 (宮內廳 書陵部·茶道史)

제4장 동남아시아의 도시화와 외식

모리에다 다카시(森枝卓士)

1. 왜 동남아시아의 식문화인가 – 사적 경험에서

내가 처음 동남아시아에 발을 딛은 것은 1979년. 당시 대학을 갓 졸업한 자칭 「사진가」로서 막 시작된 캄보디아의 내전 취재를 위해서였다.

신문과 TV 보도와는 달리, 독자적 시점에서 스토리를 만들려는 의지를 가지고 갔으나, 풋내기 동자승에게 그렇게 간단히 독자적 시점 따위가 보일리 없었다. 속보를 보낸다는 면에서도 신문과 TV와 같은 큰 조직에는 맞설 수가 없었다. 타이에 유입된 난민과 국경 근처에서 전투를 하는 게릴라 등을 쫓으면서 타이 국경 마을인 아란야프라테트라는 곳에 거주하며 어떻게 된 것인지 번민을 하며 하루하루를 보내고 있었다.

그 국경 마을은 인구 1만 정도의 작은 마을이었다. 당연히 방콕과 같이 외국인을 위한 제대로 된 호텔도 없을 뿐더러 레스토랑도 없었다. 그곳 토착 사람들과 섞여 포장마차 같은 가게에서 로컬(local)한 식사를 할 수 밖에 없었다.

매일 관광객 용이 아닌 타이인을 위한 타이 요리를 먹던 중 불연듯 국제 정치가 이러쿵 경제가 저러쿵 잘난 말만 하면서 그 나라 사람들이 무엇을 먹고 어떠한 식(食) 체계를 가지고 있는지 조차 몰랐다는 사실을 깨달았다. 솔직히 말하면 계속 타이 음식을 먹던 중에 신선하면서 익숙한 듯한 신기한 타이 음식의 매력에 끌린 것도 있지만, 「똑같이 쌀을 먹는 아시아」라고 간단히 생각했는데 사실 쌀의 종류도 짓는 방법도 다르다는 사실을 발견했다. 이러한 기본적인 삶의 부분에서부터 인식하지 않으면 정치든 뭐든 알 수 없는 것이 아닐까 하는 생각이 들었다.

제4장 동남아시아의 도시화와 외식   253

어쨌든 이러한 계기로 동남아시아의 식문화에 흥미를 갖게 되었다. 결국, 국제 정치 따위는 시야에서 사라지게 됐지만, 식문화에 대한 흥미는 사라지지 않고 지금에 이르고 있다.

그 동안 때로는 거주를 하며 또는 빈번히 다니면서 동남아시아 각국의 식문화와 그 변천을 보아오게 된 것이다. 그 과정에서 보고, 듣고, 생각한 동남아시아의 도시화와 외식에 관한 문제에 대해 서술해 보고자 한다.

Ⅱ. 동남아시아의 식문화의 특색

이야기의 전제로서 동남아시아의 식문화에 대해 그 특징 등을 개략적으로 살펴보고자 한다. 주식은 압도적으로 쌀. 도서(島嶼)부 등의 소수 민족에서 지금도 타로나 참마 또는 사고야자의 전분 등을 주식으로 하는 예도 보이지만, 지금은 그들도 주식이 쌀로 변화되어 거의 미식(米食) 지대라고 해도 과언이 아니다. 그 쌀은 압도적으로 장립종(長粒種), 즉 인디카종이다. 그것을 찌는 곳도 있지만 다수의 파(派)는 탕취법, 즉 스파게티를 삶는 식으로 점성이 있는 삶은 물은 그냥 버린다. 단립종(短粒種)인 자포니카종에 비해 그냥으로도 점성이 적은 쌀의 그 점성을 버리기 때문에 퍼석퍼석하게 익는다. 최근에는 전기밥솥도 보급되었으나, 뚜껑에 압력이 가해지지 않는 방식이 많고 역시 점성이 밖으로 배출되도록 되어 있다. 그 점성 없는 쌀밥을 그릇에 담아 카레 같은 반찬류를 얹어 밥과 함께 먹는다. 단, 북·동북 타이에서 라오스에 걸친 일대는 인디카라도 찹쌀이 주식으로 그것을 찐다. 멥쌀보다 점성이 있기 때문에 이것을 손으로 주먹밥처럼 만들어 반찬에 찍어 먹는다.

<사진 1> 필리핀 루손섬 북부 바나우나의 계단식 논(라이스테라스)
(이하, 사진은 필자 촬영에 의함)

<사진 2> 인디카쌀(왼쪽)과 자포니카쌀(오른쪽)

조미료를 보면 타이에서 '남프라'라고 불리는 생선간장 또는 인도네시아에서 '브라촌'이라 불리는 보리새우 같은 작은 새우의 페이스트 등, 생선의 발효식품이 특징적이다.

이들의 조미료가 일본의 간장이나 된장의 감각으로 이용되는 것이다. 다른 항92)에서 자세히 서술할 것으로 생각되나, 일본의 쇼쯔루(しょっつる)나 젓갈을 포함하여 동아시아까지 공통되는「맛있는 맛(うまみ)」의 기호라는 것이다.

한편, 베트남과 필리핀의 대부분을 제외하고93) 인도에 공통되는 양념(spice)을 많이 이용한다는 특징도 있다. 특히 도서(島嶼)부에서 건조된 양념(spice)이 많이 이용되며 대륙부에서는 생허브류가 더 사용 빈도가 높다는 차이가 있다. 그리고 내륙부를 제외하고 남태평양에서 스리랑카, 남인도까지 공통되는 코코넛밀크의 이용94)도 특징적이다. 동남아시아의 독특한 점이라면 위의 허브와도 관련하여 생채소를 주로 먹는다는 점과 감귤계의 즙을 식초보다 많이 이용한다는 점을 들 수 있다.

즉, 생채소를 생선의 발효식품을 베이스로 양념(spice)을 첨가하여 만든 스프로 만들어 먹거나 샐러드 형태로 만들거나 또는 코코넛밀크나 양념, 젓갈류도 이용한「카레」가 자주 등장한다는 것이 대략적으로 말해서 동남아시아의 식(食)의 특징이라고 생각된다. 이러한 의미에서 내가 처음 접했을 때도 신선한 맛인데 어딘가 익숙함을 느낀 것 같다.

Ⅲ. 비엔티안의 수수께끼-도시화의 정도와 외식의 빈도

타이에 거주하면서 친구가 많이 생겨 친구들 집에 놀러가게 되면서 가장 놀란 것은 수도 방콕에서는 부엌이 없는 집이 흔하다는 것이다. 원룸이나 2DK와 같이 독신자나 젊은 커플 정도가 사는 곳이 많은데 부엌 공간이 없는 것이다. 가끔 요리를 하려고 하면 풍로(風爐)같은 것을 베란다로 가지고 나가는 형태가 되는데, 사실 부엌이 있는 집에 살아도 특별히 대가족이 아니면 외식이나 반찬가게에서 반찬을 사다가 식사하는 형태가 일반적이라는 것을 알고 더욱 놀랐다.

---

92) 본 권 p320「石毛 논문」을 참조.
93) 동남아시아는 일반적으로 인도문명의 문화적 영향이 강한 지역이지만, 베트남과 필리핀에는 그 영향이 그다지 보이지 않는다.
94) 코코야자의 열매 내측에 붙어 있는 하얀 과육을 사진 4와 같이 벗겨 물을 첨가하여 비벼서 짜낸 것. 카레와 같은 푹 끓이는 요리에 이용한다.

<사진 3> 돌로 된 절구로 조리한다. 캄보디아의 프놈펜의 가정에서.

<사진 4> 코코야자의 열매를 벗긴다. 이것에 물을 첨가하여 짜내 코코넛밀크를 만든다. 동남아시아 각지의 시장에서 볼 수 있는 풍경.

부엌이 없는 집[95]

히키타(疋田): 동남아시아에서 부엌이 없는 집이 왜 생긴 것일까요? 외식 발달로 축소된 것인지 아니면 도시인구의 급증에 대응한 주택건설상의 수고를 덜기 위한 것일까요?

다카다(高田): 동남아시아의 외식은 매우 일상적인 음식들이 그대로 팔리고 있고 매우 다양화되어 있습니다. 제가 알기로는 가장 요리를 하지 않는데도 가장 화려한 부엌을 가지고 있는 곳이 독일의 중산층이라고 생각합니다.

오오츠카(大塚): 홍콩과 싱가폴의 중국인들은 보통 3식 모두 외식을 하는 것이 일반적입니다. 이것은 도시에 사는 중국인에게 특정된 것일까요?

이시게(石毛): 모리에다씨가 들었듯이 부엌이라는 조리전용 공간이 없는 집은 중국계 보다 타이인에게 나타나는 현상으로, 농촌이라면 물독이 놓여져 있는 부엌 공간이 있고 실제 조리는 일반 거주공간에서 얼마든지 하고 있습니다. 따라서 우리들처럼 부엌이 없다고 요리를 할 수 없다는 생각은 갖고 있지 않습니다. 반면, 도시의

---

[95] 高田公理·石毛直道 (편) 1995「도시화와 식」pp.144-146에서 발췌.
　　疋田正博 ((株)CDI·생활학)　高田公理 (武庫川여자대학·도시문화론)　大塚滋 (武庫川여자대학·식품학)
　　石毛直道 (국립민족학 박물관·문화인류학)　安本教傳 (교토대학·식품영양학)

> 중국인의 경우는 외식을 상당히 합니다만, 집에서 전혀 요리를 안 하느냐 하면 그렇지는 않습니다. 철저한 외식에 의한 간편화와 편의화의 결과, 때로는 부엌에서 품과 시간을 들인 요리를 한다는 것은 적어도 일본의 경우는 현저하게 보여집니다. 다른 지역의 사람들이라도 매우 보편적으로 번성할 수 있다고 생각됩니다.
> 야스모토(安本) : 도시화가 급속히 진행되어 가면 다다르는 곳은 부엌없는 집이 되는 것일까요?
> 이시게(石毛) : 현재의 사회라면 식사를 전부 외식화하여 사회 측의 부엌에 의지하여 사는 것도 가능하겠지만, 적어도 현재의 가족이라는 것이 사회의 최소 단위인 한은 부엌이 완전히 필요없어지지는 않을 것으로 생각됩니다. 중국의 인민공사에서도 키부츠(kibbutz)에서도 가정의 식사만들기를 없애고 조리와 식사의 집단화를 한 적이 있지만 모두 실패로 끝났습니다. 식(食)은 몸에 음식을 보급하는 것뿐 아니라 가족의 연대를 강화시키는 역할도 가지고 있습니다. 현재 가족의 연대는 먹을 때 정도밖에 없는, 식(食)이 가족이라는 집단을 지탱하고 있습니다. 그러한 가족이 기능을 잃고 붕괴됐을 때는 정말로 부엌이 없는 집이 만들어지지 않겠습니까?

여하튼, 식품회사의 프로모션을 위해 조리법을 가르치고 다니는 직업을 가진, 소위 요리 프로의 가정을 방문했을 때도 실제로 자신은 평소 바빠서 사다 먹고 끝내는 경우가 압도적으로 많다고 「고백」했을 정도이다.

그 이유로는 다음과 같은 점이 생각된다.

빈부의 차가 여전히 크기 때문에 인건비가 싸다는 점, 그리고 물론 대량 구입이라는 것도 이유로 생각되며, 외식 특히 포장마차나 포장마차에서의 테이크아웃이 가정에서 만드는 것과 차이가 없을 정도로 싸고, 적은 인원이라면 조리하는 것보다 저렴하다는 것이다.

쌍계적(双系的) 친족조직[96]등이 배경에 있다고 생각되며 여성의 사회적 지위가 상대적으로 높고 맞벌이 부부가 일본 이상으로 일반적이라는 것이다. 그리고 식(食)을 향수하는 민족성도 배경에 있을 것으로 생각되며, 어쨌든 골목길의 포장마차 세계에서 고급 레스토랑까지 도쿄 이상이라고 해도 좋을 만큼 하루 3식이나 4식을 전부 외식으로 하는 것이 일반적이다.

---

96) 일본과 중국과 같이 아버지 쪽의 혈연적 관계를 중시하는 것을 단계적 친적이라고 하는데 비해, 부모 쌍방이 동등한 관계를 보이는 친족조직. 동남아시아에서는 일반적이다.

> ### 사다 먹는 반찬97)
>
> 요시다(吉田) : 인도네시아의 도시에서는 직접 재료를 사다 만드는 것보다 반찬을 사다 먹는 것이 더 싸다는 이야기를 들었습니다. 여성이 바쁘고 일을 한다는 것도 하나의 이유이지만, 저임금의 사람일수록 반찬을 사다 먹는 경우가 많은 것 같습니다. 일본의 반찬에도 이러한 경제성이 있을까요?
>
> 모리에다(森枝) : 동남아시아에서는 일반적으로 테이크아웃과 그 장소에서 먹는 것도 포함하여 기본적으로 사다 먹는 것이 저렴하다고 합니다. 여성의 사회진출은 일본보다 진전되어 있으며 경제 발전도 왕성하나, 현재 빈부의 차가 현저하므로 요컨대 인건비가 싸고 대량 구입에 의해 재료비도 싸기 때문에 일본의 반찬가게에서 사는 것과는 감각도 다르고 가격도 상당히 저렴하다고 생각됩니다.
>
> 오쿠무라(奧村) : 일본이라면 예를 들어 꽁치 1마리를 사와서 연료비를 들여 굽는 것보다 소금구이한 것을 사는 편이 저렴합니다. 또 한 뭉치 단위로 파는 채소 등은 적은 인원으로는 다 먹을 수 없어 남기게 되어 결국 손실을 본다고 생각하면 필요량만을 살 수 있는 반찬은 1~2인 가정에게는 저렴하다고 할 수 있습니다.
>
> 스기타(杉田) : 누구나가 풍로(風爐)를 쓰던 시대에, 도쿄도 내의 저소득자의 식생활을 조사한 적이 있는데 거실에 물이 있느냐 없느냐가 문제였습니다. 얼굴과 손을 씻는데도 복도를 걸어가야 하는 배치의 아파트에서는 결정적으로 집에서 취사를 하지 않고 항상 고로케 등을 사 옵니다. 불을 일으키는 수고를 생각하면 그 편이 싸다는 것이었습니다.

한편에서는 외식업체가 대단히 적은 라오스의 수도 비엔티안(vientiane)과 같은 곳도 있다. 어느 도시에서도 이동식 포장마차의 집합 장소인 시장에 가서도 프랑스빵(바케트. 그것에 햄 류 등을 넣은 샌드위치)의 테이크아웃이나 과자류의 매장 등 셀 수 없을 정도였다. 프랑스 요리 수준은 인도차이나가 제일이라고 말하지만 일반적인 외식업체가 대단히 적다. 외국인이 묵는 호텔 주변 등에서는 볼 수 있지만 그 이외에서는 외식을 할 수 있는 곳을 찾기는 어려울 정도이다. 시민들의 말을 들으면 점심 때에도 사무실 주변에서의 외식은 없고 집에 돌아가서 하는 것이 보통이라고 말한다.

---

97) 高田公理・石毛直道 (편) 1995「도시화와 식」pp.142-143에서 발췌.
　　吉田集而 (국립민족학 박물관・민족학) 奧村彪生 (神戶山手여자단기대학・食物史)
　　杉田浩一 (昭和여자대학・조리학)

그 차이가 무엇인가 생각해 보면 첫 번째로 지적할 수 있는 것은 도시의 크기 차이에 있다. 결국 인구 수십만이라고 말하는 비엔티안 정도의 도시에서는 점심 식사를 집에서 할 수도 있어 외식을 하지 않아도 예사로운 일이다. 그런데 그런 의미에서는 같은 라오 문화권98)의 동북 태국에서 비엔티안보다 작은 마을에서도 가게를 시작하려는 외식산업이 방콕과 더불어 활발해지고 있다. 지역 차는 있을지도 모른다. 비엔티안에서는 일상적인 식품도 태국에서 수입되는 일이 어렵지 않다. 국내 유통과 교통망에 문제가 있다. 서로 연결되지 않는 인상이다. 한편 태국에서는 지방 도시와 그 주변의 농촌지역과는 네트워크화되어 상품 유통도 버스 등 교통망도 발달하고 있다.

사회주의 시작으로 개인사업(비지니스)이 제한될 수 있다고 말할 수 있을지도 모른다. 그러나 베트남이나 캄보디아에서는 가게도 노점도 드물지 않다. 라오스에서도 식재료를 판매하는 시장의 점포 같은 개인사업은 일반적인 것으로, 가게 등의 점포는 적지않다.

전술한 것과 같이 라오스와 동북 태국은 같은 뿌리로「문화의 차이」라고 생각하기 힘들다. 어쩌면 전술한 것과 같이 여러 가지 이유의 복합적인 요인에 의한다고 생각되지만 그것에 대해서도 왜 이 정도까지 외식이라고 하는 음식 스타일 하나라도 큰 차이가 있는가, 또 명쾌한 답을 발견할 수 없다. 태국에서도 농촌지역에서는 비엔티안과 같은 식사 형태가 일반적이어서 반대로 도시는, 도시화는 무엇인가라는 문제를 생각할지도 모르겠다.

<사진 5> 인도차이나 3국의 특징적인 프랑스빵(바켓트)

---

98) 타이인과 라오스인은 거의 같은 민족. 특히 동북 타이사람들은 언어, 식문화도 포함해서 방콕 보다 비엔티안에 가깝다.

Ⅳ. 양곤(Yangon)의 국수 – 상점도 축일의 음식세계

　비엔티안과 같은 예외를 제외하고 도시 주민에 있어서는, 고장의 국수상점 등의 외식은 일상 음식의 세계이다.
　그러나 농촌 등 매일매일 집에서의 식사, 즉 쌀밥의 식사를 하는 사람들에게는 시장에 나갔다가 마을로 나가 가게에서 국수를 먹는 것도 특별한, 비일상적인 즐거움인 것이다. 버마(미얀마)의 수도 양곤 교외에서 아이들과 생활 사진첩을 만들기 위해 생활을 같이 함으로써 그와 같이 납득할 수 있었다.
　그곳에서는 성인 의식 때나 승려가 되는 득도의식에서 축하하는 식사로서 승려와 인근 주민에게 베풀어지는 것이 국수였다. 황색의 중화면에 향신료(spice)를 많이 사용한 양념을 끼얹은 온노까오스라고 하는, 양곤 시내 골목길이나 시장에서 잘 보이는 가게의 일반적인 요리이다. 양곤 시민은 시장에서 사는 물건으로부터 혹은 사무실 근처에서 점심을 먹고 집에서 먹을 수도 있다. 그것이 득도라고 하는 불교도에 있어서는 특별한 경사스러운 날 훌륭한 음식이라고 해서 대접받았던 것에 처음에 놀랐지만 외식이 일반적이지 않고 쌀밥을 매일매일 먹고 있는 사람들에게는 그것은 일상적이지 않게 되었다고 하고, 당연하다고 한다면 당연하기도 하다.
　생각하면 다른 나라, 말하자면 태국과 같은 곳에서도 농촌지역에서 읍(町)의 시장에 수확물을 판매하기 어렵고, 혹은 국수 한 사리 도매상에 사러나가기 어려워도 시장 주변에 있는 상점에서 국수를 먹을 수 있는 것은 특별한 기회의 특별한 식사를 하는 것으로 외식인 것이다.
　결국 외식이 일상이 되어가고 있다고 말하는 과정이 동남아시아에서는 (혹은 타 지역에서도) 도시화와 평행 관계에 있을 것이라고 생각된다. 먼저 비엔티안의 예를 들어서 외식이 얼마나 빈번한가, 특별식인지 일상식인지라고 하는 것이 도시화와 식을 생각하게 하는 키워드라고 말해도 좋다고 생각된다.

제4장 동남아시아의 도시화와 외식 261

<사진 6> 라오스 비엔티엔의 아침시장 수많은 판매대(좌판대), 그대로 바로 먹을 수 있는 음식.

<사진 7> 타이, 탐눈사도와크의 수상시장의 「판매대(좌판대) 배」

<사진 8> 상점의 초기 형태. 천평봉에 만두 판매. 버어마, 샨 주의 주도(卅都) 다웅지의 시장에서

Ⅴ. 마닐라의 고급 본토 요리-민족주의 고양(高揚)과 외식

그런데 도시지역에서 점포 등 외식이 「일상식」으로 되어 있다고 해도 그것 이외에 외식에는 「훌륭한 요리를 먹기 어렵다」라고 말하는 비일상적인 세계가 있다. 이른바 오트 퀴진(Haute cuisine, 고급 음식)[99]의 세계라고 해도 좋다.

그것에 대하여 말하자면 필리핀의 수도, 마닐라에서 이전에 현저히 느끼고 있는 것이지만 지방(local) 요리는 훌륭한 음식이나 외식의 대상으로는 되지 않는다는 것이었다. 아키노 상원의원 암살(1983년)이전 호텔 카페테리아에 있는 지방 메뉴(local menu)라고 하면 아도보나 기니라우 정도. 일본요리에서 말하자면 튀김과 생선회 정도라고 말할 수 있다. 그래서 레스토랑이라 말하면 중국음식이나 양식, 본토적인 것은 씨푸드(sea food) 전문점 정도였을 것이다.

그런데 마르코스 정권이 타도된 혁명 이후, 특히 현저하다고 생각되지만 고급 필리핀 음식 레스토랑이 대두되었다. 그 아름다운 외관, 내장(內裝)에서 청결하게 담은(특히 씨푸드에 한정하지 않고) 필리핀 요리를 먹을 수 있는 음식점이 급증해 가고 있다.

인터뷰를 하여보면 그 이전에는 상류계급 사람들에게 필리핀 요리는 집에서 고용한 사람이 만든 것이어서 특별히 먹기 힘들었던 것은 없었다. 특별히 외식하러 나가서 양식이나 중국음식, 혹은 해산물 전문점과 같이 가정에서는 먹을 수 없는 요리를 제공받는 곳이라고 말할 수 있었다.

<사진 9> 필립핀, 마닐라의 고급레스토랑의 훌륭한 음식

---

99) Haute cuisine. 일상적인 식사에 대한 고급 요리를 말한다.

많은 나라에서 외식산업을 유지하고 있을 것 같은 중산계급도 그다지 존재하고 있지 않았다. 가난하거나 부자거나 극단적인 차이가 없이 가난한 층의 외식이라고 하면 일상적인 요리를 먹게 된다. 점포 같은 곳, 혹은 노점과 같은 곳이었을 것이다. 그런데 혁명으로 상징되는 민족주의의 고양과 함께 자국의 전통적인 문화에 대한 의식이 변해 온 것처럼 볼 수 있다. 그리고 엔고(円高) 또는 한국, 대만 등 중진국의 인건비 상승 등에 따라 외국 자본에 의한 공장 등의 진출이 급증하였다. 그래서 수입 수준이 높아지고 중산계급이라고 불릴 수 있는 층이 비약적으로 증가한 것으로 생각된다. 그래서 비일상적인 훌륭한 음식으로서 필리핀 요리의 외식이라 하는 현상을 볼 수 있게 되었다고 생각한다. 이 상황은 다른 동남아시아 여러 나라에서도 많든 적든 간에 나타났다.

말하자면 마닐라의 경우처럼 극단적이지는 않지만 태국의 방콕에서도 같은 경향이 보여 진다. 내가 살기 시작한 곳의 방콕에서는 씨푸드 점 이외에도 외국인이 가는 상점이 한정되어 있다. 상점의 이름은 모두 알고 있을 정도의 수였다. 그런데 지금은 훌륭한 음식으로서 태국음식점은 수없이 많다. 방문할 때 마다 새로운 점포가 생겨나는 것 같은 상황이다.

그 배경을 보면 방콕은 마닐라 이상으로 외국 자본의 유입이 크고 교외에 집을 갖고 자가용으로 출근할 수 있는 중산계급이라고 불리는 층이 급증하고 있다. 그래서 애스닉(민족음식)이라고 하는 이름의 붐으로 태국요리가 국제적으로 평가된 것도 많다. 그 결과 태국요리를 하는 레스토랑이 급증하였다. 호텔 레스토랑에서도 태국요리 전문점이 증가하였다. 커피숍 같은 곳에서도 태국음식의 메뉴가 증가하고 맛이 본격적으로 되었다. 「외국인에게는 어차피 본격적인 태국음식의 매운 맛 등은 먹지 못함」이라고 매운 것을 적게 넣은 요리가 호텔에서는 일반적이지만 호텔을 이용하는 태국인이 늘어나 그 요리에 자신을 갖게 되면서 태국 가정에서 먹을 수 있는 것과 별차이 없는 맛있는 매운 요리가 호텔에서도 등장할 수 있게 되었다.

혹은 싱가포르에서 말레이시아 요리나 뇨냐(nonya)[100]요리(중국계와 말레이계가 합쳐진 것) 또 인접한 인도네시아나 태국음식을 제공하는 레스토랑이 증가했던 것도 같은 흐름의 경향이라고 생각한다.

경제와 식문화에 대한 의식, 평가가 평행(parallel)이라고는 알 수 없지만 경제력을 갖고 있다는 것은 관심을 모으고 자기 나라 음식을 포함한 문화에 자신을 갖는다는 경향은 있다고 생각된다. 경제의 중심인 도시에서는 그것이 현저하다.

---

100) 종교가 다르다는 것에 의해 중국계와 말레이계의 통혼은 현재, 상당히 적으나 초기의 중국인 이민은 거의 남성이었다. 그래서 말레인 여성과의 통혼이 이루어졌다. 그로부터 태어난 문화, 또는 사람들을 뇨냐라고 부른다.

<사진 10> 쇼핑센터 안의 식당코너에 들어온 방콕의 판매대

VI. 방콕의 채식주의자(Vegetarian) - 아시아도 건강 지향

 그런데 또 하나, 아시아의 도시에서 볼 수 있는 현저한 변화는 채식 요리 보급이다. 원래 나라에 따라서는 종교적인 의미로 이전부터 존재하고 있었지만 최근 아시아를 다녀보면 채식 요리가 눈에 뜨인다.
 원래 아시아 몇몇 나라에서는 인도나 중국 (혹은 불교)의 영향으로 채식의 전통이 있다. 베트남 등 고무, 차이(コム・チャイ)라고 불리워지는 그 전통적인 의미에서의 채식, 결국 불사(佛事) 날은 채식 음식을 먹는다고 하는 것이 지금도 성행하고 그 종류의 전문점도 번성하고 있다. 시장의 점포에서도 전문점이 존재할 정도이다.
 그런데 동남아시아라고 하는 지역에서는 벗어나지만 대만이나 홍콩에서는 분명히 다른 의미에서의 채식(素食素菜라는)이 일반적으로 되어 왔다. 고기를 먹기 좋아하는 것에 대한 안티테제(antitheses), 건강 지향 때문이다. 극히 최근 아직 약간의 경향이지만 방콕에서도 볼 수 있게 되었다. 전문점이 점포 규모와 고급 레스토랑에서도 눈에 띄기 시작하고 호텔 메뉴에서도 베지(vege)·메뉴가 등장하고 있다.

<사진 11> 베트남 하노이역 앞 노상 판매대   <사진 12> 싱가폴 비지니스 지역 호카 센터(노점이 밀집된 장소)

점포 규모에서는 반(反)군정의 정치운동지도자, 쟘롱씨[101] 그룹의 불교 종파의 사상성이 배경에 있다. 산티・아소꾸[102]라고 하는 원리주의적인 불교도의 그룹이다. (이와 관련하여 태국의 상류층 불교에서는 승려는 살상(殺傷)은 금지되어 있지만 육식은 금기(taboo)는 아니다. 탁발에서 받는 것은 기본적으로 받는다라고 생각할 수 있지만 이것에 대해서 그 그룹만이 채식을 주장하고 실행하고 있다.)

한편 고급 레스토랑, 호텔 레스토랑의 경우에는 대만의 그것과 공통하는 경향이 있다. 동남아시아에서도 일어났던 고도 경제 성장과 함께 「포식(胞食)」이 일본만큼의 특수 상황은 되지 않았던 증거일 것이라고 생각된다. 포식 끝에는 건강 지향이 등장한다. 그것을 상징적으로 나타내고 있는 것이 건강식사로서 채식 요리라고 하는 것이다. 구체적으로 생선으로 만든 남프라 대신 중국식의 간장, 육류나 생선 대용으로 글루텐이나 두부, 유바 등을 사용하여 톰양이나 카레, 혹은 샐러드(얌, 솜담)등을 만들어 냈다. 태국요리가 중국보다도 인도와 공통하는 부분이 많은 것에 대해서 분명한 것은 대만 등의 소식(素食)이라고 하는 채식의 영향을 받은 점이 흥미롭다.

---

[101] 일찍이 방콕시장으로 1992년의 민주화 운동의 지도자. 청빈한 인품과 채식주의자로서 알려져 있으며 그의 배경에 산티・아소쿠의 신앙이 있다고 하는 것으로, 산티・아소쿠도 알려지게 되었다.

[102] 제2차 세계대전 후 타이에서 생겨난 원리주의적 불교 종파. 엄격한 채식주의가 특징이나 타이에서 다수파의 상좌부(小乘) 불교 각파로부터는 이단시되고 있다. 이와 관련하여 상좌부 불교에서는 「자기 때문에 죽임을 당한 동물의 고기, 또는 도축의 현장을 본 고기」등을 먹는 것을 승려에게는 금지되고 있으나 그 이외의 고기는 먹어도 좋다고 한다.

그래서 건강 지향과 밀접한 관련이 있어 와인 특히 적포도주가 인기를 모으는 것도 새로운 경향이다[103]. 태국에서는 국왕이 건강을 위해 적포도주를 마시고 있다는 정보에서 인기에 불이 붙은 것 같지만 싱가폴 등 부자가 된 아시아에서는 전체적으로 와인 소비가 압도적으로 신장되고 있다. 건강 이미지뿐만 아니라 본격적인 양식 특히 요즈음 일본의 상황과 같이 이탈리아 음식점이 인기를 모으고 그 때문에 와인의 소비가 증가하고 있는 듯한데 어느새 동남아시아의 주요 도시에서는 도쿄과 유럽 음식 붐 등의 경향이 뒤지지 않고 동시에 나타나게 된 것의 증거라고 말할 수 있을지도 모르겠다.

결국 외래 음식을 포함해서 도쿄와 홍콩, 혹은 뉴욕 등과 같은 소비 경향을 나타내는 도시도 있으며, 도시라고 불리는 범주에 넣어도 좋을까 라고 생각되는 수도 있다. 그것이 한 마디로 묶이지 않는 다양성을 갖는 지역 동남아시아의 현재를 상징하고 있는 것 같은 식생활의 상황인 것이다.

그것에 있어서도 동남아시아의 거품(bubble)도 붕괴하고 있다. 앞으로 어떠한 식생활의 경향을 볼 수 있을까?

도시화와 물[104]

다무라(田村) : 대도시 성립과 유지에는 상수도의 확보가 필요하다. 현재 일본의 수돗물은 염소 살균을 해서 맛이 없고 또한 트리할로메탄(trihalomethane) 등 안전 면에서도 문제가 있어서 먹는 물은 수돗물을 끊고 시판생수로 바꿀 수 있다는 의견도 있지만 일본의 수돗물의 장래는 어떻게 될 것이라 생각하십니까?

마루이(丸井) : 구체적으로는 잘 모르겠습니다만 원래 물은 시냇물을 긷기도 하고 우물을 파서 자급자족하였지만, 지금은 상수도 보급으로 그것에 전적으로 의존하고 있습니다. 도시화 과정 속에서 외식이 일반화 되고 취미화되면서 수돗물에 불만이 있는 사람이 본인이 좋아하는 물을 먹고 결국 일본에서도 물의 취미화가 진행하고 있다고 생각합니다. 그러나 도시의 수돗물 시스템을 기본적으로는 유지하는 것이 대세로 계속가고 있다고 생각합니다. 취미화의 부분이 얼마나 큰

---

103) 이와 관련하여 그 이전의 동남아시아(또는 중국문화권)에서는 식사와 같이 마시는 주류라고 하는 맥주 같은 로칼한 음료를 제외하면, 브랜디를 물에 희석하는 것이 특히 여유가 있는 층에서는 일반적이었다.

104) 高田公理・石毛直道(編)1995『都市化と食』pp 132-134에서 발췌
　　　田村眞八郎((財)스가이락(food science)くフードサイエンス研究所・食品學)丸井英二(東京大學・醫學思想史) 石毛直道(國立民族學博物館・文化人類學) 豊川裕之(東邦大學・公衆衛生學) 奧村彪生(神戸山手女子短期大學・ 食物史)

지는 예측하기 어렵습니다.

다무라(田村) : 나는 외식산업관련 공익법인 연구소에 있습니다만 외식산업에서는 매일 10~20엔을 둘러싼 경쟁을 하고 있습니다. 결국 「700엔으로 팔지 않고 680엔으로 묶어둠」이라고 말하는 형편입니다. 병에 넣은 물은 안전하다고 해도 리터 당 100엔, 수돗물 같으면 10~20전(錢) 단위임으로 500~1,000배가 됩니다. 쌀은 하루에 100g으로 100엔, 1일 1L의 병에 넣은 물을 마시면 쌀과 물이 같은 값이 됩니다.

이시게(石毛) : 내 경험에서도 태국에서는 지방 음식점에 들어가도 병에 넣은 물을 내는 것 같았습니다. 일본의 경우 마시는 물 소비량은 어느 정도나 됩니까?

다무라(田村) : H_2O라면 1일 필요량은 2L정도입니다만 반은 음식물로부터 취하고, 물, 차, 커피 등 음료로 해서는 1L정도입니다.

모리에다(森枝) : 태국에서는 수돗물을 일반적으로 마시지 않기 때문에 폴라리스 등과 같은 병에 넣은 물을 음식점 뿐 만아니라 가정에서도 배달하는 시스템입니다. 증류수라고 들었습니다만.

마루이(丸井) : 증류수는 순수한 H_2O로 전혀 맛이 없습니다. 지방에서 나오고 있는 것은 우물물을 적당히 살균해 병에 담은 것이기 때문에 이것도 의심하지 않을 수 없습니다.

도요가와(豊川) : 그렇게 말하면 방콕 호텔에서 남의 눈에 띄지 않는 곳에서 사용한 병에 남은 물을 수집해서 하나의 병에 담고 있는 어린아이들을 보았습니다. 당연히 안 됩니다.

오쿠무라(奧村) : 물이 오염되어 수도꼭지에서 나오는 물이 맛이 없습니다. 그 주된 오염원이 가정 배수이기 때문에 세제를 쓰지 않는 것, 기름 묻은 식기는 한번 종이로 닦아 내는 교육이 중요하다고 생각합니다. 일본요리는 물을 많이 사용하는 식문화를 갖고 있기 때문에 물을 안심하고 쓰지 않으면 안 됩니다.

이시게(石毛) : 수도가 보급되기까지 이를테면 오사카에서는 대지(台地) 일부분을 제거하여 물을 판매하는 상점이 있어서 대체로 물을 사서 사용하기 때문에 물이 매 한잔이 몇 십전이 되었습니다. 그것이 수도로 되어 물이 무한적으로 안전하다 라고 느끼게 되었다고 생각합니다.

제5장 한반도의 식문화

이 성 우(李盛雨)

1. 고기와 마늘을 먹는 맥족(貊族)

 우선 우리들의 직접 선조인 맥족이 고기와 마늘을 먹은 것에 대하여 말하고 싶다. 주제는「한반도의 식문화105)」이나, 우리나라 문화가 한반도에서 싹 텄다는 것은 아니다. 퉁구스(Tungus)족의 일파가 백두산에서 송화강 유역으로 들어가 수렵과 목축을 식량 획득 수단으로 하는 하나의 문화권을 형성하면서 남하하였다. 그들이 우리 한반도 민족의 조상인 맥족이다. 貊을 한국어로는「맥」이라고 읽고 있지만 일본에서는 이 글자를「고마(こま)」라고 읽고 있는데 맥족이라고 불리고 있다.「삼국지 위지 동이전(三國志 魏志 東夷傳)」에 의하면 맥족 정부의 관직명이 우가, 저가, 마가, 구가 및 견사로 모두 가축 이름으로 되어 있다. 이것은 우리들의 식재료로 가축의 비중이 얼마나 컸는지를 엿볼 수 있다.
 이와 같은 맥족은 가축을 많이 먹었기 때문에 가축 요리도 고안했을 것이라 상상한다. 중국 진나라의「수신기(搜神記)」에 의하면 맥적(貊炙)은 이(異)민족의 음식이었음에도 불구하고 먼 옛날부터 중국 사람이 이것을 좋아하고, 귀족층의 연회에서 필히 있으면 좋을 정도로 되어 있다. 이것이 그들이 이 나라를 침략할 전조라고 말하고 있다.
 그러면 이 맥적은 구체적으로 어떤 것이었을까? 중국 고대 문헌에 의하면「맥」은 고구려에 있다고 하는데, 중국에서 말하자면 동이민족을 가리킨다.「적(炙)」은 불에 직접 굽는 것으로 이것은 맥(貊)에서 중국으로 전해진 것이라고 말할 수 있다. 또 모든 구이

---

105) 食의 심포지움 '81 〈동아시아의 식의 문화〉에서「한반도의 식의 문화」의 제목으로 강연

는 장류를 넣지 않는다(無醬)고 기록되어 있다. 중국에서는 원래 조리한 것을 대부분 조미료에 무쳐 먹고 있지만 이 맥적은 미리 조미하고 굽기 때문에 구태여 조미료에 무쳐서 먹을 필요가 없는 것이라 해석된다. 이것이야말로 한국 스타일, 고기구이, 불고기의 원형이라고 생각하는 것이 좋을 것이다.

이 맥적의 조미에 마늘이 사용되었다. 우리나라 건국 신화에는 곰이 마늘을 먹어 아름다운 여자로 변화고 건국 왕인 단군을 낳았다고 말하고 있다. 이 건국 신화에 나오는 마늘과 같은 훈채(葷菜)를 고기에 혼합시키면 고기의 부패를 막을 수 있고 맛도 한 단계 끌어 올릴 수 있다. 훈채를 충분히 넣어 미리 조미해서 구운 맥적, 즉 불고기야 말로 예로부터 중국에까지 명성을 떨치고 있었던 전통음식이다.

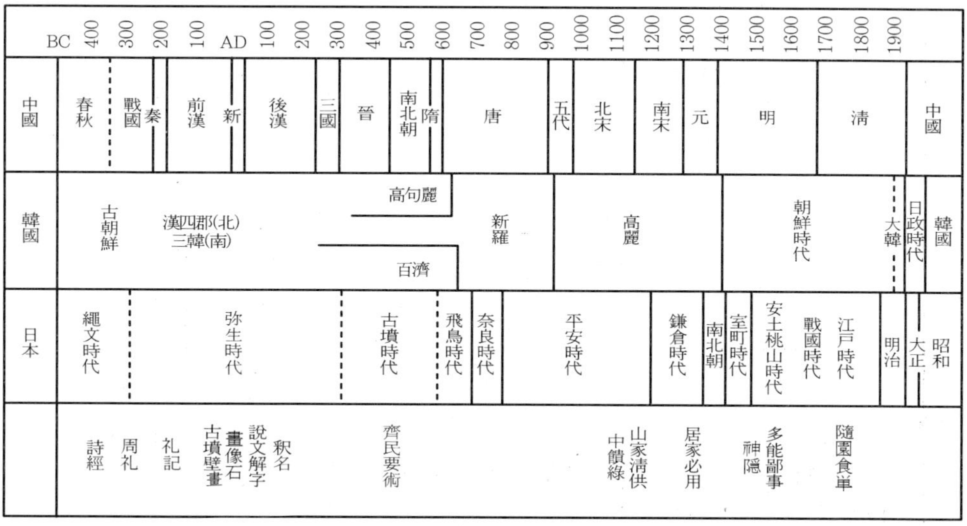

<그림 1> 동아시아 삼국 대조 역사 연표
(이성우 1984 「한국 식품문화사」 교문사, 서울 P. 301 「東아시아 3국의 대조 연표」
「중국의 연대표와 중요자료」를 일부 변경하여 작성)

II. 대두문화는 동방으로부터

맥족이 수렵과 목축으로 생활하는 사이에 중국에서는 농경문화가 번성하고 있었다. 중국의 농경기술은 맥족이 살고 있는 만주지방에도 파상적(波狀)으로 전파되었다. 그곳에서 그들의 식생활은 수렵, 목축의 단백질 중심에서 점차 농경의 전분 중심으로 변해 갔지 않았을까? 그렇게 되면 그들에게 단백질 결핍이라는 새로운 문제가 생기게 되었다고 상상할 수 있다.

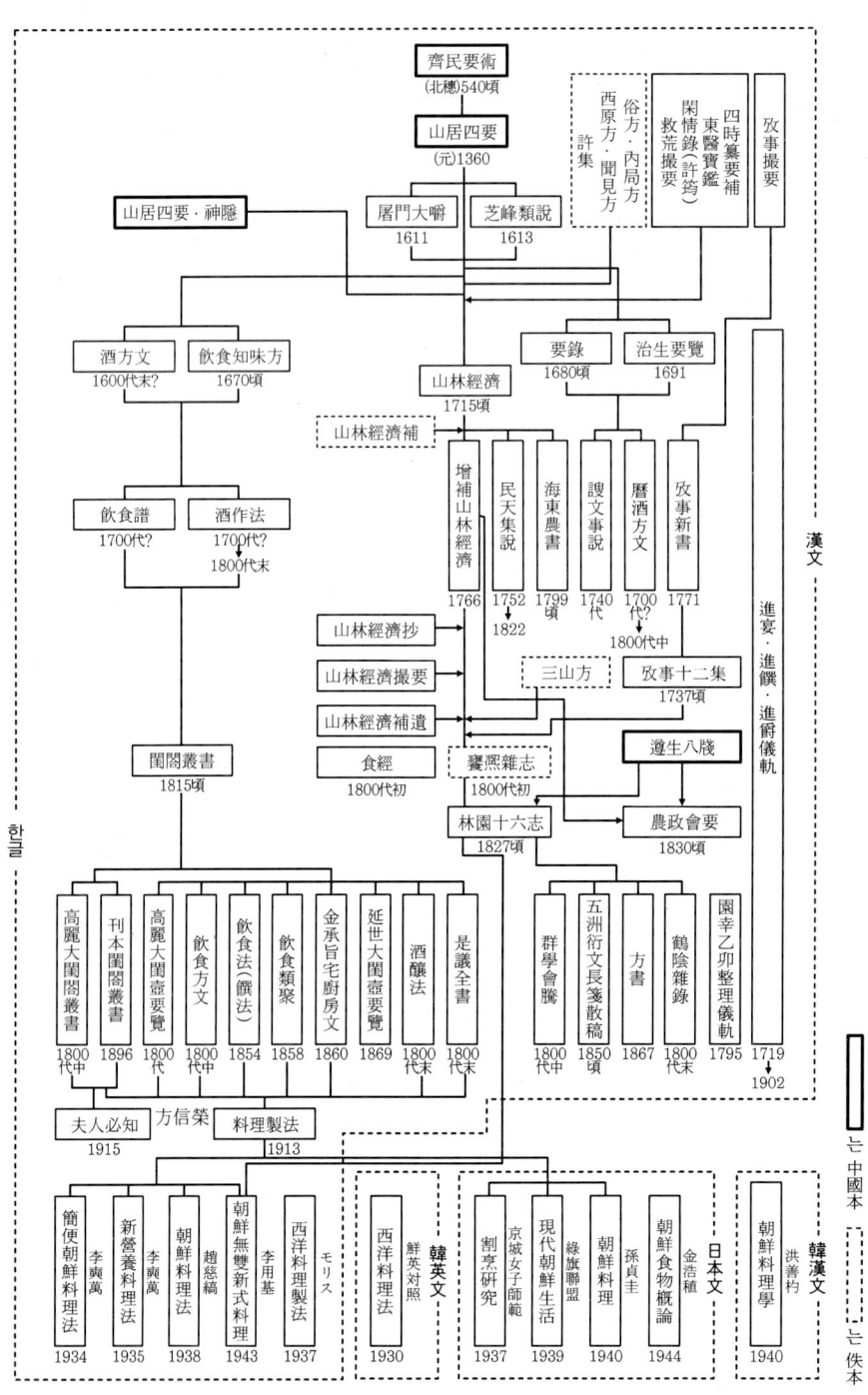

<그림 2> 한국 고조리서의 계통도
(石毛直道 편 1985 「논집 동아시아의 식사문화」 평범사 p381)

중국에서 전파된 농경기술을 응용하여 주변 식물의 씨앗을 여기저기 흩날리고 있는 동안 단백질이 풍부한 작물인 콩을 발견하고 야생콩의 재배종을 개발하게 되었다.

오늘날 농업계에서는 대두(콩)의 원산지가 만주인 것을 인정하고 있다. 만주는 맥족 발상지이다. 따라서 대두 재배의 개발은 우리들 조상이 하신 일이 된다. 최근 한반도 내에서도 대두 야생종과 재배종 중간 종이 많이 발견되고 있다. 한편 중국에서는 앙소, 용산의 농경문화 유물로 대두는 발견되지 않는다.「관자(管子)」에 의하면 기원전 7세기 초기에 제나라 환공이 지금의 만주 남부로 보여지는 산융(山戎)을 제압하여 이곳에서 대두를 가지고 와 융숙(戎菽)이라는 이름을 붙였다. 方信榮

또 우리들의 조상이 스스로 개발했던 대두를 공들여 가공하여 된장을 만들어 내고 있다.「삼국지 위지 동이전」에서 고구려 사람은 발효식품을 잘 만든다고 쓰여져 있다. 그것이 어떤 종류의 발효식품인지는 명확하지 않지만 고구려 고분 벽화에 발효식품을 저장하고 있는 것 같은 항아리가 보이고 있다.(그림 3)

<그림 3> 고구려 고분벽화(부분) (이성우 1984「한국 식품문화사」교문사)

시대를 조금 내려오지만「신당서(新唐書)」에 의하면 발해의 명산물로 대두 발효식품인 시(豉 메주)를 올리고 있다. 한편「삼국사기」에 의하면 신라에 있어서는 신문왕 3년에는 메주(豉)가 결혼 예물로 일반화되었다.

그러면 메주라고 하는 것은 구체적으로 어떤 것이었을까?「어문해자(說文解字)」에 의하면 메주는 배염유숙(配鹽幽菽)이라고 적혀 있다.「숙(菽)」은 대두이고,「유(幽)」는 어두움이라는 의미이다. 즉 대두를 어두운 곳에서 발효시켜 소금을 넣은 것이라고 해석된다. 이것은 일본의 낫또(natto)라는 것으로 한반도에서는 이것을 전국장(戰國醬)이라고 한다. 또 「제민요술(齊民要術)」에서는 이것을 건조시켜 한반도의 미증옥국(味噌玉麴)이라는 것을 만들어 이것을 메주(豉)라고 한다.

그런데 거의 문화가 그런 것 같이 이 메주도 중국에서 전래된 것인가? 요, 순에서 주나라까지의 역사를 기술한 「상서(尙書)」에서는 국물의 조미료로는 소금과 매실만을 말하고 있다. 또 「예기(礼記)」와 「초서(楚辭)」에 음식에 관한 기사가 많음에도 불구하고 메주에 관한 기사는 하나도 없다. 송대(宋代)의 책인 「학제점필(學齋佔畢)」에서는 옛날의 「경서(經書)」 중 시(豉)라고 하는 글자는 보이지 않지만 방언에 시(豉)가 있는 것을 보았다고 적고 있다. 또 「사기(史記)」 화식전(貨殖伝)에 의하면 큰 도읍에서는 연간 1,000홉(合)의 시(豉)를 팔았지만 그 이윤이 많을 때는 5/10, 작을 때는 3/10이 되었다. 다른 업자의 이익이 2/10에도 되지 않은 것에 비해 다른 나라에서 도입된 시(豉) 제조 비법을 갖은 시(豉) 제조업자가 부자가 안 되는 것은 오히려 이상하다고 전해지고 있다.

이와 같은 문헌적인 시(豉)는 중국에서는 한반도보다 일찍 출현하고 있지만 진나라 박물지(博物誌)에서는 시(豉)는 외국산이라고 주장하고 있다. 대두의 원산지가 동이권(東夷圈)이고 고구려의 발효식품, 발해의 명물인 시(豉), 신문왕의 시(豉) 등을 생각해 보면 시(豉)는 오랜 역사를 갖고 한반도 북부에서 싹터 한나라 때 중국으로 건너가 시(豉)라고 불리우게 되지 않았을까 생각한다.

일본의 가네자와(金澤壓三朗)도 된장의 기원은 만주라고 주장하고 있다. 실제 그곳에 우리들이 장류하고 부르는 조미료 종류가 많고 시(豉)도 장류의 하나에 속한다. 「주례(周礼)」에도 장류가 나와 있지만 이것은 육장(肉醬)이다. 그것에 대해 동방의 장류는 콩만으로 만든 시(豉)와 같은 두장(豆醬)이었음을 강조하고 싶다. 그 후 중국에서는 시(豉) 제조 원리를 동화 발전시켜 대두에 중국에서 많이 생산되는 밀을 혼합하여 여러 가지 된장을 만들어 나갔다고 생각한다. 보통 중국 학자의 논문을 읽어 보면 된장의 기원에 대해서는 애매모호하게 되어 있다.

한편 두장은 일본에도 전해졌다. 일본의 「대보률령(大宝律令)」이나 「정창원문서(正倉院文書)」에 말장(末醬)이 나타나고 있다. 아라이(新井白石)의 「동아(東雅)」에 의하면 맥의 장류인 말장(末醬)이 일본에 전해져 그 나라 방언으로 되어 미소(ミソ)라고 부르게 되었다고 기록하고 있다. 일본의 미소는 한반도에서 전해져 왔다는 것을 확실히 지적하고 있다.

또 고우이(向井元升)가 1671년 집필한 「포주비용왜명본초(庖廚備用倭名本草)」에서는 일본의 된장 본래의 모양을 매우 잘 설명하고 있다. 이것에 의하면 일본에서는 한반도에서 콩으로 만든 된장을 받아들여 후에 일본에서 많이 생산되는 쌀을 혼합한 된장으로 동화, 발전되었다는 것을 알 수 있다.

그런데 된장의 어원에 대해서는 있지만 만주어로 「장(醬)」을 「미즌(ミスン)」이라고 한다. 또 송나라의 「계림유사(鷄林類事)106)」 고려방언에 따르면 「장(醬)」은 「밀조(密祖)」라고 하고 있다. 그래서 1766년 조선왕조의 「증보산림경제(增補山林經濟)」107)에서는 「말장(末醬)」이라고 써서 「미죠(ミヅョ)」라고 읽고 있다. 이것에 의해서 미소의 발상과 전파 경로로 하여 미즌(ミスン) → 밀조(密祖) → 미죠(ミヅョ) → 미소(ミソ)의 계열이 성립되는 것 같다.

일본의 「대보율령(大宝律令)」에서는 말장(末醬) 외에 시(豉)와 장(醬)이 보인다. 중국 문헌에서도 시(豉)와 장(醬)은 보이지만 말장은 없다. 하여간 동아시아 삼국을 통해 시(豉), 말장(末醬), 장(醬)의 명칭과 실물과의 관계는 상당히 복잡하게 얽혀있다. 즉 일본의 말장(末醬)은 미소이지만 「증보산림경제」의 말장(末醬)은 미증옥국(味噌玉麴)이다. 중국의 시(豉)는 한반도의 미증옥국(味噌玉麴)에 가깝지만 한반도와 일본의 시(豉)는 낫또 또는 한반도의 전국장(戰國醬)에 가까운 것이다. 그래서 만드는 법도 시대와 함께 변천하고 있다.

이렇게 대두문화는 동방에서 싹터서 동아시아 전역에 전파되었다고 생각한다.

III. 신라의 육식관(肉食觀)

반도에 농경이 정착하고, 불교가 전래됨과 함께 우리 식생활은 점차 육식 습관에서 멀어지게 되었다. 372년 고구려에 처음 불교가 전승되고 백제에는 382년에 들어왔다. 당초 신라에서는 불교를 배격하고 있었는데, 528년에 드디어 정식으로 공인되었다. 이와 같이 불교는 점차 상류층으로 파고들어 갔으며, 정치와 결부되어 국민 생활을 크게 제한하게 되었다.

불교가 식생활에 미친 가장 큰 영향은 육식금지였다. 그러나 신라의 불교는 호국불교였으므로, 부처의 가르침에 외면적으로 맹종하는 것은 아니었다. 특히 원광법사는 세속오계의 규범108)을 만들어 전국에 공표했다. 「사군이충, 사친이효, 교우이신, 임전무

---

106) 『鷄林類事』송(宋) 나라로부터 고려, 숙종(㉠096-1105)시대에 온 손목(孫穆)이 지은 어학서
107) 『증보산림경제(增補山林經濟)』유중임(柳重臨)(撰), 1766년. 『산림경제』에 손을 가한 것. 농가 생활에 필수적인 사항을 폭넓게 취급하고 있음. 「치선(治膳)」부에 식품에 대한 것이 있다.
108) 세속오계의 규범 : 신라 진평왕 시대 때, 스님인 원광(?~630)이 화랑(청소년 수양단체)들에게 다섯 가지의 교훈을 내렸다. 주군에게는 충, 부모에게는 효, 친구에게는 신, 전쟁에서는 불퇴, 살생은 유택.

퇴, 살생유택」이 바로 그것으로, 살생유택 즉 '산 것을 죽일 때는 가려서 죽일 것'이라고 정의하고 있다. 불교에서 말하고 있는 '살생엄금(殺生嚴禁)'은 아니었던 것이다. 육식금지의 날을 정하고, 어느 정도 제한을 두었다. 그리고 불교와 조국을 융합시킴으로써 식물성식품과 동물성식품을 적당히 섭취하여 튼튼한 몸을 만들어 삼국통일을 이루어낼 수 있도록 했던 것이다.

Ⅳ. 일본에 전해진 삼국시대의 음식

그럼, 삼국시대의 식생활이 일본에 미친 영향을 몇 가지 들어보도록 하겠다. 오진(応神)천황 때, 백제로부터 새로운 술 만들기 방법이 일본에 전래되었다. 『고사기(古事記)』에 의하면, 오진천황 시절, 백제인 수수보리(須須保利・會之許理))가 일본에 건너가서 새로운 술 만들기 방법을 전했다고 알려져 있다. 그가 만든 술을 마신 천황은 "수수보리가 빚은 술에 내가 취했구나."라고 읊조리고 있다.

또한 「정창원문서(正倉院文書)」나 「연희식(延喜式)」에 여러가지 츠케모노(채소절임)가 기록되어 있는데, 그 중에 '수수보리절임'이라는 것이 있다. 수수보리는 백제인인데, 이 채소절임은 콩, 쌀 등의 곡물에 채소를 섞은 것이다. 500년경 중국의 「제민요술(齊民要術)」에도 비슷한 채소절임이 있었다. 그래서 이 채소절임은 중국에서 백제, 백제에서 일본으로의 경로를 타고 온 것으로 추정된다. 그러나 기후가 온습한 일본에서는 곡물 가루를 이용한 채소절임류는 산패(酸敗)하기 쉬우므로, 점차 콩이나 쌀 등의 곡물 대신 쌀겨를 이용하게 되었다. 이것이 일본의 대표음식인 츠케모노(절임음식)인 다쿠앙즈케(澤庵漬)이다.

현대의 다쿠앙즈케(澤庵漬)가 수수보리 계통의 츠케모노라고 생각하는 것은 매우 자연스러운 일이라고 가와가미(川上行藏)는 설명하고 있다(『風俗』제11권 3・4 합병호). 중국의 영향을 받은 백제의 츠케모노 중 하나가 일본으로 건너와서 다쿠앙츠케로 연결되었다고 할 수 있겠다.

이 외에 「정창원문서(正倉院文書)」 「연희식(延喜式)」등을 자세히 읽어 보면, 반도에서 전해진 음식이 매우 많음에 놀란다. 그리고 문헌들이 부족한 삼국시대의 식생활사 연구에 크게 공헌하고 있다.

V. 식생활의 토속화

　신라에 의해 삼국이 통일되었다. 만주지방은 한때, 당나라의 손에 넘겨졌는데, 고구려 유민에 의해 발해라는 새로운 나라가 건설되어 이때부터 만주와 한반도는 정치적·문화적으로도 점차적으로 이질화되었다. 이후, 한반도를 무대로 하는 문화가 성숙되어짐에 따라 자신들의 식생활을 되돌아보게 되어, 이 테마의 좁은 의미인 '한반도 식문화'가 출발하게 된다.

　동양의학에서 약의 대부분은 사실은 식품이다. 이른바 약식동원(藥食同源)이다. 건강한 생활을 위한 식품의 종류와 식용법은 삼국시대 이래 중국의 방법을 받아들이고 있었다. 그러나 중국과 한반도에서는 기후, 풍토가 다르고 체질도 생산물도 다르다는 것을 점차 깨닫게 되었다. 그래서 중국식품에서 한반도 산물(産物)로 변할 수 있는 것을 찾아내고, 한반도에서만 생산되는 식품의 효용을 연구하는 한편, 식용법도 연구해야 할 필요가 절실하게 되었다.

　『백제신집방(百濟新集方)[109]』『신라법사방(新羅法師方)[110]』 등이 소개되었는데, 이 책들은 일본의 『의심방(醫心方)』속에 그 모습을 남기고 있다. 고려의 고종시대(1214-1259)에는 이 연구들의 결과를 정리하여 『향약구급방(鄕藥救急方)[111]』을 만들었다. 이것이 오늘날 전해지고 있는 한국 최고(最古)의 응용 영양서이다. 조선 세종시대에는 이것을 한층 더 발전시킨 『향약집성방(鄕藥集成方)[112]』이 완성된다. 그러나 이 이론이 불멸의 진리인 것은 아니다. 선조(宣祖)시대 허준은 전통의 응용 영양학에 중국의 금·송·원시대를 통해 발전된 이론을 도입하여 『동의보감』을 만들어냈다. 그 진가가 인정되어 일본에서는 1723년에, 중국에서는 1763년에 각각 간행되었다.

　그러나 동양판 응용 영양학 이론이 만인에게 널리 적용될 수 없다는 것을 파악한 이제마는 체질에 따른 응용 영양학 이론을 세워 1894년 『동의수세보원(東醫壽世保元)[113]』을 저술했다. 이와 같이 한반도 사람들은 건강을 위한 식생활을 중국으로부터 도입했지만, 한반도의 실상에 어울리도록 조정하고, 외국의 새로운 이론이 있다고 하면

---

109) 『백제신집방(百濟新集方)』 백제시대에 쓰여졌다고 추측되는 의서. 중국의 약방을 이용하지 않고 경험에 근거한 약방을 정리한 것.
110) 『신라법사방(新羅法師方)』 저자불명, 신라시대. 신라시대의 의서. 당시 사람들의 경험에 의한 약방을 글로 정리한 것. 책은 남아있지 않으며 약방 몇 개만이 전해지고 있다.
111) 『향약구급방(鄕藥救急方)』 고려시대. 고종(高宗)시대 때(1213-1259)에 간행된 한방 의서. 전통적인 약방과 약재로 병의 치료를 행한 것을 정리한 것.
112) 『향약집성방(鄕藥集成方)』 1433년 간행. 『향약제생집성방(鄕藥濟生集成方)』과 함께 그 외의 의서를 참고로 하여 모은 한방 의서. 침구법[鍼灸法]도 있다.
113) 『동의수세보원(東醫壽世保元)』 1894년. 이제마(李濟馬)의 사상(四象)의학설을 전한 의서

그것을 도입·융합하는 등의 노력을 계속 이어왔다.

Ⅵ. 몽고인을 통해 다시 되돌아온 소고기 음식

　반도에서 불교는 고려시대에는 점점 더 번창하게 되어 육식, 특히 소고기 음식의 풍습은 이 나라에서는 거의 자취를 감추어 갔다. 불교에서는 소가 존경의 대상이다. 그러나 고려 사람들은 불교의 가르침은 물론이고, 묵묵히 농경을 도와주는 소를 도살할 수는 없었다.

　송나라의 서긍(徐兢)이 사신으로 고려에 왔을 때, 접대를 위해 고려인이 양과 돼지를 도살했다. 그 상황을 서긍은 1123년의 『고려도경(高麗圖經)』에서 서술하고 있다. 예전의 맥적의 전통은 어디론가 사라지고, 양과 돼지마저 제대로 도살하지 못하는 상황이었던 점을 보아, 당시의 육식문화가 어떠했는지를 엿볼 수 있다. 따라서 당시 반도와 일본은 불교의 영향으로 육식의 식생활 모습은 거의 비슷했다고 봐도 좋을 것 같다.

　고려 말에 몽고인의 지배하에 들어서고, 일본과는 사정이 완전히 바뀌었다. 고려에 온 몽고 둔전병들은 농경과 식용의 두 개의 목적으로 소를 징발하고 있었는데, 고려인에게는 그들의 요구에 들어줄만한 소가 없었던 것이다. 목축에 매우 뛰어났던 몽고인은 제주도가 목장으로 가장 좋은 조건을 갖추고 있다고 눈여겨보고 있었다. 그리고 1276년, 그들은 몽고 말과 우량 품종의 소를 가지고 들어와 제주도에 목장을 개발했다. 고려인은 고려에 들어온 몽고인과 이슬람인에게 도살법을 배웠으며, 또한 고기 요리도 배웠다. 원나라 시대 초기, 누구의 저서인지는 확실하지 않지만, 몽고풍이 강하게 드러나 있는 가정백과서 『거가필용(居家必用)』이 전해졌다. 이 책이 언제 한반도에 전달되었는지 모르지만, 1715년경 반도의 유명한 가정백과서인 『산림경제(山林經濟)』[114]의 고기를 삶는 요리법 29항목 중 20항목, 고기를 굽는 요리법 11항목 중 9항목이 이 『거가필용』의 인용문이다. 몽고계 요리서 『거가필용』의 요리법이 고려 말 이후, 현재까지 한반도에 미친 영향은 매우 크다고 할 수 있다.

　실제로, 몽고인이 많이 살고 있던 고려의 수도 개성의 고기요리에 설리적(雪裏炙)이라는 것이 있는데, 이것은 불고기스타일의 구운 고기이다. 또한 한국의 대표적 대중음식에 설농탕(雪濃湯)이라는 것이 있다. 고기, 뼈, 내장 등을 물에 넣고 충분히 끓여낸 국이다. 이 어원에 관해서, 한국에서는 이래저래 말이 많은데, 1700년대 조선시대 몽

---

114) 『산림경제(山林經濟)』 홍만선, 1715년. 전원에서 생활하는 사람들이 알아 두어야 할 사항을 기록한 책. 음식은 「치선(治膳)」에 있다. 홍만선은 실학자.

고어 사전 『몽어류해(蒙語類解)115)』에 의하면, 공탕(空湯)을 몽고어로 '슈루'라고 읽었다. 이와 같은 고기 조리법을 몽고인으로부터 배웠으며, 그들의 발음 '슈루'를 차용하고, 이것에 한반도에서 국을 나타내는 '탕'이라는 말을 결합시켜, 설농탕이라고 이름지어진 것이 아닌가 하고 생각하고 있다.

중국에서는 『거가필용』의 영향이 명나라 시대까지 미치는데, 청나라 시대에는 그 영향이 적어지고 돼지고기를 많이 이용하는 현재의 고기요리법이 정착한 듯하다.

이와 같이 우리는 한번 잃어버린 맥적의 전통과 내장까지 충분히 이용하는 각종 고기 요리법을 같은 퉁구스계인 몽고인을 통해서 되살린 것이다. 역사는 되풀이되고 있다. 몽고는 고려와 함께 일본을 침공하려고 했으나 실패했고, 그 결과 동물성의 양질 단백질의 일본 상륙을 거부하여 그것은 현재까지 일본인의 체격에 끼친 영향이 컸다고 해도 좋을 것이다. 여기서부터 한반도와 일본의 음식 형태에 현저한 차가 생겼다.

한편, 몽고인은 많은 고려 여성을 중국으로 데려갔다. 망국의 비애를 담은 그 여성들을 통해서 상추잎에 밥을 올려 먹는 상추쌈이 원나라의 궁중으로 전달되었으며, 또한 한반도 음식 특색의 하나인 벌꿀을 많이 넣어 만든 유밀과(油蜜菓)116)도 원나라에 전해졌다. 그리고 이 외국의 맛에 매료된 원나라 시인들은 이것들을 소재로 한 많은 시를 남기고 있다.

Ⅷ. 숭유주의(崇儒主義)가 가져온 식생활

조선시대가 되자 숭유억불 정책을 국책으로 하였다. 그로 인해서 차마시는 풍습을 쇠퇴시켰다.

차의 원산지는 중국의 촉(蜀)의 사천성이라고 알려져 있는데, 이전 한(漢)나라 말 때부터 효능이 인정되어 그 효능은 불교계에 도입되었다. 이 중국차가 불교와 함께 신라에 전달된 것은 선덕여왕 시대(632-646)부터 이며, 일본보다 100년 정도 빨랐다고 할 수 있다. 흥덕왕 3년(828년)에는 당나라에서 차의 종자를 가지고 와서, 한반도 남부의 지리산에 심었다. 일본에서는 한반도 사람들이 예전부터 차를 마시지 않았다고 생각하고 있는 사람이 많은데, 사실은 일본보다 더 빨리 차를 마시는 풍습이 있었던 것이다. 『삼국사기』에 의하면 왕자가 차를 부처에게 공양했다. 충담 선사가 경덕왕에게 차를

---

115) 『몽어류해(蒙語類解)』 몽고어 학습서. 이억성. 1768년
116) 고려의 약과. 밀가루에 참기름, 벌꿀을 넣어 묻히고, 기름에 튀겨내어 벌꿀과 생강즙을 묻히고 잣으로 장식한다. 벌꿀과 참기름을 사용한 음식에는 거의 「약」이라는 글자를 붙여 이름 부른다.

공양했을 때, 왕은 이루 말할 수 없는 좋은 향기가 찻잔에서 풍겨져왔다고 했다. 수로왕 제사에 차가 공양되고, 신라의 화랑117)들이 멀리 떠날 때에도 차를 낼 정도가 되었다. 수도(修道)하는 스님들에게는 그 효능과 좋은 향기가 심산유곡의 나무들의 향기와 함께 유적현묘(幽寂玄妙)의 경지로 끌어들이게 되었다.

고려시대에는 불교가 더욱 번성하여 역대의 왕들은 불제자(佛弟子)임을 임무로 여기고 있었으므로, 차를 마시는 풍습은 더욱 번성해갔으며, 사원에는 다촌(茶村)이라는 차를 재배하여 봉납하는 부락까지 두게 되었다. 궁중에서는 다방(茶房)이라고 하는 차를 다루는 곳까지 설치할 만큼, 연등회나 팔관회 등 국민 총화를 맹세하는 국가 최대의 의식도 점다(点茶 : 말차(抹茶)에 끓는 물을 부어 우려내는 일)의 예식에서 시작되었으며, 외국 사신의 접대에도 차가 나왔고, 또한 특권층의 증답품이 되기도 하였다. 이와 같이 차는 사원에서 처음 시작되어 세상에 널리 알려지게 되었다. 또한 차를 마시는 것에도 일정한 격식이 생겨나, 이른바 다도(茶道)와 같은 것이 일어나게 되어, 우아한 차 도구를 구하는 풍속이 번성하여 결국에는 고려자기의 개발을 유도하게 되었다.

그러나 정권이 바뀌고 조선시대가 되자 숭유억불 정책이 채택되어 조선의 지배자는 불교를 혐오하고 불교의 유풍을 뿌리 채 뽑으려 했다. 음식에서도 예외가 아니어서, 부처 공양물이 되었던 유밀과의 사용을 금지하고, 차는 불교를 상징한다는 이유로 이것을 꺼려하게 된 것이다. 습관성 기호음료에 한번 길들여진 후, 그것이 거의 모습을 감출 정도로 쇠퇴한 것은 조선시대 때 차를 마시던 풍습을 제외하고는 이 세상에 그 유형을 찾아 볼 수가 없다. 어린 시절부터 몸에 배어 왔던 조선시대 유학자들의 불교 기피가 차를 마시는 풍습을 이 나라에서 방출해내 버린 것이다. 또한 유학자들의 차 마시기 기피는 유망한 북방으로의 무역품이 되었을지도 모르는 차의 산업화도 저해하게 되어 버렸다.

그 결과, 반도 민족은 숭늉(눌은밥 탕)을 마시게 되었다. 그러나 서민에게 습관성도 흥분도 없는 숭늉은 불만족스러운 존재였다. 그래서 그들은 공복을 달래는 음료로서 막걸리를 항상 마시게 되었다. 막걸리는 알콜은 적지만, 얼큰하게 취하는 기분이 상당히 오래 지속된다. 차가 습관성을 가지는 흥분성의 음료임에 비해 막걸리는 습관성을 가지는 마비성 음료였으므로, 이것이 한반도 서민들의 나태함을 조장했다고 할 수 있겠다.

---

117) 청소년 수양단체

Ⅷ. 주(周)에의 복고주의에 따른 개의 식용

인간이 사육한 최초의 가축은 개이다. 중국에서는 이 개를 한나라 때까지 일반적으로 식용하여 왕도 먹었으며, 제사의 산 제물로 받쳤는데, 식용에 대한 관념이 바뀌면서 개는 충의의 동물이라는 이유로 당나라 이후에는 먹지 않게 되었다. 1791년 중국기행문 『연행록(燕行錄)118)』에 의하면, 중국에서는 돼지와 양은 늘 먹었지만 개고기는 먹지 않았다고 적고 있다.

그러면 한반도에서는 어땠을까. 조선의 숭유주의는 결국에는 주(周)에의 복고주의였다. 공자도 개를 먹었다는 이유에서 조선 유학자들은 개고기를 먹는 것에 대해 조금도 저항감을 느끼지 않았던 것이다. 따라서 1600년대 말엽의 『음식지미방(飮食知味方)』119)을 비롯하여 각종 요리고전에서 개고기 요리는 매우 큰 비중을 차지하고 있었으며, 개고기를 삶는 방법, 찌는 방법, 굽는 방법 등 한반도 특유의 조리법을 다채롭게 설명하고 있다. 특히 한여름의 삼복에는 신분의 귀천을 불문하고 개고기탕을 즐겨 먹고 있는 모습이 1849년의 『동국세시기(東國歲時記)』에 잘 나타나 있다.

그리고 개고기에 마늘과 여러 가지 한방약제를 섞어 밀폐된 솥에 넣어 찌고 이것을 꼭 짠 국물이 요즘 일본에도 소개되고 있는 견소주(犬燒酎), 즉 개소주이다. 이것은 맛은 별로 없는데 보양식품이다. 개고기 식용은 이처럼 특수한 먹는 방법까지 탄생시켰다.

또한 한반도에서 먹는 육회도 숭유주의에 의해 생겨난 음식이다. 1600년경 『어우야담(於于野談)』에 육회에 관한 이야기가 있다. 임진왜란 도요토미 히데요시의 조선출병 때에 명나라 원병 10만 명이 한반도에 주둔했다. 그들은 한반도 사람들이 육회를 먹는 모습을 보고 무슨 야만적인 일이냐며 비웃었다. 한반도의 지식인들은 이에 대해서 '『논어』에 의하면 육회는 얇게 썰어먹으면 꽤 맛있다. 그 주석에 공자 시대에는 생고기나 새고기를 잘라서 육회로 했었다'라고 말하고 있다. 비웃으려면 비웃어라 라고 항변하고 있는 것이다.

또한, 왜 소의 위장을 생으로 먹는 걸까? 중국에서는 이것을 충분히 삶든지 굽든지 해서 먹었으므로 명나라 원병들이 궁금해 하였는데, "옛사람들은 이것을 즐겨먹었다는 것이 고전에 몇 차례나 나와 있지 않은가?"하고 지식인들은 대답하고 있다. 이와 같이

---

118) 『연행록(燕行錄)』 조선에서 청나라(중국)의 수도인 북경에 갔었을 때의 왕복 기행문. 음식이나 풍속이 기록되어 있다. 최덕중 1712년, 김정문 1791년의 두 글이 있다.

119) 『음식지미방(飮食知味方)』(閨壺是議方) 이시명 부인인 장씨(1598~1680)가 1670년경에 쓴 가정 요리서. 자신의 경험에 근거한 각종 요리법을 결혼을 앞둔 가문의 여성들이 보고 배울 수 있도록 한 것. 면 만들기부터 술 만들기에 이르기까지 모두 수록. 일본어역 『조선 요리서』(平凡社 東洋文庫 정대성 편역)가 있음

한반도에서는 당시의 중국인들이 삶아 먹든지, 삶지 않고 먹든지에 관계없이 공자의 말에 따라서 어떤 저항감도 없이 날것을 즐겨 먹었던 것이다.

중국에서는 날것을 먹지 않는 것에 비해, 일본에서는 생선만큼은 날것으로 먹고 있으며, 한반도에서는 생선과 가축 모두 날것으로 먹고 있다. 역시 숭유억불의 복고주의에 근거한 것이라 봐도 좋을 것이다.

숭유주의는 음식의 명칭까지 주나라 시대로 거슬러 올라가게 만들었다. 예를 들면 일본의 나라(奈良), 헤이안(平安)시대와 한반도의 고려시대는 절임음식에 대해서 모두 「지(漬)」 글자를 사용하고 있었다. 중국에서는 춘추시대에는 「저(菹)」였는데, 그 이후에는 엄채(醃菜)라든지 함채(鹹菜)등의 말이 자주 쓰여지게 되어 저(菹)라는 글자는 거의 사용되지 않았다. 조선의 숭유주의는 절임음식에 대해 주나라의 「저(菹)」라는 명칭으로 되돌아갔다.

IX. 숭유주의에 근거한 노인영양학

숭유주의는 한반도에 평면전개형의 밥상문화를 가져왔다. 조선 숭유주의는 실리보다는 형식에 치우쳐 있었다. 밥상 다리가 휘어질 정도로 많은 음식을 평면적으로 전개하는 것은 한반도에서는 오늘날 언제 어디서나 볼 수 있는 풍습이다. 이와 같은 평면전개적 밥상을 위한 조리에는 식어도 맛이 변하지 않는 조리방법이 요구되었다. 중국과 같이 식으면 딱딱해지는 돼지기름을 사용할 수 없었으므로 식물성 기름을 사용할 수밖에 없었다.

한반도 요리에는 삶건 찌건 무치건 참기름을 많이 사용하고 있다. 이 식물성 기름의 효용이 현재 영양학적으로 높이 평가받고 있다. 중국 원나라 시대의 『거가필용(居家必用)』에서는 참기름을 꽤 사용하고 있었는데 청나라의 『수원식단(隨園食單)』을 보면 참기름을 거의 쓰지 않고 있다. 대부분이 동물성 유지였다. 다만, 중국에서는 수박 등의 씨를 직접 먹음으로써 식물성 지방을 섭취하려 하고 있었던 것 같다. 일본에서는 식물성, 동물성을 불문하고 요리에 기름을 그다지 사용하고 있지 않은 것 같다.

또한 숭유주의는 한반도에 노인 영양학을 발달시켰다. 조선은 유교가 국교였으므로, 주자가례에 근거한 사친효양(事親孝養)을 도덕의 근본으로 삼았다. 부모에 대한 효도를 위해 우선은 부모의 불로장수를 염원해 마지않았던 것이다. 이 목적을 위해서 스스로 노인 영양학의 지식을 몸에 익힐 필요가 생겼다.

<사진 1> 재현된 조선 궁정요리(식의 문화 심포지움 '81「동아시아의 식문화」에서)

　　이퇴계가 명나라 시대의『구선활인심법(臞仙活人心法)』을 발췌하여『활인심방(活人心方)[120]』을 남겼으며, 원나라 때의『산거사요(山居四要)』『수친양로친서(壽親養老親書)[121]』등을 한반도에서 간행했다. 또한 명나라 호문환(胡文煥)의『수양총서(壽養叢書)[122]』가 유림들 사이에서 널리 읽혔다. 그런데 이것은 중국 전래의 수신(修身), 섭식(攝食), 식사요법, 양로(養老) 등에 관한 16권의 책을 모아 정리한 것에 불과하며, 저작 연대가 서로 다르고 논의가 여러 주제로 나뉘어져 있거나 중복되어 있을 뿐만 아니라, 상반되는 논의라 하더라도 이해하기 어려운 부분이 있다. 게다가 한반도와 중국에서 생산되는 식품과 약품이 다르며, 명칭을 보고 실물을 얻을 수 있는 것은 반 정도뿐이었다. 그래서 1620년 이창정은 많은 책을 교합하여『수친총서류집(壽親叢書類輯)[123]』이라는 노인 영양서를 완성했다. 이 책은 중국에서도 인기를 얻었는데, 일본에는 1669년에 건너와 간행되었다. 그 후, 한반도의 가정백과서나 의서에는 반드시라고 해도 좋을 정도로 양로에 관한 부문을 독립시켜 자세하게 설명하고 있다. 이와 같이 숭유주의에 근거하여 사친효양의 사상은 이 나라에 노인영양학을 꽃피우게 했다.

---

120) 『활인심방(活人心方)』 1400년대에 朱權이 지음. 후에 이퇴계(1501~1570)가 고쳐 쓴 책. 선술수양(仙術修養)의 법. 靈秘 약방 등을 기록한 도교적 의서.
121) 『수친양로친서(壽親養老親書)』 송나라 陳直이 지음. 원나라 추현(鄒鉉)이 1307년에 계속 지은 것으로, 일종의 修養書.
122) 『수양총서(壽養叢書)』 중국 명대. 호문환(胡文煥)이 고금(古今)의 수양가에게 양생요법 12편을 집대성한 것.
123) 『수양총서류집(壽養叢書類輯)』 이창정 지음. 1620년.『수양총서』를 참고로 한 것인데, 원서의 견해에 차이가 있으며, 특히 음식물, 약물(藥物)은 중국과 같은 것이 아니므로 일반에게는 그다지 통용되지 않는다는 것이 서문에 기록되어 있다.

> 「노인영양학124)」의 실태
>
> 이(李) : 영양학과의 커리큘럼은 개인을 대상으로 하는 「특수영양학」과 공중을 대상으로 하는 「공중영양학」이 있는데, 「특수영양학」에서는 모성영양, 영유아영양, 노인영양 등을 다루고 있습니다. 조선시대에는 부모에게 효도하는 것이 도덕의 근본이었으므로, 부모를 대상으로 하는 노인영양이야말로 가장 큰 비중을 두어야 했던 것입니다. 건강하게 오래살고, 이 세상을 즐기고 싶다는 소원을 부모에게 들어드리게 하기 위해서는 우선 불로장수법의 지혜가 필요합니다. 불로장수의 방법에 관한 연구는 도교의 선인술(仙人術)에서 시작됩니다.
> 선인술(仙人術)이란 선단(仙丹)을 만들고 호흡법, 방중술, 체조술 등에 의해 불로장생을 꾀하는 한편, 식이요법에 의한 방법도 연구했습니다. 노쇠, 병약, 질병의 원인은 체내에 생긴 삼충(三蟲)이라는 것에 의해 생기므로, 이 삼충을 몸 밖으로 쫓아내는 식이법이 무수히 설명되어왔습니다.
> 이시게(石毛) : 일본의 경우는, 나이를 먹으면 딱딱한 음식을 먹으면 좋지 않다든가 무리를 해서는 안 되며, 절제할 것을 권유합니다. 몸에 적극적으로 음식이나 약을 섭취시켜 불로장수를 이루려고 하는 것이 아니라, 소극적으로 여러 가지를 삼가는 것으로 장수하려고 하는 생각이 강한데, 한국의 경우는 도교적인 술법이나 약 등을 적극적으로 받아들이고 있는 것 같아요.

X. 고추를 김치에 도입한 지혜

 동양 삼국에서 본래 향신료는 「초(椒)」였다. 이것을 일본에서는 산쇼라고 하는데, 반도에서는 중국을 따라서 천초(川椒) 또는 촉초(蜀椒)라고 한다. 한나라 때에 새로운 향신료가 전래되어 이것을 호초(胡椒)라고 했는데, 콜럼버스는 호초를 원산지에서 직접 구입할 목적으로 서쪽으로 서쪽으로 항해하던 중에 아메리카 대륙을 발견하고, 거기에서 호초 대신에 더 맵고 색이 붉은 새로운 향신료인 고추를 구대륙으로 가져온 것이다.
 한국을 상징한다고 해도 과언이 아닌 고추가 언제 한반도에 전래된 것일까. 1614년에 지어진 『지봉유설(芝峰類說)125)』에서는 '고추에는 독이 있다, 일본에서 건너 왔기

---

124) 石毛直道 지음. 1981 『음식문화 심포지음 '81 동아시아의 음식문화』 pp.228~229에서 발췌. 石毛直道(국립민족학 박물관 조교수)
125) 『지봉유설(芝峰類說)』 이수광 지음. 1614년. 옛 구전(口傳)들과 奇事逸文(기이하고 세상에 잘

때문에 왜고추(왜겨자)라고 불렀는데, 최근에 이것을 재배하고 있는 것을 가끔 보았다' 라고 말하고 있다. 또한 1723년경 『성호사설(星湖僿說)126)』이라는 책의 번초(蕃椒) 부분에서는 '번초는 몹시 맵다. 우리나라에서는 이것이 일본에서 전해져 왔다고 하는 지식밖에 없기 때문에, 왜초(倭椒)라고 한다.'라고 나와 있다. 나는 최근 어떤 일본인이 만든 『蕃椒』라는 제목의 시를 읽었는데, 그 시에는 진(秦)나라에서 온 것이라고 알려 져 있는 고추를 어느 사람이 붓 대신 사용하고 있었다는 내용이 있다고 기술하고 있다.

일본의 『초목육부경종법(草木六部耕種法)』에서는 고추가 일본에 전래된 것은 덴몬 (天文) 11년(1542년)이라고 쓰여저 있다. 또 중국에서는 17세기에 들어서 비로소 고 추가 문헌에 나오고 있다. 이러한 것들을 종합적으로 보면, 고추는 1600년대 초 무렵 일본을 통해 한반도에 전래되었다고 이야기되는 것이다. 그러나 이것이 아메리카 원산 지라고는 전혀 생각할 수가 없고, 막연하게 남방으로부터 왔을 것 같다고 생각되고 있 는 것 같다. 한편, 1709년 가이모도(貝原益軒)의 『대화본초(大和本草)』에서는 고추는 한반도로부터 전래된 것으로 고려호초로 기술되고 있다. 전래지가 한반도라는 것은 반 대의 상황을 말하고 있는것인데 이것을 어떻게 해석해야 할까?

1758년 만주 지방지인 『성경통지(盛京通志)』127)에는 고추에는 하늘 쪽으로 위를 향해 과실을 맺는 품종이 있는데 이것을 천초(天椒)라고 설명하고 있다. 틀림없이 일 본의 '매의 발톱(タカノツメ)'이다. 또 『증보산림경제(增補山林經濟)』에서는 고추에 는 단경(短莖), 다육(多肉)의 한 품종이 있는데, 이것을 특히 당초(唐椒)라고 설명하고 있다. 실제의 경우 고추에는 매우 많은 품종이 있다. 한반도의 고추는 원래 일본으로부 터 전해진 것 같지만, 그 후 중국으로부터 일본의 것과는 다른 품종이 유입하여 이것이 일본에도 전해졌다고 보고 싶은 것이다. 품종 간의 교류가 전래 후에도 계속된 것일 것 이다.

이렇게 하여 고추가 한반도에 전래되었지만, 당분간은 그다지 보급되지 않았던 것이 다. 그러나 차츰차츰 이것을 좋아하게 되고 다량으로 재배하게 되면서, 한반도의 식생 활에 하나의 혁명을 초래하게 되었다. 그러면, 한반도 사람들이 어떻게 고추를 좋아하 게 되었는가에 대해서는 여러 가지 의견이나 학설이 분분하다. 전쟁 전 한반도에 와 있 던 일본인들의 견해로는 '한반도는 상당히 춥기 때문에 고추를 먹어 몸을 따뜻하게 한 다' 또 '한반도의 여름은 상당히 덥고 몸이 나른해지므로 매운 고추로 정신을 차리려고

알려지지 않은 일)을 모은 것. 고추가 기록된 최초의 문헌. 「일본에서 왔으므로 왜겨자라고 부르 며 큰 독이 있다」라고 되어있다.

126) 『성호사설(星湖僿說)』 조선 실학자 이익(1681~1763)의 저작전집. 천지, 만물, 인사(人事), 경 사(經史), 시문의 다섯 가지 부분으로 나뉘어져 있다.

127) 『성경통지(盛京通志)』 중국의 동북지방(구 만주)의 성경성의 지역지, 청대인 1758년. 董秉忠(감수)

하기 위함이다'라고 하고 있다.

　한반도에서는 더우나 추우나 고추라고 말하는 바가 있지만, 납득이 되지 않는다. 또 어떤 일본인은 자극이 있는 고추는 식욕 증진에 도움이 된다고도 하고 있는데, 이것들은 단편적인 이유가 될지도 모르지만, 문제는 그 정도로 간단하지는 않은 것 같다.

　인간이 가장 두려운 것은 죽는 것으로, 죽음은 병으로부터 온다. 이 병은 눈에는 보이지 않으나 항상 인간 주위에 존재하며 인간의 힘으로는 어찌 할 수 없는 병의 귀신이 체내에 몰래 들어가기 때문이라고 믿고 있다. 이것은 고대 인류의 공통된 생각이다. 한반도에서는 병의 귀신이 빨간 색을 몹시 싫어한다고 이야기되고 있다. 한반도의 처녀들의 늘어뜨린 머리에 묶는 리본은 빨간색이다. 또 처녀들이 봉선화 꽃잎으로 손톱을 붉게 물들이는 풍습이 있다. 이것은 병의 귀신을 쫓아내려고 하는 생각으로부터 나온 것은 아닐까? 또 병의 귀신은 간장을 좋아한다고 이야기되고 있기 때문에 간장독에 빨간 고추를 띄어 둔다. 그리고 고추 품질의 좋고 나쁨은 지금도 색 비율로 판별한다. 색이 빨갛게 될수록 보기도 좋고, 병의 귀신을 쫓아 버린다고 생각했던 것일 것이다. 또 고추는 상당히 매운 것이므로 병의 귀신이 가까이하지 못하고 이것을 먹으면 몸속에 숨어 있던 병의 귀신이 놀라서 도망친다고 생각했다.

　그러면 일본은 한반도에 고추를 전하면서 자신들은 왜 고추를 거의 먹지 않는 것일까? 1900년의 『조선개화사(朝鮮開化史)』128)에 의하면 일본 사람은 고추에 독이 있다고 생각했던 것 같다. 그러나 일본에서도 1697년의 『본조식감(本朝食鑑)』에 의하면 메밀국수의 향신료로서 고추를 사용하고 있기 때문에 일본에서도 한때는 고추를 먹었다고 보여 진다. 그러나 육식을 하지 않는 일본인에 있어서는 위장에 대한 자극이 너무 강해 독초로 간주하여 점점 먹지 않게 된 것으로 생각된다.

　이 고추는 한반도의 김치에 도입되었다. 한반도에 있어서 채소 절임의 구체적인 제법은 1600년대 말엽의 『요록(要錄)』129)이라는 요리책에 문헌상 처음 나타나고 있지만, 당시는 김치에 사용하는 향신료는 고추가 아니라 산초였다. 『증보산림경제(增補山林經濟)』에 처음으로 고추가 김치에 사용되고 있고, 1800년대 초엽의 『규합총서(閨閤叢書)』130) 『임원십육지(林園十六志)』131)에는 고추와 젓갈을 함께 이용한 김치가

---

128) 『조선개화사(朝鮮開化史)』 恒屋盛服(저) 1901년, 동아 동문회. 지리편, 인종편, 외교편, 문화편으로 나누어져 있다. 문화편에서는 고추가 일본으로부터 전파된 것을 다루고 있다.

129) 『요록(要錄)』 저자 미상. 1680년경. 가정에서의 요리 만들기가 기록된 문헌으로서는 『음식지미방(飮食知味方)』과 함께 가장 오래된 것에 속한다. 채소 절임 등이 있는데, 소금은 사용되지만 고추는 아직 사용하고 있지 않다.

130) 『규합총서(閨閤叢書)』 서유(徐有) 본부인인 이씨(1759~1824)가 1815년경 기록한 것. 당시의 부녀자 생활지침이 되는 백과사전 격의 책. 내용의 주식(酒食)에 관해서는 일본어 역 『조선의 요리서』(平凡社 東洋文庫 鄭大聲 編譯) 있음.

설명되고 있다.

　김치에 고추를 도입하면 그 선명한 색과 매움에 의해 식욕이 증진된다. 산초가 내는 검은색과는 비교가 되지 않는다. 또 고추에는 매우 많은 비타민 C가 함유되어 있는데, 사과나 귤보다도 많이 포함되어 있다. 그러나 비타민 C는 산화하기 쉬운 것이다.

　고추의 매운 성분인 캡사이신에 강력한 산화억제력이 있는 것이 일본에서 과학적으로 실증되었다. 그런데 고추는 비타민 C가 풍부한데도 불구하고 그것이 안정한 상태로 존재한다는 것을 알았다. 또 최근 고추의 캡사이신으로 유지(油脂)의 항산화제를 만드는 연구가 진행되고 있다[132]. 따라서 차를 마시지 않는 한반도 민족에게 겨울의 비타민 C 섭취에 김치의 역할은 실로 큰 것이다. 또 한국의 김치에는 젓갈을 섞는다. 젓갈의 지방분이 산패하면 심한 냄새를 내지만 고추의 캡사이신은 이들 산패를 억제한다. 이것이 나아가서는 식물성 식품과 동물성 식품을 총동원한 영양가 높은 김치를 성립시켰다고 이야기할 수 있을 것이다.

　최근에는 고추가 유산균 번식을 촉진시키는 사실을 한국에서 입증했다. 김치에 고추를 넣는 것에 의해, 유산균 발효가 순조롭게 진행되고 김치 속에 유산균이 우글우글하고 있다. 요즈음 한국에서는 김치를 먹으면 유산균 음료를 일부러 먹을 필요가 있을까

---

131) 『임원십육지(林園十六志)』 농업을 중심으로 한 산업의 백과서. 별명 『임원경제지(林園經濟志)』서유구 (1764-1845)가 1827년 경 쓴 것.
　　농촌의 가정생활에서 중요한 것을 16부분으로 나누어 항목별로 총론과 각론으로 정리 된「과학서」이기도 하다.

132) 캡사이신의 생리작용에 대해서의 연구 동향. 木村修一(昭和여자대학 대학원 교수). 고추에는 유지의 과산화를 막는 작용이 있는 것을 알고 있지만(ㄱ), 고추의 매운맛 성분인 캡사이신도 산화를 막는 작용이 있는 것이 中谷에 의해 밝혀졌다(ㄴ). 채소는 건조하면 비타민 C가 산화에 의해 파괴되어 버리는 것이 보통인데 고추는 말려도 비타민C가 풍부한 이유의 하나일지도 모른다. 독특한 신미성분인 캅사이신에, 감염(減鹽)효과가 있는 것을 우리들은 찾아내었으나 이 실험의 과정에서 캅사이신이 식욕을 증진시킴에도 불구하고 체중증가가 억제되어 신(腎)주위의 지방조직중량 등이 감소한 것을 확인하여 河田・岩井등의 보고를 확인할 수가 있었다. 즉 캅사이신은 부신을 자극하여 아드레날린을 분비시켜 이것이 지방을 분해하는 대사를 항진하기 때문에 상술한 것과 같은 비만억제효과를 나타낸다고 하는 것이다. 우리들은 이 현상의 메카니즘을 小林・井上・大坂 등의 공동연구로 탐구하여 캅사이신은 열 생산과 열 발산을 동시에 일으켜서 이 생리작용이 독립된 메카니즘으로 행해지고 있는 것을 명확하게 하였다(ホ)
　(イ) Sethi, S. C. and J. S. Aggarwal (1956) J. Sci. Ind. Res. Sect. B., 15B : 34
　(ロ) Nakatani, K. et al. (1989) Medical. Biochemical and Chemical Aspects of Free Radicals, p.453 Elsevier.
　(ハ) Kimura, S. and Chi-Ho Lee (1988) Diet and Obesity, G. A. Gray et al.(eds.) , p.219 Karger.
　(ニ) Kawada, T., K. Hagihara and K. Iwai (1986) J. Nutr. 116,1272
　(ホ) 小林章子・・井上修二・木村修一・大坂壽雅 (1997) 「캅사이신의 열 방산과 열 생산에 미치는 영향」「제74회 일본 생리학회 대회 예고집」 p.128

하고 이야기되고 있다. 어쨌든 고추를 김치에 도입한 것은 우리들 선조들의 위대한 지혜라고 할 수 있을 것이다. 이처럼 우수한 먹거리인 김치가 일본에서는 가까스로 뿌리를 내렸지만 중국에서는 어떨까?

1712년의 중국 기행문인 『연행일기(燕行日記)』133)에 의하면, '한반도로부터 귀화한 노파(老婆)가 그 땅에서 한반도 식의 김치를 만들어 생계를 꾸리는 것을 보았다. 그 여자의 동치미 맛은 서울의 동치미 맛과 아주 똑같았다'라고 설명하고 있다. 동치미는 중국의 포채(泡菜)와 같은 김치이다. 또 1803년의 중국 기행문인『계산기정(薊山紀程)』134)에서는 우리나라의 김치를 흉내 낸 채소 절임이 있는데 그 맛이 상당히 좋았다고 설명하고 있다.

한반도의 독자적인 김치는 이와 같이 중국에도 전해진 역사가 있지만, 일본과는 달리 오늘날까지 뿌리를 내리지 못한 것이다. 이렇게 하여 김치 맛은 동이(東夷)계가 개발한 간장의 맛과 함께 한반도 먹거리 맛을 대표하게 되었다. 그 때문에 1849년의『동국세시기(東國歲時記)』에는 메주(味噌玉麴)의 소금물 담그기와 김치 담그기를 1년의 2대 행사라고 지적하고 있다.

마지막으로 여기서 대륙과 일본의 가교적 위치에 있는 한반도의 기본적인 식사 형태는 동물성 식품과 식물성 식품의 균형이 취해지고 있을 뿐만 아니라, 볼품 있는 적당한 자극이 있는 것이라고 결론을 내리고 싶다.

---

133) 『연행일기(燕行日記)』『연행록(燕行錄)』과 같은데 김창업이 1712년 지은 것.
134) 『계산기정(薊山紀程)』중국의 도계산(都薊山), 지금의 북경(北京)에 사신으로 갔을 때(1803)의 기행록. 식사내용도 기록되고 있다. 저자 미상.
 (각주의 문헌 해설에는 滋賀縣立大學 정대성 교수의 협력을 받았다)

제6장 동아시아의 식문화

이시게 나오미치(石毛直道)

1. 동아시아의 공통성과 독자성의 의의

일본인은 아시아 대륙으로부터 떨어진 곳에 살고 있다. 일본이 개국하여 구미의 문명이 직접 들어오기까지는 오랜 기간 유라시아 대륙에서 형성된 문명 세계의 동쪽인 동서 문명의 막다른 지점에 위치하고 있었던 까닭이다.

정창원(正倉院) 황실 물품 속에 멀리는 페르시아의 물품이 보이는 바와 같이 유라시아 대륙의 여러 가지 문명이 고래로부터 일본에 전해져 왔다. 그러나 그것은 직접 일본으로 전해진 것은 아니고, 항상 중국 대륙이나 한반도를 경유하여 이 섬나라에 겨우 도착한 것이다. 오랜 역사를 통해 일본에 있어서 중국대륙과 한반도는 문명 원천의 땅이었던 것이다.

일본인의 식문화를 구성하는 여러 가지 요소의 기원을 더듬어 보면, 중국대륙과 한반도에서 유래하는 것이 대단히 많은 것은 말할 필요도 없다. 그러나 그들 식문화의 모든 요소가 각각의 국토에서 형성되었다고 말할 수 있는 것도 아니다.

예를 들면, 포도나 밀은 서방으로부터 중국으로 전해진 작물이다. 이것 하나하나를 집어 보면 식문화라고 하는 것은 상당히 오랜 시대로부터 세계적인 교류를 이루어 온 것을 알 수 있다.

우리들은 중국대륙이나 한반도의 식문화를 배우는 것으로, 일본인의 식문화 뿌리 상당부분을 알 수가 있다. 이웃에 있는 동아시아 여러 민족은 세계 속에서 어떠한 위치에 있는가? 동아시아의 식생활은 어떠한 특색을 갖는가? 그것은 인류의 식생활에 있어서 어떠한 의미를 갖는가? 혹은 이것으로부터 어떤 가능성을 내포할까? 그러한 것이 논의

되야 할 필요가 있지 않을까 생각한다. 그러기 위해서는 동아시아 여러 민족의 식문화를 각각의 민족 독자성과 함께 그 공통성이라고 하는 면으로부터도 생각하는 것이 필요하지 않을까?

II. 민족에 따른 주식(主食) 작물의 차이

세계에 있어서 전통적인 주식과 그 먹는 방법을 나타낸 것이 그림 1이다. 단, 이 지도는 현재의 상황을 나타낸 것이 아닌 것을 미리 알리지 않으면 안 된다. 콜럼버스가 아메리카를 발견한 후 옥수수나 감자, 고구마, 마니옥 등의 신대륙 원산의 작물이 구(舊)세계 각지에 전해져 세계의 식생활을 크게 변화시켰지만, 이 그림 1은 그러한 변화가 일어나기 직전, 거의 15세기의 세계에 있어서 식생활을 복원한 것이다.

이 그림을 보면 오스트레일리아 대륙이나 북미, 시베리아 등 흰 부분이 눈에 띄는데 이들 지대에 사람들이 살지 않았다는 것은 아니다. 이 지도는 15세기 당시의 농업지대를 나타내고 있는 것으로 다음의 그림 2 「착유(搾乳)의 분포와 수렵 채집민」(293페이지), 그림 3 「세계의 식용·유용 가축」의 지도(295페이지)를 합쳐서 보면 당시 세계의 사람들의 모습을 알 수 있다.

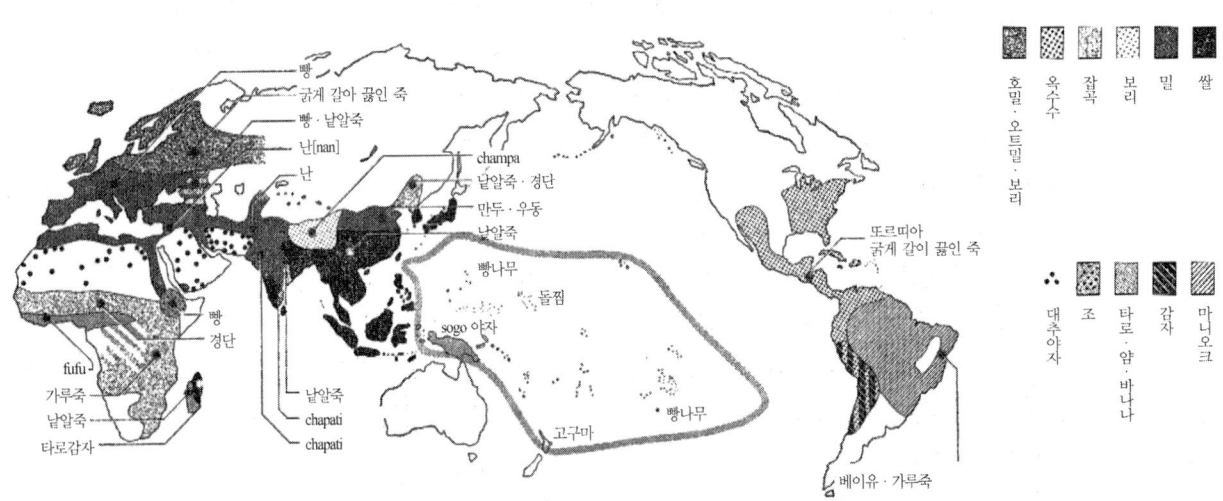

<그림 1> 세계의 주작물과 그 먹는 법 [문헌(2)에 의함]
그림은 농작물 주체의 주식지도이다. 단 유목민 등이 농경민으로부터 입수하여 먹고 있어도, 주식으로는 간주하지 않고 생략했다. 그림은 신대륙 발견 이전 15세기를 대략의 표준으로 하여 분포를 나타낸다.

오스트레일리아 대륙이나 아메리카 대륙의 선주민은 수렵·채집의 생활을 하고, 아시아 대륙 농업지대의 북쪽은 목축을 생업으로 하는 유목민과 주로 순록을 대상으로 한 수렵·채집민의 세계가 있었던 것이다.

엄밀하게는 유목민도 가축의 젖이나 고기만으로 살아갔던 것은 아니고, 가축 제품을 농경민이 재배한 농작물과 교환하여 먹는 일도 있었지만, 그림 1에는 그러한 것은 나와 있지 않다.

또 그림 1은 원칙적으로 각각의 지역에서 가장 주요한 주작물을 한 종류만 취하여 그 먹는 방법을 나타내고 있다. 현실적으로는 한 종류만을 주작물로 바라는 식생활은 없는 것으로, 예를 들면 이 그림에서는 일본은 쌀을 먹는 지대로 되고 있으나 보리, 밀, 조, 피 등의 쌀 이외의 곡류도 많이 먹고 있는 것이다.

Ⅲ. 주작물의 동서 비교

지도를 잘 살펴보면 세계의 여러 가지 것을 알 수 있지만, 지면 관계상 여기서는 유라시아 대륙으로 좁혀서 그 동서 비교를 해보고 싶다.

(1) 동서로 펼쳐진 맥류를 주작물로 하는 지역

북서 유럽으로부터 서아시아, 또한 중국 북부에 걸쳐 밀, 보리, 호밀, 귀리의 맥류를 주작물로 하는 지역이 동서로 벨트 모양으로 펼쳐져 있다.

기후가 한랭한 북유럽으로부터 러시아에 걸쳐서는 호밀, 귀리, 보리가 재배되고 있지만, 그것은 맥류를 가루로 하여 구운 빵 뿐만이 아니라 오트밀 ― 여기서는 듣기 익숙하지 않은 말로 「굵게 간(粗碾) 죽」이라고 하고 있지만 ― 로도 가공하고 있는 것이다.

죽이라고 하는 말이 「낟알(粒) 죽」, 「굵게 간(粗碾) 죽」, 「가루(粉) 죽」이라는 3개의 분류로 나타나고 있다[135].

유럽의 중남부에서 인도에 걸쳐서는 밀 지대가 되고 있다. 여기서는 오븐을 사용해 빵을 굽는다. 혹은 아랍풍의 빵이나 「난」으로 불리는 얇은 일종의 빵으로 가공하는 것이 자주 이루어지고 있다. 이것이 인도에 들어오면 난도 있지만, 가루를 반죽한 것을 발효시키지 않고 납작 과자 모양으로 구운 「차파티(chapati)」로 하여 먹는 일이 많다.

인도 북부에 해당하는 티베트 고원부는 표고가 높기 때문에 기후적으로 밀을 재배하

---

[135] 「죽」이라고 하면 물기가 많은 먹거리를 연상하지만, 반드시 그렇다고는 할 수 없다. 고대에는 찐 밥을 「반(飯)」끓여서 지은 밥을 「죽(粥)」이라는 이름으로 부른 일도 있다.

는 것이 어렵고, 보리 지대로 된다. 여기서는 「참파(champa)」라는 보리 미싯가루가 주식이 된다. 그 동쪽 중국 화북(華北)에서는 밀가루가 만두나 우동으로 가공되고 있다. 우동으로 대표되는 면류는 동아시아가 만들어낸 대단히 특징적인 먹거리라고 할 수 있을 것이다.

(2) 잡곡을 주작물로 하는 지역[136]

화북(華北)으로부터 중국의 동북지구, 한반도의 북부에 걸쳐서는 잡곡지대가 된다. 현재 화북은 밀 지역이 되고 있다고는 하지만, 지금도 조나 수수도 먹고 있다. 그 동쪽의 동북지구는 잡곡, 특히 수수가 자주 재배되고 있는 것으로 알려져 있다.

사실은 중국의 신석기시대에는 화북(華北)의 주 작물은 조나 수수 같은 잡곡으로 밀이 보급된 것은 석기시대가 끝난 뒤의 일이다. 이러한 잡곡을 주로 한 농업은 한반도의 북부에까지 미치고 있다. 이들 조, 수수의 낟알 죽은 현재에도 먹고 있다.

인도 대륙의 전통적인 잡곡은 수수, 기장, 조 같은 것으로 거기에 현재에는 신대륙 원산의 옥수수가 더해지고 있다. 잡곡은 인도에서는 가루로 먹는 경우가 많아 차파티(Chapati)나 발효시켜 구운 빵인 로티(Roti)로 가공하기도 하고, 경단으로 하여 스프 속에 넣어 먹는다.

앞에서 설명한 바와 같이 보리 문화에 있어서는 이것을 반드시 가루로 하여 먹는 것이 보통이다. 일부에 아라비키 죽으로 하여 먹는 일도 있지만, 세계 대부분의 지역에서는 보리뿐만 아니라 잡곡류도 가루로 하여 먹는 것이다.

Ⅳ. 「찐다」고 하는 기술은 동아시아의 특징

인도 아대륙(亞大陸)의 동부로부터 동남아시아, 화남(華南), 화중북(華中北), 한반도 남부, 그리고 홋카이도(北海道)를 제외한 일본은 벼농사 지대가 된다. 쌀을 먹는 지대에서는 보리 지대와 달리 낟알 그대로 먹는 입식(粒食)이 특색이 되고 있다. 낟알인 채로 쪄서 먹던지 끓여서 먹는다는 요리법이다. 동아시아에서는 다른 지대에서는 가루로

---

[136] 「죽」이라고 하는 것은 물기가 많은 음식을 연상하나, 꼭 그렇다고는 한정하지 않는다. 고대에는 찐 밥을 「飯」이라고 하고 지은 밥을 「죽」이라고 하는 이름으로 불렀다.
낟알 죽은 알갱이 모양의 곡류를 그대로 물로 끓여 짓기도 하고 찌기도 한 죽을 말한다. 아라비키 죽은 멧돌로 간 곡류의 죽. 가루 죽은 가루로 한 곡류를 뜨거운 물로 반죽한 것으로 일본의 메밀수제비에 상당한다. 고대 로마에서는 가루 죽을 자주 먹었다. 이탈리아 요리의 포렌타는 그 하나로 옥수수 가루를 사용한다. 같은 먹거리가 동아프리카, 서아프리카에도 있다.

해서 먹는 많은 잡곡류를 찌기도 하고 끓이기도 하여 먹는 풍습이 쭉 이어지고 있다.

먹거리를 물과 함께 「끓이다」는 것은 토기를 사용하는 전통 있는 지역에서는 금속 냄비가 만들어지기 이전부터 세계적으로 극히 보통의 요리법이 되었던 것이지만 먹거리를 「찌다」라는 것은 동아시아에서 보이는 특징적인 요리법이라고 생각된다.

예를 들면 유럽의 부엌에는 찜통이 없다. 또 유럽 가정요리 만드는 법 등을 보아도 찐다는 기술은 일반적이지는 않다. 동아시아 이외에서 찌는 기술이 있는 것은 내가 알고 있는 예로는 마그레브(모로코, 알제리, 튀니지 등 북아프리카의 서쪽의 여러 나라)의 「쿠스쿠스(cuscus)」[137]라는 먹거리 정도이다. 마그레브 지방의 요리를 제외하고, 찌는 요리법이 일상적으로 이용되고 있는 장소라면 동아시아가 되는 것이다.

현재의 동남아시아에서는 찌는 요리가 보이지만, 아무래도 이것은 동아시아로부터의 영향으로 들어온 것은 아닌가 추측할 수 있다. 그러나 쌀의 오래된 먹는 방법, 찹쌀을 먹는 방법으로서 동남아시아에도 오랜 시대로부터 찐다는 방법이 있었던 가능성도 있어 지금 현재 단언은 할 수 없다.

세계를 동과 서로 대조시켜 생각하면 서쪽의 빵을 먹는 지대, 그곳에서는 오븐을 사용하여 요리하는 일이 발달하고, 주식뿐만 아니라 로스트비프 등 요리에도 응용하고 있다. 이것에 대하여 동쪽의 입식지대에서는 찌는 요리법이 발달한 것이다. 최근 일본의 가정에서는 이미 찜통이 없어진 가정도 많은 것 같지만, 일단 옛날로 느껴질 정도의 과거라면 농가의 부엌에 가면 큰 시루(蒸籠)가 있었다. 중국 대륙에서는 어떠한 집의 부엌이라도 우선 시루는 있을 것으로 생각된다.

V. 가축을 기르는 것과 목축은 다른 일

다음은 가축의 이야기가 되는데 여기서 주의하지 않으면 안 되는 것은 가축을 기르는 것과, 그것을 식량자원으로써 적극적으로 사용하는 것과는 다른 일이라고 할 수 있다.

예를 들면, 유라시아 대륙의 거의 전역에 말이 길러지고 있지만, 그림 3을 보면 말이 기입되고 있는 것은 중앙아시아와 북동시베리아의 일부에 지나지 않는다. 이렇다는 것

---

[137] 쿠스쿠스에는 여러 가지가 있지만, 가장 기본적인 만드는 방법은 경질 밀가루를 소량의 물로 비벼, 작은 여러 가지로 한 낱알(쿠스쿠스)로 한다. 2중 냄비를 사용하여 밑바닥에 구멍을 뚫은 냄비에 쿠스쿠스를 넣어 스튜우를 끓이고 있는 냄비 위에 놓는다. 스튜우로부터 올라오는 뜨거운 기운으로 쿠스쿠스를 찐다. 쩌진 쿠스쿠스를 그릇에 취해 스튜우를 올려놓는다.
북아프리카의 요리는 아랍문화 색채가 진한 것이 많지만, 이 쿠스쿠스는 선민족인 베르베르 족의 요리로서 남아 있다.

은 말의 젖을 짜서 마유주(馬乳酒) — 증류하지 않는 일로는 아주 알코올 성분이 엷은 술이지만 — 까지 가공하는 풍습이 있는 지대, 즉 식용·유용(乳用) 가축으로서 말을 키우고 있는 장소를 나타내고 있기 때문이다.

목축이라고 하는 것은 단지 가축을 키우는 것만은 아니다. 발굽이 있는 종류의 군거성의 초식 가축을 떼로서 사육하여 젖과 고기를 먹고, 모피나 가축 모제의 의복을 만드는 등 가축 생산물에 대폭적으로 의존하는 생활양식이다. 그러므로 착유를 하지 않는 돼지나 닭은 목축용의 가축이라고는 하지 않는다. 또 우사나 마사에서 한 마리 두 마리의 소나 말을 키우는 일본인의 가축 관리 방법은 목축이라고는 하지 않는다. 몇백 두라는 가축을 관리하고 그 가축의 젖이나 고기를 적극적으로 식생활에 도입하고 있는 것이 목축이라는 생활양식이다. 그 중에서도 목축민에 있어서는 고기보다도 오히려 젖 쪽이 중요한 식량자원이라는 것이다[138].

이러한 의미를 포함한 그림 2의 「착유의 분포와 수렵 채집민」의 지도를 보았으면 한다. 이 착유하는 지역이 세계 속에서 목축이라는 생활양식을 취하고 있는 곳이라고 거의 생각해도 좋을 것이다.

Ⅵ. 동아시아는 비목축의 세계

그러면 아시아의 착유권의 분포(그림2)를 보면 꼭 인도와 버마의 국경인 알라칸 산맥을 경계로 하여 그 서쪽의 세계가 착유(搾乳)를 하는 지역으로 되고 있다.

또 중국 쪽으로부터 보면 북은 만리장성이 거의 착유를 하는 지대와 하지 않는 지대의 경계로 되고 있다. 만리장성은 북방으로부터 유목민의 기마군단이 중국의 농경지대로 침입하는 것을 막기 위하여 만들어진 까닭으로 대략 만리장성이 목축의 세계와 비목축의 세계의 경계선이 되고 있는 것은 당연한 일이라고 할 수 있다.

전통적으로 동아시아 세계는 젖이라고 하는 것을 전통적으로는 중요한 식용자원으로서 사용하는 일이 거의 없었던 지역인 것이다. 그것은 동남아시아도 마찬가지이다.

가축으로 말하면 현재의 동남아시아에서는 이슬람교의 지대(말레이시아, 인도네시아)는 종교상의 이유로 돼지고기를 먹지 않지만, 이슬람교가 전파하기 이전은 동아시아와 마찬가지로 기본적인 식용 가축은 돼지와 닭, 개였던 것이다.

돼지, 닭, 개를 식용 가축으로 사용하는 것은 태평양의 섬들에서도 마찬가지이다. 이것은 중국 남부로부터 동남아시아에 걸쳐서의 지대의 문화가 오랜 시대에 전해졌던 것이

---

[138] 본권 p142 「谷論文」을 참고했으면 한다.

라고 생각한다. 그래서 태평양의 섬들과 동남아시아와의 공통성이 생기는 까닭이다.

한편, 더구나 중국에서는 양, 염소 등이 먹여지고, 몽고 침입 이후 한반도에서는 소가 중요한 식용 가축으로 되고 있다.

그것에 대하여 일본은 오키나와(沖縄)를 제외하면 나라(奈良) 시대로부터 주로 국가 불교의 영향으로 포유류의 가축을 식용하는 것을 원칙적으로 금지해 버렸다. 메이지(明治) 시대가 될 때까지 일본인은 겉으로는 포유류 가축의 육식을 하지 않았던 까닭으로 이것은 인도의 채식자와 필적하여 세계에서 특이한 식생활을 이어온 민족으로 말할 수 있을 것이다(그림 3).

Ⅷ. 서민의 식사에는 전통적으로 고기가 빠지다

<그림 2> 착유의 분포와 수렵 채집민 [문헌(2)에 의함]
그림은 신대륙 발견 이전 15세기를 대략 기준으로 하여 분포를 나타낸다.

중국대륙, 한반도에서는 고기 요리가 발달했지만 역사적으로 보면 반드시 서민이 다채로운 고기 요리를 먹었다고 말할 수는 없다.

과거로 거슬러 올라가 생각하면 자급자족적으로, 게다가 사회계층의 분화가 진행되지 않고 빈부의 차가 없는 생활양식을 보내고 있는 부족사회와 같은 곳은 별도로 하고 문명이 발달한 지역의 요리는 지방 차와 계급 차 및 일상 식사와 행사 식사의 3개의 벡터(vektor)를 갖는다.

같은 민족 속에서도 예를 들면, 중국의 경우 사천(四川) 요리인가 광동(廣東) 요리인가 지방마다 달라진 요리가 있는데, 그 지방 차는 크다. 그러나 역사적으로는 서민의 먹거리와 풍족한 사람들이 먹었던 먹거리의 차이, 혹은 서민의 먹거리라도 일상적으로 먹는 것과 경사스러운 날에 잘 먹기 위해 먹는 것의 차이는 지방적인 요리 차이 보다도 더 큰 차이가 있다.

그러한 눈으로 보면, 일본의 레스토랑에서 제공되는 다채로운 고기 요리를 중국이나 한반도의 민중이 역사적으로 쭉 먹어 왔다고 상상하면 잘못을 범하게 된다. 예를 들면 1981년에 농수성(農水省)이 간행한 「식량수급표」에 나타나는 영양의 국제 비교를 참조하면 섭취 칼로리 속에서 동물성 식품이 점하는 비율이 일본 15%, 중국 8%, 한국 5%로 되게 된다. 이것으로 보는 한, 그 시점에서는 일본인 쪽이 평균적으로 동물성 식품을 많이 취하고 있는 것이다. 그렇다고는 하지만 그것은 제2차 대전 후의 일본인의 식생활 개혁과 경제력 향상에 의한 것은 명백하다. 전통적인 과거의 일본의 식생활에서는 동물성 식품을 취하는 편은 현재의 한국보다도 적었을 것이다.

Ⅷ. 고기를 대신하는 콩과 생선

목축을 하는 생활 양식을 가지고 있는 민족에서는 서민이라도 고기를 먹을 기회가 비교적 많고 버터, 치즈, 요구르트 등의 유제품은 거의 매일 같이 먹고 있다. 그런데 비목축의 동아시아 서민에게 있어서는 과거의 일본처럼 완전히 고기를 사용하지 않은 요리도 있다. 그 외의 지대에서도 고기라는 것은 차라리 호화로운 음식으로 일상적으로는 고기 없는 요리가 많지 않았을까 짐작된다.

그 대신 동아시아에서 개발된 음식에 「밭의 고기」라고 불리는 대두가 있다. 두부이외의 대두 제품에서 고기를 대신할 단백질을 얻고 있었다.

다른 하나가 생선. 유목민의 사이에서는 생선을 먹는 것을 거부하는 민족이 많은 것으로 알려져 있다. 또 농업에 목축을 도입한 생활을 하는 민족, 예를 들면 유럽에서도 생선을 육류의 대용품이라는 관념이 강하다. 그러나 동아시아에서는 생선을 그 정도로 낮게 보고 있지 않다. 예를 들면 고기를 먹는 것이 적었던 일본인에게는 생선이 호화식사의 최고 음식으로 자리매김하고 있다.

동아시아 각지의 연안에서는 어업이 번창하고 있었고 중국에서 동남아시아에 걸쳐서 옛날부터 담수어를 양식하는 전통이 이어져 왔다. 이것은 세계의 음식재료 생산에 있어서 동아시아, 동남아시아의 특색이 되었다.

IX. 공통점이 많은 동아시아와 동남아시아

이렇게 생각해 보면 목축, 젖짜기의 전통을 갖고 있지 않는 음식재료 생산양식인 것과 많은 지역에서 쌀을 주식으로 하고 있는 것에서 동남아시아와 동아시아는 공통적인 면을 가지고 있는 것으로 나타난다. 동아시아 중에서도 남쪽의 벼농사권의 식문화는 사실 동남아시아와 큰 공통성이 있다.

동남아시아는 역사적으로 동쪽의 중국문명과 서쪽의 인도문명이라는 2개의 거대문명에 싸인 지역으로 양방 문명의 영향을 받고 있다.

예를 들면, 현재의 동남아시아의 부엌용품에서 이 2개의 거대 문명을 대표하는 도구를 볼 수 있다. 소형 돌절구와 돌로 만든 막자사발 모양의 도구는 동남아시아의 어느 부엌에도 있어 그것으로 여러 가지 향신료를 으깬다. 인도의 카레와 비슷한 향신료의 사용법으로 몇 종류의 향신료를 믹스하고 으깨거나 갈아 혼합한다. 이것은 인도의 식생활과의 관계를 보여준다. 또 하나는 중화냄비. 현재의 동남아시아 어느 부엌에 가도 눈에 띈다. 이것은 오히려 화교로서 동아시아에 진출한 중국 사람들과 직접 교류하게 되었거나 어느쪽이든 근세가 되어서 퍼진 것이나, 하여간 동남아시아의 많은 부엌에는 중화 냄비가 있다. 이것에서도 알 수 있듯이 중국과 인도의 2개 문명의 영향을 식생활

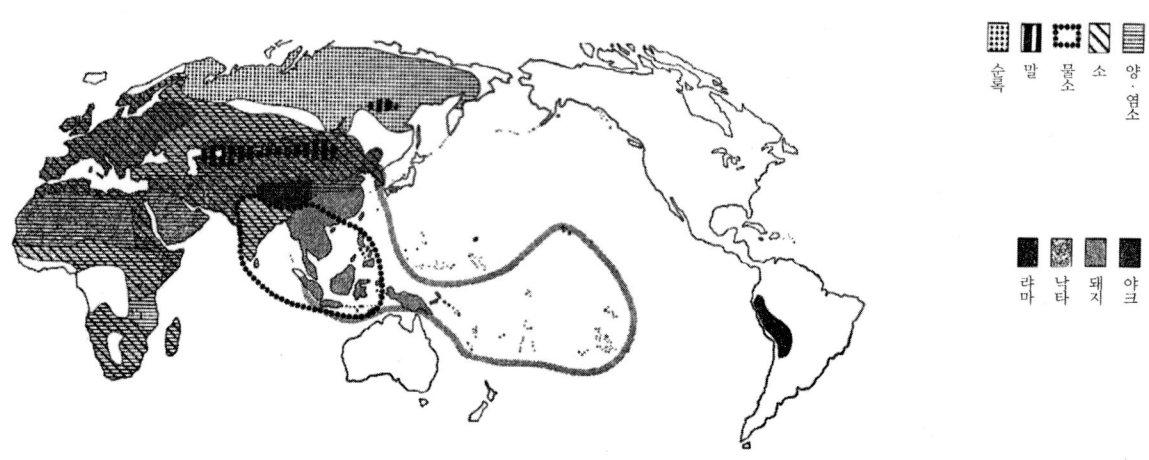

<그림 3> 세계의 식용·유용(乳用) 가축 <문헌(2)>
그림은 주요 식용, 유용(乳用) 가축의 분포도이다. 다만 개, 가금류는 번잡해지므로 생략했다.
그림은 신대륙 발견이전 15세기를 대략 기준으로 하여 분포를 나타낸다.

에서도 받아 온 것이다.

　외부로부터의 영향만이 아니라 동아시아 저마다의 민족이 독자의 식문화를 만들어 냈다. 그 위에 인도차이나 반도부에서는 남방상좌부(南方上座部) 불교가 중시되고, 말레이시아부터 인도네시아에 걸쳐서는 이슬람교가 들어와서 각각의 종교가 가진 갖가지의 관념이 식문화에 영향을 주고 있다. 게다가 동남아시아의 대부분 지대가 식민지가 되었던 역사를 가져 종주국의 음식이 깊숙이 들어왔던 것 등이 있어 동남아시아의 식사 문화는 복잡한 양상을 띠고 있다.

X. 빵식은 고기·우유와 세트로 이루어지다

　현재의 시점에서 보면 동아시아와 동남아시아의 식사문화의 어디가 같은가 하고 의심스럽게 여길 정도로 각각 다른 형태가 되어 있다. 그러나 기본적인 원리에 있어서는 공통적인 면이 있다. 그것은 쌀이 중심인 식생활을 하는 것이다.

　중국 화북의 알곡식(입식) 지대를 제외하면 빵을 먹는 지대, 보리를 주식으로 하는 지대에서의 식생활은 목축과 셋트가 되어 있다. 빵과 유제품과 고기가 조합되어 일상 식단이 되어 있는 것이다. 가령 성인은 다른 부식을 먹지 않고 인체를 유지하기 위해 보리빵만으로 필요한 단백질을 취하려면 1일 2kg 이상의 빵을 먹지 않으면 안 된다. 그 부피를 생각해도 우리들의 위가 도저히 받아들이지 않을 양이다. 여기에서 빵을 먹는 지대에서는 빵과 함께 먹는 유제품이나 고기로부터 단백질을 섭취하는 식생활이 된다. 그곳에서는 「주식」이라는 관념은 발달하지 않는다.

　예를 들어, 유럽 언어로 「주식」에 해당하는 단어가 없어서 빵은 테이블에 나열하는 여러 가지 음식 중에 하나에 지나지 않는다. 현재의 프랑스를 예로 말하면 빵으로부터 취하는 칼로리는 통계학적으로는 식사 전체의 30% 이하로 되어 있다.

　그렇긴 하지만 예전에는 고기나 유제품을 지금 정도로 먹지 않았던 것도 사실이다. 서양의 빵을 먹는 세계에서도 상당히 곡물에 의존하고 있다. 16세기에서 17세기에 걸쳐 프랑스의 농민이나 노동자의 영양을 분석한 것을 보면 농민이나 노동자는 지금보다 훨씬 빵을 많이 먹고 있었다. 그렇기는 해도 어쩔 수 없이 가장 빵에 의존하는 식생활을 했던 빈곤한 사람들의 빵 소비량을 보면 하루에 1kg에서 1.4kg의 빵뿐만이 아니라 역시 고기나 치즈, 버터 등을 섭취하고 있었던 것이다.

XI. 쌀 문화의 공통성

(1) 쌀 의존 형 일본인

그런데 일본인의 전통적 식생활은 쌀 의존 형이라 말할 수 있다. 물론 일본인이 쌀만 먹었던 것은 아니다. 쌀을 먹을 수 없었던 사람들도 있었다. 특히 에도시대 연공미(年貢米)의 수탈이 빈번해지면 농민은 쌀을 생산하면서도 쌀을 별로 먹을 수 없게 된다. 극단적으로 말하자면 일본인이 쌀을 먹기 시작한 것은 배급제도가 되어서부터라는 말이 있다. 그러나 일본 전체를 평균적으로 봤을 때에는 역사적으로 말해 먹는 곡물의 반 이상이 쌀로 조달되어 오고 있다. 역시 일본인은 쌀을 먹는 민족이라고 말하지 않을 수 없다. 각가지의 음식에 관한 관념의 기본을 이루는 것이 쌀이다. 몇만 석의 영지(領地)라고 말하는 것처럼 토지도 쌀로 평가하고 있었고 몇 명의 식량이라든지 몇 석을 받을 무사라고 말하는 것처럼 급료도 쌀로 평가하고 있었던 것이다.

덧붙여 말하면 무사의 급료의 기본이 되는 「일인부지(一人扶持)」라고 하는 것은 한 사람에게 하루 쌀 5홉을 배급한다는 단위이다. 1일 쌀 5홉(700g쯤)이라는 것은 거기에 조금의 부식, 예를 들면 된장국이라든지 두부 같은 것이 있으면 문자 그대로 쌀은 주식으로 하고 어떻게든 인체를 유지할 수 있는 양이다.

전혀 부식을 섭취하지 않아도 쌀 1되의 밥을 먹으면 위확장은 되지만 인체유지에 필요한 단백질을 취할 수 있기 때문이다.

(2) 식사의 기본형은 「주식」과 「반찬」

쌀에 의존하는 식생활은 동남아시아에서도 동일하다. 동남아시아의 레스토랑에서 여러 가지 육류요리, 생선요리가 많이 나오지만 서민의 식생활은 전혀 그런 것은 아니다. 농민의 생활에서는 고기나 생선 반찬은 호화로운 식사로, 평소에는 소량의 채소에 소금이나 고춧가루로 맛을 낸 부식물이나 젓갈로 대량의 쌀밥을 먹는 것이 전통적인 식사 패턴이다.

어쨌든 "쌀이 있으면 그걸로 충분하고 다음에 식욕증진제로서의 반찬이 있으면 그걸로 족하다."라는 관념이 동남아시아에서는 굉장히 강하다.

이것은 일본에서도 동일하다. 일본인에게 있어서 식사라는 것은 「밥(고항, ゴハン)」과 「반찬(오카즈, オカズ)」 또는 「밥(메시, メシ)」과 「부식(オカズ)」으로 조성되어 있다는 관념이 있다.

때로는 「밥(メシ)」라 말하면 그것은 식사 전체를 가리키는 언어이기도 하다.

비슷한 관념이 동아시아나 동남아시아에는 있다. 중국어에는 「飯(fan)」, 「菜(chai)」라는 단어가 있다. 밥(飯)이라는 것은 식사의 의미도 있고 또 반찬인 채(菜)와 대치했을 때는 밥 곧 주식을 표현하는 단어로 일본의 「メシ」와 「オカズ」에 대응한다.

한국어에 있어서도 같은 식의 원리가 보여지고, 동남아시아의 주요나 언어의 대부분에 식사는 주식과 부식의 2종류의 식품부터 조성된다는 관념이 표명되고 있다.

이것들은 쌀을 먹는 나라(米食國)에 있어서는 앞에서 말했듯이 부식물은 짜거나 맵다. 소량의 「반찬」으로 다량의 쌀밥을 먹는 식사 패턴이다. 즉, 쌀은 문자 그대로 주식으로의 지위를 점하고 있다.139)

XII. 나레즈시와 스시

동남아시아와 동아시아의 식생활을 보면 그 외의 공통된 면이 상당히 있다. 전부 벼농사 지대이며 벼농사를 중심으로 한 생활 양식을 가진 데서의 공통성이라고 생각할 수 있다. 그 예로 나레즈시를 들 수 있다. 현재 일본인이 스시라고 하는 것은 신선한 소재를 그 장소에서 잡아서 내는 패스트푸드인 즉석음식이다.

그러나 스시라는 것은 원래는 보존식이었다. 생선의 보존식품으로 생선의 절인 음식이라 할 수 있다. 밥과 소금을 친 생선을 번갈아가며 독이나 통에 넣어 누름돌을 눌러 놓는다. 그렇게 몇 개월을 두면 밥이 유산발효하는데 그 유산발효의 효과로 생선이 부패하지 않고 장기 보관할 수 있다. 그 대신 밥은 질척해져서 별로 먹을 수 없게 된다. 이렇게하여 생선을 보존한 것 그것이 바로 스시였다.140)

---

139) 「주식」과 「부식」을 나타내는 언어

    중국어 飯 ─┌ 飯
               └ 菜

    타이어에 있어서는 식사는 ahan이라는 단어로도 표현하지만 쌀밥을 나타내는 khao가 일반적으로 식사의 동의어로 여겨져 식사는 khao와 밥의 첨가물이라는 의미를 나타내는 gapkhao로 조성되어 있다.

    타이어 khao(ahan) ─┌ khao
                       └ gapkao

오스트로네시아계의 예로 이야기하자면 쟈와어로 식사인 magan은 밥인 sego와 반찬에 해당하는 lawuh으로 조성되어 있고, 스마토라의 미난카바우에서는 식사인 makan은 쌀의 밥을 나타내는 nasi와 반찬인 samba로 조성된다. 같은 원리는 타가로구어등 동남아시아의 오스트로네시아어계의 민족 언어에 자주 나타난다.

    쟈와어 magan ─┌ sego   미난가바우어 makan ─┌ nasi
                    └ lawuh   └ samba

140) 본권 330페이지 나레즈시의 분포도를 참조하세요.

나레즈시는 일찍이 중국의 한족도 만들었으나 현재는 만들지 않게 되었다. 중국의 서남부의 소수 민족은 현재에도 나레즈시를 만들고 있는데 중국에서는 동남아시아 방면의 민족으로부터 전해져 왔을 가능성이 있다. 나레즈시 계통의 식품은 한반도에서도 보인다.

우리는 중국이라면 한족만을 생각해 내지만 동아시아식 생활과 동남아시아의 관계를 고찰할 경우에는 중국의 소수 민족과의 관계를 살피는 것이 중요하다. 그러면 동남아시아가 연속적으로 연결되어 있다는 것을 알 수 있다. 다음에 서술하는 어장과 나레즈시는 수전(水田) 벼농사와 함께 전수된 식품일 가능성이 높다.

어장(魚醬)과 나레즈시는 담수어의 보존 기술로서 발생한 것으로 추정된다. 수전에서 벼를 재배하는 것뿐만 아니라 부식의 생선을 어획하는 수전어업이라고도 말할 수 있는 생활 양식이 동남아시아에서 일본에 걸친 일련의 지대에 분포하고 있다. 또 찧은 떡의 분포도 동남아시아와 동아시아의 연속성을 말해 준다.[141]

XIII. 동아시아 · 동남아시아 특유의 만능 조미료

다음으로 조미료에 관해 생각해 보자. 동아시아에서는 된장, 간장 그 외의 발효성 조미료가 만능 조미료로 이용되고 있다. 구미(미국과 유럽)에서는 소금 이외에는 어떤 요리에도 사용하는 만능 조미료란 것은 없다. 기껏해야 미국에서 공업화된 토마토케찹 정도로 역사가 짧은 것으로, 된장, 간장 정도로 만능성은 없다.

지금까지는 동아시아는 상당한 공통성을 나타내고 있다는 것을 서술해 왔지만 물론 연속적 요소를 가지고 있으면서 또 다른 면이 있다.

현재의 동남아시아에서는 된장에 비슷한 대두의 발효조미료, 간장 또는 두시(豆豉, Douchi, 일본에서 말하면 낫또 계통의 조미료) 등은 있지만 이것들은 대체로 동남아시

---

141) 예를 들어 찐 찹쌀을 절구로 으깨는 일본의 찧은 떡과 같은 것이 서남 중국의 소수민족이나 인도차이나반도의 산악부에 분포한다. 한편 한족은 찧은 떡을 만들지 않는다. 한어(중국어)에서는 餠(bin)이라고 하는 문자는 밀가루를 원료로 한 식품을 가르킨다. 원년에 중국남부에서는 일본의 떡에 유사한 식품인 (gao)를 먹는 습관이 있지만 그것은 쌀가루를 반죽해서 쪄서 만든다. 벼농사의 보급이 늦어 중국남부의 식문화 영향이 강한 오키나와에서는 찧은 떡을 만들지 않고 gao의 계통의 떡모양 식품을 먹는 습관이 있었다. 한반도에는 gao 계통과 찧은 떡 양쪽 모두가 있다. 이 같은 분포를 검토하면 중국의 벼농사 지대에서도 이전에는 찧은 떡을 만들었지만 회전식돌절구(맷돌)를 사용하는 중국 북부의 가루식 문화의 영향으로 찧은 떡이 gao로 변화한 것이 아닌가 하는 가설이 성립한다. 그리고 중국 북부부터 먼 인도차이나 반도나 서남 중국의 소수민족, 한반도, 일본에서 오래된 습관인 찧는 떡이 남아 있다고 생각된다. 나레즈시와 찧은 떡의 분포는 벼농사의 전파를 생각하는 때에 주목되는 식품이다.

아에 살고 있는 중국인들이 만들어 그것이 현지의 민중에게 도입된 것이다.
　그것에 비해 동남아시아에서는 어장이 있다. 어장은 생선류에 소금을 가하고 발효시킨 젓갈 또는 젓갈의 국물인 어장유이다. 젓갈류는 아미노산의 감칠맛과 소금맛을 포함해 조미료로 이용된다. 베트남의 「뇩맘」, 타이의 「난뿌라」, 미얀마의 「간빠에」 또는 필리핀의 「빠떼스」는 그런 어장유의 예이다.
　작은 물고기 또는 보리새우와 같은 작은 새우류에 대량의 소금을 뿌려 저장한다. 그러면 어육이나 내장의 효소로 자기소화 되는데 그 젓갈의 상등액을 모으면 정확히 일본의 아끼다(秋田)의 「숏쯔루」와 같은 어장유가 된다. 이것이 앞에 말한 「뇨꾸맘」이나 「난뿌라」 등이다. 젓갈의 상등액이 아니라 젓갈을 페스트상으로 건조시킨 조미료도 있다. 쟈바의 「토라시」가 유명하고, 그 외는 필리핀의 「바고온」, 말레이시아의 「부라챤」이라고 불리는 작은 새우로 만든 고형상의 조미료가 있다.142)
　중국에서는 복건성이나 광동성에서 유이루(魚露)라고 부르는 액체상의 어장이 있다. 산동반도에서는 새우젓갈을 페스트상으로 한 것이 있고, 새우장(蝦醬)이라고 한다. 또, 젓갈의 상등액만을 모은 하유(蝦油)라는 조미료도 있다.
　이런 젓갈류의 조미료가 된장, 간장과 같이 만능 조미료로 동남아시아에서는 자주 사용된다. 특히 어간장의 상태가 된 액체 조미료는 일본에서 말하는 쯔께쇼유(醬油), 카께쇼유처럼도 사용되고, 조림의 간을 하기 위해서도 사용된다.
　일본에서는 지금 굉장히 적어 졌지만 에도시대의 문헌을 보면 시골에서 생선으로 만든 조미료를 간장 대신에 사용했다는 기록이 나와 있다.
　어장(魚醬)은 된장, 간장과 만능 조미료라는 원리에서는 같다. 중국의 고대에서는 어장(魚醬)이나 고기를 원료로 한 육장(肉醬)이 사용되고 있었다. 거기에 누룩을 첨가해서 제조하게 되고, 거기에 생선이나 고기 대신에 대두나 곡물을 원료로 한 것과 같이 변화해서, 현재의 된장이나 간장이 탄생하게 되었다.143)

XIV. 차(茶)는 동아시아에서 세계로

　동아시아에서 세계로 퍼진 중요한 음료는 차이다.
　차 그 자체는 중국 서남부 및 그 국경을 접한 동남아시아의 산악부가 원산이라는 설이 최근 유력해지고 있다. 그런데 그런 차나무의 원산지로 생각되어지는 곳에서는 차잎을 쯔께모노로 해서 씹거나 하지만 우리들처럼 음료로 사용되지는 않았던 같다.

---

142) 본권 331페이지 동아시아, 동남아시아에 걸친 생선, 작은 새우 발효제품의 명칭표를 참고
143) 이 부분은 문헌(5)를 참조

차는 중국 문명권에 받아 들여져 처음으로 음료로 되어 중국의 주변 지역인 한국, 일본, 몽골, 티베트에서 음료가 되었다. 17세기가 되어 유럽인이 와서 차라는 것을 처음으로 알아, 그때부터 유럽풍으로 변형된 홍차라는 형태로 세계로 퍼져 나갔다. 그때까지는 차라는 음료는 동아시아를 중심으로 한 지대(地帶)의 음료였다. 그런데 한국에서는 조선시대가 되어 차를 마시지 않게 된 사정이 있다.[144]

XV. 젓가락과 사발의 문화

다음으로 젓가락을 사용하는 사람들의 식문화로 넘어간다. 그전에 식기에 관해 아주 간단히 말하자. 유럽의 식기는 평편한 접시로 스프까지 접시에 담아낸다. 그것과 대조적으로 손잡이가 없는 깊은 그릇으로, 한사람 한사람에게 나누어지는 사발이라는 식기는 역시 동아시아를 중심으로 한 식기이다. 중국, 한국, 일본, 그리고 역사적으로 중국의 영향을 많이 받아온 베트남이 젓가락과 사발을 상용하는 지대이다.

동아시아에서는 젓가락과 숟가락이라고 하는 것이 고대에서는 세트였지만 일본에서는 수나라, 당나라의 패션을 받아들인 고대의 귀족이 숟가락을 사용했을 뿐 그 후 숟가락은 사용하지 않게 되어, 젓가락과 사발만이 기본적인 식기로 되어있다. 중국에서는 명나라가 되기까지는 숟가락과 젓가락 모두를 사용해 식사를 하는 것이 보통으로 숟가락으로 떠서 밥을 먹고 있었다. 그것이 명시대가 되면서 젓가락으로 밥을 먹도록 되어 식탁에서 숟가락이 탈락되었다. 명의 왕조는 남방사람 중심이 되어 만든 것으로 오로지 젓가락에만 의지해 식사하는 풍습은 중국 남쪽의 것일 것이다 라고 하는 것이 「용시끽반고(用匙喫飯考)」를 쓴 청목정아(青木正兒)의 생각이다.[145]

한국에서는 현재도 숟가락과 젓가락이 세트로 사용되고 있다. 수저라 부르며 숟가락 젓가락을 합쳐 하나의 숙어로 하고 있다. 일본, 중국에 있어서는 숟가락은 탈락해서 젓가락만의 문화를 형성하고 있지만 한국에서는 숟가락, 젓가락 세트문화가 유지되고 있다. 그것은 조선시대의 숭유주의 즉, 복고주의가 고대에 사용되었던 숟가락을 버릴 수는 없었지 않았나 하는 것이 이성우(李盛雨)의 생각이다.[146]

---

144) 본권 277페이지 「이의 논문(李論文)」 "숭유주의가 가져온 식생활"의 부분을 참조했으면 한다.
145) 장강 하류에서 점성이 있는 쟈포니카종의 쌀을 상식으로 하고 있던 사람들은 숟가락이 아니라 젓가락으로 밥을 먹었다. 그 풍습이 명대에 중국 각지에 보급되었다는 것이 青木설이다. 문헌(1)
146) 문헌(3) 233~234페이지 참조

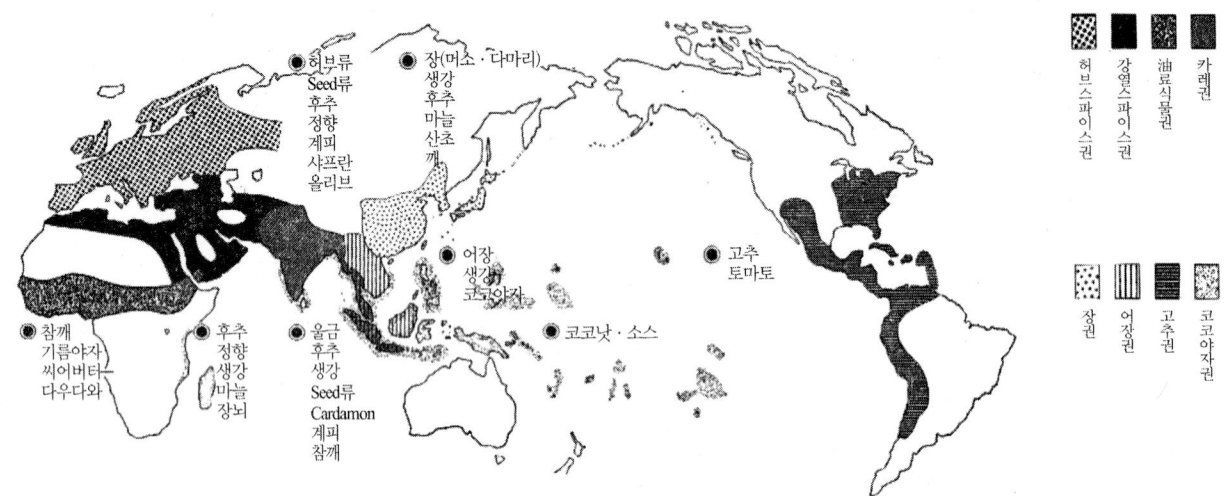

<그림 4> 세계의 주요 조미료·향신료 [문헌(2)]
그림에서 말한 조미료, 향신료는 주로 부식용으로 각 지역을 특징지을 수 있는 것을 기록했다. 어장 이외의 동물성 조미료는 모두 드물다 (예를 들어 동물지방, 낙농품(소젖이나 양젖)). 소금, 감귤류, 식초, 술, 감미료 등의 광범위한 분포를 보이는 것은 제외시켰다. 그림은 신대륙 발견 이전 15세기를 대략의 기준으로 분포를 표시한다.

식사하는 장소, 식탁에 관해서는 개인용의 상에 놓는 식탁인 「선(膳)」이라는 것이 한국과 일본에서는 발달해 있다. 그것은 중국에서는 의자, 테이블 생활로 변화하여 선이라는 것은 없어졌다. 그 역사적인 관계 등에 관해서는 제4권[147])으로 넘기겠다.

XVI. 캘린더를 함께하는 민족

식문화라고 하는 것은 재료가 되는 먹을거리, 그것의 가공방법, 먹는 방법 외에 식사의 배경인 사상이나 철학의 문제까지 포함한다.
예를 들어, 중국에서는「의식동원(医食同源)」,「약식일여(藥食一如)」라고 해서 의학이나 약과 음식물의 식(食), 그것은 같은 근원이다. 이를테면 배를 부르게 하기 위해 먹으면 그것은 식(食)이라하고, 병을 치료하기 위해 그것을 입에 넣으면 이것은 약이라고 하는 것처럼 먹는 것과 약이라는 것은 굉장히 가까운 거리에 있다. 혹은 먹는 것과

---

147) 제4권 중 「동아시아의 가족과 식탁」

의약품이 같다는 사상이다.

또 그런 사상을 지지하는 배경으로 음양오행설(陰陽五行說)이라는 것이 있고, 본초학(本草學)이라고 하는 일종의 약물학(藥物學), 박물학(博物學)을 통해서 중국 약학의 체계가 한국이나 일본의 식생활에 영향을 주고 있다[148].

또, 사상과는 거리가 있을지 모르지만 연중 행사도 식(食)에 깊은 관계를 가진다.

문명이라는 것은 캘린더를 같게 하는 것이다 라고 생각된다. 하나의 문명의 전파는 캘린더를 함께 쓰는 지역으로 취해진다. 예를 들어, 크리스트교 세계에서는 그레고리우스력(gregorius)이라고 하는 달력을 사용해 왔다. 또 이슬람교도는 현재에도 이슬람력으로 세계의 신도가 같은 종교행사를 같은 날에 행하고 있다.

이런 의미에서는 동아시아는 한 개의 캘린더 세계로서, 그 달력과 함께한 연중 행사는 중국, 한국, 일본에 있어서 공통점이 많이 있다. 「식에 관한 연중 행사」의 표를 보면 행사를 함께하는 것이 사실은 먹을 것을 함께하고 있는 면이 많이 있다. 연중 행사에 함께하는 음식, 이런 행사 때는 이런 음식을 먹지 않으면 안된다 라는 면에서의 공통성이다. 이런 표를 만든 다나카(田中靜一)는 일본, 한국, 중국을 비교하면 참 비슷한 풍습이 남아 있지만 이것들은 중국에서 시작된 연중 행사라고 해설한다[149]. 눈에 띄는 것은 중국에서 시작한 것으로 그 외의 것이 약간 붙어 있다는 것이 전체 연중 행사의 흐름이다. 그중에는 처음에는 중국에서 행해졌던 것도 이젠 중국 대륙에서는 전혀 쓰지 않게 되어 버리고 다만 일본이나 한국에 남아 있는 행사도 있다. 예를 들어, 설날에 도소(屠蘇-술에 넣어서 연초(年初)에 마시는 약의 이름. 산초(山椒)·방풍(防風)·백출(白朮)·진피(眞皮)·육계(肉桂) 등을 조합(調合)하여 만듦. 이것을 마시면 일년의 사기(邪氣)를 없애며, 오래 살 수 있다 함.)를 마시는 습관은 후한의 유명한 의사이었던 화타(華佗)가 시작했다고 말하고 있지만 도소주(屠蘇酒)라는 것은 현재 중국에는 전혀 남아 있지 않다.

---

148) 중국 본초학의 고전인 명대의 「본초강목(本草綱目)」에는 1892종의 동식물, 광물이 기록되어 각각의 인체에 미치는 작용에 관해 서술되어 있다.
149) 문헌 (3) 215~217페이지참조

– 식(食)에 관한 연중 행사 –(연중 행사의 대부분은 태음력을 기초로 행해지고 있지만 여기에서는 태양력으로 바꾸어 표시했다.) 편집・田中靜一・太旬泰弘

월	일	일본	일	중국	일	한국
1	1	원단(元旦)-도소주(屠蘇酒)를 마시고 떡국을 먹음. 정월(正月)음식을 먹음.	1	원단-탕년고(湯年糕), 년고(年糕), 절고(切糕), 교자(餃子), 만두, 온돈(饂飩)을 먹음. 쌀밥을 먹으면 병에 걸린다고 하여, 정월 5일간은 밥을 하지 않음. 참고 : 쌀밥은 훔치면 죄로 통한다. 밤, 잉어는 이득이 되지 못하고, 또 이별을 뜻함. 생선, 감자류는 부귀 여유와 통함.	1	세수(歲首), 진일(辰日), 차례(조상께 음식을 올리고 제사 지냄), 세찬(설음식) 세주, 떡국을 먹는다
	7	인일(人日), 약채절(若菜節), (七草), 7일 정월-칠초죽을 먹음. 참고 : 오절공(五節供) - 인일(人日, 1월7일), 상사(上巳, 3월 3일), 단오(端午, 5월5일) 칠석(七夕, 7월7일), 중양(重陽, 9월9일)의 5절기 계절의 변화에 따라 음식을 만들어 신전에 올렸음.	7	인일(人日) - 7종류의 채소국(羹)을 먹음. 참고 : 1일 닭, 2일 개, 3일 돼지, 4일 양, 5일 소, 6일 말, 7일 사람, 8일 곡식, 9일 과일, 10일 차(茶)를 제물로 함.	5	인절미(鎭餠)를 먹고 집안의 평안을 빔.
	11	설에 일본식 방의 상좌에 차려놓은 둥근 흰떡을 내려서 먹음. 설에 차려 놓은 떡으로 떡국, 단팥죽을 만들어 먹음.	15	상원절(上元節), 원소절(元宵節)-원소(元宵)를 먹음. 참고 : 상원 — 천관(天官)의 생일 (1월 15일), 중원 — 지관(地官)의 생일(7월15일), 하원 — 수관(水官)의 생일 (10월 15일), 중국의 3대 응절(應節) 식품 — 원소, 주악(粽), 월병	15	상원, 귀밝이술(이명주, 耳明酒)을 마시고, 오곡밥(쌀, 보리, 콩, 팥, 조로 지은 밥), 약식 등을 먹음. 작절(嚼癤)이라고 하여 이른 아침에 견과류(밤, 호두, 은행, 잣 등)를 깨물어 먹어서 이가 튼튼하기를 기원함. 상원에 국수를 먹으면 장수한다고 하였음
	15	상원, 소정월(小正月), 망죽(望粥) — 팥죽(15일 죽)을 먹음.	25	전창(塡倉), 창고신(倉庫神)의 축제, 곡물상인의 행사, 진수성찬을 먹음.		
2	3일경	절분(節分), 추나(追儺) — 입춘전날 밤 액막이로 콩을 뿌리고, 볶은 콩을 먹음.	1	중화절(中和節) — 태양고(太陽糕, 밀가루로 만든 조그만 떡)를 먹음.	1	중화절(中和節), 풍신제(風神祭), 노비일(奴婢日), 청소일(淸掃日) — 오전 중에 청소를 마치고 (年餠) 쑥떡, 송편 등을 먹음.
	4일경	입춘	3	입춘, 교춘(咬春) — 춘병, 생무를 먹음.		

3	3	상사(上巳)의 절기, 중삼(重三) - 백주(白酒)를 마심, 쑥떡을 먹음	3	용십두(龍拾頭) - 용린병(龍鱗餅), 용수면(龍鬚麵)을 먹음. 바느질을 하지 않음.	3	상사(上巳), 삼진일(三辰日), 중삼(重三) - 진달래화전, 화채, 화면, 수면 등을 먹음.
	12일경	춘분			31	잔춘(餞春) - 잔춘을 보내는 잔치를 함.
4	8	욕불회(浴佛會), 관불회(灌佛會) - 감차(甘茶)를 마심	5일경	청명절	6	한식(寒食) - 동지(冬至)로부터 105일째 되는 날, 과일·술·떡 등을 가지고 성묘를 함. 찬밥을 먹음
			8	욕불회 - 매괴병(玫瑰餅), 등연병(藤蓮餅), 아미반(阿彌飯) 등을 먹음.	8	욕불일(浴佛日), 불탄일(佛誕日), 초팔일(初八日) - 느티나무떡(欅餅), 찐 도미(鯛), 닭요리를 먹음.
5	5	절순, 중오(重五) 단오-창포로 장식, 5일 주악(粽), 백병(柏餅)을 먹음.	5	단오절, 천중절, 단양(端陽), 포절(蒲節), 여아절(女兒節), 중오(重五) - 주악(粽)을 먹음, 포주(蒲酒), 오독주를 마시고, 오독병(五毒餅), 매괴병(玫瑰餅)을 먹음. 참고 : 굴원(屈原)의 고사(故事) 오독(五毒) - 뱀, 두꺼비, 지네, 전갈, 도마뱀의 5독충	5	중오절(重五節), 천중절(天中節), 단오(端午) - 쑥떡, 증편을 먹음.
6	1	사빙절(賜氷節), 얼음의 삭일(朔日:초하루), 빙실(氷室의 절기), 치아를 튼튼히 하는 의미로 아라레(주사위 모양으로 썬 떡을 튀긴 과자), 떡 등을 먹음.	6	면을 먹으면 좋은 일이 생김.	15	유두. 유두연을 열고 유두면, 수단(水團), 건단(乾團), 연병(連餅) 등을 먹음. 이 날에 면을 먹으면 장수한다고 함.
	12일경	하지(夏至)				
7	7 토용축(土龍丑)	칠석의 절기. 칠석상을 차려놓고 소면을 먹음. 뱀장어)을 먹음.	1	개귀문(開鬼門), 오미완(五味碗: 5가지 맛의 생선, 육류, 닭, 오리, 채소)을 문 앞에 바침.	7	칠석
	15	중원(中元), 우란분회(盂蘭盆會 : 백중맞이)	7	걸교절(乞巧節 : 바느질을 잘하게 해달라고 직녀성에 빔), 칠석절. 오이, 과일, 술 등을 정원에 차리고 칠석음식을 먹음.	15	중원. 백중절, 백종일(百種日), 망혼일(亡魂日), 우란분회, 고기국 등을 먹고 더위를 이김.
			15	중원절(中元節), 귀절(鬼節), 우란분회, 묘를 참배하고 만두, 고기, 생선음식을 먹음.		
			30	폐귀문(閉鬼門), 지장절(地藏節)		

월	일	설명	일	설명	일	설명
9	9	중양(重陽)의 절기, 중구(重九)-국화주를 마시고 국화밥을 먹음.	9	중양절, 등고절(登高節), 중구. 전가족이 모여 산에 오르고 국화주를 마시고 중양떡을 먹으며 구운 양고기를 먹음.	9	중양절, 중구절. 국화주를 마시고 국화전, 증병(曾餅)을 먹음.
	15	중추의 명월, 우석월(芋夕月)-달맞이 단자, 토란을 먹음.	15	중추절. 수박, 월병(단월병) 등을 바치고 원만을 기원한다. 참고 월병은 한자리에 모이고 복록수전(福錄壽全)의 의미가 있음.	15	추석, 가배절(嘉俳節), 신도주(新稻酒)를 마심. 송편, 육포, 찐닭, 토란국, 과일 등을 먹음.
	23일경	추분(秋分)	30	폐귀문(閉鬼門), 지장절(地藏節)		
10		돼지(亥)의 날 - 새끼돼지 축제, 현저병(玄猪餅: 새끼돼지병[콩, 팥, 대각두(大角豆), 깨, 밤, 감, 조청으로 만듦]을 먹음.				
11	15	칠오삼(七,五三), 천세엿(千歲飴)			3	개천절. 탁주를 마심. 두병(콩떡), 소나 돼지머리 편육을 먹음.
12	22일경	동지, 호박을 먹음.	8	납팔절(臘八節), 납팔죽을 끓여 지인에게 보냄.	22일경	동지. 새알 심이를 넣은 팥죽을 먹음.
	31	그믐, 그믐의 메밀국수를 먹고 밤을 밝힌다.	12일경	동지·완탕(碗湯)을 먹음. 참고 「동지혼돈 하지면(冬至餛飩夏至麵)」 남방에서는 동절원(冬節圓)이라는 찹쌀로 만든 홍백의 단자를 먹음.	22일경	동지, 단자를 먹는다.
					30	제석, 제야
					31	섣달 그믐날, 제야. 수세(守歲). 김밥, 비빔밥을 먹음.
			23	송조(送竈). 엿을 조신(竈神)에게 바친다.		
			31	섣달그믐밤. 음력의 제야. 수세주(守歲酒)를 마시고 연반(年飯)을 먹으며 밤새우기를 함.		

(1981년 3월 27일 〈食の文化 심포지움 '81〉 회장에서 배포한 자료에 의함)

XVIII. 식문화의 연구 방향

확실히 동아시아의 여러민족은 한족(漢族)을 중심으로 하여 형성된 중국문명의 강대한 영향을 받아서 역사적으로 육성되어 왔다. 그러면서 그것은 동아시아의 한족 이외의 민족 문화가 한족 문화의 아류(亞流)라고 하는 것을 의미하는 것은 아니다. 영향을 받았어도 그것을 잘 이해하지 못하고 그대로 받아들이는 것이 아니고 자기들의 문화에 선택적으로 받아들여 그것을 변형하여 독자적인 것으로 만들어내어 자기들의 문화로 소화시켜 발전시킨 것이다.

그것은 한자를 더듬어 온 도정(道程)이라고 하는 것과에 비교해도 좋다는 것은 아닐까 하고 생각한다. 문자라고 하는 문명의 대단히 커다란 요소의 하나가 중국에서 발명되었다. 한어(漢語)(중국어), 한국어, 일본어, 이들은 정말 다른 계통의 언어이면서 그것을 표기하는 방법으로는 그「한자(漢字)」를 우리들이 받아 들였다는 것이다. 다른 언어의 계통에 소속하는 말이면서 한자로 그들의 말을 표기하였다. 그리고 그것뿐이 아닌 것이다. 문명의 원리에 있는 한자라고 하는 것을 채용한 것만으로 멈추지 않고 자신들의 언어를 아주 솜씨좋게 표현하는 방법으로 한반도에서는 한글문자가 나오고, 또는 일본에서는 가나문자가 나온 것 같이 거대한 한자문명권이 확대되는 중에 그들 각자의 문화라고 하는 것을 형성하여 왔다고 할 수 있다.

식의 문화도 정확히 동일하다고 말해도 좋을까하고 생각한다. 동아시아의 식문화는 각 민족의 전통과 풍속 위에 세워진 민족의 역사적 유산이다. 그래서 실제로는 동아시아만이 아니고 그것은 인류에 있어서 공헌할 가능성을 간직한 문화이다.

1980년의 일이나, 나는 아메리카의 식생활을 조사하는 기회를 갖었다. 거기에서 느낀 것은 간장(醬油)과 두부 등이 미국사람들 사이에 점점 들어가고 있다는 것이다. 그 원료가 되는 콩은 그들에게 있어 그때까지 가축의 사료로 밖에 생각하지 않았던 것이다. 그것은 두부라던가 간장으로 가공되므로써 인간에게 대단히 좋은 식품이 될 수 있고, 그러한 동아시아의 지혜라고 하는 것이 미국사람들의 식생활에 뿌리내리기 시작하여 새로운 식문화를 만들고 있다.

연중행사참고자료

일본
貝原好古, 貝原益軒《일본세시기》1687(貞享4년)
大森志郎(해설)《일본세시기》(생활의 古典双書) 八坂書房 1972
速水春曉齊《제국도회연중행사대성》1806 (文化3년)
儀禮文化硏究所 (편)《제국도회연중행사대성》櫻楓社 1978
速水春曉齊《대일본연중행사대전》1832 (天保3년)
儀禮文化硏究所 (편)《대일본연중행사대전》櫻楓社 1979
西角井正慶《연중행사사전》東京堂 1958
社會思想社 (편)《일본생활세시기》社會思想社, 1969
鈴木棠三《일본연중행사사전》角川書店 1977
三省堂 (편)《일본의 행사 축제 사전》三省堂 1980
儀禮文化硏究所 (편)《일본세시사전-마쯔리와 행사》櫻楓社 1981
《일본의 행사요리》 타임라이프 픽크 1974

식문화의 연구라고 하는 것은 자칫하면 과거의 이야기만 취급하는 형상이나 실은 인류의 미래에도 얼마간의 역할을 갖게 될 가능성을 간직하고 있는 것이다.

〔문헌〕

(1) 青木正兒 1970 [用匙喫飯考] [青木正兒全集第九卷] 春秋社
(2) 石毛直道 (編) 1973 [世界の食事文化] ドメス出版
(3) 石毛直道 (編) 1981 [食の文化シンポジウム '81東アジアの食の文化] 平凡社
(4) 石毛直道 1983 [稻作社會の食事文化] 佐佐木鼓明(編) [日本農耕文化の源流]日本放送出版協會
(5) 石毛直道・ケホス・ラドル 1990 [魚醬とナレズシの 硏究 — モンスーン・アジアの 食事文化] 岩波書店

중국대륙
敦崇[小野勝年(訳)]《燕京歲時記 — 北京年中行事記》(東洋文庫 83), 平凡社, 1967
守屋美津雄《中國古歲時記の硏究》帝國書院, 1963
直江廣治《中國の民俗學》(民俗民藝雙書13) 岩崎美術社 1967
大島德弥《百味繚亂 — 中國・味の歲時記》文化服裝學院出版局 1969
篠田統《中國食物史》紫田書店 1974

한반도
홍석모, 금우순, 유득공[강재언(역주)]《조선세시기》(동양문고 193) 평범사 1971
임동권《조선의 민속》(민속민예쌍서45), 岩崎美術社 1969
이두현, 장등근, 이광규[崔古城(역)]《한국민속학개설》학생사 1977
조중옥《私の韓國料理》紫田書店 1975
김진식 외《조선요리》紫田書店 1979

제 4 부

세계 중의 식문화

제1장 매토(埋土)발효 가공법

나카오 사스케(中尾佐助)

매토발효란 내가 여러가지로 보고 듣고 읽어오던 중에 땅속에 묻는 가공법에 대해 붙인 이름이다. 나는 미생물과 아무 관계가 없는 분야에 있으므로 그것을 현실적으로 현미경을 써서 확실히 조사하는 등의 일을 하지 않고 있다. 미생물이 거의 관여하지 않는 발효는 세포 안에 있던 존재하는 효소로 발효하고 있는 것 같다는 설(設)도 있으며 나도 어렵다고 생각되는데 지금껏 이곳저곳을 여행하며 책을 읽는 중에 재미있다고 생각하여 기억해 두었던 몇 개의 예를 들어보려고 한다.

매토발효는 고체발효[1]

고이즈미(小泉) : 중국의 매토발효와 고체발효의 정의는 무엇이 다를까요?
나카오(中尾) : 매토발효, 고체발효라고 하는 것은 내가 이번에 만든 말입니다. 중국에는 토간(土間 : 토방 또는 봉당 즉, 방에다 멍석을 덮어서 발효하는 것임, 청국장처럼)에 쌓아 올려서 작은 멍석을 씌워서 발효시키는 ---- 이것은 추적(推積) 발효이기도 합니다. 일본의 남옥(藍玉)이 여기에 해당합니다. 항아리(藍壺)에 옮긴 후에는 침수발효인데 이와 같은 명칭으로 쉽게 구분할 수 있으면 개념을 파악하기 쉽지 않겠습니까? 고체발효는 본문에서 말하고 있는 매토발효가

---

[1] 小埼道雄, 石毛直道(편) 1986 「발효와 식의 문화」 pp. 68-69에서 발췌
小泉武夫(동경농업대학, 발효학) 吉田集而(국립민족학 박물관, 민족학)

예가 됩니다.

요시다 : 전분을 얻기 위하여 흙에 묻을 뿐 아니라 발효식품인 술, 된장도 흙에 묻는 기법이 있는데 기술로서는 어느 쪽이 더 오래되었다고 생각하십니까?

나카오 : 전분을 얻으려면 일본과 한국에도 있는 방법인데 병에 곡물과 물을 넣어서 썩히면 밑에 더러운 전분이 고입니다. 이것은 세포막이 터져서 전분이 남는 대단히 재미있는 발효라고 생각합니다. 그러나 오래되었다는 점에서 예측이 안됩니다. 예를 들면, 원시적이라고 생각되는 소철의 독빼기 방법 등은 기술적 조작으로 보면 원시적인데 시대로는 옛것인가 어떤가는 말할 수 없다고 생각합니다.

1. 토란의 뽀이요리

우선 최초는 뽀이요리. 하와이에는 뽀이라고 하는 민족요리가 있다. 현대 하와이에서는 민족요리점에 가면 먹을 수 있다. 토란을 일단 가열한 것을 기계로 갈아서 용기 안에서 발효시킨다. 내가 먹은 것은 회색이고 끈적끈적한 갓 만든 토란 같은 느낌인데, 그 끈적끈적한 정도는 갈아서 만든 어떤 감자보다 강하게 느꼈다. 그리고 신맛이 난다. 그때 안내해 준 사람의 말로는 좋아하는 사람일수록 신것도 좋아한다는 것이다. 이 뽀이라고 하는 요리는 폴리네시아 방면의 상당히 많은 섬들에서 알려져 있다. 하와이는 현재 많이 변했는데, 옛날에는 분명히 폴리네시아 문화의 나라이다. 폴리네시아의 여러 섬의 사례로 생각해보면 뽀이는 토란을 'stone boil'한, 즉 돌에서 찐 요리이다. 달군 돌 위에서 찐 토란의 껍질을 벗겨서 돌로 으깬 다음, 큰 잎에 싸서 땅속에 묻어 수주 후에 꺼내어 또 한번 돌에서 찌는 방법으로 구어먹는다.

이 요리에 토란을 사용하고 있는 점은 나에게는 대단히 흥미로운 일이다. 이렇게 얘기하는 이유는 토란의 야생종은 폴리네시아에는 없기 때문이다. 그러나 동남아시아에 가면 습지 이곳저곳에 있다. 예를 들면, 태국의 방콕에 가면, 비행장에서 시내로 갈 때까지 야생 토란의 큰 군락이 있다. 이 토란을 조사해보면 대단히 재미있다. 상세히 조사하지는 않았지만, 이 야생 토란은 아주 커서 잘라보면 보기만 하여도 전분이 가득 들어있는 것처럼 보인다. 그런데 그런 것은 태국뿐만 아니라 동남아시아의 전역에서 동쪽으로는 발리섬까지인데 그보다 더 동쪽섬에도 있다는 보고가 있다. 그리고 북쪽에는 그런 모양의 야생 토란이 오키나와까지 와 있다. 전 지역에서 그 토란은 먹지 않고 있다. 토란 그 자체는 너무나 아려서 먹을 수 없다. 단 잎줄기하고 잎은 먹는 곳이 있는데 소의 먹이로 하는 곳도 있다.

그 야생 토란의 군락을 잎으로 조사해 보면, 특히 나는 태국의 경우를 보았는데 잎줄기의 색이 녹색이 표준인데 붉은 것, 보라색인 것 등 여러 가지가 섞여 있다. 이런 변이가 보통 나타난다고 하는 것은 순 야생종에서는 거의 없는 일이다. 대단히 이상한 상태에서의 야생의 토란이다. 이들이 살고 있는 장소가 거의 인가(人家) 부근이다. 말레이시아 등에 가면 해발 1500m 정도인 인가에서 떨어진 숲속의 습지에서도 살고 있는 이것은 전부 녹색의 잎줄기이다. 인가 부근의 것은 여러가지 색이 섞여 있다. 자바에서도 상당히 높은 산에도 이와 같은 야생 토란이 자생하고 있다.

토란의 야생지는 그 외에 히말라야의 중턱에서 중국 남부, 내가 본 가장 북쪽은 서호(西湖)가 있는 항주이다. 야생의 토란은 광장히 넓게 분포해 있고 아주 잘 크고 있는데 먹을 수 없다. 태국 등에 있는 것은 순수한 야생 상태는 아니라고 생각된다. 그러면 무언가 하면 옛날 인간이 먹고 있던 것인데 야생으로 남았을 것이라고 해석하는 것이 제일 알기 쉽다. 그리고 인간이 개량해서 아리지 않는 품종으로 만들었다. 현재 우리가 먹고 있는 토란은 날로 먹으면 아주 아린데 가열하면 괜찮아지도록 품종 개량된 것이다.

아린게 야생종이고 우리가 먹고 있는 것과 같은 아린맛을 그 정도로 적게 한 것이 개량종이라고 한다면, 아린 것을 처음부터 먹고 있는 인간이 없었다면 아리지 않은 토란은 생길 이유가 없다. 즉, 지금은 먹지 않지만 이전에는 아린 야생 토란을 먹었다는 얘기가 된다. 어떻게 먹었을까? 그 하나의 해답이 뽀이요리가 아닌가 하고 생각한다. 한번 구워 으깨어서 흙속에 발효시키는 방법이다. 지금 하와이에서는 탱크속 에서 발효시키고 있다.

<사진 1> 야생의 토란
야생의 토란은 크기가 작고 아린맛이 강해서 식용으로는 부적당하다. 번식은
포기식물법(runner plant)에 의한다. 이 토란에서 아린맛이 적고 크기가 큰 토란이
선발되었다.(Peter Mtthews 제공)

<사진 2> 빵나무의 과실의 껍질을 벗긴다. 껍질을 벗긴 과실을 반으로 또는 더 적게 잘라서 바나나의 잎 등을 깔은 구멍 속에 넣고 바나나의 잎으로 뚜껑을 하거나 또는 그대로 흙을 덮어서 유산 발효시킨다.

II. 빵나무(artocarpus) 열매와 찻잎의 매토발효

 폴리네시아에 가면 빵나무를 주식으로 하는 섬이 꽤 많다. 내가 반년 있던 뽀나뻬 섬은 1년의 반은 빵노끼의 열매를 먹고 있고, 남은 반년은 산의 감자 즉 얌을 먹고 있었다. 거기에 빵노끼 열매의 저장법이 있다. 흙을 파서 녹색의 빵나무 잎을 깐다. 잎도 여러 가지가 있고 큰 잎은 50cm 정도인데 이것을 깔은 위에 빵나무의 열매를 날로 놓아둔다. 뽀이의 경우는 일단 가열하는데 빵나무의 경우는 날 것이다. 그리고 흙을 덮어서 발효시킨다. 이것을 '마루'라고 하고 아주 썩은 냄새가 난다. 나는 실제로 본 경험도 없고 냄새를 맡은 적도 없는데 그런 것이 있다. 이것은 저장법으로서의 기능을 한다.
 그리고 차잎을 발효시킨 것이 동남아시아의 베트남 산지 근처에서 계속 서쪽, 버마 북부의 산지에서 아쌈지방의 산지에 걸쳐 있다. 타이의 이름으로는 '머엥'이라고 하고 아쌈 등에서는 '레이벳토우'라는 이름이 붙어있다. 만드는 방법은 진흙 속에 파묻지 않는 경우도 있지만 묻는 경우도 있다. 동부 아쌈 등에서의 만드는 방법은 차의 새싹뿐만 아니라 크게 자란 잎, 오래되어 딱딱해진 잎을 삶아 대나무 통속에 넣어서 땅속에 묻어 수주일간 두었다가 꺼낸다. 이와같이 차의 발효에서도 땅속에 묻는 경우가 있다. 최초에 이것을 책에서 읽었을 때는 아마도 묵은 채소절임처럼 황색이 되어 있을 것이라고 생각했는데 꺼내니까 정말 녹색의 아름다운 것이었다. 태국의 잰마이 등의 시장에 가면 팔고 있는데 아주 진한 녹색을 띤 것을 팔고 있다. 미끌미끌하게 썩었다고 할 정도로 발효되어 있다. 이것을 소금이나 고추, 마늘로 무쳐서 반찬으로 한다.

진흙 속에 묻는 것은 습도가 적당하거나 온도의 변화가 적은 항온조에 넣은 것을 갈아서 만든 것처럼 아주 좋은 결과물이 아닌가 생각된다. 어떤 발효과정인가 모르지만 그러한 변화가 일어나는 동안에 대단히 안정된 환경에서 일어나고 있다.

그 외에 진흙에 묻어 발효시키는 것에 중국의 피단(皮蛋)이 있다. 피단이라는것이 어떤 발효인지 나는 잘 모른다. 박테리아나 균류가 관여하고 있는 것인지. 하지만 내가 보고 있는 것은 식물성 식품의 발효이므로 그에 대해서는 알 수 없다.

<사진 3> 발효한 빵나무의 과실을 꺼낸다. 상당히 심한 악취가 난다. 이것을 잎으로 싸서 찜구이를 하든가, 새 빵나무 과실을 가해서 악취를 적게 해서 찜구이를 한다.(秋道智彌 제공)

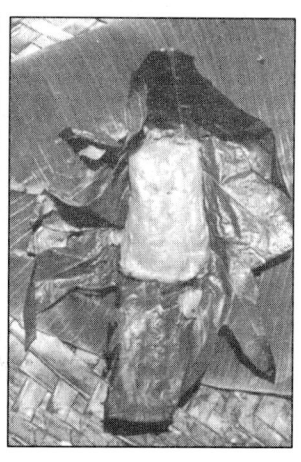

<사진 4> 발효한 빵나무의 과실을 찜구이한 것(秋道智彌 제공)

Ⅲ. 에티오피아의 엔세-데

또 하나 동아시아, 오세아니아 이외에 에티오피아에서 진흙에 묻어서 발효시키고 있는 예로 '엔세데'라고 하는 것이 있다. 엔세데는 바나나와 아주 비슷한 식물이고 바나나와 같은 속으로 분류하거나 그와 유사한 속에 분류 한다. 에티오피아에서 인도, 동남아시아, 뉴기니아까지 엔세데류(類)가 많이 있다. 그 중에서 에티오피아의 것은 바나나와 같은 모양인데 보통의 바나나 정도의 크기가 되고 뿌리 끝쪽은 양파 모양으로 둥글게 부풀어 있다. 그 성숙된 것을 적당한 시기에 자르면 그 양파 모양인 곳에 전분이 꽉차 있다. 그것을 가늘게 잘라서 위의 부드러운 곳은 그대로 익혀서 먹든지 구부러진 딱딱한 곳은 땅속에 넣어서 발효시킨다. 그렇게 하면 신맛이 나는 모양이다. 그러므로 동남아시아, 오세아니아 이외에도 땅속에 묻는 가공법은 있다고 할 수 있다. 잘 찾다보면 아마도 더 여러 곳에서 볼 수 있을 것이라고 생각한다.

땅속에 파묻는다는 것은 아주 원시적인 가공법의 하나로 우리들이 발효라고 생각하고 있는 가장 오래된 것으로서 인간의 역사로서는 오래된 기술 단계가 아닌가 생각된다.

<사진 5> 엔세데에서 전분을 취하기 위하여 엔세데의 밑부분의 겉껍질을 벗긴다 (藤本武 제공)

<사진 6> 엔세데의 밑부분을 벌목도(刀)로 깍아내어 엔세데 잎으로 지면 위에 만든 용기에 넣어서 유산 발효시킨다.(藤本武 제공)

Ⅳ. 소철 열매의 독 빼기

동아시아 또는 오세아니아에서의 매토발효 가공법에는 소철 종자의 독빼기법이라는 것이 있다. 이것은 대체로 습지에 묻는 것인데 그 방법을 오스트리아 북부의 원주민이나 뉴기니아의 남쪽 해변지역 파푸아뉴기니 소철사람이 하고 있다. 그것만으로는 잘 알 수 없지만 흙에 파묻는다는 것은 독을 빼기 위해서이다. 소철 열매의 독빼는 방법은 큰 문제이다.

일본의 남서 여러 섬에서는 소철 열매의 독빼기가 있고 소철의 수(髓), 고갱이, 줄기와 종자에서 독을 뺀다. 도쿠이(德井賢)의 「발효법의 고향」이라는 논문이 있는데 이 도쿠이라는 분은 미에현(三重縣)의 고등학교 선생님이며 대단히 흥미로운 발효 연구를 했다. 이 사람 논문의 요점은 감자류의 전분을 얻는 방법인데 남쪽에 있는 소철의 독빼기법만을 발췌해서 레포트에 응용하고 있다. 여기서는 땅에 묻는다는 이야기는 직접 나와있지 않다고 생각되는데 대단히 유동적이다.

소데쓰(소철)의 전분을 식용화하기 위한 독빼기법에 물을 묻히던가 하는데 아무래도 어디인가 발효가 관여하고 있을 것이다. 더욱이 그 과정과 방법이 꽤 까다로운 모양이다. 이것을 보면 오스트리아와 뉴기니에 있는 소데쓰 열매를 흙에 묻어 독을 뺀다고 하는 방법을 기술적으로 상세히 모르는데 아마도 그렇게 간단하지는 않을 것이다. 이것은 누군가가 조사하지 않으면 나타나지 않는데 무언가 자세한 방법이 있을 거라고 생각된다.

V. 빵기우므 종자의 독 빼기

쟈바와 말레이시아에서 특히 쟈바사람이 좋아하는 것은 빵기우므라고 하는 나무의 종자이다. 일본에서는 이이기리(의나무)라고 하는 것이 있다. 낙엽수이고 키가 큰 후에 가을이 되면 난텐보다 큰 빨간 열매가 맺는다. 빵기우므는 이 이이기리과(科)에 속하고 열매가 크다. 표면은 흐린 갈색의 부드러운 털로 덮혀 있는데, 이것은 맹독성 식물로서 식물체 전부 또는 종자 속에 독이 들어있다. 경우에 따라서는 이것을 독침의 독(毒)으로 쓰기도 한다. 이 종자에서 독을 뺀 것을 쟈바사람들은 대단히 맛이 있다고 생각한다. 지금은 쟈바에 가더라도 여간해서 이 나무를 볼 수 없고 아주 드물다.

그 독 빼는 방법의 하나로 땅에 묻는 방법이 있다. 버킬(H. Burkill)의 《A Dictionary of the Economic products of the Penninsula》(1935)에는 꽤 까다로운 방법이 몇가지 쓰여 있다. 그 중 일부에 땅에 묻는 이야기가 나온다. 앞에서 말한 차도 흙(땅)에 묻을 경우와 묻지 않는 경우가 있었다. 또는 뽀이도 묻는 방법, 묻지 않는 방법 두 가지가 있고 꽤 복잡하고 까다롭다. 빵기우무 종자를 먹는 경우도 여러 가지 방법이 있는데 아주 복잡하고 까다로우므로 같은 값이면 신중을 기해야 한다.

Ⅵ. 농경 이전부터의 발효가공법

흙에 묻어서 가공한다고 하는 방법은 인간의 기술 중에서는 오래된 것이라고 생각해 왔다. 현재까지 남아 있는 것이 어느 정도인가로서 대개 알 수 있다고 생각한다. 이 빵 기움의 독빼기 방법을 보면 흙에 묻음과 동시에 물 속에 며칠씩 놓아두던지 또는 흐르는 물에 담근다. 일본에서 상수리 열매나 도토리의 독을 빼는 방법으로도 물에 담그는 방법이 있다. 이 원고의 테마는 매토가공법이라는 것인데 흐르는 물속에 놓아두는 것이 포함된다. 유수(流水) 속에 넣어두던가 물에 담가두는 정도의 유수발효법, 또는 침수발효법을 땅속에 묻는 것과 같은 정도로 인간의 기술 발달의 단계의 오래된 위치에 자리매김해도 좋지 않을까.

일본의 죠몬(繩文) 시대에 도토리 종류의 흙구덩이 저장이 발견되고 있는데 그것은 단지 저장이었는지 떫은 맛을 빼기 위한 매토발효였는지 연구해 보는 것도 재미있다.

물속에 담가서 발효시키거나 또는 가공하는 것에 대해서는 도쿠이의 논문에 소철의 독빼기 방법이 있다. 그러나 도쿠이 논문의 주안점은 소철이 아니고 감자를 물속에 넣어서 전분을 얻는 방법이다. 여기에 대해서 그가 실제로 확실히 파악한 것은 고구마와 감자에 대해서이다. 부스러기 감자를 물을 넣은 항아리에 넣는다. 며칠 지나면 물이 부패해서 악취가 나고 감자가 위로 떠오르고 전분이 밑에 고인다. 이와 같은 전분제조법이 있다. 이에 대하여 일본 국내에 있어서의 실례가 실려 있다. 한국에도 같은 방법으로 전분을 만들고 있는 예가 있다. 감자류를 발효시켜 발효작용에 의해서 세포를 파괴시켜서 전분류를 물속에 모으는 것으로서 아주 흥미 있는 방법이다.

또 하나 그가 인용하고 있는 가운데 전분화학에서 아밀로즈라던가 아밀로펙틴이라는 말이 쓰이는데, 그러면 「아미로」라는 것은 무슨 말인가에 대하여 『식의 과학』에 나온 이야기가 있다. 희랍어로 전분을 「아미롱」이라고 하였다. 아미롱이란 말은 도대체 처음의 '아'는 부정사(不定詞)인 '아'이고, 미롱은 풍차의 windmill의 mill의 의미이어서 즉 절구로 갈지 않고 만들어진 가루라는 것, 즉 밀이나 보리를 물에 담그면 그 끝에 전분이 고이기 때문이라는 설명이 있다. 희랍시대는 습식 제분이었다는 설이 있다. 그러나 나는 여기에 약간 의문을 갖는다. 그러는 이유는 메소포타미아 근처에서 보리류를 제분할 때 마른 보리에 물을 뿌리는 일이 있었고 그 후 돌절구로 빻았다. 이 방법이 보편적으로 사용되고 있었던 시대가 있었고 희랍시대에도 그러했다. 이것은 현재의 제분법에서도 하고 있는 셈이다. 보리껍데기는 마른 체로는 아주 부스러지기 쉬워서 곱게 빻기 쉬운데 조금 적시면 곱게 빻아지지 않고 크게 밀기울(껍질부분)이 생기기 쉽기 때문이다. 이처럼 물 뿌리는 방법에 있어서 이 부분의 관계가 어떤 것인지 의문으로 생각하는 것이다. 물을 뿌리려면 뿌리는 법의 정도가 아주 여러 가지 있지 않을까.

그 밖에 물속에서 독을 빼는 예로는 양치식물류이며 류빙타이라고 하는 양치(羊齒)의 예가 있다. 부탄에서도 있었고 남태평양에도 있다. 이것은 대단히 대형인 양치식물로서 양치계통학을 읽으면 재미있는데 이런 종류가 남태평양에 예부터 널려 있다. 이것은 줄기가 서지 않는데 뿌리 가까이에 약간 가늘고 긴 감자와 같은 줄기가 있다. 이것을 둥글게 잘라서 흐르고 있는 시냇물 속에 한꺼번에 넣어서 1주간 이상 둔다. 이렇게 독을 빼는 방법이 있는데 그 사이에 발효가 어느 정도 관여하고 있는지 모른다. 다른 예로, 1850년대에 훗카라고 하는 훌륭한 식물학자가 당시 최고봉이라고 생각했던 강젱죤가의 등산 입구를 발견하기 위하여 식물 채집을 하면서 히말라야를 등산하고 있었다. 그래서 그 당시 싯기므 국왕에게 박해를 받아 레뿌지아족을 데리고 숲속을 방황하다가 식량 부족에 빠졌다. 그때 레뿌지아족은 야생의 천남성(天南星), 마구시구사(살무사풀)의 중간의 구근(球根)을 따서 독을 제거하고 먹었다. 그 독빼는 법은 수침(水浸)이었다고 한다. 그 지역의 여름은 비가오고 있으므로 지면은 젖어 있다. 그런 숲속에서 구멍을 파서 물을 채워 속에 구근을 넣어서 일주일 정도 놓아둔다. 그런데 이 독빼기가 때때로 불완전해서 이것을 먹으면 피부에 부스럼딱지가 생기거나 머리털이 빠진다는 것이 그의 저서에 쓰여 있다. 훗카는 다행히도 자신은 머리카락이 빠지지 않았다고 쓰여 있다.

그런 식으로 조사해 가면 세계의 예상 외인 곳에 진흙 속에 파 묻던가, 물속에 담그던가, 발효를 시키던가, 무언가의 변화를 사용했던지 그런 가공법이 있었을 것이라는 것을 알게 되지 않을까 생각한다.

〔문헌〕

(1) Hooker Joseph Dalton 1855 *Himalayan Journals*. John Murry, London.
(2) 鈴木繁男 1973「澱粉とは何ぞゃ」『食の科學』第一四卷, 丸の內出版
(3) 德井賢 1976「醱酵法の故鄕」『李刊人類學』七卷四号

제2장 발효의 문화권

이시게 나오미치(石毛直道)

I. 발효는 문화적 개념

발효와 부패는 모두 미생물의 작용으로 유기물이 분해하는 현상임에는 틀림이 없다. 일반적으로 그 작용이 인간에게 유용한 경우를 발효라 하고 유해한 경우를 부패라고 부르는 것 같다.

어떤 식품을 발효한 것으로 인식하느냐 부패한 것의 범주로 분류하느냐는 문화에 따라 다르다. 16세기에 온 예수회 선교사는 일본인의 식생활을 평해서

「매우 검은 쌀 소량과 짠 어류 조금, 그리고 즙-즉 된장으로 맛을 낸 갱즙(羹汁)으로 해서 된장은 부패한 쌀과 보리 그리고 소금으로 만들고 또 많이 부패할 때 다섯 손가락으로 잡고 이것을 먹는다」라고 쓰여 있다[2], 또 일본과 포르투갈의 풍속을 비교해서

「우리는 생선이 부패한 저장물을 혐오스러운 것으로 생각한다. 일본인은 그것을 안주로 사용하고 대단히 즐긴다」고 젓갈(鹽辛)에 대해 쓰여 있다.

즉 일본인에게 부패물이 발효식품으로 받아들여지고 있는 것이다. 냄새, 텍스쳐 등의 독특한 점이 강렬한 것이 많으므로 다른 문화의 음식물 속에서 저항감이 대단히 강한 것이 발효식품이다. 메이지시대 이후 구미에서 유제품이 수입되었을 때 치즈의 보급이 제일 늦게 실현되고 그것도 독특한 향기가 약한 푸로세스치즈부터 먹기 시작한 것도 그 예이다.

---

[2] 원전을 만날 수 없어서 문헌(5)에서 인용하였다. 또 문헌 (4)(5)의 인용문에서 「부패」라고 하는 말이 원어로 어떻게 쓰여 있는지에 대해서는 확인하지 못했다. 그러나 엄밀히 「부패」에 해당하는 원어가 어떤지를 탐색하지 않아도 일본말 번역으로는 이런 표현이 되므로 인식의 차이를 표시하는 것으로 이 경우 허용될 것이다.

Ⅱ. 자연적으로 발효시킨다

음식물을 방치해 두면 발효를 촉진하는 미생물(여기에서는 그것을 스타터로 부르기로 한다)을 인위적으로 첨가하지 않아도 다소나마 발효나 부패가 진행된다. 이런 현상에 착안하여 스타터를 가하지 않고 자연에 있는 미생물이 활동하기 쉬운 환경을 준비함으로써 전통적 발효식품을 제조하는 기술은 세계 각지에 있다. 나카오(中尾佐助)가 말하는 "매토발효[3]" 제품은 그 예이다. 당분이 많은 과실이나 수액을 이용해서 각지에서 전통술을 만들고 치즈의 숙성, 김치의 대부분, 어장(魚醬)인 나레즈시의 제조도 이 유형에 들어간다.

1. 채소절임(漬物)

사우어크라우트(Sauerkraut)처럼 유산발효시킨 채소절임도 있지만 일반적으로 유라시아 대륙의 인도에서 서쪽으로는 채소 자체를 발효시키는 것이 아니다. 초에 담가서 제조한 절임이 보통이다. 즉 피클이나 아짜알 종류이다. 아짜알이라는 명칭은 서아시아, 인도 방향에서 기원된 것으로 동남아시아의 인도네시아, 말레이시아에서도 같은 이름으로 불린다. 일본의 아짜라절임도 아짜알에 어원이 있는 것으로 생각된다.

네팔, 앗쌈 방면에서 인도차이나 반도부를 경유하여 중국, 한국, 일본에 이르는 지대에 걸쳐서 채소 그 자체를 유산발효시킨 절임이 분포한다. 그것은 후에 기술하는 곰팡이를 스타터로 하여 술을 양조하는 문화권에 거의 일치한다. 단 동남아시아에 있어서의 절임에는 근세에 와서부터 화교에 의해서 전해진 중국계의 것이 많은 것에 유의할 필요가 있다.

절임을 잘 먹는 곳은 동아시아이다. 중국에서는 사천성의 파오차이(泡菜)처럼 저염분의 절임을 사용해 유산발효시킨 절임이 있는것과, 채소 자체를 발효시키기 보다는 발효조미료의 맛을 채소에 옮긴 일본에서 말하면 된장절임, 장절임에 해당하는 장차이(장채, 醬菜)가 많이 만들어지고 있다는 것이 특징이다. 한국을 대표하는 김치에 대해서는 이제와서 기술할 것도 없다.

일본에서는 「연회식」 시대에 이미 현재의 소금절임, 장(히시오)절임, 박(粕)절임, 쌀 또는 콩가루와 소금을 섞은 것에 절인 후대의 겨(糠)절임의 원형에 해당하는 것이 있었다는 것을 알고 있다. 절임즙을 준비하지 않고 직접 채소에 소금을 섞은 소금절임이

---
[3] 본권 p 311 「中尾論文」을 참조하기 바란다.

많은 것, 겨절임처럼 미생물의 성장을 위한 환경으로서 절임상(床)을 이용하는 절임이 발달한 것이 일본의 특징이다. 곰팡이의 스타터인 국(麴)을 섞는 절임도 있는데 그것은 채소 자체를 발효시키는 목적이라기보다는 독특한 풍미를 내기 위해서 국(麴)을 이용하고 있는 것이 대부분이다.

2. 나레즈시

나레즈시는 생선절임이다. 즉 소금을 뿌린 생선류에 가열한 곡물-보통은 쌀밥, 대만 한국에서는 조밥도 쓰인다-을 섞어서 유산발효를 시켜서 만든 보존식품이 나레즈시이다(고기를 이용한 나레즈시도 있다).

개인적인 의견에 의하면 동북태국, 라오스의 매콩수계에 있어서의 고대의 수전 경작민이 나레즈시를 만들었을 가능성이 높다. 한대(漢代)에는 장강 하류지대까지 분포가 넓혀져 그후 중국 각지에서 먹게된다. 그러나 생선을 먹는 습관이 없는 몽골인이 지배한 원대(元代)경에서 중국의 나레즈시는 사라져서 현재에는 서남중국의 소수 민족의 먹거리로 되어있다.

일본에서는 「대보율령,大寶律令」이나 등원경(藤原京) 출토의 목간(木簡)에 나레즈시가 나타나는 것이 문헌적으로 처음인데 그것의 쌀밥과의 결합관계를 중시할 때는 야오이시대에 있어서의 논농사와 함께 전해진 식품일 가능성도 있다. 실정(室町)시대부터 일본국 독자의 스시의 발달이 이루어져, 현재에는 주먹밥으로 대표되는 즉석요리로 되어버려서 보존식품으로서 나레즈시는 교토 비바코의 후나스시에 남아있는 정도로 되어 버렸다.

한국에서는 북부와 동해안의 논농사를 하지 않는 지대에 조밥, 엿기름, 향신료를 섞는 식해라고 하는 나레즈시가 있다. 남부의 전통적 논농사 지대에는 나레즈시가 없다. 이것은 일본으로의 전파경로가 달라서 아마도 일본에의 나레즈시의 전래보다도 그 후 시대에 와서 화북에서 한국의 화전 경작지대에 나레즈시가 전해진 것을 암시한다.

그림 1에 나타낸 바와 같이 대만, 인도네시아반도, 말레이시아. 인도네시아와 필리핀의 일부에도 나레즈시가 분포한다. 한반도와 대만의 고산족에 조를 사용한 나레즈시가 있는 것, 보루네오에서 화전경작민이 육도(陸稻, 밭벼)로 나레즈시를 만드는 것을 보면 나레즈시의 분포는 전통적 논농사 지대와 일치하고 있는 점에 유의했으면 한다.[4]

---

4) 나레즈시에 대하여 자세한 것은 문헌 (3)을 참조하기 바란다.

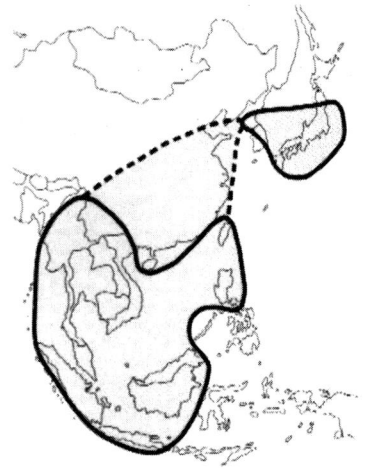

<그림 1> 나레즈시의 분포
점선은 전에 나레즈시가 존재했었는데 현재는 소멸한 지역을 나타낸다.

3. 각종의 어장(魚醬)

효소의 단백질 분해작용에 의해서 만들어진 식품이긴 한데 어장도 넓은 의미에 있어서의 발효식품이라고 해도 좋을 것이다.

어장이라는 말은 짜다는 것을 나타내는 경우 생선간장(어간장)을 얘기하는 경우 등이 있어서 용법이 일정하지 않다. 여기서는 어장이라는 말로 어패류나 작은 새우를 원료로 해서 소금을 섞어서 부패를 방지하면서 보존하고 주로 원료에 포함된 효소의 작용에 의해서 근육의 일부가 녹아서 구성요소의 아미노산류로 분해시키고자 하는 의도로 제조한 식품을 총칭하는 것으로 한다[5].

아시아의 어장을 대별하면 표1에 나타낸 바와 같이 젓갈, 젓갈 페이스트(paste), 작은 새우 젓갈 페이스트, 어간장, 작은 새우 간장의 다섯 종류가 있다. 젓갈 페이스트란 어육을 부스러뜨려서 짜게 가공한 것으로서 쉽게 녹으므로 조미료로 이용하기 쉽다. 장기간 발효숙성시켜서 어육의 대부분이 분해되어 액체 상태로 된 것의 상등액(위에 뜬 액)을 따르던가, 여과해서 투명한 위스키색을 띤 액체 조미료로 한 것이 생선 간장(어장)이다. 일본에서는 아끼다현의 숏쓰루, 능등반도의 이시리가 그 예이고, 동남아시아에서는 베트남의 뉴구마므가 유명한데 표1에 나타낸 바와 같이 중국이나 다른 동남

---
5) 어장에 관하여 자세한 것은 문헌(3)을 참조하기 바란다.

아 여러 나라에도 있다.

　　보리새우(糠蝦)와 같은 작은 새우를 젓갈 식품으로 가공하면 진하고 독특한 맛이 난다. 동남아시아 연안부에서는 작은 새우 젓갈 페이스트가 중요한 조미료로서 이용되는데 어장류와 마찬가지로 해서 제조한 작은 새우 간장도 있다.

<표 1> 동아시아·동남아시아에 있어서의 생선·작은 새우 발효제품의 명칭

지역	제품							보충
	젓갈	젓갈 페이스트	작은 새우 젓갈 페이스트	어간장 (생선간장)	작은 새우장	나레즈시 (발효초밥 : 역자注)	기타	
일본	젓갈			정어리,도루묵, 까나리 오징어 액젓		생선초밥†		† 현재는 다른 초밥이 발달했으므로 구별하기위해 발효초밥이라고 함
한반도	젓갈					식해		
중국	鮑鯖† 鹹魚†† 魚醬††† 鹹鮭††††		새우간장	어로 (魚露) 魚奇油 魚醬油	새우장	생선 초밥	어간장 †††††	† 생선내장젓갈 †† 湛江의 명칭 ††† 山東반도의 명칭 †††† 대만의 명칭 ††††† 누룩을 넣은 고전적 액젓
베트남		mam ruoc mam tomn	nuoc mam	nuoc mam tom chat	mam tom chat†		mam chua††	† 새우 발효초밥 †† 발효초밥과 젓갈의 중간형태
캄보디아	prahoc	prahoc	kapi	tuk trey		phaak	mam	
라오스	pa daek	pa daek		nam pa				
태국	pla deak pla ra tai pla†			nam pa bu du	nam kapi	pla ra pla som	pla jao ††	† 생선내장의 젓갈 †† 전채와 스타터를 이용한다
미얀마	ngapi-gou-ng	ngapi-sein-za	buzun-na-gapi(hmin-nbyayeg-nagapi)	bazun-nga-nbyaye	ngaching			
방글라데시				naapi				
말레이시아			belacan	budu	perkasam			† 작은 새우의

				cincalok⁺ ikan masin			발효초밥에 메밀을 넣음
인도네시아		terasi ikan	terasi udang	kecap ikan			
필리핀	bagoong	dinailan ginamos	patis		burong isda		

나레즈시(발효초밥) : 식초를 쓰지 않고 발효에 의해 신맛을 낸 초밥

현재 일본에서 젓갈은 기호 식품화되어 소비량은 국민 한 사람당 연간 200g에 지나지 않으나 일찍이 연안부에서는 중요한 보존식품이었다고 생각된다*6). 한반도에서는 현재에도 젓갈은 일상의 식사에서 빼놓을 수 없는 것이며, 김치에서 간접적으로 섭취하는 젓갈의 양도 많다. 중국에서는 산둥반도, 푸젠성(福建省)과 광둥성(廣東省)의 일부, 대만에 한정된 식품으로 되어 있다. 단 과거에는 뒤에 서술하는 누룩을 첨가해 만드는 <어장>이 발달해 있었던 것이 주목된다.

동남아시아에서는 인도네시아의 국부적 분포 이외에는 필리핀 제도의 북부 및 중부와 인도차이나 반도부가 젓갈지대이다(그림 2). 이들 동남아시아의 젓갈지대에 있어서의 식생활의 중요성은 단연 높다.

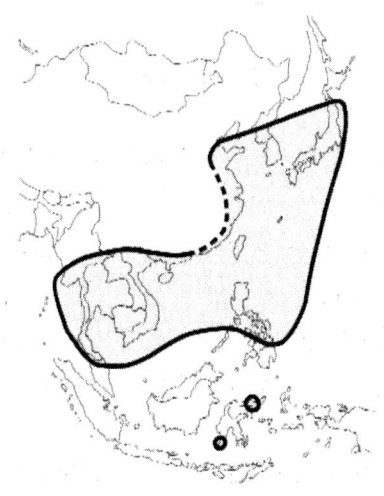

<그림 2> 젓갈의 분포

가축의 젖을 이용하는 습관이 없었던 동남아시아, 동아시아의 수전 농경지대에 있어

---

6) 문헌 (3) 의 107~109, 115-116페이지를 참조하기 바란다.

서는 민중의 일상 식사에서 고기가 차지하는 비중도 적고 단백질도 주식인 쌀에 의존하는 것이 많은 식사 패턴으로 알려져 있다. 에너지뿐만 아니라 단백질도 필수 아미노산의 밸런스가 좋은 쌀에 의존하는 경향이 강한 식사 패턴에 있어서는 부식물은 젓갈과 같은 짠 것, 또는 고추 등의 향신료로 맛을 낸 요리가 소량 있으면 충분하다.

이 젓갈은 조리에 손이 많이 가지 않는 것으로 소량으로도 식욕증진제이고 보존식품으로도 아주 중요하다.

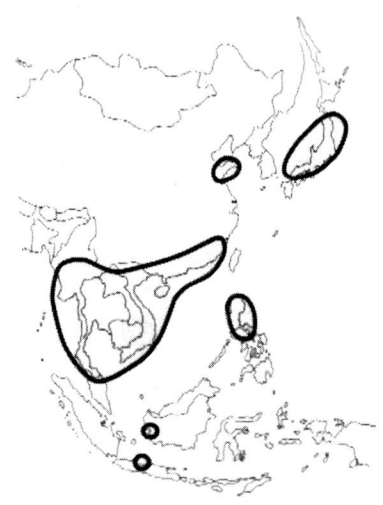

<그림 3> 어간장의 분포

젓갈 페이스트는 인도차이나 반도부의 담수어의 젓갈지대인 캄보디아, 라오스, 버마에 분포한다. 캄보디아와 라오스는 크메르 문화의 영향이 강한 장소이다. 한편 버마족은 원주민의 몬족으로부터 이 식품을 계승했을 가능성이 크다. 이렇게 보면, 젓갈 페이스트는 몬-크메르어라고도 불리는 오스토로아지아 어족에 기원하는 먹거리일지도 모른다. 인도네시아에 트라시·이칸이라는 젓갈 페이스트가 있는데, 그것은 다른 계통으로, 트라시라고 불리는 작은 새우 액젓 페이스트의 작은 새우의 대용품으로 생선을 원료로 하여 제조한 것이다.

어간장은 젓갈의 액을 조미료로 사용하는 것에서 시작하여 부산물로서가 아니라 조미용의 액즙을 목적으로 기술 개혁에 의해 만들어진 식품이다. 현재의 동남아시아에 있어서는 인도차이나 반도의 전역과 필리핀과 인도네시아에 국지적으로 분포하는데 그 대부분은 20세기가 되고나서 상업적으로 제조하게 된 것이고, 그 이전부터 어간장 만드는 전통이 확립되어 있었던 것은 베트남뿐이다.

중국에 있어서는 광둥성, 푸젠성과 산둥성의 연안부에서 만들어져 왔으나 예전에는 해안부근에 더 넓은 분포를 이루고 있었을지도 모른다.

일본에서는 에도(江戶)시대에 어간장이 벽지에서 된장, 간장의 대용품으로 이용되고 있었으나, 본조식감『本朝食鑑』의 약(鰯)의 쪽에 기록되어 있고, 메이지 시대에는 혼주(本州), 시코쿠(四國) 각지에서 제조되고 있었으나 어간장의 보급과 함께 모습을 감추어 갔다.

일본, 중국, 베트남의 전통적 어간장이 각각 독립 발생한 것인지, 그렇지 않으면 서로 관계를 갖는 것인지를 명백히 밝힐 수 있는 자료는 발견되고 있지 않다(그림3).

작은 새우간장은 중국, 베트남, 태국, 버마에 있는데, 모두 독특한 풍미를 내려고 액젓이 다양하게 만들어진 것이다.

작은 새우를 원료로 하는 젓갈 페이스트류는 제조법에 따라 2종류로 나누어진다. 새우장이라는 것은 중국 연안부에서 생산되는 제품으로 일본의 보리새우 액젓 같은 것을 장기간 발효시킴으로써 작은 새우의 형태가 부서져 물기가 많은 페이스트 상태로 된 것이다. 그에 반해, 동남아시아형의 작은 새우 젓갈 페이스트는 원료인 작은 새우를 어느 정도 건조시키고 나서 소금을 섞어 부서뜨려 페이스트 상태로 가공한 다음 발효시킨 것으로 중국 것에 비교하면 딱딱하다.

동남아시아형은 인도차이나 반도의 해안부, 방글라데시의 버마계 부족, 말레이족, 수마트라, 자바 일련의 지대에 분포하는 것 외에 필리핀, 보르네오, 테르나테 섬에 국부적인 분포를 볼 수 있다(그림 4). 그 기원에 대해서는 일찍이 인도차이나 반도부 연안에 분포하고 있던 오스트로아지아계의 체무족과 오스트로아지아계의 몬족이 관여하고 있을 가능성이 있다.

작은 새우 젓갈 페이스트는 젓갈처럼 부식물로 이용되는 것은 적고, 조미료로 이용된다. 특히 다른 액젓이 발달하지 않았던 말레이반도 남부부터 자바에 있어서는 중요한 조미료이다.

고대 로마에서 가람 또는 리크아멘이라는 어간장이 있었으나 로마제국의 멸망과 함께 잊혀진 식품이 되어 현재의 유럽에서는 안초비 젓갈과 안초비 소스에 약간 액젓의 자취가 남아있는 정도이다. 유럽과 동남아시아 사이의 지대에 어간장이 존재하지 않는 것으로 보아, 동남아시아, 동아시아의 어간장은 고대 로마의 그것과는 무관하게 발달한 것이라고 생각할 수 있다.

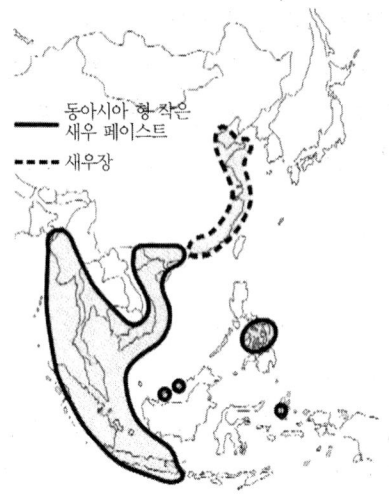

<그림 4> 동아시아형 작은 새우장 페이스트와 새우장의 분포

Ⅲ. 술 제조의 동서(東西)

술의 알콜 성분은 당류가 효모의 작용에 따라 발효되는 것에 의해 만들어진다.

그림 5에 세계의 전통적인 술 제조를 유형화하여 기술하였다. 여기서 당분의 술이라고 불리는 벌꿀, 과실, 수액, 우유를 원료로 하는 술은 특별히 스타터를 넣지 않아도 원료의 당분을 함유한 액체에 자연계에 의존하는 효모가 작용하여 알콜이 생성된다.

그러나 전분을 원료로 하여 술을 만드는 경우는 전분을 당분으로 변화시키는 절차가 필요하다. 그 때문에 타액, 곡물의 싹, 곰팡이 등을 스타터로 첨가하여 그 효소의 작용으로 전분을 분해하지 않으면 안 된다.

타액을 스타터로 하는 술은 백인이 나타나기 이전부터 중남미에 넓게 분포해 있었다. 동아시아에서는, 일본의 고대에는 남규슈에 존재했으며, 13세기의 캄보디아, 오키나와, 아이누인들, 중국의 변경지대, 대만의 고산족에도 있었다는 것이 알려져 있다. 그러나 이 원시적인 발효주 구찌가미주(口嚼み酒: 가열한 곡물을 입에서 잘 씹어, 타액의 효소(아밀라제)로 전분을 당화(糖化), 야생효모에 의해 발효시킨 것)는 고대의 잔존물로서 국지적 분포에 지나지 않고, 구세계에서의 전분을 원료로 하는 술 제조는 맥아(엿기름 등) 또는 곰팡이를 이용하는 기술이 주류이다. 유럽, 아프리카 등 구(旧)세계의

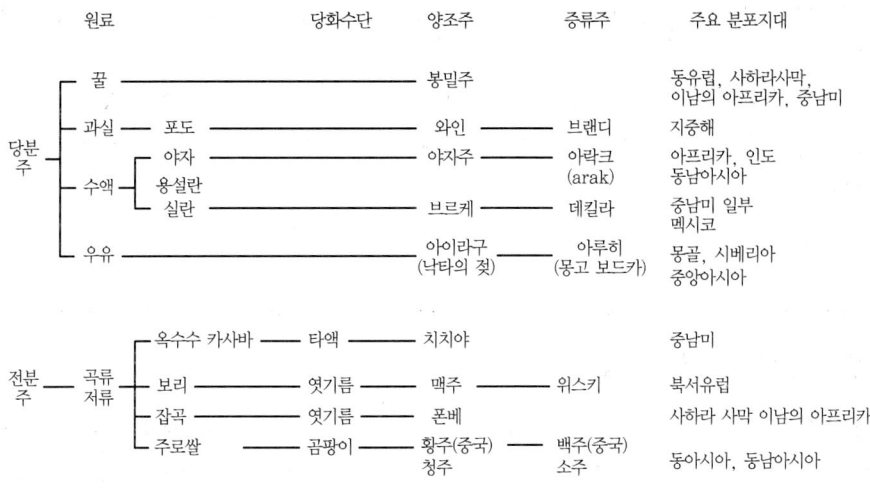

<그림 5> 세계의 전통적인 술의 유형

술은 곡물의 싹 술- 즉, 곡물의 발아할 때 생기는 당화효소를 이용한 술- 제조법이 행해진다. 그 대표적인 술이 맥주이다.

동아시아에서도 곡물이 발아할 때의 당화작용은 알려져 있다. 예를 들면, 한반도에는 맥아를 이용한 여러 가지 전통식품이 있다. 고대의 중국과 일본에도 곡물의 싹을 이용한 주조법이 흔적 상 있었던 것 같다고 하는 것이 문헌에 남겨져 있으며 인도의 나가란드와 아삼 지방에서는 쌀의 엿기름을 사용하는 술 주조가 현존하고 있다. 그러나, 네팔에서 동쪽의 히말라야 남쪽 기슭 지역부터 동남아시아, 동아시아에서 주조할 때는 오직 곰팡이- 즉 누룩을 사용하고 있다.

누룩은 곡류에 곰팡이를 피운 것인데 곰팡이를 발생시키기 위한 기술에는 여러 가지 방법이 있다. 일본에서는 누룩곰팡이의 포자를 채집하여 종국(種麴)으로 이용하는 고도의 기술이 생겼으나, 대만이나 히말라야 지역에서는 식물의 잎, 나무껍질, 꽃 등에서 곰팡이를 이식하는 방법 등이 있다. 아시아의 누룩 만드는 법과 그 분류에 대한 자세한 것은 요시다 슈지(吉田集而)의 연구를 참조하기 바란다.

술 주조를 할 때마다 자연계에 있는 곰팡이를 이식하는 것이 아니라 누룩을 전문으로 만드는 사람이라는 직업이 생기면서 이미 곡류에 곰팡이를 배양한 것을 구해 와서 그것을 스타터로써 이용하는 것이 일본에서는 일반적이 되었다.

그런 제품으로, 곡류를 가루나 또는 도정하고 질게 만들어 굳힌 것에 거미줄곰팡이(Rhizopus), 털곰팡이(Rhizopus)를 증식시킨 병국(餠麴)은 아마도 화북의 분식(粉食)지대에서 생겼을 것이다. 한반도와 화교가 진출한 동남아시아에서는 병국을 일반적으로 사용한다. 그에 대해 일본은 쌀알에 누룩곰팡이를 생기게 한 산국(撒麴)을 사용한다.

왜 일본 독자적인 누룩이 만들어졌는가에 대해서는 이전부터 발효 연구자 사이에서 논의되어 왔으나 아직까지 그 결론이 나지 않은 것은 다음의 토의에서 설명한 대로이다.

산국(撒麴)과 병국(餠麴)[7]

요시다(吉田) : 일본의 술은 독자적인 것이 아니라 동아시아 전체에 펼쳐진 발효문화권 속에 두고 싶다고 생각합니다. 예를 들면, 철국도 일본뿐만 아니라 타 지역의 민족학적인 자료 속에 간간히 나오고 있습니다. 그 원류를 찾아가면 아무래도 중국남부와의 관련을 생각할 필요가 있으며, 그것은 바로 벼농사와 일치합니다. 산국(撒麴)과 병국(餠麴)은 벼농사 문화권과 보리 문화권의 차이라는 것이 됩니다. 벼농사 지대에서는 일시적으로 산국(撒麴)이 주류를 차지하고 있었으나 보다 뛰어난 병국(餠麴)에 영향을 받아 대륙에서는 거의 이것을 쓰게 되었습니다, 단 산국(撒麴)을 이용하고 있는 지역도 현재 여전히 존재하고 있습니다.

일본에는 오래된 형태로 들어왔습니다만 산국(撒麴) 그대로를 사용하는 것이 아니라 균을 꺼내어 사용하는 특이한 기술이 발달했습니다. 동남아시아 전체로 보아 당시의 일본은 변경이고 중앙에서 가져온 산국(撒麴)을 일본화 하여 사용한 것이라고 생각합니다.

노지로(野白) : 중국에서도 간장에는 아스페르길루스(Asperigillus)의 누룩을 사용하고 있다고 들었습니다만, 왜 이것을 술 제조에 사용하지 않았을까요?

고이즈미(小泉) : 왜 그런지는 잘 모르겠습니다만, 중국에서는 술 제조에 대부분의 경우 보리를 사용하므로 아스페르길루스보다도 생식밀도가 높은 라이조프스(Rihzopus)가 아스페르길루스와 무코르(Mucor)를 도태시켰다고도 추측할 수 있습니다.

노지로(野白) : 병국(餠麴)은 일본에서도 만들어지고 있었습니다만, 술은 만들지 않고 위장약과 같은 것이었던 듯, 에도 중기의 한방의(漢訪醫)인 데라시마 료안(寺島良安)의 『와

---

[7] 오자키 미치오(小崎道雄)·이시게 나오미치(石毛直道)(編) 1986 『醱酵と食の文化』ドメス出版 pp. 123-125에서 발췌
요시다 슈지(吉田集而)(국립 민족학박물관·민족학) 노지로 기쿠오(野白喜久雄)(동경농업대학·양조학) 고이즈미 다케오(小泉武夫)(동경농업대학·발효학) 야노 게이지(矢野圭司)(동경대학·미생물학)

> 칸산사이즈카이(和漢三才図會)』에 신국(神麴)으로 기재되어 있습니다.
> 요시다(吉田) : 신국(神麴)이라는 명칭은 중국에 상당히 오래전부터 있었고 역시 약입니다. 미생물학을 하시는 분들은 아스페르길루스다, 라이조프스다 라고 분류하시지만 민족학 쪽에서 보면 기본적으로 그것은 곰팡이이며 문화의 이야기로서는 그만큼 중요성을 갖는지 어떤지 의문이라고 생각합니다.
> 야노(矢野) : 일본에서 동쪽으로 나라는 없으므로 대륙문화는 여기에 집약되고, 현미경이 없는 시대에 일본인이 누룩균을 선택하여 산국(撒麴)을 여기까지 올려놓은 문화는 역시 독특함이 나타난 것이 아닐까 생각합니다.
> 요시다(吉田) : 나도 일본문화에 독자성이 없다고 부정하고 있는 것은 아닙니다만, 입장에 따라 다른, 매우 상대적인 것이라고 생각합니다.
> 야노(矢野) : 전분의 분해와 단백질의 분해는 식품 가공상, 목적이 매우 다릅니다. 맥아는 전문당화가 주가 됩니다. 라이조프스와 아스페르길루스의 차이는 단백질에 대한 반응의 차이입니다.
> 고이즈미(小泉) : 요시다는 산국(撒麴)과 병국(餠麴)의 논의는 문화로서의 중요도가 낮다고 말해집니다만 미생물을 하고 있는 사람에게는 간과할 수 없는 문제입니다.

술 제조의 연장상에 있는 것이 양조식초의 제조이다. 유럽의 과실주 지대에서는 와인비네가와 시들(사과주- cider)비네가가 만들어지고, 맥주지대에서는 모르트비네가가 전통적으로 이용되었다.

북아프리카에서 서아시아, 인도에 이르는 일련의 지대와 동남아시아에서도 이슬람교가 우세한 말레이시아, 인도네시아에서는 종교상의 이유로 술 제조를 하지 않는 경우가 많고 따라서 양조식초의 제조는 발달하지 않고 감귤류의 즙과 타마린드를 산미료(酸咪料)로서 사용한다. 다른 동남아시아 제국에서도 야자주를 잘 만드는 필리핀에서 설탕야자나 닙파야자, 코코야자에서 식초를 양조하는 것을 엿보면 일반적으로 화교에 의해 양조식초가 팔리게 되기까지는 감귤류와 타마린드가 산미료였다. 즉, 곰팡이로 술을 만들어도 자가 양조의 단계에서는 식초를 만들지 않고 다 마셔버리는 것이다.

따라서 아시아에 있어서의 곰팡이를 이용한 술 제조 기술에 더해 소량 식초의 제조가 행해져 온 것은 중국, 한국, 일본의 동아시아에 한정된다.

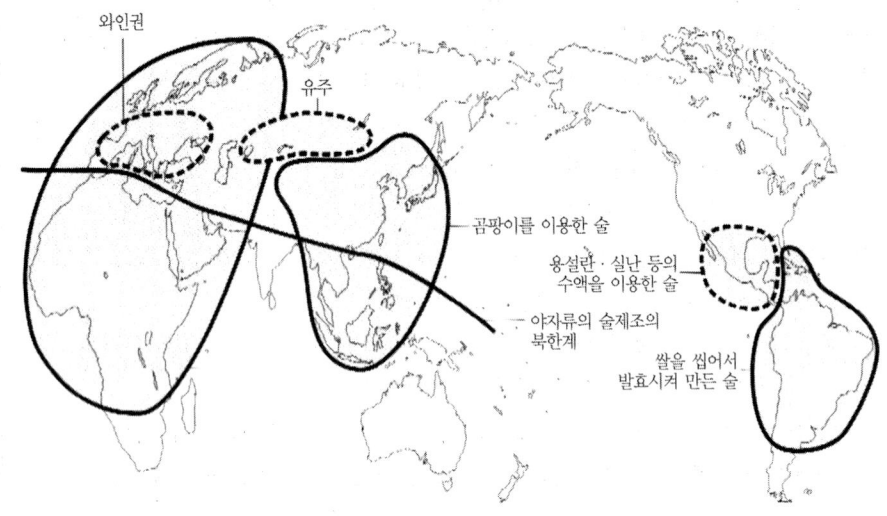

<그림 6> 전통적 술 제조의 분포 모식도

Ⅳ. 낫토류를 포함하여

대두 그 외의 콩류와 곡물을 원료로 한 발효식품을 제조하는 것은 곰팡이로 술을 제조하는 문화권의 특색이다.

말할 것도 없이 이들 발효식품의 원료로서 가장 중요한 것은 대두이다. 건조시킨 대두는 보통 볶거나 삶는 방법으로 조리된다. 볶은 콩은 딱딱하여 먹기 힘들고 부드러워질 때까지 대두를 삶으려면 시간과 연료가 든다. 그래서 볶아서 가루로 만든 콩가루로 하거나, 콩나물로 가공하는 것, 두부, 두부껍질로 만드는 등의 가공이 고안되었다. 발효시키는 것도 대두를 먹기 쉽게 하는 방법의 하나로서 고안된 것이다. 그것은 양질의 아미노산류를 포함하고 있어 발효함으로써 맛있는 맛 성분이 생성되는 대두의 특성을 살린, 뛰어난 식품가공법이다.

가장 단순한 대두의 발효법은 가열한 뒤에 발효의 스타터가 될 것 같은 것을 부착시켜 방치하고 나중에는 자연의 흐름에 맡겨두는 것이다. 소금을 더하지 않고 대두만을 발효시킨 이런 종류의 식품의 대표는 낫토이다.

일찍이 나카오 스스케는 일본의 낫토, 히말라야의 키네마, 자바의 템페를 정점으로 하는, 낫토의 대삼각형이라는 가설을 제창하여 이 삼각형 내에 특징적인 식품이 몇 개 분포하는 것을 서술하고 있다. 나카오(中尾)가 서술한 세 종류 이외에도 무염발효 대두가 곰팡이 술 지대에 분포하고 있으므로, 그 간단한 설명을 해 두자.

한국의 청국장은 일본의 낫토와 마찬가지로 볏짚에 삶은 콩을 싸서 만든 것이다.

태국 북부에서부터 버마의 샨 고원에 걸쳐서는 삶은 콩을 며칠 발효시키고 나서 찧어, 얇은 원반형으로 성형해서 건조시킨 트아 오나(tua-nao)가 있다. 중국 운남성의 타이족, 프란족의 두사(豆司-豆豉와 같은 어원일 것이다)라고 불리는 제품에는 트아 오나(tua-nao)와 같은 모양을 한 것이 있다. 동부 네팔, 식킴에는 키네마(kinema), 인도, 버마 국경의 나가 지방에서는 아쿠니(akuni), 버마의 살주의 페이보(pe-bour) 등의 무염발효 대두식품이 있으며, 그 외에도 미확인의 정보로는 이 종류의 제품이 있는 것 같다. 키네마와 아쿠니는 어떤 나무의 잎으로 삶은 대두를 싸서 만든다. 한편 인도의 나가란드에서는 삶은 대두를 방치하여 스타터 없이 자연스럽게 발효시키고 있다.

아삼에서 태국 북부에 걸친 무염발효 대두 분포지대는 씹는 차의 분포지대와 중복되는 것이 주목된다. 씹는 차는 가열한 찻잎을 특별한 스타터 없이 저장하여 발효시키는 것이다. 술, 식초, 대두제품 이외에 소금을 가하지 않고 발효시킨 식품은 적지만, 채소류를 절인 음식이 일본, 네팔에 있다는 것, 버섯을 소금 없이 발효시킨 식품이 나가란드, 동남아시아, 중국 서남부에 있다. 이 아삼으로부터 인도차이나 반도 북부를 거쳐 서남중국에 무염발효식품 센터를 상상할 수 있을 것이다.

자바섬을 중심으로 하는 템페(tempeh)는 삶은 콩을 야마사아 잎, 치크 잎 또는 바나나잎으로 싸서 만든다.

이렇게 해보면, 실끈 낫토와 키네마는 박테리아(낫토균의 친구), 템페는 곰팡이(거미줄곰팡이)라는 작용하는 미생물의 차이는 있어도 볏짚, 잎 등이 미생물의 이식 및 미크로후로라(미생물군집)의 환경을 안정시키기 위한 스타터로서 이용되는 점에서 요시다 슈지(吉田集而)가 말하는 것처럼 곰팡이 술 제조의 원시적인 기술이 응용된 식품일 것이다[8].

중국에서는 6세기 전반의 『제민요술(齊民要術)』에 메주 만드는 법이 적혀 있다. 삶은 콩을 실내에 넣어 발효시키는 것인데 이때 볏짚, 수수짚, 모(茅)의 생초(生草)가 스타터로서 이용되고 있다. 또 서책에는 선행하는 『식경(食經)』[9]에 서술된 방법을 인용하여 모의 청초를 스타터로 대두에 곰팡이를 옮겨 심은 후, 찹쌀누룩, 소금과 대두 삶은 물을 섞어 더 발효시키는 메주의 제조법도 적혀 있다. 즉 후의 간장 담그기의 원형이라고도 말할 만한 것이다.

현재의 중국에서는 무염대두 발효식품은 잊혀져 가고 있다. 찐 대두를 누룩실에 넣고 균실을 생기게 한 뒤에 소금, 보리가루 또는 쌀에 물을 섞어 숙성시킨 일본의 데라

---

[8] 요시다 슈지「민족학에서 본 무염발효 대두와 그 주변」아시아 무염발효 대두회의 '85의 강연 (1985년)
[9] 현재는 서책이 소멸하였으나, 『제민요술(齊民要術)』에 인용되어 있는 것은 육조시대의 『최호식경(崔浩食經)』이라는 서책에 있었을 것이라고도 말해지고 있다.

낫토(寺納豆), 하마낫토계의 중간 식품으로 대체되어 있다. 이것을 고전에서는 소금메주(塩豉), 짠메주(鹹豉)라고 부르며, 현대 중국어로는 두시(豆豉)라고 불린다. 한대(漢代)의 문헌에 소금메주의 명칭이 나타나는 것이 처음이다.

현재의 동남아시아 각지에 이런 종류의 제품이 보이는데, 그 대부분은 근세가 되어 화교가 들여온 것이다. 예를 들면 인도네시아에 있어서는 다오쵸라고 불리는데, 이것은 두시(豆豉)의 중국 남방음이 사투리로 발음되어 인도네시아어화한 것으로 인도네시아 요리에 가져온 것도 화교가 많은 도시부에서 시작된 것이다.

이런 대두 발효제품 속에서도 비교적 단순한 메주계 식품의 기원에 대해서는 대두의 기원지를 어디에 구할까 하는 문제와 관계를 가지면서 중국 동북지구(구 만주) 기원설과 중국 남부를 기원지로 하는 설이 있다[10]. 단 기술이기에 굳이 하나의 기원지에서 전해왔다고 생각하지 않고 여러 가지 기원이라고 하는 가능성도 남겨져 있다.

또 그 원초적 단계에 있어서는 소금과 누룩을 넣을지 어떨지는 그다지 문제가 아닐지도 모른다. 앞에서 서술한 트아 오나에도 제조 시에 소금을 섞는 것도 있다. 상버마에서 페 응가비라고 부르는 것은 삶은 대두에 소금을 넣고 발효시켜 찧어 으깬 것이다. 부탄에서는 삶은 대두에 병국(餅麴)의 스타터를 섞고 소금을 가하지 않고 죽통 속에 발효시킨 스리도데(sheuli dode)라는 식품이 있다는 정도이고, 운남에서 히말라야에 걸친 지대에는 여러 가지 이런 종류의 식품이 다양하게 존재하는 것 같다.

주목되는 것은 앞에서 서술한 젓갈과 이런 종류의 대두 발효식품은 자주자주 호환성이 있다고 보여지고 있는 것이다. 예를 들면, 페응가비는 [콩의 응가비]라는 의미의 말인데 응가비는 젓갈의 페이스트를 말하는 것이다. 미얀마 남부에서는 담수어로 만든 젓갈 페이스트가 가장 중요한 부식물 겸 조미료인데 물고기가 적은 미얀마 북부에서는 대두로 만든 페응가비가 그 역할을 하고 있기 때문이다. 동북태국에 비교하면 북태국에서의 젓갈 소비량이 적은 것을 태국사람은 북태국에서는 트나나오를 원료로 사용하기 때문에 그만큼 생선젓갈을 사용하지 않아도 된다고 설명한다. 그것은 동물성과 식물성의 차이는 있으나 이들 지역에 있어서 양쪽 모두 기본적 단백질 보급원이 되어있을 뿐만 아니라 뒤에 서술하듯이 [감칠맛]에 있어서 공통되는 식품이기 때문일 것이다.

---

10) 요시다슈지는 중국남부기원설이다. 동북지구 기원설은 문헌(7)을 참조 하길 바란다.

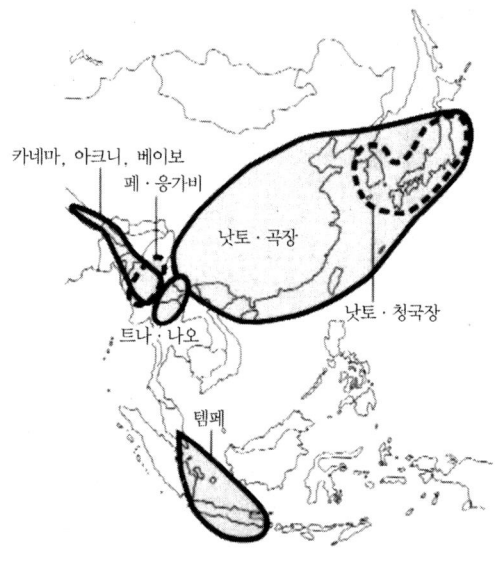

<그림 7> 낫토류와 곡장의 분포

Ⅴ. 감칠맛(구수한 맛)의 문화권

원리적으로 말하면 대두에 균을 이식해서 만드는 낫토 같은 것에 소금을 가한 것이 콩 메주의 제조 원리이다. 대두에 직접 곰팡이를 번식시킨 콩누룩을 주원료로 하여 만드는 일본의 콩된장(핫쵸된장-八丁味噌 등), 류간장, 한반도의 된장, 간장 등이 두장(豆醬) 계열의 식품이다11).

한편 고대 중국에는 이미 장 계열의 발효식품이 존재하고 있었다. 여기서 말하는 장이라는 것은 곡류의 누룩을 스타터로 이용하여 만드는 가염발효식품이다. 일본에서는 보리누룩과 쌀누룩을 사용하여 만든 된장, 간장의 종류이며 중국에도 여러 종류의 장이 있다.

중국에 있어서의 장은 고기장, 〈어장〉을 기원으로 한다(생선과 소금으로 만드는 어장과 이하에 서술하는, 중국 고전에 적혀 있는 누룩을 사용한 것을 구별하기 위해 후자에는 일반적으로 〈 〉을 붙여 쓰기로 한다).

전국시대 말에 성립했다고 말해지는 『주례(周禮)』의 해인(醢人)의 기사에 2세기 말에 정현(鄭玄)이 단 주에 의하면 해(醢)와 젓갈을 만들 때는 우선 고기를 붙여서 건조시키고 그리고 나서 찧어 정제한 조의 누룩과 소금을 섞어 좋은 술에 담가 장독 속에 넣어 진흙으로 밀봉하여 백일 지나면 된다]라고 되어 있다. 또 뼈가 붙은 고기로 만든 것을 젓

---

11) 현대 중국에서의 장이라는 말은 널리 페이스트 상태의 식품을 가리킨다. 따라서 발효 식품 이외에 과일잼(菓子醬), 깨소금(芝麻醬), 피넛츠 버터 (花生醬) 등 장(醬)의 문자를 붙인 것이 있다.

갈이라고 하고, 뼈가 없는 고기로 만든 것이 포이다, 라고도 기술되어 있다.『주례(周禮)』
에는 어해(魚醢)라는 문자도 나타난다. 해(醢)는 육장, 어해는 〈어장〉이라고도 불리웠다.

곡장이 문헌상 처음 나타난 것은 후한 대에 이르러서의 일이다. 따라서 공자가 [그
장을 얻지 않으면 먹지 않는다]라고 말했을 때의 장은 육장이나 〈어장〉을 말하는 것이
다. 해 또는 육장, 〈어장〉 만들기에 있어서의 주원료인 고기, 생선을 후대에 콩류와 곡
류로 바꾸어 제조하게 된 것이 곡장이다.『제민요술(齊民要術)』에서는 단순히 장이라
고 적었을 때는 콩류를 주 원료로 한 모로미(거르기 전의 술) 상태의 식품을 가리키는
것이 되고, 식물성의 장이 이미 우세가 되어 있다. 그러나, 육장(肉醬), 〈어장(魚醬)〉을
만드는 법도 적혀있고, 〈어장(魚醬)〉의 액을 조미료로 하는 조리법도 5예 기재되어 있
다. 그 후, 진미 식품화하여 〈어장(魚醬)〉은 명(明) 대의『준생팔전(遵生八牋)』에까지
는 만드는 법이 적혀 있으나 그 후, 잊혀진 식품이 되어버렸다12).

일반적으로는 곡장 또는 콩장이라고 불리는 것에는 제조기술의 계통론적으로 말하
면 이상에 서술한 메주의 계열과 장의 계열의 양쪽이 포함되어 있다. 그러나 식품으로
서의 형태, 요리에 있어서의 이용법에 있어서는 어느 계통에도 공통되는 면이 많기 때
문에 이하의 문장에서는 양쪽을 포함하여 곡장이라는 말로 부르기로 한다.

한국에서 젓갈이 부식물로서 다량으로 소비되고 있는 사실은 있으나, 대세로서는 동아
시아는 곡장이 탁월한 지대라고 말해도 좋다. 특히, 조미료로서 곡장이 중요하며, 그것이
동아시아의 맛을 특징짓고 있다. 한편, 같은 곰팡이 술 지대에서도 동남아시아에 있어서
는 낫토계의 식품을 제외하고는 술 이외의 식물성 발효식품은 발달하지 않았다. 동남아
시아의 맛을 특징짓는 것은 어장이다. 즉, 향신료의 문제를 접어둔다고 하면 곰팡이 술
지대의 요리 맛을 곡장탁월지대와 어장탁월지대로 크게 이분할 수가 있다(그림 8).

곡장의 맛있는 맛의 주성분이 아미노산인 것은 잘 알려져 있다. 다른 한편의 어장에
대해서는 단편적인 아미노산 분석의 예가 소수 발표되어 있는 것에 그치고 있었다. 필
자는 동아시아, 동남아시아에 있는 각종 젓갈 표본을 약 300점 수집하여, 그 중의 대표
적인 표본 38점은 아지노모토 주식회사 중앙연구소의 기미즈카 메이코(君塚明光)와
연구원들에 의해 각종 분석이 이루어지고 있다.

어장의 아미노산 조성의 분석 결과, 모든 종류의 어장에 있어서 가장 함유량이 많은
것이 글루타민산이라는 공통점이 존재하는 것이 밝혀졌다. 실험적으로 원료 생선의 아
미노산 조성과 최종 제품의 그것과를 비교해 보면, 생선의 종류의 차이와 제조법의 차
이는 있어도 발효한 후의 아미노산 조성은 거의 동일하게 되고 글루타민산이 가장 많
이 생성되는 것이 증명되었다.

---

12) 대만의 동세(東勢)의 객가인이 산저규(山猪鮭)라는 명칭의 육장을 만드는 예가 있는 정도이다.

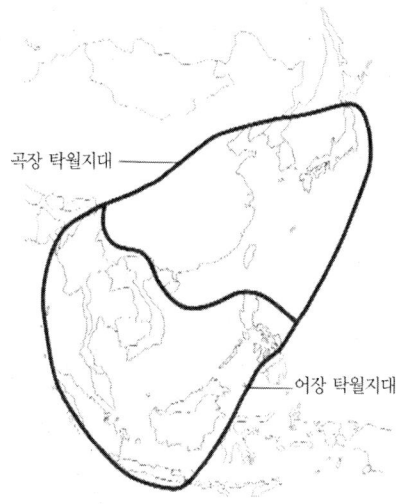

<그림 8> 동아시아・동남아시아의 조미료 문화권

시범적으로 일본산 간장과 각지에서 수집한 어장의 분석치의 평균을 비교해 보자. 염분에서는 어장이 평균 26%, 간장은 17%로 젓갈 쪽이 더 짜다. 전 아미노산량은 평균 5%로 역시 장과 거의 비슷하다. 글루타민산은 평균 5%이고, 역시 간장과 거의 비슷하다. 간장의 pH 4.8 전후에 대해 어장은 6.0 전후로 유기산은 거의 소금 형태로 존재한다. 이것은 간장이 산미료로서의 기능을 약간 가지는 것에 대해, 어간장의 다른 점이다. 또 간장에 포함되는 당분, 알콜 분이 어간장에는 없다.

덧붙여서, 페이스트 상태의 식품인 된장과 작은 새우 젓갈 페이스트를 비교하면, 된장의 평균 염분 11%에 대해 작은 새우 젓갈 페이스트는 평균 20%이다. 전 아미노산량은 된장의 약 2배인 12%이고 글루타민산은 평균 1.6%로 이것도 된장의 약 2배이다. 그러나 산미료, 감미료로서의 기능을 가지고 있는 것은 어간장과 마찬가지이다.

어간장의 특징의 하나는 독특한 냄새인데, 맛의 면에서 말하면 소금맛과 감칠 맛에 단순 특정화된 조미 기능이라고 말할 수 있을 것이다. 거기서 동아시아에 있어서는 보다 부드러운 냄새로 복잡하고 미묘한 맛을 가지는 곡장을 대신하게 되었을 것이다.

그런데, 감칠 맛 기능을 기본으로 하는 것에 대해서는 어장과 곡장은 공통된다. 어장의 감칠 맛은 경험적으로 동남아시아 사람들에게도 인식되어 있다. 그림 9는 버마의 랑군 시장에서 팔리고 있는 각종 어간장의 가격과 글루타민산 함유량을 그래프로 그린 것이다. 어간장은 첫 번째 액인가 두 번째 액인가, 물의 가감 정도에 따라 시장등급이 다르며, 그것이 가격에 반영되고 있다. 이 그래프는 감칠 맛의 근원이 되는 글루타민산의 양과 가격이 비례하는 것을 말해주고 있다.

일본에서 발명된 글루타민산의 감칠 맛을 내는 조미료가 먼저 동아시아에, 이어서 동남아시아에 보급되고 세계 안에서도 이 두 지역에서 일상 조미하는데 빼놓을 수 없는 것이 된 것도, 그 배경으로서 전통적 감칠 맛(미각) 식품이 존재하고 있었기 때문일 것이다.

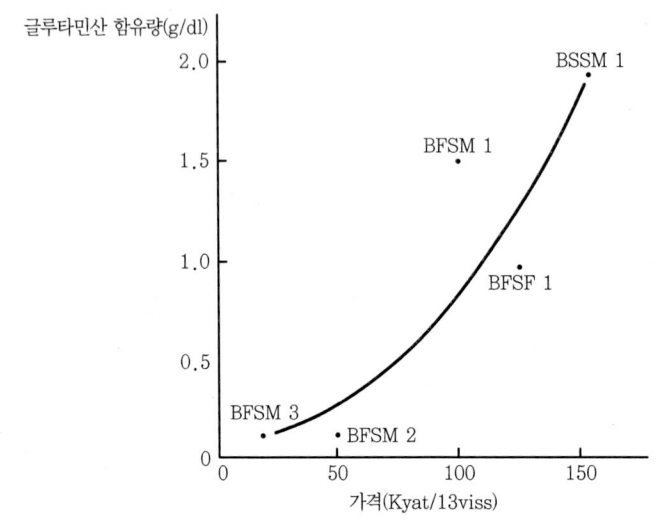

<그림 9> 어간장의 판매가격과 글루타민산 함유량의 관계(문헌(2)에 의함)

[문헌]

(1) 藤井建夫 1983 「塩辛」三輪勝利(監修) 『水産加工品總覽』 光琳
(2) 石毛直道・ケネス・ラドル 「魚醬の化學分析とう 『うま味』 の文化圈―魚の醱酵製品の 研究(6)」 『國立民族學博物館研究報告』 第一二卷 第三号 : 801-864
(3) 石毛直道・ケネス・ラドル 1990 『魚とナレズシの研究―モンスーン アジアの食事文化』 岩波書店
(4) 松田毅一・E.ヨリッセン 1983 『フロイスの日本覺書』 中公新書
(5) 森本義彰・菊地勇次郎 1965 『改稿食物史』 第一出版
(6) 中尾佐助 1972 『料理の起源』 日本放送出版協會
(7) 李盛雨 1979 「韓國の食べ物社會史(四)」 『アジア公論』 八月号
(8) 凌純聲 1957 「中國与東亞的嚼酒文化」 『中央研究院民族學研究所集刊』 第四期
(9) 田中靜一 1986 「中國の醱酵調味料」 小崎道雄・石毛直道(編) 『醱酵と食の文化』 ドメス出版
(10) 吉田集而 1993 『東方アジアの酒の起源』 ドメス出版

제3장 맛의 인식과 조미의 유형

요시다 슈지(吉田集而)

Ⅰ. 들어가며

본 고는 두 개의 부분으로 이루어져 있다. 하나는 사람이 어떠한 맛을 인식하고 있는가를 검토하는 것이다. 원래부터 충분한 자료가 갖추어져 있는 것은 아니나, 입수할 수 있는 범위에서 검토하여 대체적인 예상을 세우려고 하는 것이다. 그 경우 맛의 어휘만을 비교하는 것이 아니라 그 맛의 어휘가 내포하고 있는 가치관을 포함한 「맛의 구조」를 비교 대상으로 하고자 한다. 왜냐하면 각각의 어휘는 공중에 떠돌고 있는 것이 아니라 대조의 관계에 있기도 하고, 한쌍이 되어 있기도 하고, 반의(反意)의 관계에 있기도 하여 서로 관계하고 있어, 하나의 구조를 가지고 있기 때문이다. 맛을 문화로서 파악하려고 하는 것이라면 이런 총체로서의 맛의 구조를 파악해 두지 않으면 안 되며, 그런 상태에서 비교하는 것이 적당할 것이다.

각각의 문화의 맛의 구조 자체가 가설적인 것이고, 공시적(共時的)인 것인데 이것들을 이용하여 맛 인식의 통시적(通時的) 변화를 검토해 보고자 한다. 공시적인 자료를 이용하여 통시적인 변화를 검토하는 것은 많은 위험이 따르나 상당한 정도의 추론은 가능하다. 이렇게 하여 사람의 맛 인식의 공시적인 일반론과 사람의 맛의 인식의 통시적 변화를 생각해 보고 싶다.

또 하나는 세계를 조망하는 조미의 유형이다. 현대라는 시점이 아니라 서양 문화의 영향을 받기 전의 유형이다. 현대는 서양의 영향을 받아 외관상으로는 매우 달라져 있다. 그것보다는 서양의 영향을 받기 전의 유형 쪽이 각각의 지역의 조미 방법을 잘 표현하고 있다고 생각했기 때문이다.

　이 유형을 만드는데 있어서 조미료와 향신료라는 상위의 개념과 그 내용을 검토해 보고 싶다. 그것은 조미의 유형을 만드는 데에 있어서 유용한 정보를 제공해 줄 것이다. 그 위에 각각의 지역의 대표가 되는 조미료를 취급한다. 이때 맛의 구조의 검토는 유효한 정보이나, 실은 향 또는 냄새는 음식과 조리의 범주에 머무르는 것이 아니라 더 광범위한 의미 영역을 가지고 있다. 그 때문에 향의 구조 자체가 곧 요리와 상관하는 것이 아니다. 또 한편으로 향의 어휘는 일반적으로 빈약하며 또한 자료는 맛의 어휘 이상으로 부족하다. 이 때문에 조미의 유형에는 직감으로 향의 요소를 첨가할 생각이다.

　이렇게 해서 만들어지는 조미의 세계 지도는 세계 각각의 지역의 맛의 대략적인 약식도가 될 것이다.

II. 맛의 인식

　사실, 맛의 인식의 패턴을 검토하려고 하여도 이용할 수 있는 자료는 매우 적다. 얼마 전부터 기회가 있을 때마다 이런 종류의 자료를 모아 왔다. 인도네시아의 브키스족, 터키의 유룩 족, 베트남의 미엔 족의 자료는 문헌에서 인용한 것이지만, 그 외에는 전부 저자가 모은 자료에 의하고 있다. 단 자료에 치우침이 있기 때문에 잠정적인 추론이 되는 것은 피할 수 없다.

1. 파푸아뉴기니

(1) 도란민(Doranmin)족

　내가 알고 있는 가장 간소한 맛의 어휘를 가진 사람들은 산다운 주의 중앙 고지의 북사면에 사는 도란민족이다. 그들은 감자의 화전 경작과 수렵 채집을 생업으로 하는 사람들로, 인구 약 500명 정도의 작은 민족 집단이다. 맛에 대해서는 [좋다(usamate)]와 [나쁘다(alewola)]의 두가지 어휘 밖에 없다. 달다와 시다 라는 등의 어휘가 부족하다. 또 이들은 좋다, 나쁘다의 어휘는 맛에 대해서만 이용되는 것이 아니라 널리 일반적으로 좋다, 나쁘다를 말할 때 이용되는 단어이다. 즉, 맛에 특수화된 어휘가 없다는 것이다. 이런 형태가 가장 초기의 맛 인식이 아닐까하고 생각된다.

(2) 이웜(Iwam)족

이웜족은 동부 세빅크주의 세비크 강 상류의 한 지류인 메이강 유역에 사는 인구 약 1500명 정도의 사고야자나무 채집민이다. 사고야자나무의 줄기에서 뽑아내는 전분이 주식인데, 이외에 수렵 채집, 어로, 농경도 하고 있다. 강이나 늪에서 잡히는 물고기나 돼지, 화식조, 왕관비둘기 등은 중요한 단백질 공급원이다. 밭에서는 바나나, 타로(토란), 얌(감자), 고구마, 빵나무의 과실 등을 얻고 있다.

이웜어에서는 맛을 히-(hid)라고 해서, [맛이 있다] [맛있다]을 히콕크(hikok)라고 하고, [맛이 없다] 또는 [맛있지 않다]는 히카마이(hikamai)라고 한다. 전부 [맛]이라는 말에서 나온 파생어이다. 그리고 이것들은 맛의 평가어라고 생각하면 된다.

맛의 평가어로서는 맛이 좋다·나쁘다라는 형용사를 붙인 표현이 있다. 히·하잇트나(hid haitna)는 [좋은 맛] 히·피네이크(hid pineik)는 [나쁜 맛]이다.

맛의 성질어로서는 [달다]는 히콕, [시다]는 후에포카에(fuepokae), [맵다]는 야·오큰(ya okun)이라고 한다. [달다]는 앞의 [맛이 있다]라는 말이며, [시다]는 썩었다(fue)에서 파생한 말로 맛만을 가리키는 말이 아니다. [맵다]는 [입(ya)이 뜨겁다(okun)]라는 구어(句)로, 이것도 맛만을 가리키는 것 만은 아니다. 이것과 비슷한 표현이 여러 가지 있다.

- [맵다] : 입이 탄다(ya pekok)
- [맵다] : 입이 아프다 (ya iyekun)
- [아리다]: 입이 닳다(ya haishuro)
- [쓰다] : 입이 어떻게 될지 알 수 없다(ya haishuro)
- [시다] : 파리가 있다(eikok), 즉 썩었다

이 중에는 [짜다]라는 말이 보이지 않지만, 현재에는 [짜다]는 [달다]와 같은 말이고, 실제는 [달다]라는 의미일 것이다. 이웜족에서는 지금까지 소금을 이용해 오지 않았다. 소금이라는 단어가 없다. 외래어인 솔(sol 근원은 영어의 salt)이라는 단어를 이용하고 있다. 단, 소금이 전혀 없었던 것은 아니다. 그들은 몇 개의 식물을 구워서 재를 만든다. 이 속에는 염화칼륨과 같이 염화나트륨도 포함되어 있다. 그래서 이 재(灰)는 조리에 사용하지 않고 베테루 쥬인구 경우에 섞어 사용하고 있다. 더욱이 이 재의 맛에 대해서는 특별한 용어가 없고 심하게 말하면 「맛있다(우마이)」라는 말이 맞는다.

이렇게 보면 이웜족에게는 맛의 용어로 분화한 특수화된 용어는 없는 것이다. 그 위에 「단」 것을 제외하면 모든 것이 「나쁜 맛」일 수밖에 없다. 그러나 「좋은 맛」으로서

후에「짠맛」이 들어 왔다. 이웜족의 맛의 구조를 도식화하면 그림 1과 같다.

　이웜족의 조리, 조미를 보면 기본적으로는 전혀 조미료를 사용하지 않는다. 굽거나 찜구이를 하지만 그 재료의 맛 이외의 맛은 없다. 현재는 외부에서 식염이 반입되어 사람들 손에 들어오게 되었다. 그렇게 하여 채소류의 찜구이에 소금을 사용하게 되었다. 그래서 이것을 맛이 있다고 느끼고 있다.

　이것과 병행하여 설탕이 들어오기 시작하였다. 맛있는(단) 것의 대표이다. 커피보다 차(茶)를 즐기는데도 대량의 설탕이 들어 왔다. 단 그들은 집에서 물을 마시는 풍습이 없었다. 그 때문에 물을 마시는 용기라는 것도 존재하지 않았다. 내가 보건데 정말로 물을 마시지 않는 사람들이다. 한편으로는 습도가 높고 더운데도 불구하고 땀을 전혀 흘리지 않는다. 그리고 음식도 습한 것이 많다. 물을 마시고 싶다는 생각이 나면 냇가에 가서 손으로 물을 떠서 마실 뿐이다. 여기에 차가 들어 왔기 때문에 컵이라는 용기도 동시에 들어오기 시작하였다.

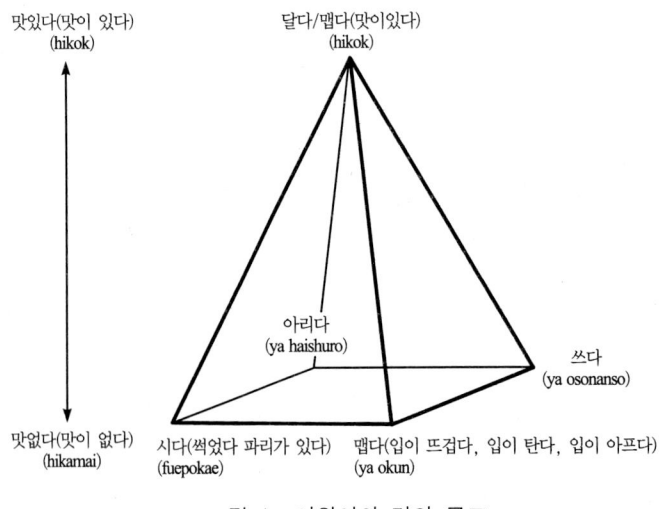

<그림 1> 이웜어의 맛의 구조

2. 인도네시아의 파푸아계의 사람들

(1) 하루마헤라 섬의 갈레라(Galela)족

　인도네시아 동부의 하루마헤라 섬에 사는 갈레라족은 사고야자의 전분 채집민으로 밭에는 육지벼나 바나나 등을 재배하고 있다. 원래는 사고야자 전분을 주식으로 하고 있었다고 생각되지만 그 후에 쌀이나 조가 들어왔다. 갈레라족은 맛있다 또는 맛이 없다 라는 맛의 평가어 이외에 5가지의 맛에 관한 어휘가 있다. 짜다, 시다, 맵다, 쓰다, 달다로 앞의 4가지 맛은 너무 맛이 강하거나 약해도 맛이 없다고 한다. 단맛만은 강해도 맛있는 맛이 된다. 소금은 원래 여기에서는 사용하지 않았다. 그리고 매운맛에는 고추나 생강이 또 신맛에는 식초, 타마린드, 라임 등이 사용된다. 이 맛의 인식을 도식화하면 그림 2와 같다. 이 예에는 자연의 맛에 대한 조리한 맛이라는 개념이 있다고 생각된다. 조리한 맛에는 이러한 가감이나 조합에 의해 맛있게 되거나 맛없게 되기 때문이다. 즉 이 예에는 쓰다가 마이너스(-)가 되지 않는 점이 흥미롭다.

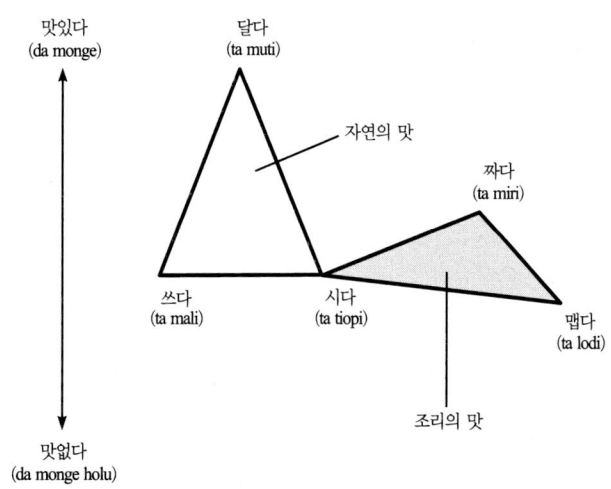

<그림 2> 갈레라족의 맛의 구조

(2) 아로루 섬의 카볼라(Kabola)족

동부 인도네시아의 아로루 섬에는 오스트로네시아계의 사람들과 파푸아계의 사람들이 살고 있다. 전자는 해안부이고 후자는 산악부에 살고 있는데 카볼라족도 그러한 산촌민의 하나이다. 현재는 옥수수의 화전 경작을 행하고 있는데 일찍이 수렵, 채집의 비중이 좀 더 높았을 것이다.

카볼라족의 맛있다(rupu)는 좋다 라는 의미의 일반적 어휘로 맛에 대한 특이한 표현은 아니다. 그러나 맛없다(nondau)는 주로 맛에 쓰여지는 어휘인 것 같다. 맛의 성질을 나타내는 어휘는 「달다」「짜다」「시다」「쓰다」「맵다」의 5가지이다. 그 중 「단맛」만이 좋은 맛이고 다른 맛은 맛없는 맛이다. 즉 「짜다(atolo)」도 맛없는 맛에 속한다. 소금을 「바다속에 들어 있는 것(tang sili)」이라고 하며 원래는 요리에 사용하지 않았다. 그래서 짠맛은 바다의 맛이라고 인식되어 오히려 맛없는 맛이라고 인식되었다. 현재는 식염의 구입이 가능하지만 소금을 요리에 사용하는 것은 아직 일반적이지 않다. 같은 섬에 사는 파푸아계의 아부이(Avui)어를 말하는 사람들도 「짜다(stola)」는 맛없는 맛으로 분류한다. 「짜다」라고 하는 맛이 조리의 맛이나 맛있는 맛이 아닌 예로서 흥미있는 예이다(그림3).

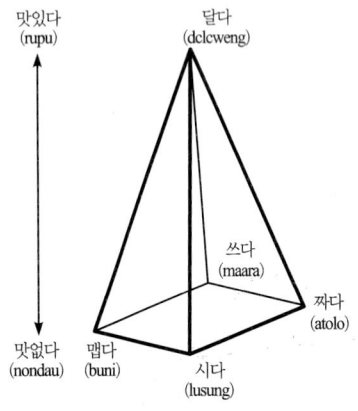
<그림 3> 카볼라족의 맛의 구조

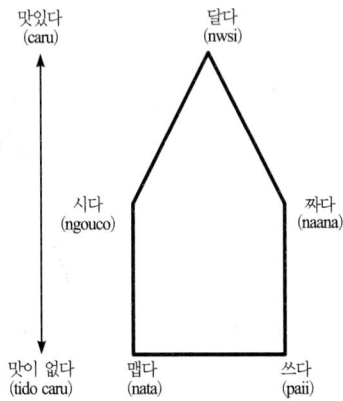
<그림 4> 비마족의 맛의 구조

3. 인도네시아의 오스트로네시아계의 사람들

(1) 슨바와 섬의 비마(Bima)족

슨바와 섬에 사는 비마족은 일찍부터 비마왕국을 형성한 민족으로 인구 약 36만이 넘는 큰 민족집단이다. 원래는 화전농경을 했다고 생각되지만 발리의 영향을 받아 수전경작이 넓게 보급되었다.

여기에는 「맛있다」에 대해서 「맛없다」라는 부정형이 보여진다. 맛의 성질로서는 「달다」「짜다」「시다」「쓰다」「맵다」의 5가지의 어휘가 있다. 「쓰다」와 「맵다」는 맛없는 맛이고 「시다」와 「짜다」는 적량이면 좋은 맛, 과잉이면 맛없는 맛이 된다. 여기서는 「시다」와 「짜다」가 조리의 맛이다(그림4).

(2) 론복 섬의 사삭(Sasak)족

발리 섬 옆의 론복 섬은 발리의 영향을 강하게 받고 있다. 여기에서도 수전경작이 중심이 되어있다. 「맛있다(maik)」와 그의 부정형 「맛없다」가 맛의 평가어인데 7가지 맛의 성질어를 갖고 있다. 「달다」 「짜다」 「시다」 「쓰다」 「맵다」 「떫다」 「맛난 맛」의 7가지로 떫다는 것은 빈랑을 씹을 때의 맛으로 입안이 강하게 자극되는 맛이다. 「맛난 맛(anyir)」은 맛의 평가어가 아니고 맛의 성질어이다. 후술하는 인도네시아의 gurih에 해당하는 말이다.

이들 가운데 「쓰다」 「떫다」는 같이 맛없는 맛이고 「시다」 「짜다」 「맵다」는 정량이면 맛있고 과잉이면 맛없는 맛이다. 그리고 「달다」와 「맛있다」는 맛있는 맛이고 여기서는 이들이 조리의 맛이다(그림5).

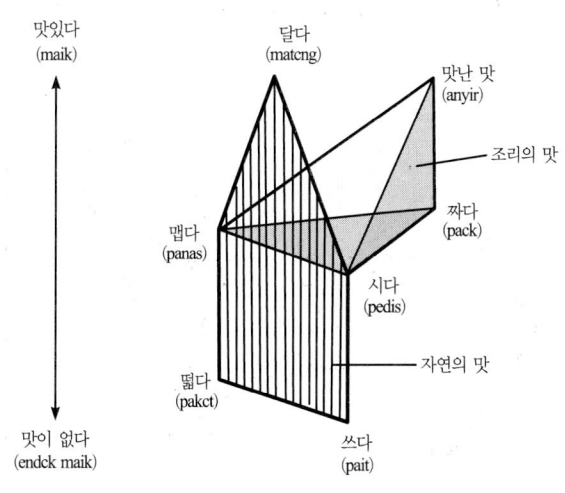

<그림 5> 사삭족의 맛의 구조

(3) 슬라웨시 섬의 부기스(Bugis)족

그들의 언어에는 「맛있다(masipa)」와 그의 부정형인 「맛없다(de'masipa')」가 있다. 또한 「맛있다(awale)」와 「맛없다(male'ba)」라는 말이 있다. 맛없는 맛의 표현으로는 「맛이 약하다(makemme)」 「맛이 없다(malawi)」가 있다. 그에 대해서 「맛이 강하다(aserru')」라는 말이 있다.

맛의 어휘에서는 「달다」 「짜다(소금의 맛)」 「시다」 「떫다」 「맛있다(mawale)」 「맵다」가 있고 이들은 모두 좋은 맛의 범주에 들어간다. 그래서 「쓰다」는 아마도 중성의 맛(「너무 쓰다」는 나쁜 맛이 된다)이고 「아리다」는 나쁜 맛이다.

감미료에는 흑설탕(사탕야자나 코코야자로부터 만듦)이나 설탕, 짠맛으로는 소금, 산미료로서는 식초, 야자주로 만든 식초, 라임 등의 과실, 타마린드 등, 매운 맛으로서는 고추, 후추, 생강, 마늘, 바완, 메라(작고 빨간 양파), 양파 등, 맛난 맛으로서는 간장, 맛내는 조미료로서는 토우라시(작은 새우의 패스트), 말린 작은 생선 등, 떫은 맛으로는 파다다와 빠레빠라고 하는 과실이 쓰여진다.

부기스족들의 「맛난 맛」이라고 하는 맛의 성질어를 정확하게 인식할 필요가 있다. 「맛있다」라는 맛의 평가어와 같은 「맛난 맛」의 재료가 제시돼 있고 더욱이 그것들은 우리들이 알고 있는 재료이다. 그리고 전술한 사삭족에도 「맛난 맛」은 분명히 인식되어져 있다. 이들에 관해서는 다음의 인도네시아어 부분에서도 더 상세하게 기술한다.

부기스족에서는 아린 맛은 나쁜 맛이고 떫은 맛은 결코 나쁜 맛이 아니다. 오히려 좋은 맛에 속하고 있다는 것도 주목할 점이다.

부기스족의 맛의 구조를 그리면 그림 6과 같다. 여기서도 자연의 맛과 조리의 맛을 구별하는 것이 좋다.

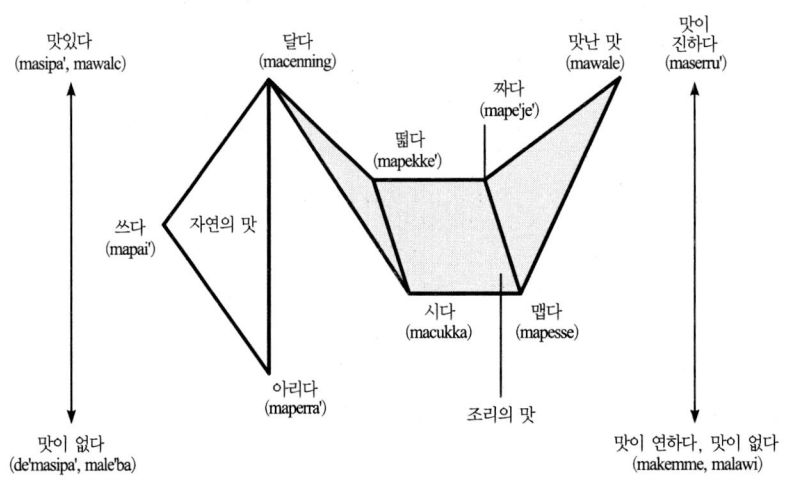

<그림 6> 부기스족의 맛의 구조

(4) 자카르타의 인도네시아인

인도네시아의 수도 자카르타에서는 인도네시아어가 사용되고 있다. 사실은 인도네시아에서는 거의 각각의 민족어가 있고 인도네시아어는 공통어일 뿐이며 각 지역에서는 그 지역의 언어가 사용되고 있다. 이렇게 볼 때 인도네시아어만을 사용하는 지역은 극히 제한되어 있다. 자카르타는 그 대표적인 지역이다. 여기에서 기술하는 예는 자카르타에 사는 22세의 인도네시아어를 모국어로 쓰는 남자로부터 얻은 것이다.

맛의 평가어로서는 「맛있다(enak' lezeat : 아라비아어)」, 「맛있다(sedap : 좋은 향을 동반한 맛)」, 「맛있다(gurih : 만족감이 있는 맛있음, 예를 들어 튀김과 같은 것)」가 있고 그것에 대해 「맛없다 (tidak enak)」, 「맛없다(hamber : 고형물로 맛이 약한 것)」, 「맛없다(tawar : 액체로 맛이 약한 것)」 등이 있다. 「맛없다」에는 고체와 액체의 구별이 있는 것이 주목된다.

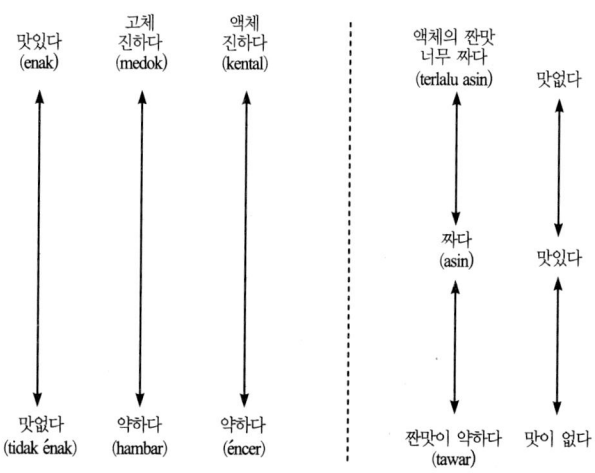

<그림 7> 인도네시아어에 있어서 맛의 평가어

이 점을 좀 더 자세히 보면 맛(rasa)과 조합되는 말로서 「맛이 진하다(medok : 고체에 대해서)」 「맛이 진하다(kental : 액체에 대해서, 특히 기름질 때)」 「맛이 약하다(hambar : 고체에 대해서)」 「맛이 약하다(tawar : 액체에 대해서, 특히 짠맛이 부족될 때)」 「맛이 약하다(éncer : 액체로서 특히 조미료가 부족할 때)」 등이 있으며 맛의 농도에 대해서는 그림 7과 같다. 맛이 약하다(tawar)에 대응하는 것은 「짜다(asain)」가 있는데 「짠맛이 너무 강하면」 맛없게 된다.

맛의 어휘로서는 「달다」 「맵다」 「짜다」 「시다」의 4개는 좋은 맛에 포함되고 「쓰다」, 「떫다」는 나쁜 맛에 속한다.

「맛난 맛(gurih)」은 여기에서도 맛의 성질어로서 생각하는 편이 좋다. 이 맛을 얻기 위해서는 맛난 맛, 조미료와 작은 새우페스트(토우라시), 코코낫 밀크, 기름류를 첨가할 수 있다. 부기스족과 같이 여기서도 「맛있다」와 「맛난 맛」이 같은 어휘로 표현되어 있지만 그 내용은 약간 다르다. 부기스족에서는 단순히 아미노산의 맛으로 생각해도 좋지만 이 경우에는 「기름맛」을 포함한 것으로 생각하는 것이 좋다. 그리고 사삭족에서 본 것처럼 오스트로네시아계의 언어에서는 「맛있다」라는 맛의 성질어가 파생된 것으로 생각되어진다. 즉 「맛난 맛」이라는 말을 인식한 것이다.

즉 이러한 「맛난 맛」은 아무리 많이 첨가해도 나쁜 맛이 되지 않는다. 그러나 「단맛」은 너무 지나치면 맛없게 된다. 이것은 현대적이 되었다고 볼 수 있다. 이러한 예의 맛의 구조를 도식화하면 그림 8과 같다. 단맛이 중간 위치에 있는 점이 주목된다.

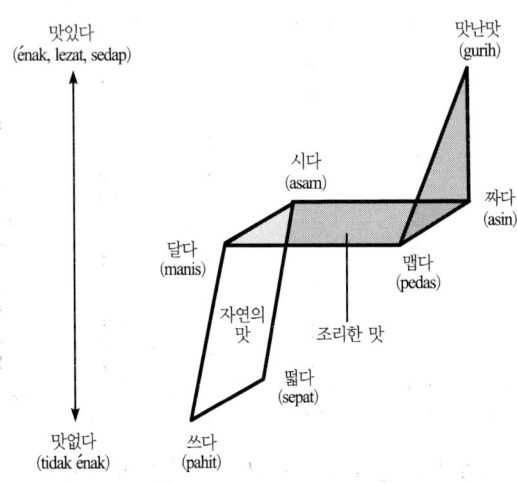

<그림 8> 인도네시아어에 있어서 맛의 구조

4. 동부 네팔

동부 네팔에서는 여러 민족이 살고 있는데 그 중 세 민족의 맛에 대한 인식을 기술한다. 이 세 민족은 서로 인접해 살고 있는데 소나 양을 키우는 잡곡 농경민이다. 주식은 옥수수, 향모(피의 일종), 메밀, 감자 등이 있다. 현재는 쌀 소비량이 증대하고 있다. 주로 우유로부터 만드는 버터나 요구르트의 소비도 많다.

(1) 라이(Rai)족

라이족은 「맛있다」와 「맛없다」의 맛의 평가어가 있다. 그리고 「맛있다」는 말과 관계가 없는 「달다」라는 맛의 단어가 있다. 그리고 이 「달다」는 「맛있다」라는 의미의 플러스(+)의 평가를 받고 있다. 이외에 「맵다」 「시다」 「쓰다」의 3개의 어휘가 있고 짠맛은

「달다」와 같은 어휘가 사용된다. 미각으로서 짠맛과 단맛이 구별되지 않는 것이 아니고 표현으로서는 같다고 생각한다. 이것은 동부 네팔에서 소금은 꽤 나중에 들어온 조미료이기 때문이다. 그리고「맛있다」와「달다」의 연쇄에 의해서「짜다」도「맛있다」의 범주에 들어가고 동시에 맛의 어휘로서「달다」가 사용되게 되었다고 생각된다. 즉 파푸아뉴기니의 이와무족과 같은 예가 된다.

단것으로는 사탕수수나 말린 과일, 신 것으로는 감귤류나 절임류(김치), 매운것은 고추나 생강, 쓴것은 일부의 야생초나 담배잎 등이 있다. 아마도 원래의 맛의 인식은「단것」은 (+),「매운것」「신것」은 (0 : 중성),「쓴것」은 (-)의 사각형을 형성하고 있다(그림 9-Ⅰ)라고 상상되지만 나중에「짠것」이 더해져「자연의 맛」과「조리의 맛」으로 분화하여 그림 9-Ⅱ와 같은 형이 되었다고 추정된다.

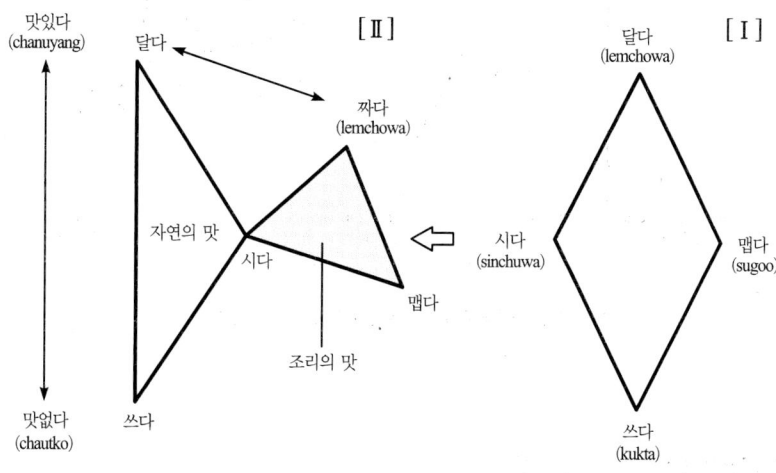

<그림 9> 라이족의 맛의 구조

(2) 림부(Limbu)족

림부족은 라이족의 어휘에「아린 맛」과「기름진 맛」의 두 단어가 첨가된다. 이「기름진 맛」은 다른 곳에서도 나와 있지만 분명한 맛의 성질어이다. 그리고 이 맛은 많이 첨가해도 맛없는 맛은 되지 않는다.「아린 맛」은 -의 평가어이고「쓰다」는 중간이다. 라이족과 같이「짜다」와「달다」는 같은 말이 쓰이고 있는데 조리에는 오로지 소금이 사용되고 있다. 림부족의 경우도「자연의 맛」과「조리의 맛」이 분리되어 있다고 생각된다. 이러한 인식의 형태는 그림 10과 같다.

(3) 구룽(Gurumg)족

동부 네팔의 구룽족은 네팔어를 사용하고 있다. 네팔어는 「맛없다」는 「맛있다」의 부정형인 「맛이 없다」만이 아니라 「맛이 없다(무미, 無味)」라는 단어가 있다. 그리고 림부어와 같이 「기름진 맛」이 있다. 또한 네팔어는 「짜다」라는 단어가 만들어져 있고 「달다」라는 말에 의해 구별할 수 있다. 네팔어의 맛의 인식의 형태는 기본적으로는 림부어와 같다고 생각된다(그림10).

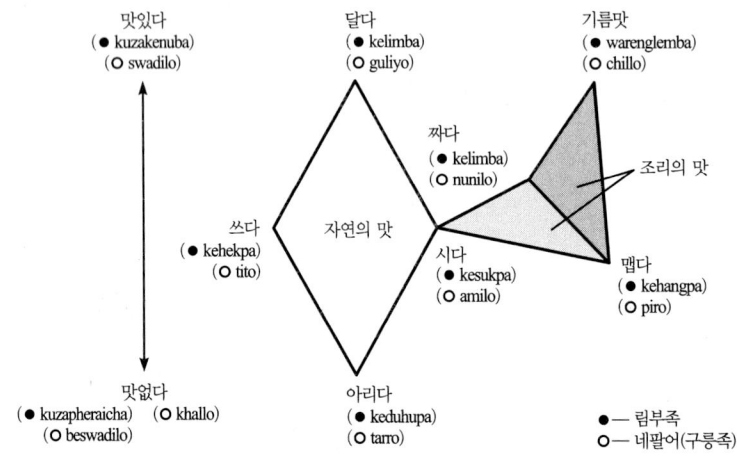

<그림 10> 림부족과 네팔어(구릉족)의 맛의 구조

5. 터키의 요룩(Yörük)족

마쯔하라(松原)가 보고한 요룩족은 예전부터 터키 아나톨리아지방의 유목민이었는데 현재에는 정착하여 농경과 목축을 하고 있다. 주식은 밀가루, 보리로 만든 빵류이고 소, 물소, 양, 염소 등을 키워 그 유제품을 풍부히 먹고 있다.

「맛있다」와 그 부정형의 「맛없다」가 있고, 그뿐만 아니라 과잉의 맛을 표현한 「강한 맛」과 부족한 맛을 표현한 「약한 맛」이 있다. 단지 「짜다」 「자극미」 「쓰다」 「맵다」 「시다」에서의 과잉의 맛은 「강한 맛」이며 「맛난 맛」이 아니다. 한편 「달다」와 「기름진 맛」에서는 과잉의 맛인 「강한 맛」은 존재하지 않고, 아무리 강해도 「맛없는 맛」은 되지 않는다.

「강한 맛」에 대한 부족의 맛인 「약한 맛」도 어느 쪽도 「맛없는」 것이 된다.

이들 이외에 「떫다」라는 맛이 있는데, 이것은 (-)의 맛이라고 한다. 그런데 이들을 앞에서와 같이 그림화하면 그림 11이 된다. 「쓰다」는 조리의 맛이 아니라 자연의 맛이라고 생각되는 한편 「맵다」는 고추 등의 맛으로 조리의 맛이다. 게다가 「시다」「자극미」「맵다」「짜다」는 동일 평면상에 있고 적당한 양이면 맛있게 된다. 그러나 「기름진 맛」은 많아도 맛있고 그 맛 자체가 (+)맛이라고 생각한다.

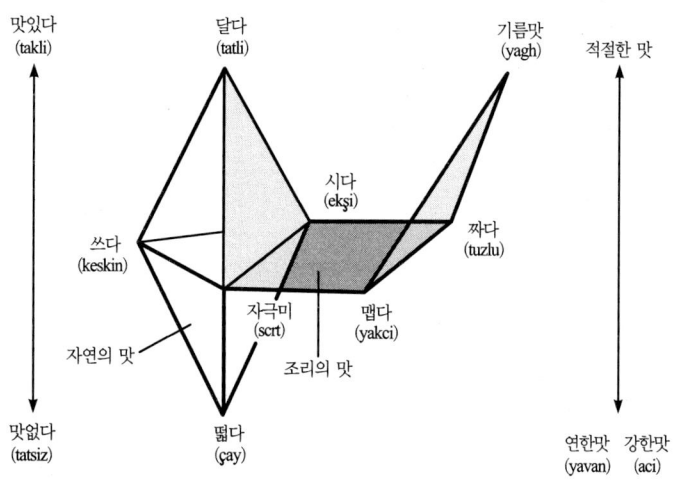

<그림 11> 요록족의 맛의 구조

6. 베트남의 미엔(Mien)족[야오(Yao)족]

베트남 북부에서 라오스 북부, 타이 북부에 사는 미엔족은 쌀을 주식으로 하고 콩도 많이 먹는다. 그들의 맛의 평가어는 「맛있다」「맛없다」의 두 개 어휘로서 맛의 단어로서는 「달다」「짜다」「맵다」「시다」「쓰다」「좋아하는 쓴맛」이 있다. 그 외에 술에서만 사용되는 「맛있다(namq)」가 있는데 이것은 특수한 것으로 맛의 구조로부터 제외해도 좋을 것이다.

소금을 쓰는 방법에 따라 맛있게도 맛없게도 된다고 하여 가치로서는 중성으로 나타내고 있다. 마찬가지로 「시다」와 「맵다」도 중성의 맛이다. 그리고 쓰다는 일반적으로 (-)이지만 「좋아하는 쓴맛」이라고 하는 별도의 맛이 있다. 쓴 오이나 파파이아 꽃의 맛을 말하며 조미료에는 없는 소재의 맛이 있다. 이 맛의 구조를 도식화하면 그림 12와 같다.

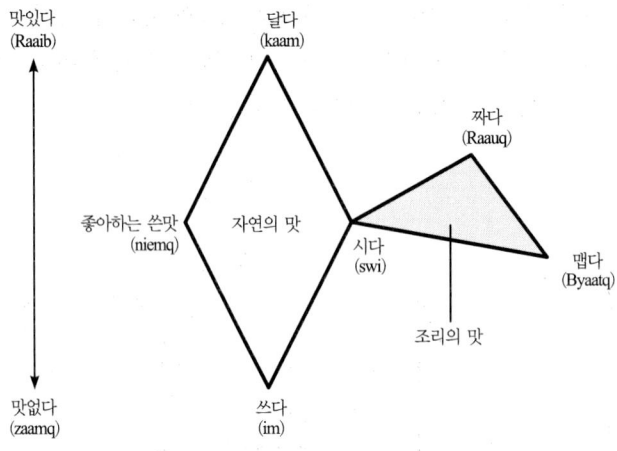

<그림 12> 미엔족의 맛의 구조

7. 방콕의 태국인

태국어의 자료는 방콕에 사는 대학의 교수를 초빙하여 얻은 것이다. 표기에 있어서는 억양을 제외하고 썼기 때문에 대체로 이러한 음이라고 생각하기 바란다.

태국어의 맛에 대한 어휘는 다소 복잡하다. 맛의 평가어로서「맛있다」「맛없다」「맛이 없다(무미, jud)」3개가 있다. 이 중「맛없다」는「맛있다」의 부정형인데 의미하는 것은「맛이 약간 진하다」는 것이다. 여기서는 맛이 너무 진함/적절한 맛/ 맛이 없다라고 하는 일련의 평가어가 된다.

(+)맛의 어휘는「달다」「기름진 맛(man)」「시다」의 3개, 중성적인 어휘는「맵다」「열나게 맵다」「짜다」의 3개의 어휘가 있고, (-)어휘는「떫다」「쓰다」「코를 자극하는 맛」「떫어서 입안이 그득한 것과 같은 맛(fuan)」「기름이 너무 강한 맛(manlien)」의 5개가 있다. 즉 (-)맛의 어휘 중에「기름이 너무 강한 맛」을 뺀 나머지 4개는「약의 맛(藥味)」에 속한다고 한다. 그리고 이「기름이 너무 강한 맛」은「기름진 맛」이 너무 지나친 맛이라고 볼 수 있다. 그러면「기름진 맛」은 적당량일 때 (+)가 된다. 그러므로 전술한「기름진 맛」이 (+)라고 하는 의견을 수정하여 이 맛을 중성이라고 보는 편이 좋을 것이다.

이러한 맛에 대응하는 일본어를 찾는 것은 쉽지 않다. 특히「떫어서 입안에 가득한 맛」은「약의 맛」의 하나라고 하지만, 또 하나의 알 수 없는 맛이다. 맵다와 열나게 맵다는 매우 닮아 있는데 전자는 고추의 맛이고 후자는 카레의 맛을 말하며 어느 쪽인가 하면 「맵다」는 쪽의 평가가 높다. 「기름진 맛」은 땅콩류나 코코넛 밀크맛을, 「기름이 너무 강한 맛」이라고 하는 것은 돼지의 지방으로 느끼한 맛을 말한다.

좋은 맛 가운데 「시다」는 평가가 높다. 오히려 「달다」보다도 높은 것 같다. 이것은 매우 신기한 예이다.

태국인의 맛 구조는 그림 13과 같다고 생각된다. 특이한 점은 약의 맛이라는 개념이 있다는 것이다. 그리고 맛의 원형은 달다/시다/쓰다/떫다의 사각형이고 거기에 맛없다는 맛으로서 약의 맛과 조리의 맛이 복합된 것이 태국인의 맛의 구조일 것이다.

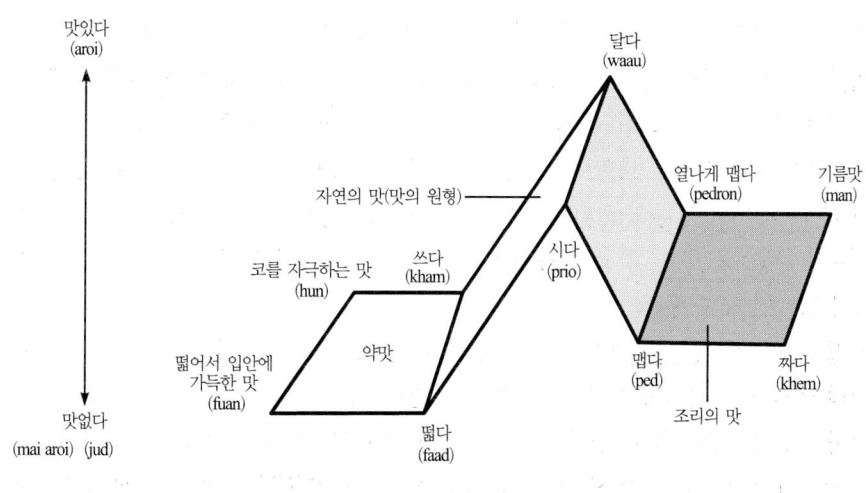

<그림 13> 태국인의 맛의 구조

8. 일본

일본어에 있어서 맛의 어휘 구조는 이시게의 그림 14와 같은 가설이 있다. 원래 일본에서는 「짜다」와 「맵다」를 구별하지 않고, 「맵다」라는 한 어휘였다고 본다. 그리고 「달다」의 대립 개념으로서 「맵다」「시다」「쓰다」의 3가지를 들고, 「맛있다」는 「달다」에 가깝고 다른 3가지의 맛은 단독으로는 「맛없다」 부류에 들도록 그림 14를 생각했다.

마쯔하라는 이것과 약간 다른 구조를 나타냈다. 고대 일본어에서는 「맛있다(우마시)」「맛없다(oomagunaraz)」가 맛의 평가어이고, 맛의 어휘로서는 「달다(amasi)」 그것에 대립하는 말로 「겨자」를 든다. 「겨자」는 「자극이 있고, 짠맛과 신맛이 강한」 맛을 나타내고 그중에서 신맛이 강한 것을 특히 표시할 때는 「스시」라고 한다. 그러므로 「겨자」와 「스시」는 같은 계열이 된다. 한편 「쓰다」「떫다」「아리다」는 음식의 소재 그 자체의 맛이고,「달다」에 대립하는 어휘이며「겨자」나 「스시」는 조미하는 맛인 점에서 다르다. 이것을 도식하면 그림 15와 같다. 그리고 그 중 현대 일본어에서는 「맵다」「짜다」가 구별되게 되었다.

일본어에 있어서 방언의 분포에서도 추정이 가능하다. 예를 들어「아마이」는 일본의 북단과 남단에서는「옅은 맛」을 가리키고「우마이」는「맛이 좋다」거나「달다」라는 맛을 가리킨다. 동북지방 남부나 관동지방 및 북규슈, 주고꾸(中國)지방에서는「우마이」는「맛있는 맛」을 가리키고,「아마이」는「단맛」및「옅은 맛」을 가리킨다. 긴키 지방에서「우마이」는「맛있는 맛」,「아마이」는「단맛」을,「미주쿠사이」는「옅은 맛」을 가리킨다. 긴키를 중심으로 주연부(周緣部)에 오래된 형태가 남아있다고 한다면 원래는 맛의 평가어인「오이씨」와 맛의 성질어인「아마이」는「우마이」와 같은 어휘로 표현되었다고 생각된다. 그리고「아마이」는「옅은 맛」을 가리킨다. 나중의「우마이」는 맛의 평가어가 되고「아마이」와「달다」는「연한 맛」을 가리키게 되었다. 최후에「우스이」맛은「싱겁다(미주크사이)」로서「달다」는 맛으로부터 분리되었고,「아마이」는「달다」는 맛만을 가리키게 되었다고 할 수 있다. 이 자료에서는「아마이」의 본래 의미는「연한 맛」이었다고 생각된다. 이렇게 볼때 본래의 대립은「우마시(좋은맛)」와「겨자(매운맛)」이고, 한편 맛의 진함과 연함이 대립으로「아마시(단맛)」가 있었던 것이 된다.

이들을 종합적으로 생각하면 그림 16이 된다. 원래는 I과 같았다. 그리고「겨자(매운맛)」로부터 여러 가지 맛의 성질어가 분리되었다. 한편「우마시」는 맛의 평가어가 되고 다르게는「아마시」는「단맛」을 가리키게 되었다(II). 드디어 조리가 시작되어 맛을 내기 시작하였다.「카라시(겨자)」와「스시(신맛)」가 조리의 중심이 되었다(III). 현재에는「맵다」와「짜다」가 구분되었고 더욱이「달다」의 위치가 떨어지게 되었다. 그 때문에 IV처럼 되었다. 바야흐로

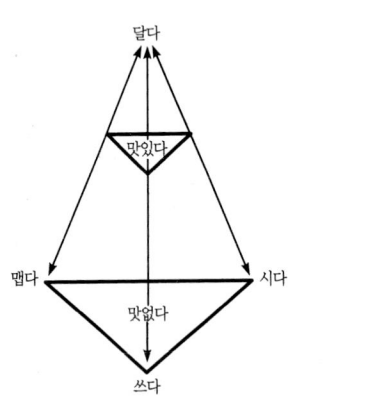

<그림 14> 일본어의 맛의 구조(I)

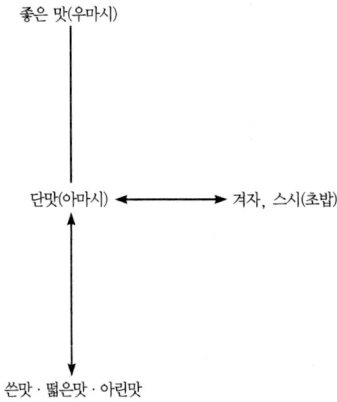

<그림 15> 일본어의 맛의 구조(II)

「달다」는 「너무 달다」라는 표현이 있는 것처럼 순수한 (+)의 맛의 어휘가 아니고 「맵다」「짜다」「시다」와 나란히 적절히 있는 경우에 맛있는 맛이 된다. 또한 확실히 「우마미(맛난 맛)」라고 하는 맛이 있다고 주장되지만 일반화되어 있다고 생각되지 않는다. 어느 쪽도 이들이 맛의 어휘로서 정착될지 모르지만 여기에서는 맛의 어휘로는 제외한다.

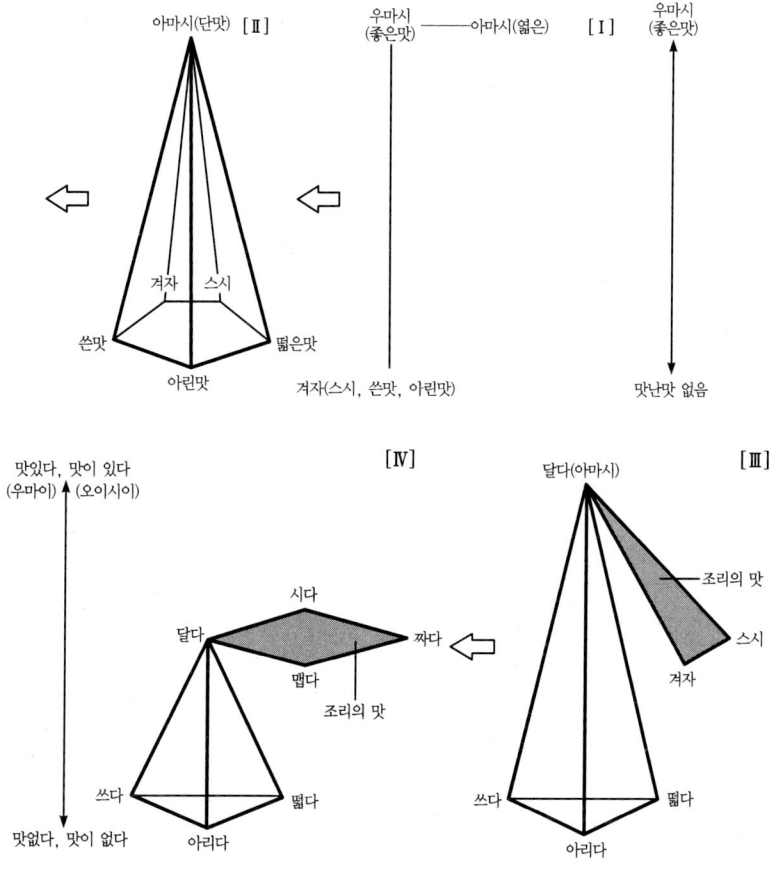

<그림 16> 일본어의 맛의 구조

Ⅲ. 맛 인식의 일반적 경향과 맛 인식의 발전

이상에서 기술한 예로부터 맛의 인식에 관해 몇 가지 경향이 인정된다. 우선 첫째, 맛에 대해서는 맛에 대한 평가어가 처음으로 탄생되었다고 생각된다. 단지 그것은 드라민족에서 보여진 것처럼 「좋다·나쁘다」라고 말하는 일반적인 용어가 사용되어진 것이 최초일 것이다. 혹은 이와무족처럼 「맛」이라고 하는 어휘의 파생어로서 맛의 평가어가 만들어졌다.

둘째, 맛의 성질어가 생겨난다면 그것은 우선 「달다」라고 하는 어휘이다. 그러나 지금까지 생각할 수 있었던 것처럼 「아마이(달다)」라고 하는 맛의 성질어로부터 「우마이」라는 맛의 평가어가 나온 것이 아니라 역으로 「우마이」라고 하는 평가어로부터 「아마이(달다)」라는 하는 성질어가 탄생했다고 생각하는 편이 좋을 듯하다. 이와무족은 맛의 성질 어휘가 탄생하게 된 예이지만, 이 예에서 보는 것처럼 「우마이」로부터 「아마이(달다)」라고 하는 맛의 성질어가 생겼다고 생각할 수 있다.

셋째, 「아마이(달다)」라는 말이 나타나면 그것에 대립하는 어휘가 형성된다. 그것이 어떠한 단어인가는 문화에 의한 것이다. 일본어에서 그것은 「카라시(겨자)」이었다. 그러나 「카라시」라고 하는 의미 내용은 「자극이 있는 염분끼가 강한 신맛」이었다. 이와무족은 「시다」거나 「맵다」 「쏘는 맛」 「쓰다」와 같이 명확하지는 않았지만 이들이 아마이의 대립이었던 것은 분명하다. 대부분의 경우 그것은 「시다」 「쓰다」 「맵다」가 포함된다고 생각된다.

넷째, 우선 자연의 맛이 형성되고 그 후에 조리의 맛이 형성되었다. 여기에 보여지는 예로부터 추측하면 조리의 맛이 형성되어진 것은 농경단계에 들어가서부터라고 생각된다. 그리고 그때 조리의 맛으로는 「짜다」가 가장 오래되었고 중요하다.

소금은 이제까지 많은 사람이 생각하는 것처럼 반드시 취하지 않으면 안되는 것이 아니다. 뉴기니아의 예에서만이 아니라 아롤섬이나 네팔의 예에서도 소금이 들어온 것은 꽤 나중의 일이었다. 단지 뉴기니아나 아롤섬의 사람들과 네팔의 사람들이 소금을 취하지 않았던 것은 아니다. 소금이라는 형태가 아니었던 것 뿐이다. 동물, 특히 혈액 중에 염분이 포함되어져 있다. 따라서 동물을 먹으면 소금을 소금의 형태로 취할 필요가 없다. 실제 사람이 소금을 필요로 하기 시작한 것은 식물성 식품을 중심으로 하기 시작해서이다. 즉 농경을 시작하면서부터 라고 생각해도 좋다. 그때까지는 소금은 필수품이 아니었을 것이다.

그런데 여기서 재미있는 점이 있다. 사람이 소금을 이용하기 시작했을 때 거의 대부분의 사람이 소금이 들어간 식사를 「우마이(맛있다)」라고 느낀 것이다. 그것은 사람의 생리적 욕구라고 생각할 수 밖에 없다. 전에 처음으로 나타나는 것은 「아마이」라는 어휘로 기술했지만 이것도 사람의 생리적 욕구에 지배된 결과라고 생각할 수 있다. 즉 직접적으로 흡수되는 중요한 에너지원으로서 「아마이」라는 맛을 인식한 것이다. 단지 아롤섬의 파푸아계의 사람들 간에는 「짜다」라는 맛을 좋지 않은 맛에 포함시키고 있었다. 그것은 바다의 맛이고 더욱이 식염을 사용하지 않는 사람들 간의 일이었다. 아마도 식물성 식품이 발전하면 어느쪽도 식염을 사용하게 되고 「짜다」가 조리맛으로 들어오게 될 것이다.

다섯째, 조리에 이용되어지는 맛에는「짜다」이외에는「시다」「맵다」의 2가지가 상당히 일반적이다. 신맛은 이와무족에서 보여지는 것처럼 자연의 맛에 있어서는 (-) 맛이다. 특히 부패한 맛이나 미숙한 과일의 맛으로 이 맛은 피해야 하는 것의 지표이다. 부패한 것은 사람에게 해를 줄 가능성이 있고 미숙한 과실에는 독이 함유되어 있을 가능성이 있기 때문이다. 그러므로「시다」는 자연의 맛으로부터 조리의 맛으로 자동적으로 옮겨진 것이 아니다. 거기에는 무엇인가 벽을 넘는 절차가 있었을 것이다. 하나의 길은 완숙해도 신 과실을 먹는 것으로부터 발전한 것이다. 감귤류가 그 대표이고 레몬이나 라임을 요리에 사용하게 된 것이 이 계통의 신맛이다. 이것에 가까운 것으로 신 채소류가 있을 것이다. 또 하나의 길은 발효를 통한 것이다. 술이 대표적인 것이다. 술로부터 식초는 쉽게 만들어진다. 예전에 술은 신 것이 많았다고 추정되고 그 맛에 익숙해짐에 따라 식초의 사용이 시작되었다. 양조주를 만드는 지역에서는 양조초를 만드는 것도 빈번하게 행해진다. 단지 발효의 절차는 어떤 것도 술에 한정되어지지는 않는다. 저장에 있어서 발효도 중요한 길이라고 생각된다. 절임류나 세계 각지에서 보여지는 전분의 저장(대표적인 것은 빵나무의 과실의 저장)에서 유산발효가 일어나고 시어지게 된다. 요구르트 등의 우유발효도 여기에 첨가해도 좋을 것이다. 어찌하였던 신 것을 먹어도 안전하다는 인식이 된 후 부터이다. 그래서 크게는 이 두가지의 절차를 통해서 사람들은「시다」는 맛을 요리에 응용하였다.

   실제 갈레라족, 비마족, 사삭족, 부기스족, 인도네시아어를 말하는 사람들, 라이족, 림부족, 그룸족(네팔어), 유룩족, 미엔족 등에서는「신맛」은 결코 (-)맛이 아니다. 태국인들은 오히려 좋아하는 맛이 되었다. 이처럼「신맛」은 조리의 맛으로 넓게 취급되어졌다.

   그런데「매운맛」은 어떠한가? 이것은 이와무족의 경험이지만 그들에게 카레라이스를 먹게 했더니 한입을 먹어보고 강으로 뛰어들어 입을 씻어내었다. 절대로 먹을 수 있는 것이 아니었다.「입안이 뜨겁다, 입안에서 불이 난다. 입이 아프다」였다. 이 예에서 보는 것처럼 매운 것을 사람이 먹기 시작한 것은 자연스러운 것이 아니다. 그런데 전술한 이와무족 예의 연속이지만 그들 가운데 매운 카레를 즐기는 사람도 나타났다.「매운맛」을 맛있다고 생각하는 사람도 있는 것이다. 일단 누군가가 이러한 것을 먹기 시작하면 그것을 따르는 사람도 나온다. 그래서「매운맛」은 거의 버릇처럼 되어버린다. 단지 이 예는 매운 것을 먹는 수용 과정의 설명이며 사람이 매운 것을 먹기 시작한 것을 설명할 수 있는 것은 아니다. 아마도 사람은 한때 여러 가지 것을 씹었을 것이다. 그 가운데 씹을 수 있는 식물이나 약을 발견하였던 것이다[13].「매운」것도 그 당시 사람

---

13) 씹기에 관하여는 나까오(中尾佐助) 1993「噛み料の文化」「VESTA」14 : 418 참조

에게 인식되게끔 되었다고 생각된다. 그리고 농경 발생 이후에 어떤 종류의 자극적인 맛을 주기 위해 조미의 하나로 취급되었을 것이다.

　여섯째 일본인은 그다지 익숙하지 않은 「기름진 맛」의 미각이 존재하고 있다. 그러나 이 맛의 평가는 타이인이나 요룩족에 보여지는 것처럼 대단히 높다. 그리고 돼지나 양에 보여지는 것처럼 지방을 많이 갖고 있는 동물을 가축화했다. 기름이나 지방은 사람에게 있어서는 중요한 에너지원이고 생리적으로 좋아하는 맛이다. 그러나 맛으로서 인식하게 되면 특히 희박하다고 생각된다14). 하나는 분명한 맛을 갖지 않았기 때문이고 또 한편으로 지방은 기름을 얻는 것이 꽤 힘들기 때문이다. 짜든가, 볶든가, 혹은 버터처럼 기름을 분류하여 얻는다. 이 방법들은 상대적으로 나중의 기술이고 조리의 맛으로는 새로운 것이다. 단지 이맛은 「시다」 혹은 「맵다」와는 다르게 자연의 맛으로부터 파생된 것이다.

　일곱째, 「맛난 맛」도 기본적인 맛의 어휘로서 인정해야한다. 특히 사삭족 예에서 분명히 「맛난 맛」이라는 어휘가 보여지고 또한 이 어휘가 인정되는 것은 지금까지 인도네시아의 오스트로네시아계의 사람들 사이에 있는데 좀더 많은 사람들 사이에서도 보여질 것이다. 이 말은 「기름진 맛」과 다소 닮아 있다. 맛으로서는 분명하지 않지만 나중에 인정받게 되었을 것이다. 그리고 인도네시아어의 예에서 「맛있는 맛」이라고 되어 있지만 「기름진 맛」도 포함되어 있다고 생각된다. 이 경우에는 오히려 「맛있는 맛+기름진 맛」이라고 하는 편이 더 좋을 지도 모른다. 맛의 인식에 있어서 이 두가지 맛은 매우 닮아 있다.

　「맛난 맛」은 일본어에서는 아직 독립된 맛의 어휘라고 인정받지 못하는 듯하다. 그것은 인도네시아어나 부기스어와 마찬가지로 「맛있다」라는 맛의 성질어와 평가어의 구별이 명확하지 않고 다소 애매모호하기 때문일 것이다. 일본에 있어서도 이 맛은 어느 쪽으로든 정착될 것이라고 생각된다.

　여덟째, 「쓰다」와 「떫다」라는 맛의 평가는 문화에 따라 달라지는 듯하다. 갈레라족이나 부기스족, 림부족, 네팔어, 요룩족에서는 「쓰다」는 나쁜맛이 아니다. 미엔족에서는 「좋아하는 쓴맛」이라는 어휘가 분화되어 있다. 이 맛은 그 이후 사람들에게 좀더 넓게 수용될 가능성이 있는 맛이라고 생각한다15). 이에 반해, 「떫다」를 평가하는 예는 드물다. 거론한 예에서는 부기스족만이 「떫다」를 조리맛 속에 첨가하고 있다. 그 이외에서는 배제되는 맛으로 되어 있다. 이 맛은 좀처럼 조리의 맛에 첨가되지 않고 있다. 이 점에서 부기스족의 특이성이 명료하다.

---

14) 오끼나와에서는 기름진 맛으로서의 가치를 인식하고 있다고 생각된다. 그러나 어휘화되지는 않았다.
15) 쓴맛은 약용으로서 주요하다. 쓴 것은 많은 경우에 건위약으로서 사용되고 있다. 위를 자극한다고 생각된다.

더욱이 「아린 맛」은 사람에게 받아들여지는 맛이 아니다. 식물체에 있는 맛이지만 인류는 이 맛의 제거를 오랜 세월에 걸쳐 행하여 왔다. 즉, 독을 빼는 기법은 더욱이 이 맛을 제거하기 위함이었다. 그리고 현재에도 지속되고 있다.

그런데 여기에서 예를 든 것 이외에 조리의 맛으로서 기술해야 하는 것이 있다. 「태운 맛」이 그것일 것이다. 이와무족에서는 식물체를 태워서 염분을 만들고 있다. 그러나 이것은 특별한 맛의 표현은 없었고 조리에 쓰여진 것도 없었다. 그러나 아프리카에서는 재 혹은 암염이 채집되어 조미료가 되어있다. 예를 들어 후루베족에서는 조미료로서 잡곡의 꽃을 태워서 만든 잿물(灰汁, cukkuri)을 사용하고 있다. 어쩌면 염화칼륨이 주성분일 것이다. 또한 외래의 것으로 생각되어지는 포타슈(potash)라고 불리우는 탄산나트륨도 조미료로 사용된다. 일반적으로 소금의 구입이 어려운 지역(뉴기니아, 북아메리카, 남아메리카, 아프리카 등)에서는 소금 대신에 식물을 태운 재를 이용하는 곳도 있다. 이 때문에 결코 불루베족의 특이한 맛이라고 하는 것이 아니라 여기저기에서 「태운 맛」이 인정되고 있는 듯하다. 그러나 식물의 재는 염화칼륨을 많이 포함하고 있지만 드물게 염화나트륨을 많이 포함하는 경우가 있다. 이러한 것을 고려하면 「탄 맛」이라고 하는 것은 「짠맛」에 가까운 것이라고 생각되며 생각했던 대로 과연 독립된 미각어휘인지 아닌지는 검토할 여지가 있다.

Ⅳ. 조미·향신료의 개념의 비교

필자는 맛의 용어를 가지고 지도를 그려보려 한다. 어떤 민족 혹은 지역은 매운맛이 우월하다든가, 이 지역은 기름진 맛의 중심이 되었다든가 이러한 지도를 그려보고 싶다. 그러나 유감스럽게 그것을 만들 자료는 현재 충분하지 않다. 또한 전술했듯이 조미란 맛뿐만 아니라 향도 중요하다. 맛 이상으로 향기의 연구는 진전되어 있지 않다. 여기에서 방향을 바꾸어 조미나 향미라고 하는 상위의 개념에서 생각해 보자. 각각의 문화에서 음식에 맛을 내든지 향을 내는 그러한 개념 및 그런 내용을 검토해보고자 하는 것이다. 그것에 의해 조미의 지도를 그리는 힌트를 얻을 수 있을 것이다. 실제로 이러한 개념은 문화에 의해 상당히 다르게 되고 유용한 정보를 제공할 가능성이 있다.

우선 우리들이 잘 알고 있는 일본의 경우를 정리해보자. 일본에서 조미료라고 하면 간장(장유,醬油), 된장(미소, 味噌), 소금, 식초, 설탕이라고 하는 여러 가지 맛을 내는 재료를 말한다. 현재에는 여기에 술이나 미림(味醂), 다시나 감칠 맛을 내는 조미료 등이 포함되어 있다고 생각해도 좋을 것이다. 일본에서는 이 정도로 거론하면 충분하지 않다. 약미(藥味)와 스이구찌가 있다. 이것은 취사할 때도 사용되지만 기본적으로 조리된 음식에 곁들이는 형태로 쓰이는 것이 보통이다. 회를 비롯하여 조림이나 구이 등의 고체 상태의 것에 첨가하는 것이 약미이고 국(汁物)등의 액체 상태의 것에 갖추는 것이 스이구찌(장국)이다. 그리고 이와 같이 사용되어지는 것이 일본의 조미 특색일 수 있다. 산초나 와사비, 생강, 자소(紫蘇), 파, 겨자, 유자라고 하는 약미·스이구찌를 일본요리에서 제외한다면 평범한 맛과 향의 요리가 되어버린다.

그런데 조미료라고 하는 것은 한자어일 것이다. 일본어의 표현은 없기 때문일까?「안바이(塩梅)」라고 하는 것은 옛 표현이다. 그러나 염매(塩梅 : 소금에 절인 매실)라고 쓰는 것은 한자어이고 중국이 그 기원일 것이다. 원래 일본에서도 소금과 매실의 산미로 조미했을 것을 상상할 수 있다. 전술했던 일본에 있어서의 맛의 구조Ⅱ는 이것을 나타내고 있다. 이와 같이 조미료를 일어로 바꾼다는 것은 어려운데 구태여 말하면 맛내기라고 할 수 있다. 한편 약미(藥味), 스이구찌(장국 : 국에 넣는 향미료)는 어떠할까? 스이구찌는 예전에 압두(鴨頭, 오리머리)라고 칭했다. 나중에 향두(香頭)라고 썼다. 푸른 유자껍질을 국물에 띄운 모습이 물에 떠있는 오리머리와 닮았다고 해서 이와 같이 불렀다. 나중에는 유자만이 아니라 다른 향기나는 것도 사용하게 되어 향두라고 쓰게 되었다. 그러나 이들은 상류계급에서 사용했던 맛일 것이다. 이렇게 보면 일본에 있어서의 맛이나 향기내기의 용어는 좀처럼 어려운 것이다.

근래에는 조미료라는 용어는 거의 정착되어 있고 스파이스의 역어인 향신료라는 용어도 정착되어 있다. 그리고 향신료는 약미나 스이구찌 상위 개념이 되고 있다. 그러므로 이것을 일괄하면 조미·향신료라는 것이 될 것이다.

다음에 한국의 경우를 생각해보자. 여기서는 양념(藥念)이 중요하다. 이것은 맛을 좋게 하기 위하여 소량을 사용하는 것을 가리키고 실제의 본맛을 깨나 파, 부추, 마늘, 생강, 산초, 고추뿐만 아니라 소금이나 설탕, 꿀, 된장, 간장 등도 포함된다. 일본의 조미료와 약미, 스이구찌류를 합친 듯한 내용이다. 전체를 총칭하는 상당히 편리한 용어이다. 이러한 양념이 원래는 약념(藥鹽)이었다고 한다. 음운 변화에 의해 글자가 변화되었다고 하나 그렇다고 한다면 원래는 염(鹽)이 중심의 개념이고 나중에 약미나 스이구찌에 해당되는 것도 포함되었다고 생각할 수 있다.

마지막으로 중국을 살펴보면 약간 성가신 일이 된다. 중국에서는 조미료나 향신료에 딱 맞는 용어가 보이지 않는다. 예를 들면,『본초강목』에는 훈신류(葷辛類)라는 항목이 보이고 마늘이나 부추, 파 등 파과식물, 코리안다잎이나 미나리 등의 미나리과 식물, 생강이나 겨자 등 4~5종이 포함되어 있는데 스파이스로서 중요한 후추나 계피, 팔각회향(八角茴香) 등은 포함되어 있지 않다. 또한 된장이나 간장, 식초 등은 조양류(造

釀類)라고 하는 항목에 들어있지만, 조미료만이 포함되어 있는 것이 아니다. 이처럼 본초강목은 약물의 책이기 때문에 맛있지 않아도 좋다. 원대(元代)의 식양생서(食養生書)인 『음선정요(飮膳正要)』16)에서는 재료가 상당히 향신료에 가까운 것이다. 후추나 카르다몬, 계피, 울금(심황)등 29종이 쓰여져 있는데 역으로 마늘이나 부추, 파 등은 약품 속에 포함되어 있다. 더욱 요리재료라고 하는 것은 요물(料物)이라는 항목에 쓰여 있는 것을 적당히 배합하여 떡처럼 반죽하고 둥글게 자른 조합 향신료를 가리키는 것이 원래의 의미였다. 원대(元代)의 음식수지(飮食須知)17)를 보면 미류(味類)라는 항목이 있다. 여기에는 소금(鹽), 기름(油), 설탕, 술(酒), 카르다몬, 산초, 후추, 팔각회향, 계피 등 대부분의 조미·약미(藥味)적인 것이 포함되어있다. 그러나 마늘이나 파, 미나리, 겨자 등은 미류에서 탈락되어 있다. 이들은 약류 중에 포함되어 있다. 이처럼 미류는 그래도 조미료에 가까운 개념이지만 중국에서는 일본의 조미, 약미에 대응하는 정리된 개념은 없는 듯 하다. 특히 약미 혹은 향신료에 대응하는 개념은 희박하고 이들의 대부분은 약물 혹은 향료에 포함되는 것이 많다. 그리고 오히려 이러한 개념 형성이 중국의 특징이 되어있다.

이번에는 서방(西方)의 인도의 경우를 살펴보자. 인도는 카레요리로 유명한데 그 조합(組合) 향신료를 가람·마살라(garam masala)라고 한다. 그리고 그 재료를 마살라라고 한다. 마살라는 스파이스 혹은 향신료와 같은 의미로 생각해도 좋다. 그러나 실제의 요리에서는 마살라 뿐 아니라 소금이나 기(버터오일)등이 사용되고 있어 마살라와 이들을 포함한 총칭어는 인도에는 없다.

그런데 인도요리권에 포함되어 있는 네팔의 경우는 조금 다르다. 네팔에서도 향신료를 마살라라고 하지만 소금은 그 속에 들어가 있어서 소금은 마살라의 한 종류가 되어 있다. 그러나 기름은 들어있지 않다. 네팔어에는 기름진 맛(기름맛, chillo)이라는 어휘가 존재하여 기름은 명확하게 맛을 내는 한 재료라고 생각되어 있는데도 불구하고 그렇다. 그리고 마살라와 기름을 합한 총칭어는 없고 두 개를 병기하는 방법밖에 없다.

스리랑카에서는 싱하리(shinhalese)어가 사용되고 있는데 여기서는 향신료를 튜나파하(tunapaha)라고 한다. 고어(古語)로는 쿠루바듀(kulu-badu)라고 한다. 쿠루는 정상의 의미이고 맛을 정상까지 끌어 올린다는 의미이다. 그리고 빠스·쿠루바듀(5가지 향신료)라고 불리우는 것이 그 전형이다. 즉 생강, 후추, 정향(長후추), 계피, 카르다몬

---

16) 『음선정요(飮膳正要)』 음선대의 홍사혜(飮膳大医忽思慧)가 천력3(1330)년에 문종(文宗)에 바쳤던 것으로, 몽고풍이 강하다. 요리서, 양생서로서 유명하지만, 내용은 식료 보존서의 일종으로 식품영양학과 같은 것이다.
17) 『음식수지(飮食須知)』 원나라 말(末)의 가메이(賈銘) 저서. 명태조로 부터 장수의 비결을 듣고 본서를 헌정한 것이라고 한다. 식품의 의약효과와 먹을 수 있는 반찬 등이 쓰여져 있다.

의 5가지 향신료이다. 여기서도 실제의 요리에 있어서는 기름과 소금이 중요하지만 소금은 또한 쿠루바듀에 포함되어 있어 기름과는 별개의 것인 듯하다.

　인도네시아는 인도의 영향을 강하게 받은 지역으로 특히 쟈바나 수마트라가 강하게 영향을 받고 있다. 이 지역의 조미료에서 중요한 것은 붐부(bumbu)이다. 붐부는 조합 향신료의 명칭으로 여러가지 향신료를 혼합한 것이다. 고추나 후추, 여러 가지 종류의 생강, 코리안다 등이 중심인데 소금이나 기름, 코코낫 밀크도 섞여 있다. 붐부는 본래 이들을 혼합한 향신료이었는데 현재에는 그 재료의 총칭명이 되었다. 그리고 소금이나 기름 등도 이 범주에 들어있다. 인도네시아에서는 탁상용 조합 향신료인 삼발(sambal)이라는 것이 있다18). 고추를 주체로 한 습윤성 향신료이다. 이 두 가지가 인도네시아 요리의 조미 중심이라고 생각해도 좋다. 이처럼 인도요리권으로 생각되는 가운데에서도 여러 가지의 차이점이 있다.

　아랍에서는 향신료를 타빌(tabil)이라고 한다. 후추나 계피, 정자(쿠로브,丁字)라고 하는 여러 가지 향신료를 말한다. 그리고 이 가운데는 소금이나 기름은 역시 들어있지 않다. 이와 같이 일본에서의 조미료라는 개념은 서쪽으로 갈수록 맞지 않게 된다.

　그 뒤에 더욱더 서방의 유럽을 살펴보자. 여기서는 시즈닝(seasonings)이나 콘디멘츠(condiments), 허브(herbs)19), 시즈(seeds), 스파이스(spices) 등이 맛내기・향내기의 용어인 듯 하다. 시즈나 허브는 유럽에서 개발된 맛내기의 재료이지만 스파이스는 나중에 열대아시아에서 들어온 후추나 계피, 쿠로브에 대해 붙여진 명칭이다. 그리고 스파이스의 의미가 확대되어 왔고 시즈나 허브까지도 스파이스에 포함해서 생각해도 좋을 듯하다. 시즈닝이라는 말은 기본적으로 소금과 스파이스를 조합한 것인 것 같다. 그리고 콘디멘츠라는 것은 겨자나 소스류를 가리킨다. 이런 점에서는 콘디멘츠 쪽이 시즈닝 보다 여러가지가 포함되고 있다. 그러나 버터 등의 유제품이나 부이용은 여기에 포함되지 않는 것 같다. 스파이스, 콘디멘츠라고 해도 유럽에서 사용되는 조미・향신료의 전부가 들어있다고는 생각할 수 없고 그것에 대응하는 어휘는 보여지지 않는다.

　마지막으로 아프리카의 후루베족의 예를 들어보자. 후루베족은 사하라 사막의 남쪽에 사는 목축민이고 잡곡(주로 도우진비애)을 가루로 만들어 열탕에 반죽한 단고(경단 nyiri)를 만들고 이것을 주식으로 하는 민족이다. 이 경단을 여러 가지에 찍어서 먹는다. 자주 사용되는 것은 바오바오의 잎을 갈아서 만든 것(haako)이고 본래는 잎이라는 의미다. 여기에 도우진비

---

18) sambal은 기름에 볶은 것이 있으며, 이것을 삼발・고랭(sambal goreng)이라고 한다. 보통의 삼발은 생재료를 찧어서 으깬 것이고, 필요에 의해서 만들어지지만 이 삼발은 미리 만들어서 보존한다. 또 기름을 사용하므로 보다 맛있다고 느껴진다.

19) 허브는 원래는 약용식물이며, 현재도 약용으로 사용되고 있지만 식물의 향을 이용하면 차와 향료용으로 분화될 수 있다.

에의 재로부터 만들어진 회즙(cukkuri), 소금 혹은 탄산나트륨(포타슈, potash)를 섞어서 먼저의 경단을 찍어 먹는다. 혹은 피르키아(Parkiaafricana)라는 나무과의 콩을 으깨어 볶아 경단 형태를 만든다. 잠시 놓아두면 발효된다. 이것을 다다오우(daddaws)라고 하는데 이것을 물에 개어서 경단을 만든다. 여기에 고추나 회즙(灰汁)등을 넣어도 좋다. 이러한 조미료가 후루베족에서 사용되고 있는데 이들을 총칭하는 명칭은 없다.

이처럼 지역에 따라 혹은 민족에 따라 여러 가지 개념이 보여지고 다양한 재료가 맛내기나 향내기에 사용되고 있다. 이 가운데는 이용할 수 있는 개념도 보여진다. 그러나 일본의 조미료나 향신료라는 개념이 그대로 세계 모든 민족의 맛내기나 향내기의 개념과 일치하는 것은 아니고 조미·향신료는 「요리의 주재료일 뿐아니라 최소량이 사용되어 주재료에 맛이나 향기, 풍미를 첨가하는 것」이라는 정의가 있다. 그리고 이 조미·향신료를 각 지역에서 유형화해보고 싶다.

V. 조미·향신료의 유형화(類型化)

유형화하는데 있어서 한 가지 조건이 있다. 현재의 단계에서 보면 어느 지역에있어서도 다른 문화의 영향을 강하게 받아 대단히 복잡하다. 오히려 전통적인 조미·향신료의 형상을 그리는 편이 이해하기 쉽다. 전통적이라는 말을 할 때에는 여러가지 상(相)으로 규정할 수 있는데 필자는 신대륙의 영향이 아직 없는 상태를 전통적인 것으로 생각한다. 여기에서 고추나 토마토 등을 제외한 조미·향신료로 유형화해본다. 그러면 대략 8가지의 조미·향신료권을 설정하는 것이 좋다고 생각한다(그림 17). 단지 지

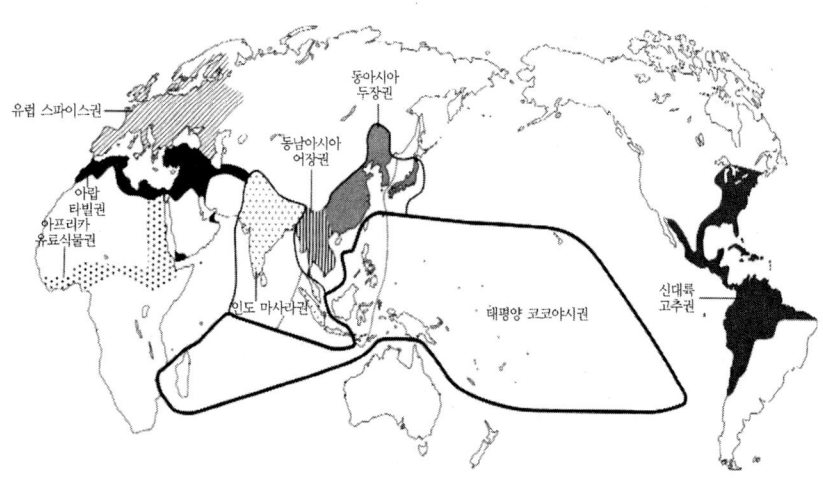

<그림 17> 세계의 조미·향신료

도상에는 공백이 있는 부분이 있다. 여기에는 수렵, 채집민과 유목민의 지역이다. 그들이 조미·향신료를 전혀 사용하지 않은 것은 아니다. 특히 소금을 사용하는 민족도 많다. 소금의 사용은 인간에게 매우 보편적이다. 또한 방목민들 간에는 파나 양파와 같은 것, 특이한 종류의 향초와 같은 것은 드물게 사용되기도 하여 특별히 거론할 필요는 없고 혹은 무시할 수 있는 정도의 것이라고 생각해서 공백으로 했다.

그리고 8개 지역을 순서대로 살펴보자. 우선 동아시아 두장(豆醬)권이다. 대두로부터 만드는 간장이나 된장을 주된 조미료로 하는 지역으로 중국, 한반도, 일본이 여기에 속한다. 이 간장이나 된장은 「짠맛」과 동시에 「맛난맛」을 갖춘 특이한 조미료이다. 냄새에 발효취가 있는 것이 다른 지역으로 들어가는 것을 방해하지만 그래도 이 「맛난맛」의 조미료는 다른 지역에 진출해 들어갈 가능성을 갖는 조미료이다. 물론 이 지역에서도 소금은 중요한 조미료이나 두장이 존재하기 때문에 그 중요도는 다른 지역에 비교하면 매우 낮다. 산미(酸味) 조미료로서는 발효 기술이 상당히 진전된 지역이고 양조식초가 중요하다. 유자나 귤과 같은 감귤류도 있다. 매운맛 재료로서는 생강, 겨자, 산초 등이 중요하고 일본에서는 와사비라는 특수한 신미료(辛味料)가 있다. 또한 무우도 신미료로서 사용될 수 있고 여뀌와 같은 것도 있다. 맛난 맛 조미료로서는 말린 새우 등이 사용되고 있는데 일본에서는 다시마나 다시 멸치 등이 사용되고 있다. 그 속에서 맛난 맛 조미료가 발명되어 많은 지역에서 사용되게 되었다. 기름은 일찍부터 중국에서는 돈지, 일본이나 한국은 평지씨(유채기름)기름이나 깨기름이 사용되어 왔다. 나중에 한국이나 중국에는 고추가 들어오는데 일본에서는 일곱가지양념(七色唐辛子)을 제외하면 그다지 중요하지 않다.

동남아시아대륙은 어장(魚醬)권으로 본다. 두장과 거의 다르지 않은데 원료가 생선이고 다소 발효취가 다르다. 단지 어장은 이 지역만이 분포하지 않고 중국에도 일본(정어리, 도루묵으로 담근 젓갈의 젓국을 걸러 간장 대신 사용)에도 없는 것은 아니지만 두장이 더 중요하고 또 한편에서는 동남아시아 어장권에서 두장이 거의 보이지 않으므로 이같이 특정해도 좋다고 생각한다. 신미료에는 생강류(나중에 고추)가 자주 사용되었고 산미료는 양조식초, 라임 등의 감귤류, 기름으로는 코코낫 밀크가 중요하다. 타이나 베트남 등에서는 코리안다 잎과 같은 향초가 자주 사용된다.

인도에서부터 인도네시아 서부에 걸쳐서는 인도·마살라권이라고 부른다. 가람·마살라는 인도에 있어서 조합 향신료이고 카레가루가 여기에 해당된다. 타메리크(turmeric)[20], 고추(후에 추가됨), 생강, 코리안다 등 여러 가지 향신료를 가루로 섞어서 많은 조리에 사용한다. 그리고 산미료로서는 타마린드(tamarind)이고 기름으로서는 기(ghee, 버터오일)

---

20) 타메리크(울금, 심황)는 태평양지역에서는 넓게 분포되어 있으나 조미료이기보다도 주술적으로 사용되고 있는 경우가 많다.

가 쓰여진다. 인도네시아는 동남아시아어장권과 인도·마살라권의 사이에 있다. 뒤라시라고 불리는 작은 새우의 페이스트가 맛난 맛으로서 사용되고 짠맛을 내는 것도 있다. 그리고 기름으로서는 코코낫밀크가 중요하고 기이는 사용되지 않는다. 그러나 맛의 기본은 오히려 카레와 같은 타메리크나 후추, 고추, 다양한 생강류가 사용되어 인도와 매우 닮아 있기 때문에 인도·마살라권의 한 지역구로 들어가 있다. 또한 네팔에는 조미의 기본은 카레분이고 기이는 거의 사용되지 않고 겨자기름이 사용되며 산초도 생선요리에 시용되고 있다. 그러므로 네팔도 인도·마살라권의 지방구이다.

동부인도네시아에서부터 태평양, 마다가스카르 섬에 이르는 지역을 태평양 코코야자권이라 부른다. 이지역에서는 소금, 코코낫 밀크, 감귤류가 주된 조미료이고 이 이외의 조미료는 거의 없다. 동부인도네시아에서 필립핀에 걸쳐 어장의 페이스트상의 것도 쓰이고, 양조식초도 쓰고 있다. 이런 점에서는 어장권의 영향을 받고있는데 실제의 조리는 서구 인도네시아보다 간소하며 태평양지역의 일부로서 보는 편이 좋을 듯하다.

이른바 아랍권은 아랍·타빌권이라고 구분하며 타빌이란 아랍어로 향신료를 의미한다. 이 지역에서 후추나 계피, 클로부 등의 여러 가지 스파이스류나 코리안다 같은 시즈류가 많이 쓰여지고 있다. 그리고 기름으로는 동물성 기름이나 버터가 쓰여지고 산미료로서는 레몬이나 쟈크로 등이 쓰여진다.

아프리카에서는 유지의 원료가 되는 식물이 중요하다. 기름야자가 전형적인데 지역적으로는 시어버터나무, 깨 등이 쓰여지고 기름원료 식물의 원산지이다. 소금은 물론 중요한 것인데 식물의 재(灰)도 맛내기에 상당히 중요한 것으로 생각한다. 게다가 타마린드를 발효시킨 것이나 그 이외의 발효식품도 여기저기 보여진다.

유럽에서도 향신료가 중요한 맛내기 및 향내기의 재료가 된다. 그러므로 이 지역을 유럽·스파이스권이라고 칭한다. 소금은 물론 중요한데 육류의 냄새를 없애는데 많은 스파이스가 쓰여진다. 또한 버터나 치즈, 밀크, 동물성유지도 자주 이용되고 산미료로서는 양조식초 이외에 감귤류도 많이 사용한다. 남유럽에서는 특히 올리브유의 사용이 중요하고 북유럽에서는 버터가, 동유럽에서는 산미와 붉은색의 비트나 고추냉이무(hosradish)가 이용된다. 나중에 신대륙의 토마토나 고추가 들어오면 남유럽에서는 그 두 가지가, 동유럽에서는 특히 고추가 이용되었고 서유럽에서는 두 가지다 거의 사용하지 않는 현상이 보여진다.

신대륙에서는 고추와 토마토가 중요하다. 토마토는 페루가 원산지라고 생각하는데 오히려 멕시코에서 자주 쓰여진다. 고추는 상당히 넓은 범위로 사용되고 아마존에서는 독이 있는 마니오크의 즙에 섞어서 사용한다. 또한 이 지역에서는 식물의 재를 소금의 대용으로 사용한다.

Ⅵ. 현대에서의 변화

지금까지 기술한 것은 여러 가지의 전통적인 조미료의 분포였다. 서구 문명의 영향은 컸으며 특히 백인이 이주한 곳(남부아메리카, 오스트레일리아, 남아프리카, 태평양 등)에서는 현지의 문화와 혼합되어서 크레올(creol)요리[21]가 출현했다. 그것에 의해 조미·향신료도 변화되었다. 또 한 가지 큰 영향을 준 것은 신대륙의 조미료이다. 각지에서 토마토나 고추를 제외하고는 생각할 수 없는 요리도 생겨났다. 특히 고추에 관해서는 아프리카나 아랍, 인도, 동남아시아, 한반도 등의 요리가 그러한 예이고 그것들이 들어오지 않았던 지역도 있다. 유럽 가운데에서 서구는 거의 영향을 받지 않았고 동아시아에서는 일본은 거의 영향을 받지 않았다. 또한 태평양 지역에도 거의 대부분 들어가지 않았다.

공업제품으로서 조미료의 진출도 크게 변화했다. 간장이나 맛난 맛 조미료의 보급은 상당한 것이었다. 또한 마요네즈나 토마토케첩, 우스타소스, 타바스코 등도 세계로 퍼졌다. 또한 식물성 기름이 값싸게 입수되었다. 기름의 세계적인 보급은 근대공업의 성립 이후부터이다. 앞으로도 이러한 공업제품으로서의 조미료는 더욱이 보급이 잘 될것이다. 그렇지만 크레올 요리가 된 것 이외에는 의외로 전통적인 조리법을 고수하고 있다. 기본적인 조리법은 쉽게 변화되는 것이 아닌 듯하다.

Ⅶ. 조미료의 미래

인류는 지금까지 실로 많은 조미료를 찾아내고 인공의 조미료를 개발시켜 왔다. 이제부터 우리들은 어떠한 조미료를 사용해서 조리를 하고자 하는 것일까? 이러한 문제는 세계 전체 혹은 인류 전체를 한꺼번에 거론할 수 있는 것이 아니다. 지금까지 살펴본 바와 같이 세계에는 다양한 민족이 살며 여러 가지 식사 체계를 갖고 있다. 조미료의 미래를 생각해 본다 해도 이들 전체에 공통되는 현상을 찾기는 어렵다. 그래서 일본을 중심으로 기술하기로 한다.

우선 지적하고 싶은 것은 맛에 대한 보수성이다. 맛의 개념은 분명히 학습에 의해 얻어진다는 것이다. 그것은 무의식적으로 몸에 베인다. 유아기에서 성인기로 가는 동안

---

[21] 크레올(creol)은 원래 언어학에서 사용하는 용어. 외래언어(서양언어)와 재래언어가 섞이어 다른 언어가 형성되고 게다가 그 언어가 모어(母語)로 된 언어를 말한다. 크레올요리는 외래요리와 재래요리가 혼합되어 생긴것으로, 게다가 그 요리밖에 먹지 않게 되었다는 것이다.

일본적인 맛에 익숙해져 버린다. 아직 어릴 때에는 가변적이어서 비일본적인 맛에도 흥미를 나타내고 그것에 익숙해지기도 한다. 외국에서 먹어본 맛, 혹은 일본에서 이국적인 요리의 맛에 길들여지는 것도 있다. 그러나 노인이 되면 어렸을 때 먹었던 맛으로 되돌아간다.

또 하나의 보수성의 표현은 「staining」이다. 이것은 나카오(中尾佐助) 교수가 사용했던 용어로 「요고시 : 오염, 무침」라고 말하면 좋을 것인가?[22] 일본인은 어떤 음식에도 간장을 넣어서 먹는다. 간장으로 맛을 낸다는 것이다. 이러한 것은 상당히 넓게 인식된 것으로 인도인이라면 무엇이든 카레로 맛을 내고 아메리카인들은 토마토케첩을 뿌린다는 것과 같은 예이다. 물론 이것을 행하는 사람은 「오염」이라고 생각하지 않고 이렇게 하는 것이 맛있다고 생각하는 것이다. 이렇게 하는 것은 여전히 세계 여러 곳에서 계속될 것이다. 일본도 같을 것이다.

어느 민족의 미각이 변화한다고 하는 것은 어렸을 때의 맛내기가 변한다는 것이다. 그것은 어디까지나 그 시대의 성인의 맛내기에 달려 있다.

현대 일본에 있어서 식사의 주된 관심의 하나는 「건강」이다. 이 「건강」의 덕택으로 설탕의 소비는 급격히 감소했다. 비만이나 당뇨병을 두려워해서 단 것은 피하게 되었다. 이것은 일본에 국한되지 않고 선진국에서 일반적이 되고 인도네시아의 자카르타에서도 전부 인식되고 있다. 맛내기로 말하면 「엷은 맛」이다. 소금을 줄이고 기름을 줄이고 감미를 줄이며 자극이 강한 매운 맛을 피한다. 단지 신 것은 좋다는 것이 된다. 요리 재료의 종류는 늘고 있지만 맛내기는 점점 엷어진다(약해진다). 사람에 따라서는 이것이 맛없는 것일지 모르지만 익숙해지면 맛내기의 진한 것은 먹지 않게 된다. 이것이 하나의 방향이 된다.

또 하나는 역시 「맛있는 것」에의 치우침이다. 무엇인가 맛있는 것은 사람에 따라 다르다. 상황에 따라서도 다르다. 그러나 맛내기에 의한 맛있음의 치우침은 때때로 건강의 방향과 먹는 차이가 생긴다. 전자의 엷은 맛은 때로는 맛있는 것의 방향과 충돌할지 모른다. 이러한 경우는 개인의 위생관에 의한 것이기는 하지만 전체적으로서는 건강의 한 방향으로 나갈 것이다. 그러나 맛과 건강을 양립시키는 방법도 없는 것은 아니다. 소재의 맛을 살린다는 것은 하나의 방법이다. 또 하나는 「맛난 맛」을 사용하는 것이다. 맛난 맛 조미료의 사용은 효과적인 방법인데 다시마나 가다랑이, 다시멸치, 표고버섯 등을 사용하는 사람들도 결코 없어지지 않을 것이다.

외국에서 새로운 조미료가 들어왔기 때문일까, 전자에서 보는 것처럼 다른 세계의

---

22) 「staining」에 대하여는 나까오(中尾佐助) 1976 「재배식물의 세계」 중앙공론사의 「香辛料」를 참조

맛도 기본적으로는 우리들에게 있어서 새로운 맛이라는 것은 그다지 많지 않다. 그렇다고 할 때 전혀 새로운 맛이 들어온다는 것은 드물 것이다. 그러나 새로운 조미료나 향신료가 들어오지 않는다는 것은 아니다. 버터 등의 유제품은 일찍부터 일본인에게는 낯설은 맛이었는데 현재에는 일상으로 사용되고 있다. 기름진 맛에 속하는 코코낫 밀크나 올리브유도 들어왔다. 그러나 유지 성분이 많은 것은 건강 지향에 반하기 때문에 어느 정도 이상까지 가지 않을 것이다. 그러나 녹색의 향신료는 들어오기 쉽다. 지금까지 거의 사용하지 않았던 코리안다잎 등이 그 전형이다. 유럽 요리에 사용되는 허브류(신선한 허브가 사용되기 시작했다)도 그 예일 것이다. 한편 동남아시아나 인도요리를 위한 조미·향신료도 들어오기 시작했다. 그렇다면 이들은 아직 일반적이지는 아닐 것이다.

일본에 있어서 조미는 결국 건강 지향과 향락 지향의 상극이 되는 것은 아닐까. 그리고 그들은 개개인의 인생관에 결부되어 있다. 맛있는 것을 먹는 인생일까. 그렇지 않으면 건강한 인생일까. 그러나 필자는 문득 생각한다. 건강은 무엇을 위한 것일까라고.

〔문헌〕

(1) 藤澤眞 1975「味の表現の地域差」『言語生活』七月号 : 52-57
(2) Hubert, A. 1980 Introductiona la Cuisine Mien. Bulletin du Centre de Documentation et de Recherche 9 (3-4) : 89-97
(3) 石毛直道 1973「味の民族學」『芸術生活』八月号 : 98-102
(4) 松原正毅 1975「食の文化誌・一 味覺表現」『榮養と料理』四月号 : 138-141
(5) 松原正毅 1976「トルコの村の食事体系」『國立民族學博物館研究報告』1 (2) : 219-271
(6) Perlas, Christian 1980 Une Cuisine Indonesienne ; La Cisine Bugis. *Bulletin du Centre de Documentaion et de Recherche* 9 (3-4) : 219-198.
(7) 吉田集而 1985「パプアニューギニア, イワム族の農耕に關する民俗分類の予備的報告」『國立民族學博物館研究報告』10 (3) : 615-680
(8) 吉田集而 1995「塩をつくる植物」『週刊朝日百科 世界の植物』60 : 14-133

세계의 식문화 지도

농경으로서는 종자농경보다 근재농경이 오래되었다고 생각된다. 그 전형적인 것이 타로(감자)이다. 하와이 섬의 타로 수전(Peter Matthews 촬영)

식문화에 관계되는 지도를 새롭게 작성했다. 처음 3장은 주식에 관계되는 것, 다음의 3장은 부식에 관련되는 것, 일곱 번째는 과일과 넛트, 여덟 번째는 가축, 아홉 번째는 조미·향신료, 나머지 3장은 기호품에 관계되는 것이다. 각각의 지도는 현재를 기준한 분포도가 아니라 각각의 지역 특성을 잘 표현하도록 신대륙의 영향 및 그리고 서양문명의 영향이 미치기 이전의 15세기경을 목표로 그렸다. 여기에 거론한 지도는 다음과 같은 것이다.

1. 15세기경의 주된 곡물 분포
2. 15세기경의 감자류를 중심으로 한 근재작물의 분포
3. 15세기경의 주식(主食)의 조리법 분포
4. 주된 식용 콩의 기원지 분포
5. 주된 채소의 원산지와 2차 중심지의 분포
6. 전통적인 식용기름 식물과 동물성 유지의 분포
7. 과일과 너트류의 원산지 분포
8. 15세기경의 주된 식용·유용(乳用) 가축의 분포
9. 전통적인 조미·향신료의 분포
10. 전통적인 술의 분포
11. 나루코틱스의 원산지 및 전통적인 사용지역의 분포
12. 전통적인 기호음료의 분포

이 가운데 콩, 채소, 기름, 과일, 나루코틱스, 기호음료의 그림의 설명은 p 385에 나타내었다. 그들을 참조하기 바란다.

그림·해설 요시다-슈지(吉田集而)

1. 15세기경의 주된 곡류의 분포

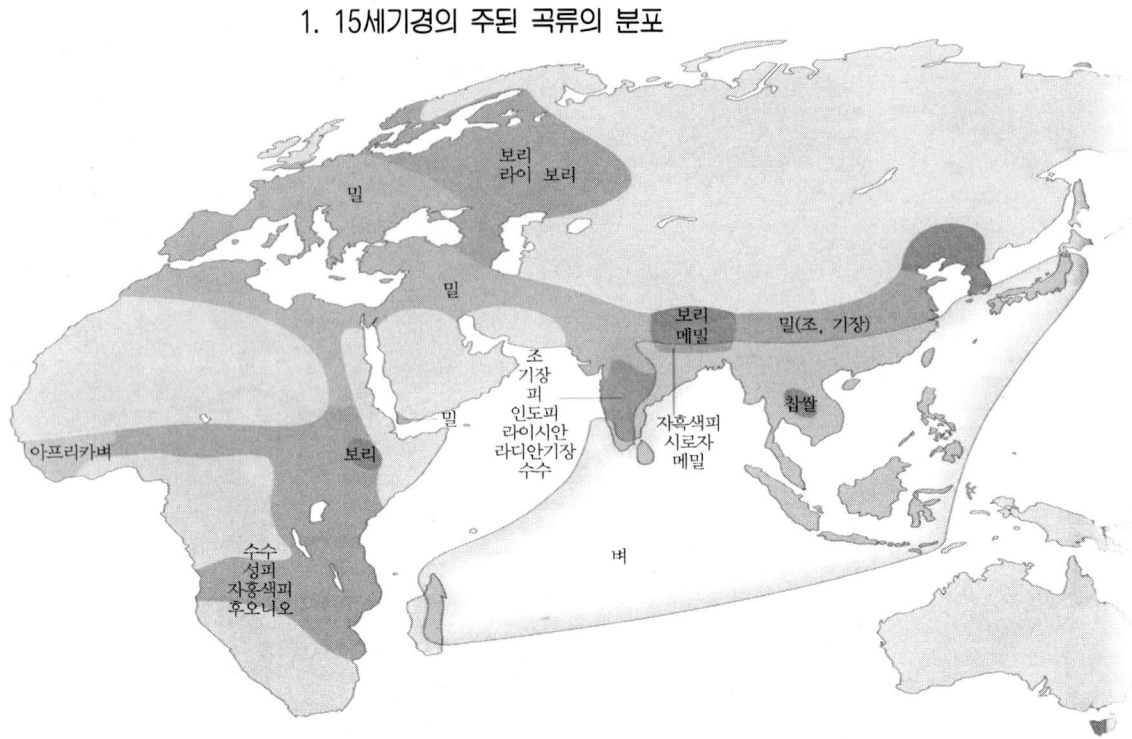

- 곡물을 크게 분류하면 벼, 맥류, 잡곡의 셋으로 나눈다. 여기서는 각 지역의 대표적인 곡류를 기술하였고 그 이외의 곡류가 없다고 하는 의미는 아니다.
- 동아시아에서 동남아시아, 인도, 마다가스카르에 걸쳐 있는 지역이 벼의 분포지대이다. 그 가운데 라오스를 중심으로 한 부근이 찹쌀을 비롯한 찰기 있는 곡류지대이다. 벼 지대 산간부 등에서는 율무가 재배된다.
- 아프리카에는 아프리카벼가 분포하고 있다. 이 그림에서는 최대한의 분포를 그리고 있는데 중심이 되는 분포는 좀 더 좁고 현재에는 동남아시아 벼로 거의 바뀌어 있다.
- 서아시아에서부터 인도 북부에 걸쳐서 그리고 유럽은 기본적으로 맥류지대이다. 인도에서는 일찍이 보리 중심이었는데 밀이 전해져 밀이 중심이 되었다. 중국 북부에서는 원래 기장, 수수가 재배되고 있었으나 한대(漢代)가 되면 밀이 전해져 밀이 중심이 된다.
- 동유럽에서는 추위에 강한 보리나 라이보리가 재배되었다.
- 히말라야 지역에서는 향모(香茅, 피의 일종)나 메밀, 시로자(Chenopodium album), 티벳고원에서는 보리나 메밀이 재배되고 있다.

- 인도에서는 조, 기장, 피, 인도피(*Echinochloafrumentacea*), 라이샨(*Digitaria cruciata*), 코드미레트(*Paspalum scrobiculatum*), 수수 등 여러 가지 잡곡이 재배되어 왔다.
- 에티오피아에서 데후(*Eragrostis tef*)라고 하는 대단히 작은 입자의 곡류가 재배되어 주식의 반을 차지하고 있다.
- 아프리카의 많은 지역에서는 옥수수, 도우진피에, 시코쿠피에(자색피), 포니오(*Digitaria exilis*)등이 재배되고 있었다.
- 신대륙에서는 옥수수가 가장 중요하다. 이외에는 Amaranthus속의 몇 종(센닌곡구류)이 곡류로서 재배되고 있었다. 또한 시로자의 중간인 키누와(*Chenopodium quinoa*), 와우손텔에(*C.berlandieri*), 퀸쿠아(퀴누아의 옛 형질을 가진 품종)의 3종이 지역이 다르게 재배되고 있었다.

2. 15세기경의 감자류를 중심으로한 근재작물의 분포

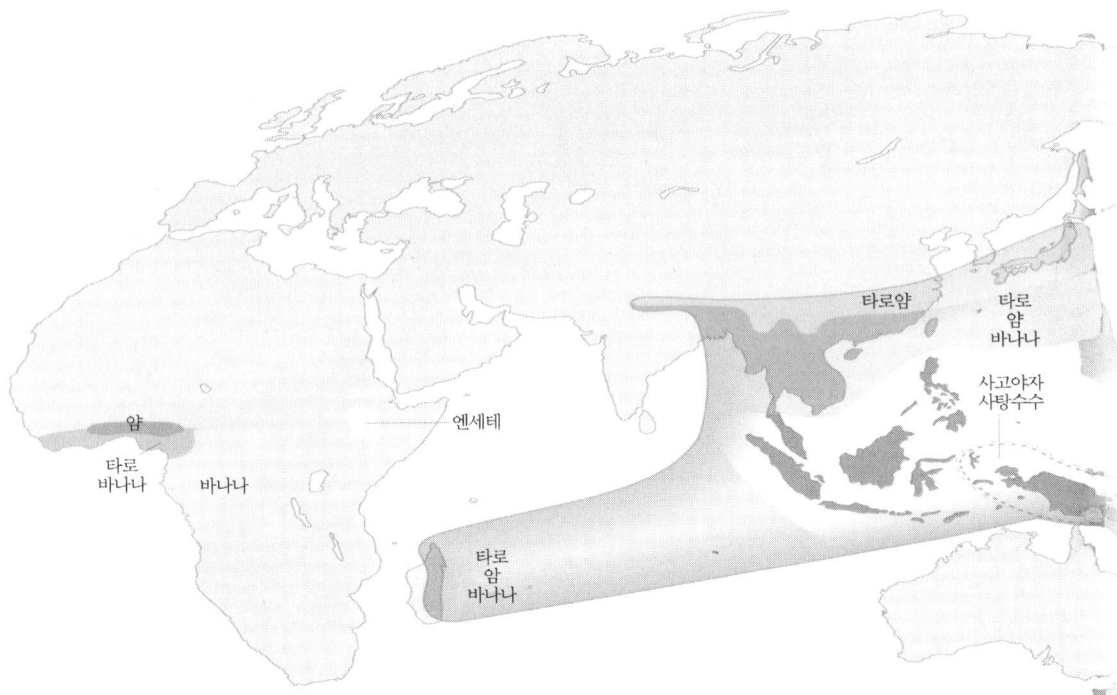

- 일본에서부터 동남아시아, 태평양지역, 마다가스카르에 걸쳐서는 타로토란(taro), 얌(yam, 참마)등의 근재작물이 재배되어 왔다.
- 통가 · 사모아 에서는 알로카시아 오도라(*Alocasia odora*)가 재배되고 있다.
- 바나나나 빵나무는 동남아시아로 부터 태평양 지역에서 넓게 재배되고 있지만 빵나무 쪽이 분포는 좁다.
- 뉴우기니아를 기원지로 하는 회이 · 바나나는 사모아까지 분포되어 있다.
- 뉴우기니아에서는 사탕수수도 주식의 위치를 점하고 있었으며 그 주변을 포함한 지역에서는 사고야자가 중요하다. 뉴우기니아에서는 고구마는 일단 남아메리카로 부터 태평양 주변에 15세기이전에 도입되어 그때까지 채집 혹은 재배되었던 칡을 대체하였을 가능성이 높다.
- 뉴질랜드에서는 고구마와 고사리가 중요하다.
- 아프리카의 에티오피아에서는 바나나 종류인 엔세테가 재배되고 있고 그 가짜줄기(僞莖)나 지하줄기에서 전분을 얻는다.
- 서아프리카에서는 동남아시아의 얌과는 다른 얌 종류가 재배되고 있다. 그리고 열대지방에서는 동아시아로부터 유입된 바나나 타로토란이 재배되고 있다.

세계의 식문화 지도 373

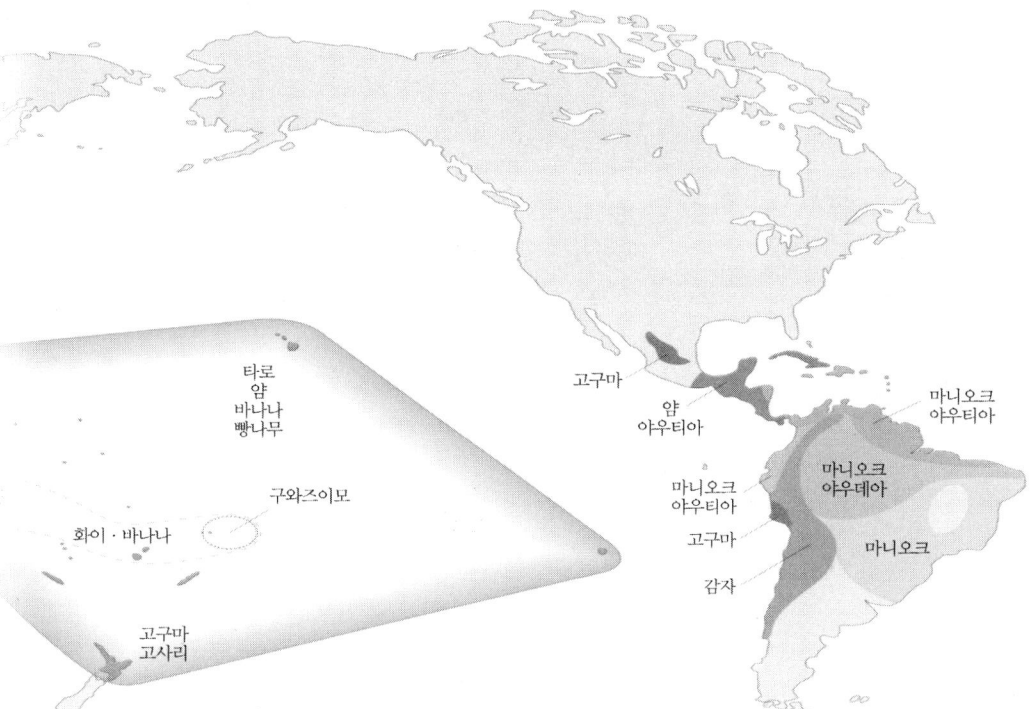

- 신대륙에서는 안데스 지방의 감자와 아마존 지방의 마니옥(카사바)이 중요하다. 그것들에 뒤이어서 고구마와 야우티아(아메리카 토란)가 중요하다.
- 이러한 신대륙산의 감자류는 후에 각 지역에 전파되고 중요한 작물이 된다.
- 이것들 이외의 사소한 근재 작물이 보여지지만, 주식이라고 하기보다는 야채라고 보여진다. 예를 들면 동아시아에서는 중국 원산의 쇠기나물(자고), 곤약(구약나물), 참나리 등의 몇몇 종류로부터 채집된 나리 류의 뿌리가 있고, 신대륙에서는 북아메리카 원산의 돼지감자, 멕시코로부터 중앙 아메리카를 원산지로 하는 불수과(佛手瓜, 괴근도 식용이 됨), 아마존의 서북부 기원의 식용 칸나와 구주오곤, 페루에서 볼리비아에 이르는 안데스 지방의 유채과의 마카(*Lepidium meyenii*), 괭이밥과의 오카(*Oxalis tuberose*), 콩과 칡속의 히카마(*Pachyrrhizus erosus*), 한련과의 마슈아(*Tropaeolum tuberosum*), 명아주과의 우루크(*Ullucus tuberosus*) 등이 있다.

3. 15세기경의 주식(主食) 조리법의 분포

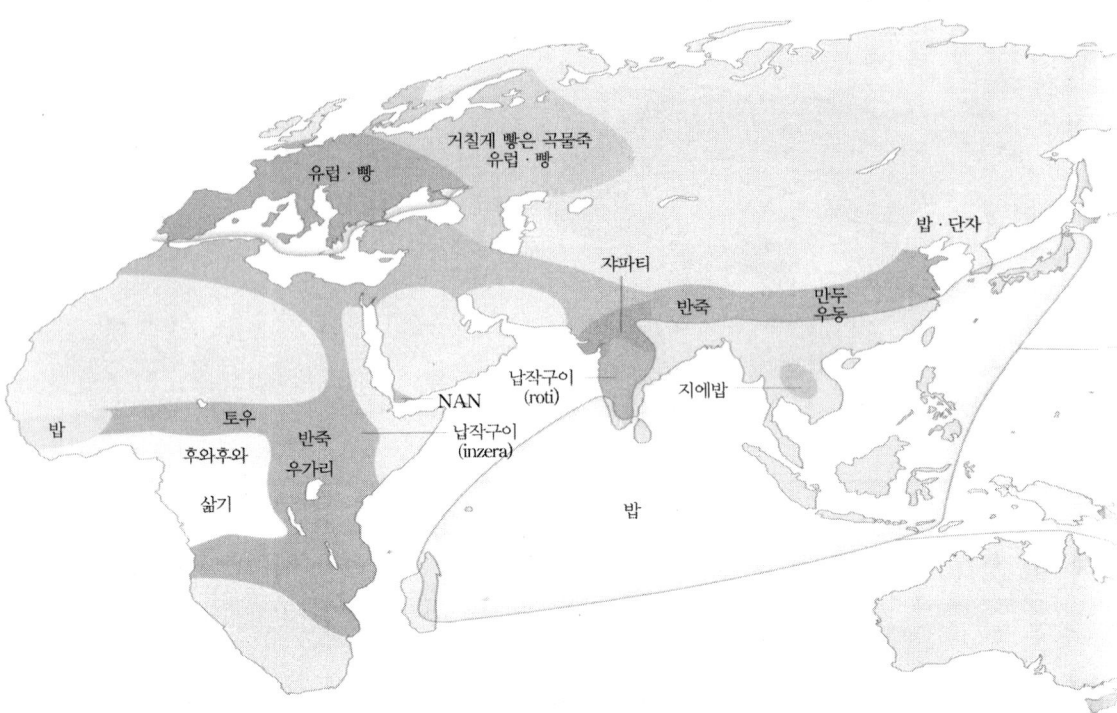

- 주식의 기본적인 조리법으로서는 재료 알곡 그대로의 형태로 조리할 것인가, 거칠게 빻아서 쓸 것인가, 혹은 가루로 할 것인가의 3가지가 있다.
- 재료 그대로 사용하는 형태에서 조리하는 것으로는 쌀로 지은 '밥'이 전형일 것이다. 그러나 조밥과 같이 잡곡도 밥으로 하는 경우가 있다.
- 쌀의 조리에는 3종류가 있다. 찹쌀은 찐다. 인디카 류는 끓여 물을 제거하는 법, 자포니카 류는 주로 끓여 뜸들이는 법으로 조리된다.
- 안데스에서는 옥수수를 그대로 삶거나, 볶아서 먹는다.
- 거칠게 빻아서 조리하는 것으로는 북아메리카 동남부의 옥수수, 동유럽의 호밀, 보리의 「죽」이다.
- 보리 류는 기본적으로 가루로 하여 조리한다. 밀가루를 발효하지 않고 「넓게 펴서 굽는 것」이 차파티이다. 발효하여 넓게 펴서 구운 것이 「난」이고 덩어리로 구운 것이 「유럽의 빵」이다.
- 동아시아에서는 발효하여서 단자형태로 찐 것이 「만두」이다. 그것뿐만 아니라,「면, 우동」을 비롯하여 다양한 형태의 가공법이 있다.
- 밀가루 이외의 곡식의 가루도 넓게 펴서 굽는 것을 만든다.
- 중앙아메리카에서는 옥수수가루를 또띠아와 같이 넓게 펴서 굽는다.

- 인도의 잡곡지대에서는 무발효의 넓게 펴서 굽는 로티가 있다. 에티오피아에서는 테프(teff)라는 곡물의 가루를 잠시 두어 유산발효를 시킨 후, 넓게 펴서 굽는 인제라가 있다. 또 아마존 지역에서는 마니옥을 가루로 만들어 넓게 펴서 굽는 카사베가 있다.
- 가루의 조리법에는 「반죽」도 있다. 티벳에서는 보리를 볶아서, 그것을 버터차 등에 반죽하여 먹는다.
- 히말라야 지방에서 특히 많은 반죽은 잡곡의 가루를 이용한다.
- 아프리카의 토우(듀라어), 우가리(수와히리어)도 잡곡을 가루로 하여 끓는 물을 붓거나 끓는 물에 넣고 저어서 페이스트 상태로 하는 반죽이다.
- 구근류에서도 그대로 삶거나, 구워서 먹는 것이 가능하지만, 유독한 것은 일단 가루로 만들어 독을 빼내기 때문에 결과적으로는 가루 요리가 된다.
- 서아프리카에서는 얌을 삶은 후 찧어서, 치댄 형태(후와후와)로하여 먹는다. 이 방법은 바나나에도 적용되지만, 삶은 체로 먹는 경우도 많다.
- 태평양지역에서 보여지는 「석증법」은 지면에 구덩이를 파고 감자 류를 넣고 달군 돌을 넣고 잎이나 흙으로 덮어 찌는 것과 동시에 구워내는 형태. 독을 제거한 감자 류나 발효된 빵나무의 열매를 반죽하여 경단 형태(뽀이)로 하여 먹는 곳도 있다.

4. 주된 식용 콩의 기원지로 본 분포

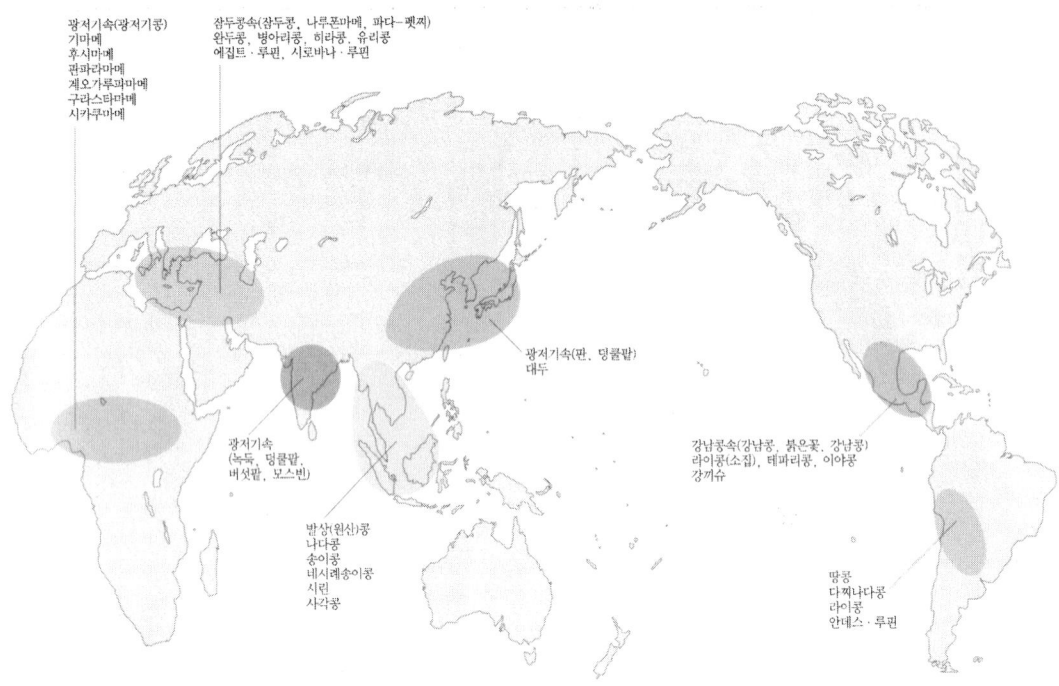

5. 주된 채소의 원산지와 2차 중심지의 분포

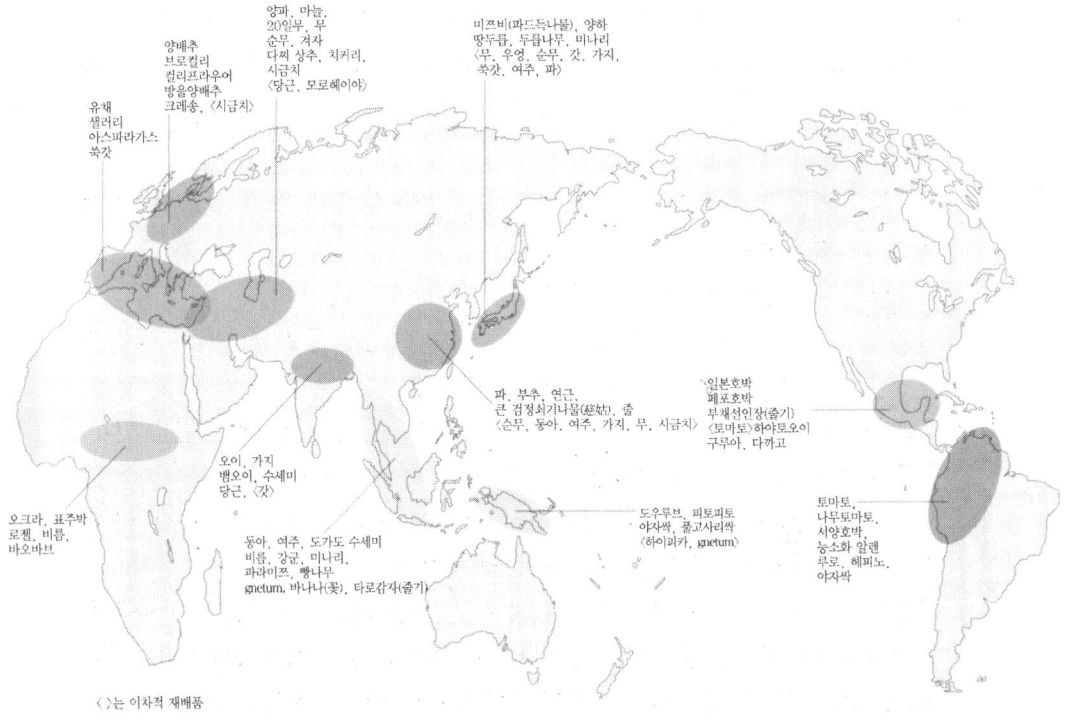

〈 〉는 이차적 재배품

6. 전통적인 식용유 식물과 동물성 유지의 분포

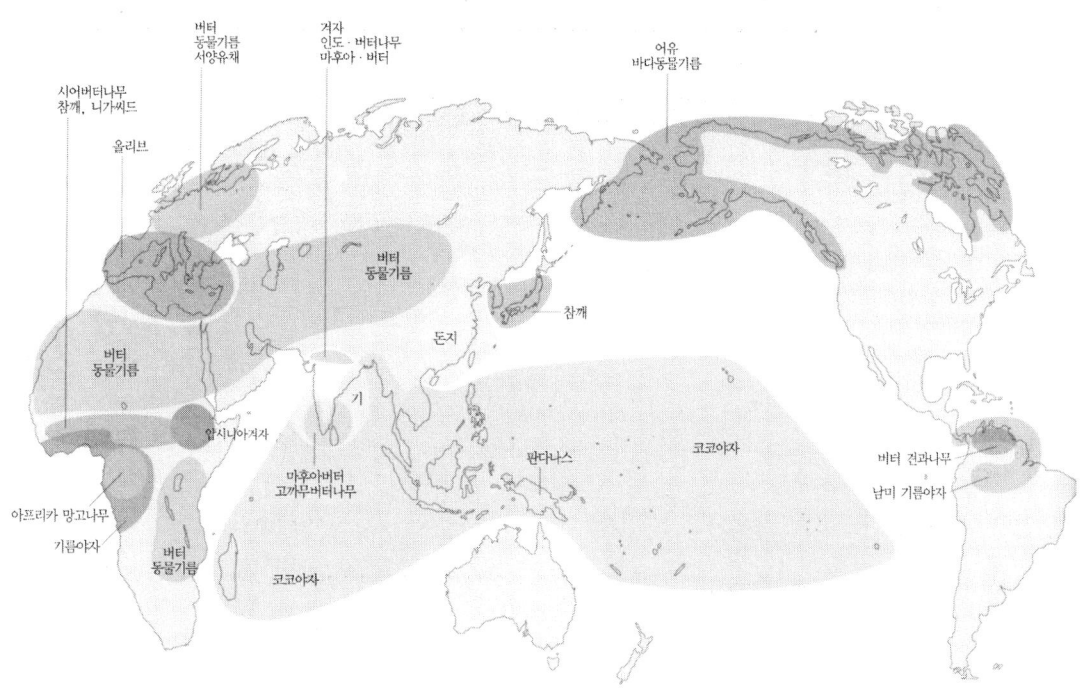

7. 과일과 너트류의 원산지 분포

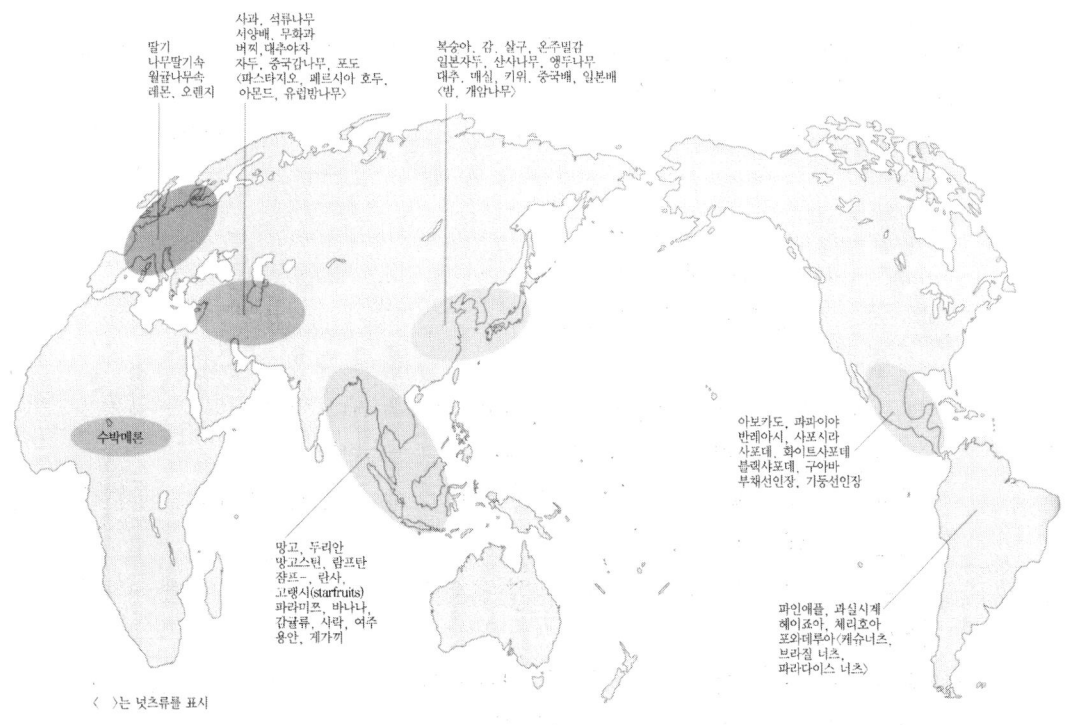

8. 15세기경의 주된 식용·유(乳)용 가축의 분포

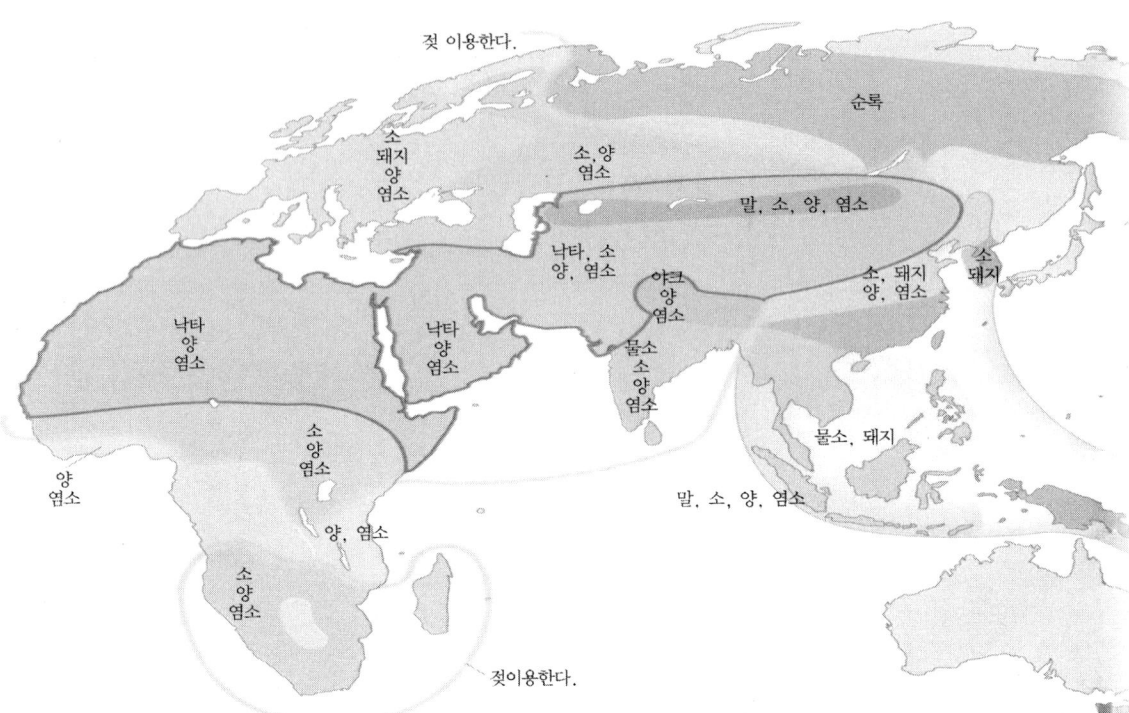

- 식용 동물로서의 가금류(닭, 오리, 거위, 칠면조, 호로호로새, 집비둘기 등)는 중요하지만, 여기에서는 제외한다.
- 닭에 이어 넓은 분포를 가진 가축은 양과 염소이다. 이들 다음으로 소이다. 이들은 모두가 착유(搾乳)의 대상인데, 화북(華北)이나 기니아만 연안 등에서는 유즙을 짜지 않았다.
- 그리고 이들 중 양은 섬유 채취에, 소는 노동력으로도 중요하다. 일본의 소처럼 고기도 먹지 않고, 유즙도 짜지 않고 노동력으로만 이용되었던 지역은 이 분포에서 제외하였다.
- 인도에서는 소나 물소 고기는 먹지 않았지만, 유즙은 짠다. 그리고 물소젖의 지방 성분은 소보다 많으며, 버터를 만드는데는 물소가 유리하다.
- 동남아시아에서는 물소는 노동력의 역할이 중요하지만, 고기를 먹기 때문에 그림 속에 포함되어 있다.
- 야크는 티벳 문화권에서 사육되는 특이한 동물로 노동력, 식용육, 유즙을 짜는데 사용되고 있다.
- 말은 기본적으로 승마용이며, 식용이나 착유용 가축이 아니었다. 그림에서는 마유주의 분포지역에 한해 말의 분포를 나타낸다.

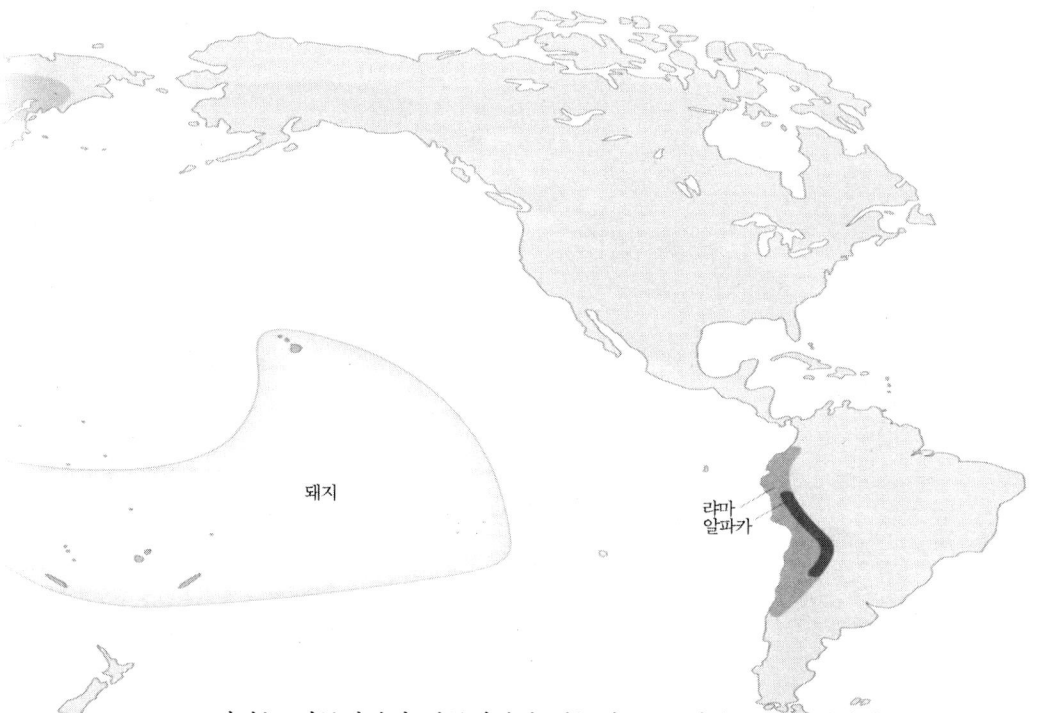

- 낙타는 단봉낙타와 쌍봉낙타가 있는데, 몽골에서 중앙아시아에 걸친 쌍봉낙타 지대에서는 낙타 고기나 젖의 이용은 드물다. 이에 반해 중근동에서 아프리카의 단봉낙타 지대에서는 그 의존율이 훨씬 높다.
- 순록 유목은 비교적 새로운 시대에 시작된 것으로 일반적으로 착유의 대상이 되지 않았다.
- 남아메리카의 라마는 운반용으로, 알파카는 섬유용으로 쓰였는데, 동시에 식용육의 대상이 되기도 하였다. 단, 착유는 하지 않았다.
- 돼지는 동아시아, 동남아시아, 태평양 지역에서는 중요한 가축이며, 유럽에서는 도토리를 먹이로 돼지를 사육하였다. 그 사이의 인도에서부터 서아시아에 걸쳐서는 돼지를 사육하였지만, 종교상의 이유로 인해 이 지역에서는 사라졌다.

9. 전통적인 조미 · 향신료의 분포

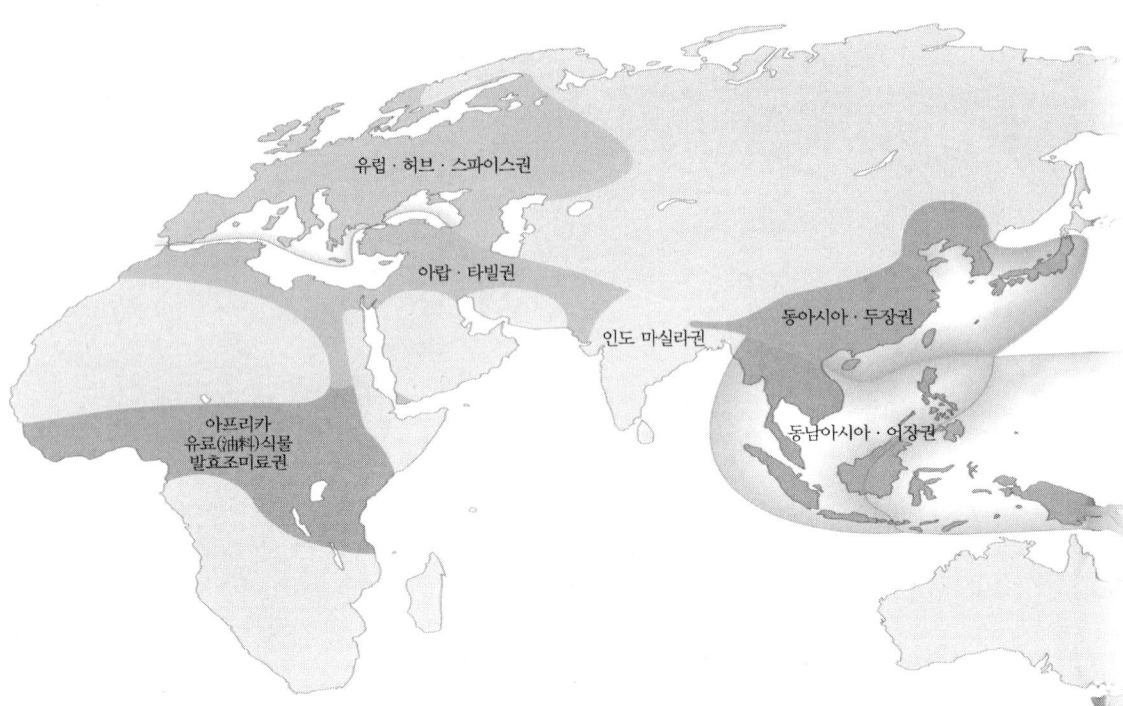

- 조미료는 문명의 발생에 따라 발전하기 시작하였다. 여러 문명의 중심지에서는 다양한 조미료가 출현하는데, 그 주변부에서는 극히 단순한 조미, 즉 조미료가 없든지 있어도 소금 정도밖에 없었다. 그림 속에는 소금은 기입하지 않았으며, 무채색 부분은 소금 정도밖에 조미료가 없는 지역이다.
- 15세기 이후에 남아메리카 기원의 고추와 토마토가 다른 지역에 전해져 큰 영향을 주었는데, 여기에서는 이들 영향을 제외한, 기원지로서의 조미료로 지도를 그렸다.
- 아메리카는 고추와 토마토의 원산지이며, 이것들이 중요한 조미 · 향신료였다. 남아메리카의 아마존 지역에서는 독이 있는 마니오크(카사바)에서 짜낸 액체를 끓인 것이 조미료로 사용되었고, 기름야자의 기름도 사용되었다. 그리고 아메리카 아리타소우도 향초로서 지역적으로 사용되었다.
- 태평양 지역에서 동남아시아 도서부의 일부는 코코넛 밀크가 중요하다.
- 동남아시아는 코코넛 밀크도 사용되었지만, 어장이 조미의 중심이었다.
- 이 지역은 동남아시아 대륙부와 말레이 반도에서부터 서부인도네시아, 보르네오에서 필리핀에 걸친 3개 지역으로 나눌 수 있다. 각 지역에서의 스파이스, 허브 등의 사용법은 다르다.

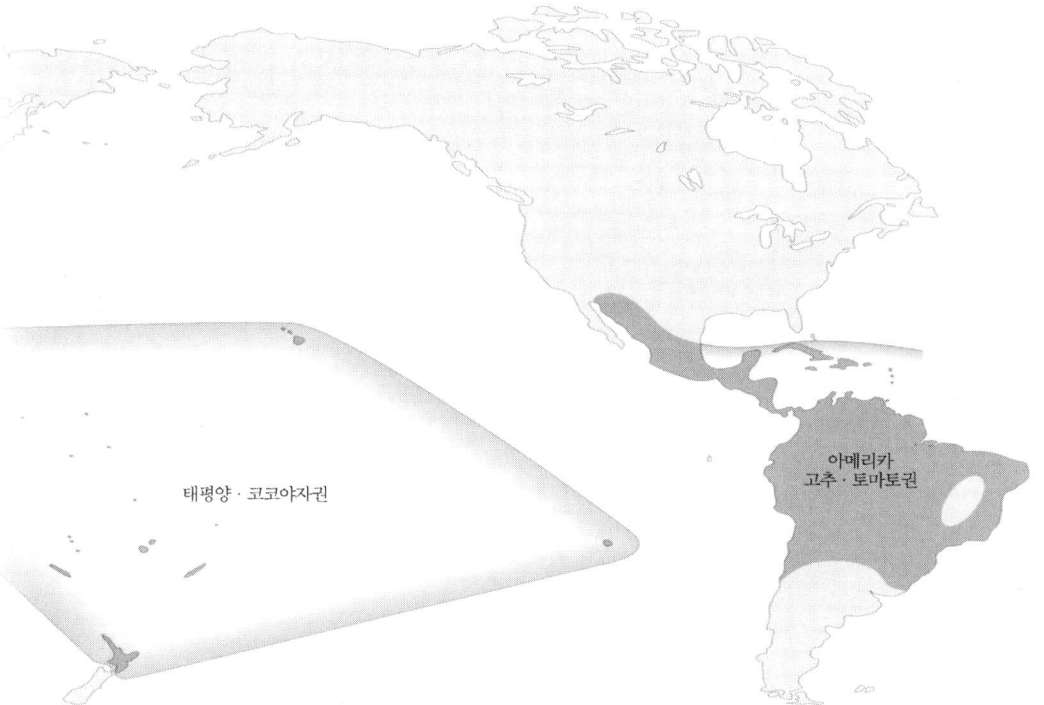

- 동아시아는 어장도 사용하는데 두장이 중심이다. 이 지역은 중국, 한반도, 일본 셋으로 하위 분류된다.
- 인도에서는 조합 조미료를 마살라(카레)라고 하며, 이것이 기본 조미료이다. 그리고 버터·오일(기)을 사용하는 것도 중요한 특징이다.
- 서아시아에서 북아프리카에 걸친 지역을 타빌권이라고 한다. 아라비아어로 향신료를 타빌이라고 하며, 특히 강렬한 향신료를 많이 사용하는 지역이다.
- 유럽은 허브·스파이스권이라고 부르는데, 여기에서는 지중해 지방에서 개발된 많은 허브류가 스파이스와 더불어 사용되고 있었던 점이 특징이다.
- 사하라 이남의 아프리카에서는 특징적인 조미료 두 개가 있다. 하나는 유료(油料) 식물의 발달로 기름야자를 비롯한 다양한 유료식물을 볼 수 있다. 또 하나는 타마린드의 과실을 발효시킨 것 등의 발효 조미료가 많이 사용되고 있다는 점이다.
(p. 389 해설보충 참조)

10. 전통적인 술의 분포

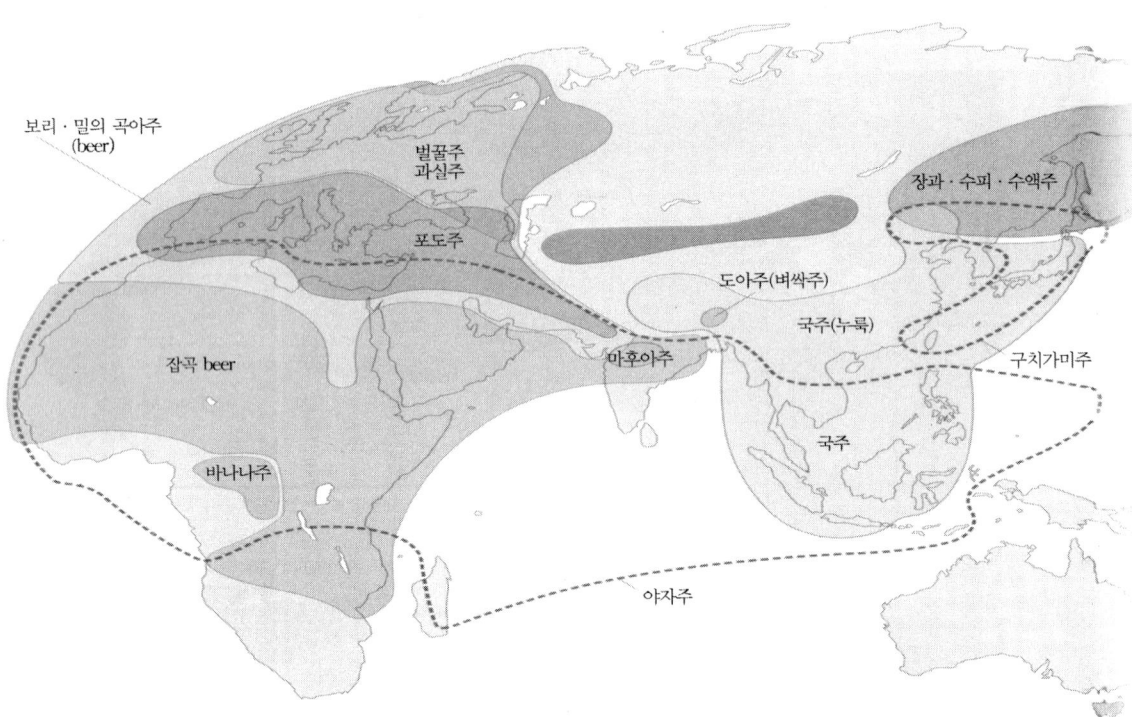

- 전통적인 술을 표시하기 때문에 나중에 도입된 술(사탕수수 술이나 아메리카 이외의 고구마나 마니오크, 감자로 만든 술 등)이나 증류주는 제외하였다.
- 인도나 중근동은 현재로는 술을 마시지 않는 지역인데, 과거에는 대량으로 술을 마셨다. 이들의 술을 복원하고 있다. 단, 서아시아에서는 과거에 대추야자 과실주나 무화가 과실주가 만들어졌는데, 이들도 제외하였다.
- 서부 유라시아의 과실주는 사과나 배가 주원료인데, 그 이외의 과실이나 장과류에서도 술이 만들어졌다. 이 지역에서는 벌꿀주도 만들어졌다.
- 메소포타미아에서 발명된 맥주는 유럽 북부나 아프리카, 인도에 전해진다. 이 과정에서 아프리카에서는 보리에서 잡곡으로 원료를 대체하였다.
- 나가랜드·마니폴에서는 쌀눈 술이 만들어졌다.
- 인도에서는 마후아 꽃으로 술을 만들었다.
- 아프리카 열대지방에서는 동남아시아에서 들어간 바나나로 술을 만들었다. 그리고 벌꿀주도 빈번하게 만들어졌는데, 분포를 알기 어려워서 그림에서는 제외하였다.
- 동부 유라시아에서는 구치가미술(쌀 등의 재료를 입으로 씹었다 뱉은 후 발효)이 보급되었는데, 곧 누룩으로 만드는 맥주로 바뀌었다. 구치가미(口嚙み) 술의 분포는 남아있는 기록을 기본으로 복원한 것이다.

세계의 식문화 지도

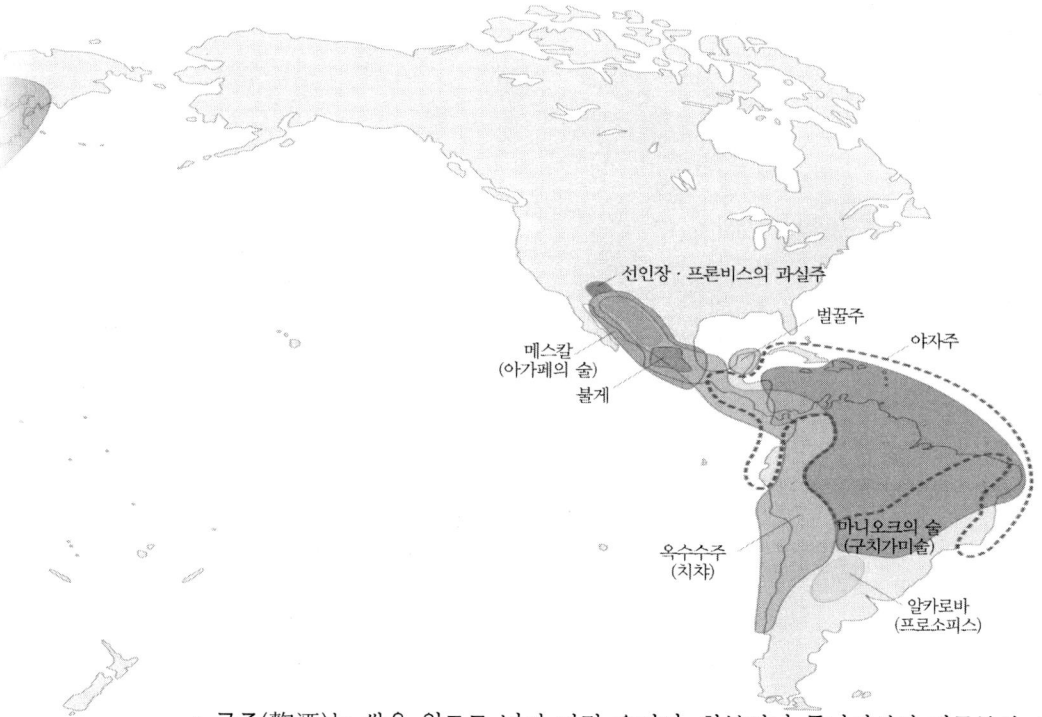

- 국주(麴酒)는 쌀을 원료로 널리 퍼진 술이다. 화북이나 동남아시아 대륙부의 산악지대에서는 곡류를 원료로 한 맥주가 만들어졌다. 화북에서는 수수, 동남아시아에서는 율무, 히말라야에서는 향모(香茅, 피의 일종), 티벳에서는 보리가 그 중요한 원료이다.
- 마유주는 본래 약이나 음식인데, 여기서는 술에 포함시켰다.
- 야자주는 신구 양대륙에서 독립하여 발생한 것일 것이다.
- 신대륙에서는 옥수수와 마니오크의 구치가미 술이 중심이지만, 옥수수로 만든 술은 나중에 곡아를 이용하는 술로 바뀌었다고 한다.
- 멕시코 북부의 선인장 및 프로소피스의 과실을 사용한 술과 아르헨티나의 알가로바 술이 오래되었다고 생각된다. 멕시코에서는 용설란 줄기로 만들어진 술 메쓰칼과 용설란의 다른 종(種)의 꽃싹 액으로 만든 풀케가 중요하다. 메스칼은 증류하여 데킬라가 된다. 유카탄 반도에서는 벌꿀주가 만들어졌다.
- 신대륙에서는 그림에는 표시하지 않은 다양한 술이 있다. 파인애플, 그 밖의 과실이나 옥수수 줄기로 만든 술, 그리고 누룩으로 만든 술도 부분적으로 존재했다.

11. 나루코틱스의 원산지 및 전통적인 사용지역의 분포

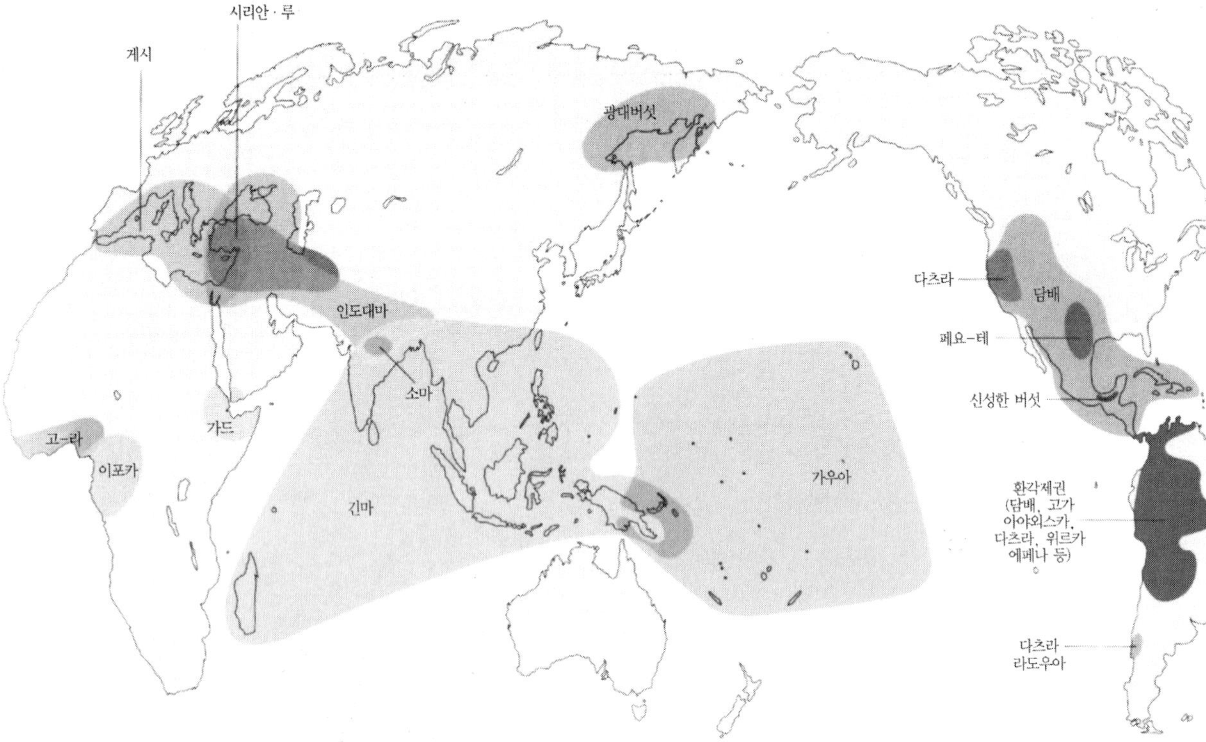

12. 전통적인 기호음료의 분포

세계의 식문화지도

1. 곡류 2. 근재(根栽)작물 3. 주식의 조리법 8. 식용·유용(乳用)가축 9. 조미·향신료 10. 술에 대한 해설은 그림의 아래에 썼다. 여기에서는 그것들 이외의 그림에 대한 설명을 추가한다.

4. 주요한 식용 콩의 기원지로 본 분포

콩은 많은 지역적인 종류가 이용되고 있지만, 그 중에서 비교적 넓은 범위에서 먹고 있는 콩을 선택했다. 단, 칡과 같이 지하 부분을 먹는다거나 당분을 주성분으로 한 타마린드(tamarind), 메뚜기콩, 푸로소피스는 여기에서 제외한다.

재배화된 우수한 콩은 쉽게 전파되어 간다. 강두(豇豆), 잠두(蠶豆), 완두, 녹두, 대두, 강낭콩 등은 그러한 예일 것이다. 인도는 콩의 기원지로서는 중요성이 낮지만, 소비지로서는 중요한 곳이다. 많은 우수한 콩을 받아들여 재배하여 대량으로 소비하고 있다.

콩은 지방이나 단백질이 많이 포함되어 영양가가 높은 식물이다. 거기에 흔히 주요한 곡물과 조합되어 재배되었다. 쌀과 대두, 밀·보리와 잠두·완두, 옥수수와 강낭콩 등이 그 대표적인 조합이다.

동남아시아에서는 후사콩(Parkia spp.)과 지린(Pithecellobium spp.) 등의 목본성 콩이 생식되는데, 그것이 이 지방의 하나의 특색이다. 그리고 땅속에서 콩이 생기는 것으로는 땅콩이 유명한데, 아프리카에 있는 반바라콩(Voandzeia sabterrancea)이나 게오칼파콩(Kerstinglella geocarpa)도 땅속에서 콩이 열린다. 그러나 이들은 세계적인 콩이 되지 못했다.

5. 주된 채소의 원산지와 2차 중심지의 분포

채소는 기원적으로는 몇몇 계통이 있다. 첫 번째로는 들풀의 채집이다. 중국이나 일본의 솎음 채소가 그 예이다. 중국의 파, 부추, 일본의 파드득나물(미츠바)은 그렇게 해서 재배된 것이다.

두 번째로는 새순의 이용이다. 채집된 것은 풀만이 아니라 새순이 보다 세계적이다. 그 중에서 목채(나무 줄기의 새순), 양치류의 새순, 야자나무의 새순이 중요하다. 목채(木菜)로 가장 잘 알려진 것이 Gnetum이다. 일본의 두릅나무도 그러한 것 중의 하나이다. 벌레도 먹지 않는다는 양치류도 그 새순은 채집할 수 있다. 특히 인도네시아에서 멜라네시아에 걸쳐서 지금도 왕성하게 먹고 있는 식물이다. 일본에서 산채라고 부르는 고사리, 고비, 고고미(ostrich fern)도 이런 종류에 속한다.

세 번째로는 주식용 작물이나 과일을 채소로 이용하는 것이다. 마니오크의 잎이나 바나나꽃, 타로토란의 줄기, 호박의 새순, 파파이아나 파라미츠, 빵나무의 미숙 과실 등이 그 예이다. 그리고 콩류의 미숙 열매도 채소로 이용되는데, 여기에서는 제외했다.

채소의 원산지로서는 서아시아에서 중앙아시아 지역이 가장 중요하다. 이 지역에서 세계로 채소가 퍼졌다.

중국은 2차 중심지로서 중요하다. 중국 원산의 채소는 적지만, 이 지역에서 개발된 채소가 매우 많다. 일본은 그 영향을 많이 받고 있다.

지중해 지역과 유럽은 온대 채소의 개발 지역이다. 특히 양배추류의 발달은 유럽에서 일어났다.

인도는 오이와 가지, 당근 등의 원산지로 나중에 세계적인 채소를 만들어낸 지역이다. 동남아시아는 열대 채소 중심지이다. 특히 자바에서는 생채소나 불에 익힌 채소를 부식으로 사용하였다. 이와 같은 채소를 라라푸라고 하며, 다양한 채소를 개발하였다.

뉴기니아는 특이한 지역으로 다양한 야자나무의 새순, 양치류의 새순 등 원시적인 채소를 먹는 지역인데, 고지에서는 줄기를 먹는 피토피토(Setaria Palmifolia), 사탕수수에 가까운 녹색식물로 어린 이삭을 먹는 토우루브(Saccharum edule), 잎을 먹는 gnetum, 같이 잎을 먹는 하이비카(황촉류의 중간) 등이 재배되었다.

아프리카는 오쿠라(인도 원산일지도 모른다), 표주박 등의 세계적인 채소를 만들어 냈는데, 바오바브의 새잎과 같은 채소는 다른 세계로 나가지 않았다.

아메리카에서는 호박, 토마토, 나무 토마토, 고추(여기에서는 향신료로 취급하고 채소에서는 제외함), 하야토오이 이외에는 거의 다른 지역으로 나가지 않았다.

6. 전통적인 식용 유료식물과 동물성 유지의 분포

유지가 분리되어 사용된 것은 비교적 새로운 일이다. 그리고 그 용도는 식용이라기보다 등화나 약용, 신체에 바르는 것이 중요했다. 여기에서는 식용만을 다룬다.

동물의 지방은 식물의 유지 이용보다도 빨랐을 것이다. 그러나 야생동물한테는 극히 적은 양의 지방밖에는 얻을 수 없다. 가축화함에 따라서 지방이 많은 동물을 얻을 수 있게 된다. 돼지가 그 전형인데, 양이나 소에 있어서도 이와 같은 경향을 볼 수 있다. 젖의 이용이 시작되면, 젖에서 유지 성분인 버터가 분리된다. 이 버터를 그대로 식용 또는 차에 섞거나 요리에 사용한다. 인도에서는 버터에서 수분을 없앤 버터·오일(기)이 널리 사용되고 있다. 유럽에서도 버터는 중요한 요리용의 유지였다. 그리고 이것 이외에 어유나 바다동물의 기름이 있다. 동부 시베리아에서 북아메리카의 북극권에서는 유료원료로서 이들 기름은 중요한 것이었다.

식물에서는 종자에 유지가 저장되어 있다. 그러므로 원리적으로는 거의 대부분의 종자에서 유지가 채집된다. 그러나 근대적인 방법이 적응되기 전에는 목화 열매(아프리카에서 사용되었다), 옥수수의 배아, 미강, 홍화, 해바라기, 대두콩 등은 그 대상이 되지 않았다. 그때까지는 특정의 종자만이 기름을 채집하는 대상이 되고, 종자를 빻아서 삶아 기름을 뜨게 하던지, 압력을 가하여 짜냄에 따라서 기름을 얻을 수 있었다. 그리고 유료식물은 유지를 분리하기 전에 페이스트 상태로 이용되는 것도 많은데, 그것도 여기에서는 포함하고 있다.

일본에서는 유채씨나 참깨가 중요하다. 참깨는 자주 페이스트 상태로 이용되었다. 유채씨 기름은 본래 등화용이었던 것이 요리용으로 전용된 것이다. 중국은 유채씨 기름도 사용했는데, 기본적으로는 돼지기름이었다.

동남아시아, 태평양 지역, 인도에서는 코코야자가 중요하다. 코코야자 기름도 채집되었는데, 오히려 코코넛 밀크의 형태로 사용되었다.

인도는 기의 세계인데, 그 밖에도 기름을 채취했던 것이 있다. 북부에서는 유채 기름, 마후아(Madhua indica) 씨에서 채취한 마후아 버터, 인도 버터나무(diploknena butylacea)씨 기름 등이 채취되었다. 인도 남부에서는 마후아의 다른 종(M. longifolia)이나 코캄 버터나무(Garcinia indica)의 씨에서 기름을 채취하였다.

중앙아시아에서 부터 서아시아, 북아프리카에서는 버터 및 가축 기름이 사용되었다. 가축 기름 중에서는 양과 낙타의 지방이 중요하다.

지중해 지방에서는 올리브 기름이 중심이다. 다른 유럽에서는 버터나 서양유채(Brassica juncea) 기름, 그리고 가축 기름이 사용되었다.

아프리카의 목축민들은 버터와 가축 기름을 먹었다. 사바나 지대에서는 참깨, 시어 버터나무(Butyrospermum parki), 니거 시드(Guizotia abyssinica) 등이 사용되었다. 이 중에서 참깨는 오래 전에 이집트에 전해져 중요한 유료식물이 되었으며, 다시 동진하여 인도, 중국, 일본에 이르게 된다. 그리고 아프리카 북동부에서는 아비시니어(에티오피아) 겨자(Brassica carinata)가 사용되었다. 아프리카 열대지방에서는 기름야자(Elaeis guineensis)의 과실에서 유지가 채취되었다. 19세기에 기름야자가 동남아시아로 들어와 대규모의 플랜테이션에서 재배되기에 이른다. 열대우림 지대에서는 소태나무과의 아프리카 망고나무(Irvingia gablnesis)의 씨를 페이스트 상태로 요리에 사용하였다.

아메리카에서는 유지를 거의 식용으로 사용하지 않았는데, 버터땅콩나무(Carycar nuciferum)의 씨 등은 식용의 드문 예이다. 남아메리카 북부에는 기름야자와 동속의 올리페러(E.olifera)가 자생했는데, 등화나 식용으로 이용되는데 지나지 않았다. 현재는 이 종(種)은 아프리카의 기름야자 품종 개량의 교배종으로 쓰이고 있다.

그리고 뉴기니아에서는 팬더너스(Pandanus jiulianethii, P.conoideus) 씨에서 유지분을 채취한 예도 있다.

7. 과일과 견과류 생산지의 분포

과일은 수분이 많고 에너지원으로서는 가치가 낮지만, 새순보다는 훨씬 영양소가 풍부한 음식물이다. 그러므로 선사시대부터 먹어온 음식물인데, 일반적으로 사치스런 음식물로 간주되었다. 그 때문에 주요 작물 재배지에서 과일의 재배가 많았다. 이에 대해서 견과류는 단백질과 지방, 전분을 함유한 것이 많아서 주식이 될 수 있는 음식물이다. 수렵채집 시대에 견과류가 여기 저기에서 주식용으로 사용된 원인은 거기에 있다. 도토리류나 칠엽수 열매 등이 그 예이다. 문명과 관계없이 개발된 경우가 많다. 여기에서는 이러한 견과류 중에서 테이블 너츠라고 불리는「군것질」용의 견과류를 주로 다루고자 한다.

과일의 중심지는 서아시아이다. 여기에서는 사과를 비롯하여 서양배, 앵두, 포도, 서양자두, 무화과, 석류 등이 재배되었다.

동아시아에서는 복숭아, 살구, 일본자두, 매실, 감, 일본배 등이 재배되었다.

열대 과일로서는 인도에서부터 동남아시아 지역이 중요하다. 두리안, 망고스틴, 람부탄, 샴부류, 망고, 감귤류, 레이시, 용안 등은 이 지역이 원산지이다.

중앙아메리카에서도 아보카도나 파파야, 반레이시, 사포지라(Achras zapote), 과바 등은 세계적으로 알려진 과일이다. 지역적인 것으로는 부채선인장, 사다리선인장 류의 과실, 몇몇 사포테(사포테 : Calocarpum sapota, green·sapota : C. viridge, black·sapota : Diospirossp, white, Sapota : 귤과의 Casiniroaedulis) 등이 있다. 남아메리카에서는 파인애플, 과일시계, 체리모야, 헤이조아, 포테리아(Pouteria 속[아카테쯔과]의 과실) 등이 세계적으로 알려져 있다. 야자과의 박트리스 속(屬)을 비롯한 야자과 식물의 과실도 지역적으로 먹고 있다.

아프리카에서는 다른 지역으로 나간 것으로는 수박과 멜론을 들 수 있을 것이다. 지역적으로는 반(半)재배가 많았으며, 예를 들면,「사막대추야자」로 불리우는 Balanites cagticia(하마비시과)나 아키(Blighia sapida : 무쿠로지과), 바오바브 과실 등이 있다.

유럽에서는 레몬이나 오렌지가 2차적으로 재배되었다. 여기에서는 베리류의 재배가 현저하다. 딸기가 전형적인데, 나무딸기속(블랙베리류, 라즈베리류)과 월귤나무속 장과류(漿菓類)가 재배화되었다. 단, 북아메리카에도 이들 장과류가 있었으며, 이들로부터 재배품이 생겨난 경우가 많다.

견과류에는 서아시아의 피스타치오, 페루시아호두, 아몬드, 유럽밤, 동아시아에서는 밤, 개암 등이 있다. 남아메리카의 카슈나츠는 잘 알려진 것이며, 이 외에도 브라질너츠(Bertholletia excelsa)나 파라다이스너츠(Lecythis spp.) 등이 있다.

견과류에 관해서는 태평양 지역이 의외로 중요하다. 태평양 호두나 카나리움(canrium spp.), 테르미나리아(Terminalia spp.)의 과실, 팬더너스의 과실 등이 이용되었다. 그리고 아메리카 동부에서는 해바라기, 페캉(Carya spp. : 호두과)의 견과류도 중요하다. 그리고 최근에 유명해진 마카다미아너츠는 오스트레일리아 동부의 아열대지방 원산의 견과류이다.

9. 전통적인 조미·향신료의 분포 : 해설 보충

인류는 오랜 동안 재료 그 자체의 맛으로 먹었음에 틀림없다. 그리고 그 중에서 단맛에 높은 가치를 두게 되었다. 이윽고 소금을 요리 속에 넣기 시작했지만, 동물성 식품을 많이 먹었던 때는 아마 소금의 요구도 적었을 것이다. 식물성 식품이 늘어남에 따라 소금의 요구가 높아간다. 특히 농경이 시작되면서 소금은 필수품이 된다. 그리고 소금을 구할 수 없는 지역(아메리카나 아프리카, 뉴기니아 내륙부)도 많고, 이들 지역에서는 특정의 식물을 구워서 그 재를 소금 대신에 사용하였다.

아프리카의 발효 조미료에 관해서 보충하고자 한다. 타마린드의 과실을 발효한 것이나 후사콩(콩 종류)을 발효시킨 것이 그 전형인데, 그 밖에 로젤 씨, 목화 씨, 후루츠 판푸킨(Telfairia occidentalais) 씨, 메론 씨, 오일(Tentaclethra marcophylla) 빈 등을 발효시킨 된장과 같은 것이 많이 보인다. 그리고 물고기에 소금을 넣어 발효시킨 악취 나는 조미료(모모니) 등도 있으며, 일본에서는 그다지 알려져 있지 않은 발효 조미료가 많이 있다. 또, 조미료라기보다도 후각에 관련된 것인데, 오쿠라나 로젤 등의 점액질의 재료를 사용하는 것도 이 지역의 특징이다.

11. 나르코틱스의 원산지 및 전통적인 사용지역의 분포

중추신경에 작용하는 식물을 여기에서는 나르코틱스라고 부른다. 지도상으로는 각각의 나르코틱스의 원산지, 또는 본래 사용되었던 지역을 나타낸다.

나르코틱스는 특이한 식물로 식용식물과 같이 에너지원이 되지는 않는다. 어쩌면, 식물을 씹는 습관에서 파생한 것이며, 그것이 주로 샤머니즘과 연결되어 발전한 것이라고 생각된다. 현재 또는 최근에 이들의 많은 식물이 씹혔던 흔적을 확인할 수 있다.

세계적으로 보면, 나르코틱스는 남아메리카에 많은 종류가 집중되어 있다(남미환각제권). 그 주된 것은 코카, 담배, 다츠라(아야와스카(가-피, 야헤 등 : Benisteriopsis spp.), 위르카(Anadenanthera spp.), 에페나(Virok spp.), 주스티카(Justica sp.) 등이며, 각각의 분포는 복잡하기 때문에 생략했다. 이 외에는 칠레에 라토아(Latua-publiflora)가 보인다.

중앙아메리카에서도 담배나 페요테선인장, 메꽃과의 오로리우키(Rivea corymbosa.), 시누크이치(Heimia salicifolia), 메스칼 빈(Sophora secundiflora), 신성한 버섯 등 많은 환각제가 사용되었다.

구대륙의 나르코틱스는 정체불명의 소마, 인도대마, 시리앙·루(Peganun hamala), 케시 등은 일찍이 샤머니즘에 이용되었다. 이중 소마는 사라져버린 예이고 케시(아편) 와 같이 중요한 진통제로서 현재도 널리 재배되고 있는 예도 있다.

아프리카의 콜라나 카트, 동남아시아의 긴마, 태평양의 카바 등은 기호품으로 현재도 사용되고 있다. 신대륙의 나르코틱스 중에서도 담배, 코카 잎 등은 기호품이 되었다. 나르코틱스의 전형적인 변화의 하나이다. 동부 시베리아의 베니텐버섯은 환각제로서 유명한 것이며 최근까지 사용되었다. 아프리카의 이보가도 환각제로서 현재도 사용되고 있다.

12. 전통적인 기호음료의 분포 (17세기를 기준으로)

전통적인 기호음료 중에서 술이나 주스 류는 제외하고 차와 커피 등 카페인을 함유한 음료를 중심으로 다루었다. 그리고 유럽에 차와 커피가 퍼지기 이전의 대략적으로 17세기경을 기준으로 분포도를 그렸다.

차는 히말라야 산록에서 운남성에 이르는 산속에서 잎을 씹는 습관에서 개발된 것이다. 사실, 이 지역에서는 차나무 이외의 동백나무 속(屬)이나 사과나무 속, 배나무 속, 뽕나무 속 등의 다양한 수종의 잎이 차처럼 사용되었다. 그와 같은 많은 수종 중에서 차나무가 선택 받아 전 세계로 퍼져갔다.

여기에서는 차를 세 종류로 분류하기로 한다. 첫 번째는 중국에서 볼 수 있는 반발효의 우롱차이다. 두 번째는 비발효의 녹차, 세 번째는 중국 변경의 유목민이 마시는 버터차이다. 버터차는 쪄서 응어리진 단차를 깍아서 끓이고 버터나 밀크, 암염, 천연의 소다 등을 넣어서 흔들어 내린 차이다.

이 분포도 속에 포함되어 있지 않지만, 또 하나 중요한 차가 있다. 완전 발효한 홍차이다. 차는 17세기 이전에 서아시아와 유럽에도 전해졌는데, 일반에 보급되는데 이르지는 못했다. 홍차가 일반에 보급된 것은 19세기에 영국인이 홍차를 생산하기 시작하고부터이다. 그리고 영국인의 세계 진출과 더불어서 세계 각지에 보급되어 갔다.

북아메리카의 동남부에서는 블랙 드링크(혹은 가시나 : Ilex vomitoria etc.)라고 불리는 감탕나무 속(屬)의 식물 잎을 끓여 마셨다. 남아메리카에서는 아마존 서부에 구아유사라고 불리는 차(Ilex spp.)가 있으며, 파라과이에는 같은 감탕나무 속(屬)의 잎을 사용한 마테차(Ilex paraguaiensis)를 마셨다. 이들도 동속(同屬)의 여러 종의 잎을 씹었던 것이 수렴된 것일 것이다.

나르코틱스의 고장에서는 잘 손질한 카토(아라비아 차나무 : catha edulis) 역시 씹을 뿐 아니라 차처럼 마신다. 이와 같이 남아메리카의 코카도 코카차로서 마시는데, 이것은 최근의 일이기 때문에 이 지도에서는 제외하였다.

유럽에서는 허브차, 동아시아에서는 건강차라고 불리는 차들이 있다. 유럽의 허브차는 홍차보다도 오래 전부터 사용되었다. 본래 약초였던 것이 차처럼 상용된 것이며, 카미츠레, 린덴플라워, 페퍼민트 등이 그 대표적인 예이다. 동아시아의 건강차는 유럽의 허브차에 대응하는 것이며, 구기차, 두충차, 한국인삼차, 허브차, 삼백초차 등이 있다.

차는 말하자면, 잎을 사용한 음료인데, 이에 대해서 씨(종자)를 사용한 음료가 있다. 그 대표적인 것이 커피이다. 커피의 원산지는 에티오피아의 서남부인데, 지금처럼 볶아서 우려내는 커피가 된 것은 아랍의 이슬람교도에 의한 것이다. 13세기경부터 이슬람권에서 널리 마시게 되었고 17세기가 되어 처음으로 이탈리아와 프랑스에 전해져, 유럽에 널리 퍼진다. 이 커피와 차의 음용의 분포를 아는 것은 상당히 어렵다. 시대에 따라서 어느 쪽을 마셨는지가 다르기 때문이다. 여기에서는 유럽인이 오스트레일리아, 남아프리카에 이민하기 이전을 기준으로 한 것이다.

종자를 음료로 한 것은 코코아 또는 초콜릿이 있다. 카카오는 중앙아메리카에서 오래 전부터 재배되었던 식물이며, 씨를 부숴서 물에 타고, 베니노키의 씨에 붙은 빨간 색소와 고추를 추가하고, 씨에 함유된 지방이 물에 잘 섞이도록 잘 저어 거품을 내서 마셨다. 이것이 초콜릿이다. 이 지방을 제거하는 기술이 1828년에 네덜란드에서 개발되어 코코아가 생겨났다. 여기에서는 코코아는 다루지 않고 음료로서의 초콜릿의 분포만을 나타내기로 한다.

가라나(paullinia cupana)는 강장(强壯)약으로서 유명한데, 커피의 3배나 많은 카페인을 함유한 음료이다. 아마존 지방이 원산지이며, 씨를 가루 내서 카카오 또는 마니오크의 전분과 섞어 반죽하여 막대 상태로 훈제한다. 마실 때는 이것을 깎아서 열탕 또는 냉수에 타서 마신다. 이 수성 엑기스를 가라나차라고 한다.

음료로서 또 하나의 특이한 것을 추가하고자 한다. 술은 중요한 음료이며, 이미 다른 지도로 밝혔다. 이 술의 계보를 찾으면서 알코올이 없는 유산 발효만의 시큼하고 썩은 냄새를 내는 음료가 있다. 하나는 러시아에서 동유럽에 이르는 쿠와스이다. 호밀 빵에 뜨거운 물을 부어 발효시킨 음료이며, 맥주 제조에서 파생했다고 생각되는 음료이다.

두번째는 서아프리카의 사반나 지대에서 볼 수 있는 음료(구누 : kwunu)로 토우진비에 등의 가루를 물로 반죽하여 가볍게 발효시키고 그것을 물에 녹인 것이다. 현재는 생강과 고추, 설탕 등을 넣어 마신다.

중국에는 그만큼 일반적이지 않지만, 장수(漿水)라고 불리는 음료가 있다. 밥을 물에 넣어두면 생기는 악취 나는 신맛의 액으로 이것도 술 담그기 과정에서 파생된 음료이다. 보통 계피나 정향, 생강 등을 넣어서 냄새를 덜 나게 하여 마신다. 이들 청량음료수는 독특한 냄새와 산미를 가진 음료이다.

후기

요시다 슈지(吉田集而)

　『강좌 식의 문화』 전7권은, 재단법인 아지노모토 식의 문화쎈터-창립 10주년 기념 출판으로 기획된 것이다. 아지노모토 주식회사 및 아지노모토 식의 문화 쎈터가 1980년 이래 18년간에 걸쳐 주최해 온 <식의 문화 심포지움>(평범사 간행)이나 <식의 문화 포럼>(도메스출판사 간행)의 팽대한 논고를 바탕으로, 토론의 결과나 새로운 지견을 가해서 편집한 것이다. 그의 1권이 『인류의 식문화』이다. 본 권의 집필자는 목차를 보면 일목요연, 참으로 화려한 멤버이다. 거의가 각 분야에 있어서의 중진으로 불리는 분들이다. 그런 분들을 집필자로 하고, 내가 편집자가 된다는 것은 참으로 마음이 무거웠다. 그러나 흔쾌히 본권에의 가필, 고쳐 쓰기를 허락받아서 마음으로 감사하고 있다. 또 각론(各論)을 본 권에 수록함에 대하여, 평범사 및 도메스 출판사로부터 호의 있는 양해를 받았다. 그래서 이 책이 성립되었으며, 두 회사에 심심한 사의를 표하는 바이다.

　본 강좌는 구성에 있어서 특이한 점이 있다. 그것은 심포지움이나 포럼에서의 토론을 끼어 넣는다는 형태를 살리고자 한 점이다. 편집에 있어서는 그들의 토론부분은 원칙적으로 할애하게 되었는데, 그것을 어떻게 살리고 싶다는 의도와 토론에 참가한 분들에게 어떠한 형태로 본 강좌에 참석해 주었으면 하는 의도로 기획된 방법이었다. 그러나 이 기획은 두 가지 점에 있어서 문제를 가지고 있었다. 하나는 저자에 있어서 자기의 작품 속에 타인의 것을 집어넣는 것으로, 결코 유쾌한 일은 아니다. 또, 하나는 어느 부분에 어떤 토론의 어느 부분을 집어 넣느냐 하는 것을 선정하는 실제적인 작업이다. 전자에 대하여 집필자 여러분의 양해를 얻어서 간신히 실현했다. 후자에 대해서는,

후리(free)의 편집인인 이마 요코(今容子)와 도메스출판의 나츠메 게이코(夏目惠子)의 노력을 얻어서 가능했다. 집필자의 이해와 두분의 노력에 깊이 감사드린다.

또 본 강좌에서는 각주라는 형식을 채용했다. 그러기 위하여, 몹시 바쁘신 집필자 여러분에게, 초교의 단계에서 각주를 또 쓰도록 하는 작업을 강요하게 되었다. 참으로 죄송한 일이었다. 또 문헌에 대해서도 사무인의 열의로 번거로운 부탁을 해서, 많은 불편을 드렸다. 집필자 여러분께 감사의 뜻을 표함과 동시에 깊이 사과 드린다.

이 책에서는 이미 돌아가신 여러분의 논고도 수록하고 있다. 나카오 사스케(中尾佐助), 후지오카 요시나루(藤岡喜愛), 이성우, 세 분의 논고이다. 각각 유족의 양해를 받아서 수록한 것을 참으로 기쁘게 생각한다. 나카오와 후지오카의 논고에 대해서는, 내가 각주와 사진을 첨부하였다. 이성우 논고의 각주에 대해서는 시가(滋賀)현립대학의 정대성(鄭大聲) 교수에게 협력을 부탁했다. 세 분의 논고를 수록하는 것에 양해를 해 주신 유족 여러분 및 각주에 협력해 준 정대성 교수에게 깊이 감사드린다.

이 책에 새로 붙인 칼라 페이지「식탁의 흥청거림」에는 많은 분이 도와주었다. 결과적으로는 여기에 수록하지 않았지만, 많은 분에게서 사진 제공을 받았다. 실제에는, 노마치 카즈요시(野町和嘉), 이시게 나오미치, 사토 아키라(佐藤彰), 오오츠카 카즈요시(大塚和義), 야마모토 노리오(山本紀夫), 모리에다 카카시(森枝卓士), 에구치 카즈히사(江口一久)의 사진을 쓸 수 있게 되었다. 수록하지 않은 분들에게는 사과를 드리고, 수록한 분에게는 깊이 감사드린다. 덕택으로 선명한 색의 식의 풍경을 첨가할 수가 있었습니다. 감사합니다. 더욱, 나카오의 논고에는 야마모토 노리오(山本紀夫)와 아키미치 토모야(秋道智彌), 후지모토 타케시(藤本武), 삐다 마데우스로부터 귀중한 사진을 제공받았다. 또 여기서는 일일이 성명을 들지 않겠습니다만, 각 논고에 사진이나 자료 등을 제공해 주신 분들에게도 감사의 뜻을 표하고자 합니다.

이 책을 위해서 새로 세계의 식문화 지도를 작성했다. 나와 가츠이 미츠오(勝井三雄), 야마구치 히로타카(山口弘毅)와의 공동 제작에 의해서 탄생한 것이다. 또, 본 강좌의 본 디자인은 모두 가츠이 미츠오(勝井三雄)에 의한 것이다. 장정(裝丁)에서 페이지 꾸미기, 문자와 종이의 선정에 이르기까지의 모든 디자인에 대해서이다. 이와 같은 훌륭한 책이 만들어진 것은, 가츠이 미츠오(勝井三雄)에 의한 게 많다. 이에 감사의 뜻을 표하고자 한다.

이 책의 편집에 대해서는, 이마 요코(今容子)와 나츠메 게이코(夏目惠子)에게 많은 부담을 드렸다. 이 두 분의 조력이 없었으면 도저히 이 책을 세상에 내놓을 수 없었을 것이라고 생각한다. 이에 깊이 감사드린다.

본 강좌의 전체의 진행 및 자료의 수집, 정리 등에 대해서는 아지노모도 식의 문화

쎈터의 마츠시마 야스마사(松島保雅), 우에하라 야스코(上原泰子)의 두 분이 계셨으며, 편자, 집필자, 가츠이 디자인 사무소, 야마구치 히로타카(山口弘毅), 편집자, 인쇄소 간의 연락사무 등을 다 떠맡아 주셨다. 원활한 진행은 두 분의 노력에 의한 것이다. 또, 이 강좌의 판매를 담당하여 주신 것은 사단법인 농산어촌문화협회이다. 특히 상무이사이신 하라다 신(原田津)에게 많은 배려를 받고 있다. 감사의 뜻을 표합니다.

끝으로 내가 이 책의 편집자가 된 것은, 본 강좌의 감수자이신 이시게 나오미치(石毛直道)의 추천에 의한 것이다. 이와 같은 기회를 주신 이시게 나오미치에게 깊이 감사를 드린다. 또, 나의 비서인 오오타 카즈코(太田和子)에게는 이 책에 대해서도 여러 가지 조력을 부탁했다. 그녀가 없었으면, 도저히 이 편집의 일을 완수할 수 없었다고 생각한다. 감사합니다.

초출 일람(初出一覽)

서 장

요시다 슈지 (吉田集而)
　　「인류의 식문화에 대하여」 새로 씀

제1부 식문화의 시점

이시게 나오미치(石毛直道)
　　「왜 식의 문화인가」石毛直道 (편) 1980『식의 문화 심포지움 '80 인간·음식물·문화』(평범사) 소장『왜 식의 문화인가』를 기본으로 같은 책 중에서 panel discursion 및 石毛直道 (편저) 1973『세계의 식사문화』(도메츠 출판) 소장의「식사문화 연구의 시야(視野)」의 내용을 넣어서 재구성하였다.

후지오카 요시나루(藤岡喜愛)
　　「식과 마음」豊川裕之·石毛直道 (편) 1987『식과 신체』(도메츠출판) 소장

사하라 마고토(佐原 眞)
　　「고고학에서 식문화를 생각한다」田村眞八郎·石毛直道 (편) 1984『일본의 풍토와 식』(도메츠 출판) 소장『고고학에서 본 식문화』를 기본으로 새로 씀

시바타 다케시(柴田 武)
　　「언어로 본 식」柴田 武·石毛直道 (편) 1983『식의 언어』(도메츠 출판) 소장의「언어로 본 식」을 가필하여 수정하였다.

제2부 인간에게 있어서의 식

이타니 쥰이치로(伊谷純一郎)
　　「영장류의 식」石毛直道 (편) 1980『식의 문화 심포지움 '80 인간·음식·문화』(평범사) 소장의 것을 대폭 가필 수정하였다.

나카오 사스케(中尾佐助)
　　「인간의 식물식」石毛直道 (편) 1980『식의 문화 심포지움 '80 인간·음식·문화』(평범사) 소장「농경의 식」을 유족의 양해를 받아 일부 수정하였다.

다나카 지로(田中二郎)
　　「수렵채집민의 식」豊川裕之・石毛直道 (편) 1987 『식과 신체』(도메츠 출판) 소장 「수렵채집민의 식행동」을 가필 수정하였다.

타니 유다카(谷　泰)
　　「목축민의 식」 새로 씀

기라 다츠오(吉良龍夫)
　　「지구의 인간의 정원(定員)」 石毛直道 (편) 1982 『식의 문화 심포지움 '82 지구시대의 식의 문화』(평범사) 소장 「식의 생태학적 기초 – 지구의 정원은 있는가?」를 대폭 가필 수정하였다.

제3부 지구의 식문화

Josef Kreiner
　　「중부 유럽의 식의 문화」石毛直道 (편) 1982 『식의 문화 심포지움 '82 지구시대의 식의 문화』(평범사) 소장 「축제의 식사・일상의 식사-유럽과 일본」을 수정하였다.

호리우치 마사루 (堀內　勝)
　　「이슬람교와 식사」 새로 씀

고니시 마사토시 (小西正捷)
　　「힌두-식의 사상」熊倉功夫・石毛直道 (편) 1982 1992 『식의 사상』(도메츠 출판) 소장 「힌두교와 식」을 대폭 가필 수정하였다.

모리에다 다카시 (森枝卓士)
　　「동남아시아의 도시화와 외식」高田公理・石毛直道 (편) 1995 『도시화와 식』(도메츠 출판) 소장 「아시아의 도시화와 포장마차를 중심으로 한 외식」에 가필하였다.

이성우(李盛雨)
　　『한반도의 식의 문화』石毛直道(편) 1981 『식의 문화 심포지움 '81 동아시아의 식의 문화』(평범사) 소장의 것을 유족의 양해를 얻어 수정하였다.

이시게 나오미치(石毛直道)
　　『동아시아의 식의 문화』石毛直道(편) 1981 『식의 문화 심포지움 '81 동아시아의 식의 문화』(평범사) 소장 「식의 문화-세계 중의 동아시아」를 가필 수정하였다.

제4부 세계중의 식문화

나카오 사스케(中尾佐助)
「매토(埋土)발효 가공법」小崎道雄·石毛直道(편) 1986『발효와 식의 문화』(도메츠출판) 소장

이시게 나오미치(石毛直道)
「발효의 문화권」小崎道雄·石毛直道(편) 1986『발효와 식의 문화』(도메츠 출판) 소장의 것을 수정하였다.

요시다 슈지(吉田 集而)
「미(味)의 인식과 조미의 유형」杉田浩一·石毛直道(편) 1985『조리의 문화』(도메츠 출판) 소장 「조미의 세계지도」를 대폭 가필 수정하였다.

<집필자 소개>   (오십음순)

이시게 나오미치(石毛直道)
1937년 출생. 京都대학 문학부 졸업. 농학박사
전문 영역 : 문화인류학
甲南대학 조교수를 지내고 현재 국립민족학박물관 관장.
저서 : 『주거 공간의 인류학』『세계의 식사 문화(편저)』『먹보의 민족학』『동아시아 식사 문화 논집(편저)』『식사의 문명론』『로스앤젤레스의 일본 요릿집-그의 문화인류학적 연구(공저)』『어장과 식해의 연구-몬순 아시아의 식사 문화(공저)』『문화면류학 시초』 등

이타니 준이치로(伊谷純一郎)
1926년 출생. 京都대학 이학부 졸업. 이학박사
전문 영역 : 인류학
京都대학 교수를 지내고 현재 京都대학 명예교수·神戶학원대학교수
저서 : 『高崎山의 원숭이』『고리라와 피구미의 숲』『원숭이-사회학적 연구 (공저)』『인류의 自然誌 (공저)』『침판치-記 (편)』『토울카나의 자연지』『대한발(大旱魃)-토울카나 일기』『자연사회의 인류학 (공저)』『영장류 사회의 진화』『자연의 자비(慈悲)』『삼림방황(森林彷徨)』 등

키라 타츠오(吉良龍夫)
1919년 출생. 京都대학 농학부 졸업. 이학박사
전문 영역 : 식물생태학·환경과학
大阪府立대학 교수, 滋賀縣 琵琶湖연구소장을 지내고, 현재 滋賀縣 고문.
저서 : 『육상생태계 개론』『자연보호의 사상』『생태학에서 본 자연』 등

크레이나 요셉(Josef Kreiner)
1940년 출생. 빈대학 졸업. 東京대학 동양문화연구소 유학. 문학박사
전문 영역 : 민족학
독일 본대학 교수, 在日 독일·일본 연구소 소장을 지내고, 현재 독일 본대학 교수·일본문화연구소 소장
저서 : 『南西諸島의 神관념 (공저)』『독일인이 본 明治의 奄美 (공저)』『동아시아 경제권에서의 九州·沖繩 (공편저)』『일본 민족학의 현재 (편저)』『켄페루가 본 일본 (편저)』『지역성에서 본 일본- 다원적 이해를 위해 (편저)』 등

고니시 마사토시(小西正捷)
1938년 출생. 국제기독교대학 교양학부 졸업. 칼카타대학 修士과정 수료. 동경대학대학원박사과정 중퇴.
전문 영역 : 인도고고학·민족학

법정대학 교수를 지내고, 현재 立敎대학 교수.
저서 : 『다양한 인도 세계』『인도민중의 문화지』『뱅갈 역사 풍토기』『인도·道의 문화지 (공편저)』
『아시아 독본·인도 (편저)』등

사하라 마코토(佐原 眞)
1932년 출생. 大阪외국어대학 독일어학과 졸업. 京都대학대학원 문학부 박사과정 單位修得.
전문 영역 : 고고학
奈良국립문화재연구소에서 근무하고, 현재 국립역사 민속박물관 관장.
저서 : 『繩文토기』『銅鐸』『彌生토기』『大森貝塚 (공역)』『일본인의 탄생)』『기마민족은 오지 않았다』『고고학의 散步道 (공저)』『고고학 千夜 一夜』『食의 고고학』『도끼(斧)의 문화사』
『銅鐸의 그림을 읽고 해석 (공저)』등

시바타 타케시(柴田 武)
1918년 출생. 東京제국대학 문학부 졸업. 문학박사
전문 영역 : 언어학
국립국어연구소, 동경외국어대학 교수, 동경대학 교수, 埼玉대학 교수를 지내고, 현재 東京대학 명예교수.
저서 : 『糸魚川 언어 地圖(1-3권)』『언어지리학의 방법』『사회언어학의 과제』『말의 의미-사전에 쓰여 있지 않은 것 (공저) (1-3권)』등

다나카 지로(田中二郞)
1941년 출생. 京都대학 이학부 졸업. 東京대학대학원 박사과정 중퇴. 이학박사
전문 영역 : 인류학
弘前대학 교수를 지내고, 현재 京都대학대학원 교수·京都대학 아프리카지역 연구자료 센터장
저서 : 『부시맨(Bushman)』『사막의 수인(狩人)』『부시맨-생태인류학적 연구 新裝版』『최후의 수렵채집민』『The San Hunter-gatherers of the Kalahari』등

타니 유타카(谷 泰)
1934년 출생. 京都대학 문학부 졸업.
전문 영역 : 인류학
京都대학 교수를 지내고, 현재 京都대학 명예교수·滋賀縣立대학 교수
저서 : 『牧夫 프란체스코의 하루』『성서 세계의 구성 논리』『神·人·가축 - 목축문화와 성서 세계』
『문화를 읽다 (편저)』『커뮤니케이션의 자연誌 (편저)』등

나카오 사스케(中尾佐助)
1916년 출생. 京都대학 농학부 졸업
전문 영역 : 재배식물학·유전육종학

大阪府立대학 교수를 지내고, 大阪府立대학 명예교수・鹿兒島대학 교수. 1993년 11월 서거.
저서 : 『비경 부탄』『재배식물과 농경의 기원』『재배식물의 세계』『조엽수림문화 (공저)』『속 조엽수림문화 (공저)』『요리의 기원』『현대문명 두 개의 원류(源流)』『조엽수림문화와 일본 (공저)』, 『농경기원을 더듬어 찾는 여행 – 니젤에서 나일에』 등

후지오카 요시나루(藤岡喜愛)
1924년 출생. 京都대학 이학부 졸업. 의학박사.
전문 영역 : 정신인류학
愛媛대학교수・甲南대학교수를 지내고, 大手前여자대학 교수. 1991년 12월 서거
저서 : 『인간을 생각 한다 Ⅰ・Ⅱ (편저)』『속 인간을 생각한다 Ⅰ・Ⅱ (편저)』『이미지와 인간 – 정신인류학의 시야』『이미지 – 그의 전체상을 생각한다』 등

호리우치 마사루(堀內 勝)
1942년 출생. 東京외국어대학 아라비아어과 졸업. 카이로・아메리카대학대학원 과정 수료
전문 영역 : 언어인류학・민족誌
현재 中部대학 교수.
저서 : 『낙타의 문화지』『사막의 문화』『동방의 발휘 (공저)』『오리엔트에서의 小島 (공역)』『口承傳承의 비교연구 2 (공저)』『일본의 음악・아시아의 음악 3 (공저)』『의례와 음악 1 (공저)』『乳이용의 민족지 (공저)』 등.

모리에다 타카시(森枝 卓士)
1955년 출생. 국제기독교대학 교양학부 졸업.
전문 영역 : 문화인류학・포토저널리스트
저서 : 『食은 한국에 존재한다 (공저)』『충감도(蟲瞰圖로 본 아시아』『카레라이스가 찾아왔다』『동남아시아 食기행』『미각의 탐구』『圖說 동남아시아의 食』『유럽민족 食도감』『수많은 불가사의 – 손으로 먹는다?』 등.

요시다 슈지(吉田集而)
1943년 京都대학 약학부 졸업. 약학박사
전문 영역 : 문화인류학
현재 국립민족학박물관 교수.
저서 : 『불사신의 나이티– 뉴기니아・이웜족의 투쟁과 食人』『성과 주술의 민족지-뉴기니아・이웜族의 「남과 여」』『동방아시아의 술의 기원』『술 만들기의 민족지 (공편저)』『美味學 (공저)』 등

이성우(李盛雨)
1928년 출생. 서울대학교 농과대학 농예화학과 졸업. 大阪府立대학, 都立대학 유학. 이학박사

전문 영역 : 영양학・食物史

한양대학교 교수. 한국식문화학회 회장. 동아시아식생활학회 회장. 1992년 8월 서거

저서 :『한국식경대전』『한국식품 사회사』『한국식품 문화사』『한국요리 문화사』『고려이전 한국 식생활사 연구』『朝鮮王朝 궁중음식 件記』『조선왕조 궁중회식 의궤 (상・하 2권』『조선시대 조리서의 분석적 연구』등

역자의 말

이 책의 감수자인 이시게 나오미치(石毛直道) 교수는 일본 국립 민족박물관 관장으로서 코오난(甲南)대학교 문화인류학과 교수로 재직하였으며, 세계의 음식문화를 비롯하여 일본의 식문화에 관한 많은 저서를 남긴 식문화의 대가이다. 그는 "먹는 일을 문화로서 생각해 가는 것이 식(食) 문화의 입장이다."라고 하면서 식문화의 학문적 연구를 목표로 하여 1982년에 식문화포럼을 발족하여 20개 이상의 분야에서 총120명의 연구자, 실천가, 저널리스트 등이 모여 '식의 문화' 연구라는 새로운 과제에 도전하여 16년이 걸려 7항목에 걸친 책을 펴냈다고 하였다.

먹는 것을 맛이나 영양, 위생, 가공, 유통, 식품생산 등에 국한하지 않고 문화로서 다룬 소중한 자료이다. 특히 지금은 세계가 일일권, 아니 순간적으로 소통이 되고 있는 시대로서 최근에 한국 음식의 세계화 운동과 더불어 한국음식이 건강을 위한 기능성이 함축된 음식으로 세계적으로 알려지고 있음을 느낄 수 있다.

본 책 1권은 앞에 나온 3권 <조리와 먹을거리>, 5권 <식의 정보화>, 6권 <식의 사상과 행동>에 이어서 <인류의 식문화>라는 제목으로 전문 영역이 문화인류학이고 일본 국립민족박물관 교수인 요시다 슈지(吉田集而)가 책임 편집한 책으로 1부 <식문화의 시점>, 2부 <사람에게 있어서의 식(食)>, 3부 <지역의 식문화>, 4부 <세계 중의 식문화>의 순으로 전개되어 있다. 이 책이 식생활 분야에서도 특히 식문화에 관심이 있으신 분들께 도움이 되기를 바란다.

본 책의 번역은 28명의 동아시아식생활학회 연구회 회원들이 바쁜 학교생활 중에도 번역을 하느라 오랜 세월이 걸렸으며, 편집위원들이 11차의 교정 끝에 앞의 책 6권 출판 후 3년 4개월이나 걸렸다.

이 책을 번역하면서 용어의 통일성을 꾀하려 하였지만 역사적으로 고어인 것들은 무척 난해한 점도 있었고 영어를 일어로 쓰인 것들은 원어를 찾기도 무척 어려웠음을 솔직히 고백한다. 이 책을 읽으면서 난해한 부분은 앞으로 수정할 수 있기를 바란다.

마지막으로 우리 연구회가 이렇게 번역을 할 수 있도록 부단한 노력을 아끼지 않은 연구회원들에게 감사드리며, 11차에 걸친 검토와 수정을 하느라 많은 시간과 정성을 쏟아주신 편집위원인 유영상 교수님을 비롯하여 조은자 교수님, 신미경 교수님, 노숙령 교수님, 조정순 교수님, 윤혜경 교수님, 이윤희 교수님께 감사를 드린다.

또한, 이 책이 활용도가 적은 책이지만 출판을 기꺼이 맡아주신 광문각 박정태 회장님께 깊은 감사를 드린다. 앞으로 남은 세 권의 책이 번역을 완성할 수 있기를 기원하면서 모두에게 감사드린다.

2015년 10월
역자 대표 우 경 자

〈번역자 및 편집위원(가나다순)〉

- 권순형 : 한양여자대학 교수
- 김종군 : 세종대학교 명예교수
- 노숙령 : 중앙대학교 명예교수
- 박인경 : 대구가톨릭대학교 강사
- 신미경 : 원광대학교 명예교수
- 우경자 : 인하대학교 명예교수
- 윤혜경 : 경원대학교 명예교수
- 이건순 : 한국농수산대학 명예교수
- 이영근 : 전 수원여자대학 교수
- 이윤희 : 한국양조연구소 소장
- 정재홍 : 신안산대학교 교수
- 조은자 : 성신여자대학교 명예교수
- 한복진 : 전주대학교 교수
- 허승은 : Food Coordinator
- 김애정 : 경기대학 교수
- 김종희 : 서일대학 교수
- 박금순 : 대구가톨릭대학교 교수
- 서봉순 : 전 위덕대학교 교수
- 신민자 : 경희대학교 명예교수
- 유영상 : 동국대학교 명예교수
- 이강자 : 인천대학교 명예교수
- 이경희 : 경희대학교 교수
- 이영남 : 경희대학교 명예교수
- 이춘자 : 명지대학교 강사
- 정희정 : 전 인하대학교 강사
- 조정순 : 명지대학교 명예교수
- 한재숙 : 전 위덕대학교 교수
- 허채옥 : 한양여자대학 교수

〈편집위원(가나다순)〉

- 노숙령 : 중앙대학교 명예교수
- 신미경 : 원광대학교 명예교수
- 우경자 : 인하대학교 명예교수
- 유영상 : 동국대학교 명예교수
- 윤혜경 : 경원대학교 명예교수
- 이윤희 : 한국양조연구소 소장
- 조은자 : 성신여자대학교 명예교수
- 조정순 : 명지대학교 명예교수

제1권
食의 문화
【인류의 식문화】

2015년 11월 20일　　1판 1쇄 인 쇄
2015년 11월 24일　　1판 1쇄 발 행

감　　　수 : 이시게 나오미치
책임 편집 : 요시다 슈지
번　　　역 : 동아시아식생활학회 연구회

펴낸이 : 박　　정　　태

펴낸곳 : **광　문　각**

10881
파주시 파주출판문화도시 광인사길 161
광문각빌딩 4층
등　록 : 1991. 5. 31 제12-484호
전화(代) : 031) 955-8787
팩　스 : 031) 955-3730
E-mail : kwangmk7@hanmail.net
홈페이지 : www.kwangmoonkag.co.kr

- ISBN : 978-89-7093-786-1　　　　93590
　　　　　　　　　　　　　값 28,000원

 한국과학기술출판협회회원

불법복사는 지적재산을 훔치는 범죄행위입니다.
저작권법 제97조의 5(권리의 침해죄)에 따라 위반자는 5년 이하의
징역 또는 5천만원 이하의 벌금에 처하거나 이를 병과할 수 있습니다.